조선 **왕조**의 기원

조선왕조의 기원

2013년 3월 18일 제1판 1쇄 발행
2013년 4월 22일 제1판 2쇄 발행

지은이   존 B. 던컨
옮긴이   김범
펴낸이   이재민, 김상미

편집   이미경
디자인   달뜸창작실

종이   페이퍼릿
인쇄   천일문화사
제본   동호제책

펴낸곳   너머북스
주소   서울시 종로구 누하동 17번지 2층
전화   02)335-3366, 336-5131 팩스 02)335-5848
등록번호   제313-2007-232호

ISBN 978-89-94606-18-7 93910

너머북스와 너머학교는 좋은 서가와 학교를 꿈꾸는 출판사입니다.

조선 **왕조**의 기원

존 B. 던컨 지음

김범 옮김

너머북스

일러두기
_원서에는 서기 연도만 있지만, 번역서에서는 왕호와 연대를 병기했다. 즉위년은 0으로 표기했다.
_한자나 영문 표기는 원칙적으로 처음에만 병기했다.

케이Kay에게

차_례_

한_국_어_판_ 머_리_말_

　1980년대 중엽에 박사 학위 논문 주제를 고심하던 중 지도 교수 제임스 팔레James Palais 선생님의 건의에 따라 15세기 후반 사림파의 형성 문제를 다루기로 했다. 거기에 대한 여러 학자의 논문을 읽어보니 훈구와 사림의 대립은 사장학을 즐기고 서울에서 거주하는 대지주 계층인 훈구와 성리학을 신봉하고 지방에서 거주하는 중소 지주층인 사림 사이의 대립으로 묘사되어 있었다. 15세기 후반의 문제만 놓고 보면 상당히 설득력 있는 해석인 것처럼 보였다. 그렇다면 겨우 70~80년 전에 불교를 믿고 개경에서 거주하는 대지주였던 고려의 권문세족과 성리학 계통이고 지방 중소 지주 출신이었던 신흥 사대부들의 대립과는 어떻게 달랐는가, 조선왕조를 건국했던 신흥 사대부들은 어떻게 됐는가 하는 의문을 품게 되어 마침내 논문 주제의 초점을 고려—조선의 왕조 교체로 돌렸다.

　1980년대 당시만 해도 역사학계에서는 조선왕조의 수립에 대한 관심이 꽤 많았고 나도 그토록 중요한 역사적 전환기를 이해하는 데 조금이라도 보탬이 됐으면 하는 마음으로 연구하기 시작했다. 그러나 능력 부족과 복잡한 개인 사정 등 여러 요인으로 인해 학위 논문 쓰는 것도 7~8년 걸렸고 그것을 다시 수정해 책을 내놓는데도 10년이 걸렸다. 그 사이에 신흥 사대부설이 정설로 굳어졌고 한국 역사학계의 젊은 한국사학자들의 주된 관심거리는 고대사와 현대사로 옮겨갔다. 뿐만 아니라 어렵게 썼다고 하는 이 책의 원본은 영어가 비교적 짧다는 한국 전근대사 전공자들에게 읽고 소화하기가 힘들다는 이야기를 여러 번 들었다.

이 책에 여러 가지 문제점이 있음에도 불구하고 일반 통설인 신흥 사대부설에 정면 도전하는 연구로서 한국어판의 출간이 다시 여말–선초에 대한 새로운 관심을 조금이라도 불러일으켜 이 중요한 역사적 전환기에 대해 더 좋은 해석이 나오게 된다면 더 이상 바랄 것이 없다고 하겠다.

그동안 이 연구에 많은 건설적인 비판을 해주신 선학과 선배들에게 늘 고맙게 생각하면서도 책을 수정·보완할 틈이 없어 미안한 마음을 금할 수 없었다. 그리고 길고 복잡한 문장을 꼼꼼하게 번역하면서 내가 저지른 여러 개의 오류를 바로 잡아주신 김범 박사에게 감사의 말씀을 드리지 않을 수 없다. 한국어판의 출간을 맡아주신 너머북스 이재민 대표께 심심한 사의를 표한다.

존 B. 던컨

감_사_의_ 글_

나는 이 책을 준비하는 데 영감과 지도를 준 많은 분께 감사드린다. 내가 전근대 한국사에 흥미를 갖게 된 것은 고려대학교에서 학부생으로 재학하던 시절로 거슬러 올라간다. 나는 그곳의 교수님들에게서 큰 도움을 받았는데, 그들은 제대로 따라가지 못하는 외국 학생에게 인내심과 이해심을 갖고 대해주셨으며 일제강점기 이후의 사회와 관련된 역사적 해석을 구축하는 문제의 중요성을 일깨워주었다. 특히 사학과의 강진철姜晉哲·강만길姜萬吉 선생님과 철학과의 김충렬金忠烈 선생님에게 감사한다. 그들은 한국에 관련된 많은 사실을 가르쳐주었을 뿐만 아니라 억압적인 군사정부에 맞선 독자적이며 학문적인 용기로 나와 나의 학우들에게 영감을 주었다.

석사 학위를 취득한 하와이대학교University of Hawaii의 강희웅姜喜雄에게서도 많은 도움을 받았다. 내가 고려 전기의 귀족에 관련된 자료를 모을 수 있었던 데는 철저한 자료와 정성을 다한 연구를 고집하고 강조한 그의 주장이 큰 영향을 주었으며, 그것은 이 책의 2장에 큰 토대가 되었다.

하와이대학교 서오아후West Oahu 분교의 네드 슐츠Ned Shultz, 하버드대학교University of Harvard의 카터 에커트Carter Eckert와 피터 볼Peter Bol, UCLA의 로버트 버스웰Robert Buswell·벤 엘먼Ben Elman·피터 리Peter Lee, UC 버클리University of California at Berkeley의 마이클 로저스Michael Rogers, 고려대학교의 박용운朴龍雲·민현구閔賢九·김현구金鉉球

12

교수님을 포함한 여러 선학·선배들의 공헌을 언급하지 않을 수 없는데, 그들은 이 연구의 여러 측면을 토론하는 데 시간과 전문 지식을 아낌없이 제공해주었다. 특히 이 원고의 초고를 꼼꼼하게 검토해 여러 당혹스러운 오류를 피하게 해준 런던대학교University of London의 마르티나 도이힐러Martina Deuchler에게 감사한다. 까다로운 원고를 가장 훌륭하게 편집해준 워싱턴대학교University of Washington 출판부의 로리 해그먼Lorri Hagman에게도 큰 신세를 졌다.

그러나 내가 가장 큰 도움을 받은 사람은 워싱턴대학교의 제임스 팔레 선생님이다. 이 연구의 기초가 된 박사 논문은 그의 지도를 받아 완성했다. 그 논문과 수정된 원고에 제시한 그의 예리한 비평은 나의 생각과 시각을 형성하는 데 많은 영향을 주었다. 많은 시간을 너그럽게 할애하고 철저한 연구를 고집했으며 나의 능력을 믿어주신 그에게 나는 보답할 길이 없다. 나는 그가 내게 준 도움의 일부라도 내가 지도하고 있는 대학원생들에게 전해줄 수 있기를 바랄 뿐이다.

내가 젊은 시절 한국으로 출발했을 때 가망 없는 무모한 모험처럼 보였을 것이 분명했지만 마음속으로 지원해준 부모님 로스코 던컨Roscoe Duncan과 에디트Edith 던컨께 감사드린다. 끝으로 이 작업을 마치기 위해 연구에 매진한 많은 밤과 주말마다 언제나 도와주고 인내해준 아내 케이Kay에게 감사한다.

머_리_말_

    1392년 7월 고려高麗왕조는 474년 만에 멸망하고 새 왕조인 조선朝鮮
이 한반도의 지배자로 등장했다. 왕조 교체는 드물었기 때문에 이것은
1910년 일본의 식민지가 되기 전 1천여 년 동안 유일한 것이었다. 그 결
과 그 사건은 많은 학문적 관심을 끌었다.

    중국의 송末(960~1279)·명明(1368~1644)과 달리 고려는 외국의 침
략자에게 멸망되지 않았다. 또한 그것은 중국 한漢(기원전 206~기원후
202)·원元(1279~1368)이나 신라新羅(?~935)처럼 반란으로 무너지지
도 않았다. 12세기 전반의 심각한 반란, 1170년의 무신란武臣亂, 13세
기 중반 원의 침입, 그리고 5세기 동안 여러 국왕이 폐위되거나 암살된
사건들을 견뎌낸 고려왕조가 멸망한 것은 결국 자국의 신하들이 저지
른 것이었다.

    이 사건에 관련된 역사적 해석은 다양하게 발전해왔다. 전통적인 유
교적 견해는 고려 후기 국왕들의 도덕적 타락과 새 왕조를 개창한 군
주인 이성계李成桂의 윤리적 미덕을 강조했다. 20세기 전반 일제의 역
사가들은 개화된 지도가 필요한 퇴보하고 정체된 사회로 한국을 묘사
하려는 노력의 하나로, 고려-조선의 왕조 교체는 실질적인 역사적 중
요성이 전혀 없는 단순한 궁중 반란이었다고 주장했다. 제국주의자들
이 제시한 견해의 요지는, 물론 일본을 포함해서, 서유럽의 '선진국'이
밟았다고 추정되는 고대-중세-근대의 적절한 역사적 발전 경로를 따
르지 않았다는 것이었다. 한국사의 여러 측면은 중국에 정치적으로 종

속되고 자치가 결여되었으며, 사회경제적으로 정체停滯되고 중세 단계가 생략되었으며, 중국 문화를 모방하고 창조성이 결여되었다는 부정적인 용어로 묘사되었다. 요컨대 일본인들은 서구의 제국주의 열강들이 비서구를 '근대 이전'의 사회로 평가하면서 바뀌지 않은 전통적 질서가 유지되고 있다고 파악한 것과 동일한 개념을 한국에 적용한 것이었다.

한국 학자들은 식민지 시기 동안 제국주의적 견해를 논박하려고 노력했다. '민족주의 사학자'로 불리는 신채호申采浩·박은식朴殷植·정인보鄭寅普 등은 고유한 정신이라는 용어로 한국을 정의했는데, 그것의 재발견은 한국인들이 외국 지배의 족쇄를 스스로 풀고 나라를 재건하도록 해줄 것이라고 생각했다.[(1)] 일본의 대학에서 공부한 이홍직李弘稙·이병도李丙燾 등의 '실증 사학자'들은 사료적 증거를 철저히 사용해 한국사, 특히 고대사에 관련된 일본 식민사학자들의 연구에 나름대로 대항하려고 했다.[(2)] '사회경제 사학자'로 불리는 세 번째 집단은 좌익 사상에 영향을 받았다. 일본인의 정체성론停滯性論을 반박하려는 노력에서 백남운白南雲·이청원李淸源 등은 아시아적 생산양식이라는 마르크스Karl Marx의 생각 대신 스탈린주의적 해석을 따라 한국도 고대 노예제와 중세 봉건제의 발전 단계를 거쳤다고 주장했다.[(3)] 이런 식민지 시기의 학자들은 커다란 정치적 어려움 속에서 활동했지만, 그들의 연구는 근대 한국사 연구의 기초를 놓았으며 기초적 접근과 관련해서는 20세기 후반의 연구에도 출발점을 제공했다.

1945년에 일본이 물러간 뒤 한국인들은 자유롭게 역사를 연구할 수 있게 되었지만, 이런 초기의 노력은 그 뒤까지 이어지지 못했다. 1945

년 이후 역사 연구는 정체성론을 극복하는 데 많은 노력을 쏟았다. 대부분의 북한 학자들은 스탈린주의적 해석에 입각해 한국사를 노예제·봉건제·자본주의 단계의 역사 발전에 맞추려고 시도한 백남운의 분석을 따랐다. 그러나 그들의 해석은 조선왕조의 건국에 커다란 중요성을 부여하지 않았는데, 본질적으로 그것은 거의 2천 년 전 삼국[신라·백제(?~660)·고구려(?~668)]의 건국으로 시작되어 19세기에 끝난 긴 중세 안에서 봉건 체제를 다시 강화한 사건으로 보았기 때문이다.[4]

남한의 역사 연구는 좀더 다양했다. 해방 직후에는 식민지 시기에 이루어진 3개의 주요한 논리가 모두 지속되었다. 손진태孫晉泰 같은 '신민족주의자'는 한국 민족은 선사시대에 형성되었다고 파악하면서 민족의 고유한 문화적·정신적 측면에 따라 국가를 정의하려고 시도했으며, 한국의 특수한 역사적 경험은 서유럽이나 마르크스적 모형에 강제로 끼워 맞춰서는 안 된다고 주장했다.[5] 전석담全錫淡 같은 사회경제 사학자들은 한국사를 스탈린적 모형에 맞추려는 노력을 지속했다.[6] 해방 공간에서 주요 대학의 사학과에 자리 잡은 이병도·이상백李相佰 같은 실증 사학자들은 민족주의 사학자들과 사회경제 사학자들이 추상적 이론에 지나치게 집착하고 있다고 비판했다. 한국전쟁과 전후戰後의 정치적 환경의 결과로 실증 사학자들은 1950~1960년대 남한 학계를 지배하게 되었다.

1960년대 중반 실증 사학자들은 해석에 필요한 개념적 뼈대를 제공하지 않고 사실을 발굴하는 데만 지나치게 주력하고 있다는 비판을 점차 많이 받게 되었다. 남한 학자들은 대체로 '계급'이라는 용어를 피하고 '지배층'처럼 정치적으로 덜 민감한 용어를 선호했지만, 1960년대 후반 스탈린주의적 분석에 입각한 이론에 따라—몇 가지 사례에서는 스스로도 그런 사실을 인식하지 못했다고 판단되는데—새로운 사회경제적 계층의 연속적 흥기로 한국사의 발전 과정을 파악하려는 경향이 늘어났다. 3단계의 발전 모형에 한국사를 억지로 끼워 맞추는 데 내재한 어려움을 알고 있던 이런 학자들은[7] 신라—고려의 왕조 교체, 고려 중기 주요 귀족 가문의 중앙 관직 장악, 1170년의 무신란, 16세기 사림의 흥기, 그리고 조선 후기 실학이라는 개혁적 유학의 출현 같은 사건들에 초점을 맞추었고, 이런 현상들은 새로운 사회경제적 세력의 출현을 반영하는 것이라고 주장하면서 한국사에 수정된 시대 구분을 적용했다.

'내재적 발전론'이라고 알려진 이런 접근은 이기백李基白의 영향력 있는 저서인 『한국사신론韓國史新論』(A New History of Korea 라는 제목으로 영역되었다)에서 고전적인 표현을 얻었다.[8] 필자는 대학생일 때 이 교수의 책을 처음 읽으면서 느꼈던 날카로운 흥분을 아직도 기억할 수 있다. 그때 필자는 보편적인 모범과 한국사의 독특한 양상을 조화시킬 수 있는 방법이 거기 있다고 믿었다.

그러나 대학원에서 계속 공부하면서 필자는 내재적 발전론에 점차 회의를 품게 되었다. 부분적으로 필자는 1980년대의 새로운 '민중 사학'에 영향을 받았는데,[9] 그것은 한국사가 직선적으로 발전했다는 이론을 주장하면서 역사의 주요한 원동력으로 민중보다는 지배층을 강조하는 주류 역사학자들의 견해는 현대 남한에서 자본주의의 확립을 정당화했고 박정희朴正熙와 전두환全斗煥 같은 발전 지상주의자에게 이론적 토대를 제공해주었다고 비판했다.[10] 특히 필자는 자본주의 체제의 등장은 한국사의 내부적 발전 논리의 자연스러운 결과라는 내재적 발전론의 암시에 불만을 느끼고 있었기 때문에 주류 역사학자들에 대한 민중 사학자들의 비판에 대체로 공감했지만, 그때는 고려와 조선 전기의 비非지배층에 관련된 내용을 거의 알지 못했고, 좀더 중요하게는 20세기 후반의 많은 서구 학자들과 비슷하게, 근대화를 향한 거침없는 직선적 발전의 과정으로 역사를 묘사하는 데 회의적이었기 때문에 그들의 논리가 필자의 목표와 관련해서는 제한된 가치만을 갖고 있다고 판단하게 되었다. 한국사에 내재적 발전론을 구체적으로 적용할 수 있는 가능성에 관련된 필자의 이해는 실증에 치중하는 서구와 한국의 동료들이 발견한 성과에서 도움을 받았는데, 그들은 지배층의 급격한 변화가 아닌 연속성이 한국사에서 고려―조선 시대의 중심적인 특징이라는 것을 보여주었다.[11]

이런 가치 있는 연구에도 불구하고 고려-조선의 왕조 교체에서 변화와 지속의 문제와 관련해 포괄적인 비판적 검토는 없었고, 내재적 발전론을 지지하는 학자들은 지방 향리鄕吏 출신의 중소 지주라는 배경 아래 정주학程朱學을 이념으로 선택했으며 친명 대외 정책을 옹호한 신흥 사대부新興士大夫가 흥기한 결과로 그 사건을 해석했다.[12] 그들은 부재 不在의 대지주로서 사상적으로 불교에 찬동하고 친원 외교 정책을 추구 했던 중앙에 기반을 둔 귀족들로 구성된 오래된 지배층을 전복시키고 권력을 잡았다고 해석되었다. 그러나 필자는 고려-조선의 이행에 관련된 여러 특징을 '신흥 사대부'론으로는 해석할 수 없다는 생각을 점차 굳히게 되었다. 첫째, 평양 조씨 출신의 조준趙浚과 황려黃驪 민씨 출신의 민여익閔汝翼처럼 고려의 주요 가문 출신의 여러 인물은 1392년 이후에도 고위 관직을 유지하고 있었다. 둘째, 고위 중앙 관원들의 대토지 소유는 한국 사회의 중요한 특징 중 하나였다. 또 하나는 14세기 후반 조정을 장악한 이인임李仁任(?~1388) 같은 '구 귀족'은 명과 견고한 관계를 맺었고 그들에게서 거절될 경우에만 원에 귀부歸附하는 유연하고 실제적인 외교 정책을 추구했다는 사실이었다.[13]

그 결과 필자는 워싱턴대학교에 제출한 박사 논문에서 '신흥 사대부'론을 검증하기 위해 조선 전기 고위 관원들의 사회경제적 배경을 다시 검토했다.[14] 필자가 발견한 사실—새 왕조에 들어와서도 옛 지배층은 대부분 존속했다—은 내재적 발전론의 효용성에 대한 의심을 깊게할 뿐이었다. 그러나 필자의 박사 논문이 '신흥 사대부'론의 약점을 드러냈다면, 왕조 교체의 원동력을 만족스럽게 재해석하는 데는 실패한 것이었다. 사실 그것은 관원 집단의 연속성에 초점을 맞춘 결과, 조선의 건국은 궁중 반란에 지나지 않는다는 예전의 제국주의적 주장을 지지하는 것으로까지 보일 수도 있었다. 그 결과 필자는 고려-조선의 왕조 교체에 관련된 다양한 측면을 추가로 연구하고 그 문제에 대한 접근 방법을 다시 생각하는 데 몇 년을 더 보냈다. 이런 노력의 일부는 멀리는 고려부터 가깝게는 조선의 관료 제도를 연구하는 것으로 확대되었지만, 필자의 주요한 초점은 고려 후기의 제도적 쇠퇴와 조선의 건국에 수반된 개혁이 이런 문제들에 어떻게 관련되었는지에 맞춰져 있었다.

고려 후기는 왕권이 약화되고, 물적·인적 자원에 대한 국가의 통제가 무너졌으며, 재력과 권력을 둘러싸고 강력한 귀족들이 국왕에게 도전하고 서로 투쟁하는 혼란을 겪었다. 필자는 이런 체제의 문제점들을 분석할 수 있는 대안적 이론을 찾으면서 역사상의 관료 제도에 관련된 고전적 연구인 아이젠슈타트S. N. Eisenstadt의 『제국의 정치제도The Political Systems of Empires』에 관심을 두게 되었다. 그 연구는—역사상의 관료 사회들을 정교함이 떨어지는 세습적·봉건적 제도와 좀더 고도로 발전한 근대적 제도 사이의 중간적 단계로 묘사했다—근대화론의 추정과 일부를 공유한 것으로 보였는데, 오스만 터키Ottoman Turkey·사산조 페르시아Sassanid Persia·중국 같은 비서구 사회를 주로 분석했고 근대화를 역사적 변화의 필연적 결과로 파악하지 않았다. 역사상의 관료 제도에서 나타난 사회적 차별의 범위와 통치자가 이용할 수 있는 가용 자원과 일반적 권력의 분량 사이의 관계에 대한 아이젠슈타트의 분석은 강력한 귀족적 경향이 내재된 관료 제도의 요소를 가진 고려와 조선 전기 같은 사회를 연구하는 데 적합하다.

아이젠슈타트는 한국과 가장 가깝고 비슷한 국가인 중국을 오랫동안 스스로 유지할 수 있었던 정치체제로 파악했는데, 주요한 변화는 주변적이었고 반란과 왕조 교체는 정치체제의 기본 구조로 다시 통일되었기 때문이다. 그는 중국 왕조들의 후반기에 나타난 제도적 문제는 자유로운 계층에 지나친 부담을 주어 국가가 이용할 수 있는 자산을 무너뜨린 황제들의 착취 정책의 결과로 파악했다. 요컨대 그는 에드윈 라이샤워Edwin O. Reischauer와 존 페어뱅크John K. Fairbank가 『동아시아: 거대한 전통East Asia : The Great Tradition』에서 재정에 초점을 맞춰 왕조의 순환을 설명한 이론을 따른 것으로 보인다.

그러나 필자는 고려 후기의 제도적 문제들이 단순히 왕조 순환의 쇠락 국면을 반영하지는 않는다는 사실을 발견했다. 오히려 그것들은 고려 전기에 이뤄진 정치적 합의의 본질과 깊이 관련되어 있었다. 10세기 고려의 국왕들은 자신의 정치권력을 확장하고 왕조를 튼튼한 기반 위에 올려놓으려고 노력하면서 중앙집권적 관료 제도를 중국에서 수입했다. 그러나 그런 제도를 시행하려던 사회는 강력한 귀족적 전통과 배타적인 지방자치의 전통을 가진 사회적 분화가 미흡했다. 그 결과 중앙집권적 관료 제도와 지방적 귀족 제도 사이의 타협이 이뤄졌는데, 귀속적 사회집단이 정치적 역할을 수행하며, 세습적 지방 지배층(그들은 향리라고 불리게 되었다)이 관원으로 진출하고 전국 대부분의 군현郡縣을 관리하는 체제였다. 정치적 역할과 사회적 역할이 구분되지 않았기 때문에 조선에 등용된 관원들은 강력하고 새로운 중앙집권적인 귀족적 관료 제도를 발전시켰고, 그들의 이익은 더 이상 지방 향리층의 그것과 양립할 수 없게 되었다. 동시에 국가가 세습적 지배층에 지방행정을 맡기는 것은 향리의 협력에 의존하고 물적·인적 자원에 접근하려면 전통적인 지방 사회의 질서를 유지해야 한다는 의미였다. 중앙과 지방의 이익, 그리고 국왕과 중앙 귀족 관원(그들은 양반으로 알려지게 되었다)의 이해가 충돌하는 상황은 고려 전기의 정치적 정착 과정에 내재한 현상이었다.

강력한 중앙 귀족 관료 제도의 발흥에서 야기된 근본적인 갈등은 지방 향리의 이익을 보호하는 방향으로 설계되었지만, 외국의 침략으로 왕조 후반 커다란 압박을 받지 않았다면 고려의 정치체제는 그럭저럭 유지될 수 있었을 것이다. 그런 침략들은 국가의 자원을 유출시켰을 뿐만 아니라 향리에게 집중된 전통적 지방 사회의 질서가 중앙 양반의 경제적 이익에 더욱 많이 침식되는 악화된 상황을 가져왔다. 지방 사회가 붕괴된 결과는 국가의 재정 상황이 악화되고 기반을 잃은 지방 향리들이 기회를 찾아 수도로 모여들어 중앙 양반의 권력을 위협하는 두 가지 현상으로 나타났다.

견고한 중앙 양반 귀족에 맞서고 근본적인 개혁을 실행할 능력과 권위가 부족했던 고려 후기의 국왕들은 여러 방법—외국인과 환관에게 정치권력을 주어 양반의 영향력을 상쇄하고 향리에게 군역을 지우는 대가로 관직에 등용하는 것을 포함해서—을 동원해 악화되는 상황을 타개하려고 시도했지만, 그것은 중앙 귀족 관원들의 위협을 증가시키고 궁극적으로는 위기를 심각하게 만들었을 뿐이었다.

제도적 구조가 더 이상 자신들의 필요에 봉사하지 못하고 자신들을 국왕에게서 멀어지게 만든 결과, 위기에 봉착한 개혁적 양반들은 마침내 비교적 신진이며 보수적 반대파에 맞서 개혁을 추진하는 데 필요한 무력을 갖고 있던 무장 이성계와 연합했다. 뒤이은 정치적 투쟁은 1392년에 고려의 멸망으로 끝났다. 새 왕조의 건설자들은 부분적으로 국왕과 신하의 권력균형을 바로잡는 정치 개혁을 계획했지만, 정치권력을 둘러싼 경쟁을 줄이고 국가의 사회적·정치적 지배층으로서 양반의 위치에 힘을 싣는 데 좀더 주력했다.

그러므로 조선왕조의 수립은 상당히 높은 정도의 사회적 차별을 전제로 한 수입된 중앙집권적 관료 제도와 귀속적 사회집단이 자원과 정치적 역할을 장악하고 있던 지방자치적인 토착적 전통 사이에서 빚어진 긴장의 산물이었다. 고려-조선 교체기에 추진된 국가의 제도 개혁은 중앙 양반의 이익을 둘러싼 사회·정치제도의 개편이었고, 따라서 일정한 정도의 중앙집권화에도 불구하고 통일신라 후기부터 고려 전기까지 지방 유력층의 이익에 주로 기초했던 옛 질서와의 단절을 의미했다. 요컨대 우리가 본 것은—여전히 역사상 관료 사회의 넓은 범위 안에서—강력한 귀족 제도(그 안에서 지배적인 사회집단은 지방에 기반을 둔 유력층이었다)에서 귀족 제도와 관료 제도가 혼합된 체제(거기서 지배적인 사회집단은 그 권력과 권위를 조정에서 벼슬한 조상에게서 가져왔다)로 옮겨간 변동이었다. 이것이 역사의 '진보'든 아니든 필자는 이것이 목적론적 판단의 문제에 매우 가깝다고 보았다. 확신하고 있는 한 가지 사실은 그것이 정체停滯는 아니었다는 것이다.

끝으로 지난 몇 년 동안 한국의 신진 학자들은 주류의 전제를 받아들이지 않은 앞선 세대의 실증적 역사학자들에게서 큰 영향을 받아 고려 후기부터 조선 전기에 관련된 내재적 발전론의 결론에 도전하기 시작했다는 사실을 언급하고 싶다.[15] 그런 역사학자들은 고려 전기와 후기의 지배층이 근본적인 연속성을 갖고 있다는 사실을 보여준 김광철金光哲,[16] '신흥 사대부'와 '구 귀족'의 이분에 이의를 제기한 김당택金塘澤,[17] 조선 전기의 훈구파와 사림파가 같은 사회계층에서 나왔다는 것을 보여준 정두희鄭杜熙 등이다.[18] 그들은 필자의 학문적 단점을 발견하겠지만, 한국사를 연구하는 서양인으로서 서구에서 유래한 모형— '근대적' 서구의 경험에 우위를 부여할 것이 분명한 모형—을 한국의 풍부한 역사적 유산에 적용하려고 한다는 필자의 의혹을 한국의 동료들도 공유하고 있다는 사실을 아는 것은 작은 기쁨이 아니다.

1장
고려의 정치제도

한때 고려왕조의 정치제도는 당의 정치제도의 축소판이라고 관행적으로 서술되었다. 실제로『고려사』「백관지百官志」에 있는 정치제도의 묘사에만 의존한다면, 다른 결론에 이르기는 어렵다. 그러나 최근의 연구들은 고려 조정이 실제로 운영한 방식은 상당히 달랐다는 사실을 보여주었다.[1]

그런 연구들은 고려의 정치제도에 대한 학문적 관심을 높였지만, 그동안 그 분야의 연구는 거의 공백으로 남아 있었다. 고려와 중국을 대조한 대부분의 역사학자들은 중국의 정사들이 중국 제도의 실제적인 구조와 운영을 보여준다는 추정에 입각해 논의를 전개했다. 뿐만 아니라 세계 다른 지역의 전근대 국가에 관련된 연구 성과에 비추어 고려 정치제도에 대한 연구 성과를 재검토하려는 노력은 거의 없었다. 관료 제도에 대한 막스 베버Max Weber의 이론적 틀을 적용하려는 한두 개의 시도가 있었지만, 이런 노력들조차도 고려 사회의 강력한 귀족적 본질 때문에 학계에서 거의 전적으로 거부되었다.[2] 이처럼 고려의 정치제도에 관련된 연구는 축적되었지만, 다른 나라의 정치제도와 비교해서 고려의 제도가 어떠했는지는 거의 알 수 없었다.

역사상의 관료 사회에 관련된 고전적인 비교 연구는 아이젠슈타트의 『제국의 정치제도』다. 전통적 관료 제도의 본질을 결정하는 중요한 변수는 상당한 귀족적 요소의 존재라고 지목한 아이젠슈타트의 결론은 사산조 페르시아·오스만 터키·비잔틴제국Byzantium·중국을 포함한 몇 개의 주요한 사회를 검토해 도출한 것이다. 고려는 그런 나라들보다는 규모가 작지만, 많은 특징을 공유했으며 비슷한 문제들을 고심했다. 아이젠슈타트의 결론에 비추어 고려의 제도를 다시 검토하는 작업은 그 체제의 운영 방식과 그것이 다른 역사상의 정치체제와 달랐던 측면은 물론 공유한 사실을 좀더 잘 이해하는 데 도움을 줄 것이 분명하다.

아이젠슈타트는 역사상의 관료 사회를 봉건적 세습 체제나 가부장적 체제와 '근대적' 정치체제 사이에 있는 체제로 보았다. 봉건적 세습 체제나 가부장적 체제는 다양한 귀속적 가문이나 영토를 같이 하는 사회집단이 물적·인적 자원을 소유하는, 거의 분화되지 않은 사회에서 발생한다. 반면에 근대적 정치체제는 국가가 정치적 목적을 추구하기 위해 많은 가용 자원을 사용할 수 있는 고도로 분화된 사회에서 형성된다. 제한된 정도의 사회적 분화가 진행된 역사상의 관료 사회에서 가용 자원—봉건적 영지나 부동산에 긴박되지 않고 자유롭게 양도할 수 있고 국가가 과세할 수 있는—은 전통적인 귀속적 집단이 여전히 갖고 있던 자원과 공존했다. 역사상의 관료 제도는 두 형태의 자원이 지속적으로 공존함으로써 유지되었다. 아이젠슈타트의 용어로 말하면, 일정한 분량의 가용 자원을 갖지 못하면 봉건적이거나 세습적 체제로 퇴보하지만, 가용 자원을 많이 갖게 되면 역사상의 관료 체제를 종식시키고 '근대적' 민주제도나 전체주의 체제로 나아가게 된다. 같은 이유에서 역사상의 관료 제도가 서로 수많은 차이를 가진 까닭은 사회적 분화의 정도에 따라 설명할 수 있다. 전통적으로 사회적·경제적 역할이 귀속적 가문에 부여된 미분화未分化된 사회는 가용 자원을 상대적으로 적게 생산하고 따라서 좀더 약한 정치제도를 갖지만, 더욱 분화된 사회는 그만큼 강력하고 복잡한 정치제도를 형성하는 경향이 있다. 비교적 저조하게 분화된 사회였던 고려에서 국왕은 자원을 통제하기 위해 귀속적 지배층과 끊임없이 투쟁했다.

국왕은 관료 사회를 형성하려는 노력을 주도했는데, 그의 목표는 전통적인 귀족적 또는 부족적 독립체에 얽매이지 않고 의사 결정을 독점할 수 있는 좀더 집중되고 통일된 체제를 창출하는 것이라고 아이젠슈타트는 주장했다. 대토지를 소유한 귀족들은 대부분 중앙집권화의 시도에 위협을 느꼈기 때문에 국왕에게 반대했다고 그는 언급했다. 그런 반발을 극복하기 위해서 국왕은 구 귀족에 반대하고 중앙집권적 정치체제의 수립에서 어떤 이익을 얻는 집단과 제휴하려고 시도했다. 국왕은 전통적인 집단과 되도록 독립적인 행정 기구를 만들어 예산을 직접 통제하고 자신에게 충성하는 인물을 임명할 수 있는 제도를 수립하려고 했다. 앞으로 보듯이 10세기의 고려 국왕들은 새로운 사회집단을 등용해 정치 운영에 관련된 자신의 통제력을 높일 수 있는 제도 변화를 추진하려고 시도했다.

아이젠슈타트는 역사상의 관료 제도에서 국왕의 권력을 제한한 몇 가지 요소를 들었다. 그중 하나는 전통적인 종교에 의지해 국왕을 합법화하는 것이었는데, 그것은 새로운 통치자를 이전에 형성된 권력관계 안에 묶어놓는 경향이 있었다. 고려의 건국이 합법화된 것은 지배적인 사회집단이 추종한 핵심적 이념이었던 불교와 풍수지리설에 크게 힘입었다.

또 다른 중요한 요소는 정치적 역할의 범위가 기본적인 사회적 기능과 구분되지 않으며, 전통적인 귀속적 집단이 여전히 핵심적인 정치적 기능을 수행하고 있다는 사실이었다. 이것은 고려 사회의 분화가 저조하다는 측면과 밀접히 관련되었는데, 지방행정제도에서 가장 명확하게 드러났다. 왕조는 대부분의 지방을 직접 관할하지 않았고, 지방 군현의 거의 모든 일상 행정에서는 향리의 세습적인 특권이 유지되었으며, 국가는 그들에게 질서유지와 자원 동원을 의존했다. 이런 향리 가문은 고려 정치제도의 법률적 토대인 서열화된 지역적 신분제territorial status system를 형성했다.

아이젠슈타트는 지배 집단의 구조와 구성에서 귀속적이고 특별한 기준이 계속 중시된 것은 국왕의 권력을 제한하는 또 다른 중요한 요소였다고 지적했다.[3] 9~10세기 지방 사회를 지배한 주요 가문이 가진 세습적 특권의 전통은 11~12세기 향리에서 발생해 지배적인 정치 세력이 된 중앙 관원 가문으로 이어졌다. 이런 전통은 지방과 중앙 지배층의 귀속적 특권을 허용했을 뿐만 아니라 국왕이 사용할 수 있는 자원의 분량을 크게 제한함으로써 자원과 정치권력을 둘러싼 국왕과 지배층의 갈등을 배태하고 형성했다.

아이젠슈타트는 국왕의 가치 지향은 정치체제의 본질을 결정하는 데 주요한 변수로 작용했다는 측면도 언급했다. 그는 역사상 관료 제도의 가치 지향을 두 가지 형태로 정의했다. 하나는 정치적 단결을 지향하는 것인데, 그 주요 목표는 영토를 확장해 국가를 강화하는 것이다. 이런 지향에 입각한 국왕은 자신이 자원을 좀더 많이 통제하고, 정치체제의 존속에 필수적인 전통적 자원과 가용 자원 사이의 균형을 약화시키는 정책을 추구했다. 다른 하나는 문화를 지속하려는 지향인데, 그 주요 목표는 문화적 가치를 보급하고 지속해 정치체제의 영속을 보장하는 것이었다. 이런 지향을 가진 사회 중에서 중국은 매우 안정적이며 오랫동안 스스로 유지하거나 재창조해온 고전적 사례다.[4]

두 지향은 고려에서도 나타났다. 그 왕조의 원래 이름인 후고구려는 한반도와 만주의 북방에 있는 고구려의 실지失地를 회복하려는 건국자의 열망을 담은 것이었다. 왕조 초반에 고려는 특히 압록강까지 이르는 서북 지역에서 국경을 넓히는 데 성공하지 못했으며, 한반도의 동북 지역이나 압록강을 건너 만주에 이르는 추가적인 확장은 거란의 요遼(907~1125)와 여진의 금金(1115~1234)이라는 강력한 제국의 흥기 때문에 가로막혔다. 10세기 후반부터 11세기 전반 요와 관계가 정착될 무렵, 고려는 이미 문화를 유지하는 방향으로 전환하기 시작했다. 12세기 중반 승려 묘청妙淸(1135년 사망)은 자국의 문화를 보호해야 한다고 주장하면서 반란을 일으켰지만, 신라에 기초한 정치적 정체성을 창출하고 유교적 사회 가치를 보급하는 데 주요한 관심이 있던 유학자이자 관원인 김부식金富軾(1075~1151)에게 패배했다.[5] 그 뒤 금의 압력이 계속되고 결국 원(1260~1368) 제국에 복속된 결과 멸망하기 직전까지 고려에서는 어떤 팽창주의적 정서도 다시 일어나

지 못했다.[6]

그렇다면 문화를 유지하려는 지향 아래서 고려 정치제도의 핵심적인 본질은 무엇이었는가? 윈스턴 로Winston Lo는 문화를 유지하려는 송대의 지향을 논의하면서 국가의 주요한 기능은 "국내외의 적으로부터 영토를 보호하고, 서로 다른 사회계층이 이미 익숙해진 사회적 위계질서와 전통적 생활양식을 유지하는 것"이라고 주장했다.[7] 전반적으로 이 발언은 특히 개혁의 노력이 주로 현재의 상황을 유지하거나 회복하려고 시도했던 고려 중반이나 후반에도 적용할 수 있다고 생각된다. 그런 문화 유지적 지향은 강력한 귀속적 경향을 가졌으며 거의 분화되지 않았던 사회에 특히 적합했다고 판단된다.

중 앙 정 치 제 도

고려는 거의 500년 동안 유지되었지만, 10세기 초반 왕건王建이 건국했을 때 그렇게 오래 지속되리라고 예상한 사람은 거의 없었다. 한국에서 왕권은 강력한 귀족에게서 오랫동안 제약을 받아왔으며, 신라 후기에 반란은 다양한 귀족들이 차례로 왕좌에 오르는 수단으로 자주 사용되었다. 왕건은 신라 후기의 국왕들을 괴롭혔던 동일한 문제의 방해를 받았다. 국왕 자신도 반란으로 즉위했고, 본질적으로 그의 새 체제는 강력한 장군들 중 1인자가 주도한 연합이었다.[8] 따라서 고려 전기의 국왕들에게 가장 시급한 문제는 스스로를 합법화하고 국왕의 권위와 권력을 강화하며 자신의 정치적 목표를 이룰 수 있는 관료 제도를 창출하는 것이었다.

왕권

신라의 국왕들을 괴롭힌 어려움들을 간단히 살펴보면 고려의 건국자들이 직면한 주요 문제들을 어느 정도 알 수 있다. 신라 전기 국내에서 정치권력의 중심은 국왕의 선정選定과 주요 정책의 입안·결정·시행을 비롯해 광범한 권력을 행사한 귀족의 화백和白회의였다. 6~7세기 한반도의 지배를 놓고 고구려·백제·신라 삼국의 경쟁이 뜨거워지면서 정치권력의 균형은 화백회의에서 국왕으로 옮겨졌으며, 그것은 신라가 통일한 뒤 첫 100년 동안 정점에 이르렀다. 왕위는 다른 인물을 추대한 화백회의의 결정을 무너뜨리고 즉위한 무열왕武烈王(재위

654~661)의 후손들이 세습했다. 무열왕의 후손들은 신하를 관료 제도에 좀더 복속시키려는 의도에서 관직의 이름을 바꾸고 녹읍祿邑(고위 관원들이 일정한 영역의 주민에게서 지대와 요역을 수취할 수 있도록 허락한 토지)을 녹봉제로 바꾸는 등의 여러 개혁을 시행했다.[9]

이런 변화에도 불구하고 신라의 정치제도는 정치적 역할과 사회 신분이 긴밀히 연결된 매우 분화되지 않은 체제로 남아 있었다. 6세기에 형성된 신라의 골품제도는 사회 신분에 기초해 정치 관직을 할당했다. 성골聖骨이나—7세기 초반 성골이 모두 사망한 뒤에는—진골 출신만이 왕위에 오르고 화백회의에 참석하거나 고위 관직에 오를 수 있었다. 진골 아래는 6·5·4두품이었다. 그런 두품 출신은 승진에 제한을 받았는데, 가장 높은 집단인 6두품은 중간 정도의 관직까지만 오를 수 있었다. 신라 정치제도의 이런 주요 특징은 정치적 역할이 귀속적 집단에 매우 많이 내재해 있다는 것이었다.

7~8세기 신라 국왕들이 진골의 특권을 제한하는 개혁을 시작하자 귀족들은 8세기 중반 녹읍의 부활을 비롯한 경덕왕景德王(재위 742~765)의 가장 중요한 관료 제도적 개혁의 일부를 뒤엎는 반격을 시작했고, 그것은 곧 일련의 반란으로 이어져 혜공왕惠恭王(재위 765~780)의 암살로 끝났다. 혜공왕의 죽음으로 무열왕 계열의 왕위 세습은 끝났으며, 중앙의 진골 귀족은 누구나 왕위를 경쟁할 수 있게 되었다. 신라의 마지막 한 세기 반 동안 김씨와 박씨 출신 20여 명은 자신의 진골 신분이 왕위에 합당하다고 믿으면서 권력투쟁을 벌여 즉위했다.

처음에 진골 세력은 전통적으로 가문에서 소유해온 자원을 관리해 물질적 기반을 마련했지만, 7~8세기에 중앙 관료 제도의 개혁이 추진됨으로써 그들의 권력 기반은 상당히 무너졌다.[10] 그러나 10세기 중반에 일어난 반란 이후 진골 세력은 넓은 전장田莊을 축적해 사실상 대토지를 소유한 귀족이 되기 시작했다.[11] 귀족 권력의 부흥은 9세기에 위원회 조직인 정사당政事堂의 재탄생으로 귀결되었다.[12]

중앙에서 귀족들이 권력투쟁에 몰두함에 따라 특히 지방에서는 일상적인 통치 행정이 문란해졌다. 이런 상황은 장군將軍이나 성주城主로 자칭한 지방 호족豪族들이 전국에서 사병私兵을 규합할 수 있는 계기를 제공했다. 이런 호족들은 연합이나 정복으로 무력을 강화하는 사례가 많아지면서 권력을 강화하고 영토를 넓히려고 시도했다. 10세기 초반 그들의 연합은 신라에 도전할 수 있는 후백제와 고려라는 거대한 두 집단으로 모아졌다.[13]

이런 지방의 군사 지도자들은 다양한 사회적 출신을 갖고 있었다. 가장 두드러진 세력인 신라의 왕자 궁예弓裔와 명주溟州(지금의 강릉)의 김주원金周元의 후손 등은 불만을 품고 지방에 다시 정착한 귀족이었다. 다른 부류로는 반체제적인 지방 관원, 신라의 국경 방어 조직의 일원, 그리고 지방 수령도 있었다. 또 다른 주요 집단은 낮은 신분 출신으로 해상무역에서 활동한 부류였다.[14] 이런 집단의 출현은 사회를 지배하던 대토지 소유의 진골 귀족과 경쟁할 수 있는 해상무역 세력 같은 새로운 사회집단이 나타났고, 세습적 특권이 아니라 실제적인 힘이 사회 신분을 결정하는 주된 요인으로 떠오르는 사회분화의 과정을 신라가 통과하고 있다는 사실을 보여준다.[15]

해상무역 세력에서 일어나 918년(태조 1)에 궁예를 축출하고 즉위한 왕건의 영도로 고려는 마침내 한반도에 통일된 질서를 수립하는 데 성공한 뒤 935년(태조 18)에 신라의 항복을 받고 936년에 후백제를 멸망시켰다. 왕건은 자신의 통치를 합법화하는 데 다양한 이념적 요소를 동원했다. 천수天授라는 그의 연호는 천명天命을 받았다는 의미를 담은 유교적 용어로 자신이 궁예를 전복시킨 것을 정당화하려고 했음을 또렷이 보여준다. 이것은 한국의 국왕이 천명이라는 용어를 사용한 첫 사례로서 왕건에게는 강력하고 새로운 합법화의 수단이 되었지만, 신라의 진골 귀족 전통과는 완전히 결별했다는 의미였다.

그러나 고려 국왕들이 천명에서 이끌어왔던 권위에 불만도 제기되었다. 거의 2세기 반 동안 신라는 당 황제의 종주권, 즉 중국의 천자만이 천명을 주장할 수 있다는 논리를 인정했다. 933년(태조 16)에 왕건은 후당後唐 명종明宗의 연호를 수용함으로써 결국 중국의 종주권을 스스로 인정했고, 그 후계자(960~963년 동안 광종을 제외하고는)들은 모두 송·요·금·원의 황제를 자신의 종주권자로 인정해 그들에게서 책봉 교서를 받고 그들의 연호를 사용했다는 사실은 한국에서 왕권을 신장시키는 수단으로써 천명의 약점을 또렷이 보여주었다.

실력을 더욱 중시하는 새로운 사회질서의 도래를 알리는 신호로 연호를 사용한 왕건의 한계를 보여주는 추가적인 증거는 왕건의 조상 중에 성골 출신의 장군이 있다는 왕조 역사의 주장에서 찾을 수 있다.[16] 이런 주장은 『고려사』「세계世系」에 실린 12세기의 자료인 김관의金寬毅의 『편년통록編年通錄』에서 발견되는데, 신라의 귀족 조상이 있다는 사실을 강조한 것은 10세기의 태도, 특히 10세기 전반 고려의 관품 제도가 신라의 제도에 토대를 두고 있다는 사실을 반영한 것이 분명하다고 생각된다.[17]

이처럼 이전의 골품제도는 신라의 멸망과 함께 종결되었지만, 정치 권력의 분배를 목표로 흥기한 새로운 세력들은 여전히 골품제의 용어로 자신들을 합법화하려고 시도했다. 아울러 강희웅이 입증했듯이 왕건은 귀족들이 자신의 체제에 협조하도록 적극적으로 구애하는 정책을 폈는데, 신라 귀족이 귀속적 전통과 실질적 행정 경험을 거의 독점했기 때문이었다.[18] 한국에서 혈통은 사회적·정치적 지위를 결정하는 주요한 요소로 남아 있었다.

왕건이 전통적인 귀속적 집단의 이익을 초월할 수 없었다는 또 다른 증거는 그가 후손에게 지침으로 남긴 유명한 「훈요십조訓要十條」의 일부 조항에서도 찾을 수 있다. 화엄종華嚴宗으로 대표되는 교종敎宗은 신라에서 진골의 이해와 매우 밀접한 관계를 갖고 있었다. 신라의 국왕들은 왕권을 강화하려는 목적에서 부처-국왕의 이상을 동원했을 뿐만 아니라 신라의 귀족들도 조상을 기리려는 의도로 화엄종 사찰을 많이 세우면서 윤회의 원칙에 기초해 자신들의 신분적 특권을 정당화했다. 반면 선종禪宗은 지방에서 발전했다. 그 종파의 구산九山은 지방 호족들과 긴밀히 연결되었는데, 호족은 개인적 노력으로 득도할 수 있다는 선종의 논리를 강조함으로써 중앙 권력에 저항하는 자신들의 행동을 정당화할 수 있다는 사실을 깨달았다.[19] 지리가 현실에 영향을 준다고 주장하는 풍수지리설의 원리도 여러 지방에서 호족들의 지배적 위치를 정당화하는 데 이용되었다.[20]

「훈요십조」의 첫 조항은 "국가의 대업은 여러 부처의 호위를 받아야 한다. 따라서 선종과 교종의 사찰을 개창하고 승려들을 거기에 파견해 불법을 전파해야 한다"는 것이다. 제5조는 "나는 우리나라 산과

1장 고려의 정치제도

강의 도움으로 통일의 대업을 성취했다”는 것이다. 불교와 풍수리지설에 관련된 내용은 제6조를 포함한 다른 조항에도 여러 차례 나오는데, 연등회燃燈會의 목적은 부처를 숭상하는 것이며 팔관회八關會의 목적은 하늘과 주요한 산과 강을 숭상하는 것이라고 언급되어 있다.[21] 궁극적으로 이런 조항들은 당시 왕건이 지배적 사회집단—교종과 연합한 진골과 선종·풍수지리설에 가까운 지방 호족—의 불만에서 벗어날 수 있는 합법화의 원천을 찾을 수 없었다는 사실을 보여준다.

왕건이 통일을 성취한 연합의 구조는 새 왕조가 권력을 강화하려고 노력하는 과정에서 마주친 곤란한 문제들도 보여준다. 수치상 왕건 가문 자체는 그리 대단하지 않았던 것으로 판단되는데, 자료에는 사촌 중 두 사람만이 현직 문관 또는 무관이었다고 기록되어 있다.[22] 이 것은 연합 안에서 강릉 김씨처럼 여러 명의 고위 문무 관원을 배출한 더욱 유력한 일부 가문과는 거의 비교할 수 없는 내용이다.[23] 왕건의 연합에는 신라 진골의 배경을 가진 사람들도 다수 포함되어 있었다는 사실도 언급해야 한다. 그런 귀족들 중 일부는 신라의 수도인 경주 출신이었지만, 강릉 김씨를 포함한 다른 부류는 지방에 다시 정착한 진골 귀족의 후손이었는데,[24] 그곳에서 그들은 자신의 진골 신분을 이용해 지방의 지배적인 세력자로 자리 잡고 사병을 양성할 수 있었다.[25] 이렇게 왕건은 자신과 대등하거나 더 큰 무력과 사회적 특권을 가진 집단과 연합해야 했던 것이다.

왕건이 채택한 전략의 하나는 강력하고 권위 있는 다른 가문과 혼인 관계를 맺는 것이었다. 적어도 그는 중요한 호족과 신라 귀족의 딸 29명과 혼인했다. 왕건은 수적으로 적은 자신의 가문을 강화하려는 목적이었지만, 전국의 주요 가문의 후원을 받으려고 노력한 것은 분명해 보인다.[26] 왕실의 인척들은 서북쪽의 통주通州·평주平州, 서쪽의 정주靜州·광주光州, 남서쪽의 나주羅州, 동쪽의 강릉, 동남쪽의 경주慶州·합주陜州, 그리고 중앙의 홍주洪州·충주忠州 같은 전략적으로 중요한 지방 거점들에서 배출되었다. 정주의 유천궁柳天弓 같은 왕건의 인척은 출신이 분명치 않은 지방 호족이었는데, 『고려사』에는 그들의 선조가 부유한 지방 토호라고 서술되었다.[27] 나주 오씨 같은 가문은 해상무역 세력이었지만, 강릉 김씨·평산 박씨·경주 김씨 등의 다수는 대토지를 소유한 신라 진골 출신의 귀족이었다.[28] 왕건이 전국에 걸쳐 다양한 사회적 출신의 가문과 연합한 것은 경주에 기반을 둔 진골 귀족이 권력을 독점한 신라의 체제에서 벗어난 일이었다. 그러나 동시에 일부 진골 가문을 자신의 혼인 관계에 포함시킨 것은 구 귀족의 지속적인 권위를 보여준다.

광범한 지역적 기반을 가진 연합을 통합하는 왕건의 전략은 일단 단기적으로 왕조의 생존을 보장해야 한다는 당면 목표를 이뤄야 가능한 일이었다. 그러나 동시에 그런 전략은 그의 바로 다음 국왕인 혜종惠宗(재위 943~945)과 정종定宗(재위 945~949)의 치세에 외척간의 격렬한 투쟁이 일어나는 원인을 제공하기도 했다. 그것은 강력한 외척에게 왕실이 의지하는 불행한 선례를 만들었으며, 그 뒤 왕조에 커다란 비극을 가져왔다. 그러나 이 연구의 일차적인 목적과 관련해 왕건이 주요 가문과 혼인 관계에 의존했다는 사실이 보여주는 가장 중요한 측면은 그가 귀족·호족의 연합을 초월하지 못했다는 실례가 될 것이다.

뒤를 이어 즉위한 국왕들의 첫 임무는 10세기 전반 중앙 정치와 사회를 지배한 군사 연합의 권력을 견제하는 것이었다. 강희웅이 보여 주었듯이 부분적으로 그 방법은 연합 안에서 가문끼리 투쟁이 일어나면서 도출되었는데, 정종의 치세 동안 대토지를 소유한 지배층으로서 이익을 공유했던 구 귀족과 신흥 세력은 해상 세력의 일부를 제거했다.[29] 해상 세력의 몰락은 오랫동안 고려의 정치체제에 중요한 영향을 주었지만, 그것의 즉각적인 영향은 중앙 연합을 약화시킴으로써 광종光宗(재위 949~975)이 왕실의 특권을 보장하려는 실제적인 시도를 처음으로 전개할 수 있게 했다는 것이었다. 단호한 국왕은 호족의 경제적 기반뿐만 아니라 그들이 보유한 사병도 대폭 축소시킨 956년(광종 7)의 노비안검법奴婢按檢法을 포함해 연합의 권력을 줄이는 여러 대담한 방법을 도입했다.[30] 광종의 억압은 치세가 끝날 무렵 옛 연합을 뿌리 뽑은 유혈 숙청으로 절정에 이르렀다. 이 숙청의 범위는 975년(광종 26)에 경종景宗이 즉위했을 때 40명의 옛 신하舊臣만이 살아 있었다는 최승로崔承老의 개탄에서 일부나마 알 수 있다.[31] 광종은 그 무자비함 때문에 유교적 역사학자들에게서 폄하되었지만, 연합의 시대를 효과적으로 종결시키고 새 왕조를 더욱 견고한 기반 위에 올려놓았다.[32]

중앙관료 제도의 창출

왕권을 안정시키려는 광종의 노력은 군사 연합을 해체하는 데 국한되지 않았다. 그는 자신을 '황제'로 호칭하고 고려의 수도인 개경을 '황도皇都'라고 부르면서 자신의 독재 정책을 합법화하고 자신을 백성위로 격상시켰다.

또한 광종은 왕권의 권위를 높이는 여러 확실한 수순을 밟았는데, 가장 중요한 사실은 옛 중앙 연합의 구성원을 지방 출신의 신진 인물로 대체한 것이었다. 그 첫 단계는 정종이 거란의 위협에 맞서 국왕에게 직속된 대규모의 병력인 광군光軍을 지방 출신의 군사로 창설한 것이었다.[33] 그런 군사력 없이는 자신을 뒷받침할 수 없다는 것이 거의 확실했기 때문에 광종은 옛 중앙 연합의 배후를 무너뜨리지 않을 수 없었다. 광종과 그를 이은 국왕들은 관료 제도에 더욱 입각해 고려의 정치제도를 개편해갔다. 첫 조처는 958년(광종 9) 광종이 중국인 신하의 조언으로 과거제도를 시행한 것이었다. 혈통은 물론 능력이 주요 관직에 등용되는 자격이 된다는 원칙이 수립되었고 국가가 등용 절차를 통제할 수 있는 권리를 확실히 갖게 되었다는 이유에서 이 개혁은 중요했다.[34] 광종의 치세 동안 과거는 여덟 번 실시되어 제술과製述科 27명, 명경과明經科 6명의 급제자가 배출되었다. 이 33명의 급제자 중 13명만 이름을 알 수 있으며, 4명만 직계 조상의 신분을 알 수 있다. 2명은 중앙 조정에서 고위 관직에 오른 아버지나 할아버지가 있었지만, 다른 2명은 지방 호족 가문의 자손으로 향시를 통과한 사람이었다.[35] 이들의 존재는 광종이 지방의 새로운 가문을 등용하는 데 과거제도를 이용했음을 보여준다. 그와 후계 국왕들은 그런 인물들을 등용할 이유가 많았는데, 지방 호족의 자손을 조정에 등용해 그 가문의 충성을 굳게 하고 국왕에게 충성을 바치는 주요 관원을 배출하려는 것이 그 핵심이었다.[36]

그러나 전통적인 귀속적 집단과 독립된 관료 제도를 창출할 수 있는 고려 국왕들의 능력에는 현실적 한계가 있었다. 10세기 고려 사회의 사회적 분화는 신라의 골품제보다 좀더 진전되었지만, 두드러진 도시 세력이나 상인, 또는 그 밖의 집단이 형성되어 국왕이 거기서 관원을 등용할 수 있는 수준까지 진행되지는 않았다. 해상무역 세력은 왕조 전반 중요한 역할을 수행했지만, 정종 때 대토지 소유자들에게 축출되었다는 사실은 고려 전기의 국왕들이 중앙 연합을 견제하기 위해 지방 호족에게만 의지했다는 것을 의미한다. 그러나 진골 출신이 많던 이 집단은 대대로 자신의 지역에서 자치적인 권력을 행사하던 가문의 대표자로서 세습적인 대토지 지배층을 형성했다. 이처럼 과거 제도의 시행으로 새로운 가문이 진출해 옛 연합과 균형을 맞췄지만, 그들조차도 세습적인 지역적 기반을 가진 가문과 대토지 소유자의 결합에서 배출되었다. 그 결과 고려의 관료 제도에는 처음부터 강력한 귀족적 전통이 내재해 있었다.

고려 전기의 체제를 강화하고 관료화하려는 노력의 정점은 성종成宗(재위 981~997)이 당(618~907)의 삼성육부제三省六部制에 따라 중앙 조정을 재편한 것이었다.[37] 삼성은 정책을 입안하는 중서성中書省, 정책을 심의하는 문하성門下省, 그 아래의 이·호·예·병·형·공부를 통해 정책을 시행하는 상서성尚書省이었다. 다른 주요 관서로는 송의 관서를 원형으로 삼아 군사 업무를 협의하고 국왕과 신하 간의 문서를 전달하는 임무를 맡은 중추원中樞院, 재정과 회계를 맡은 삼사三司, 국왕의 문서를 작성하는 한림원翰林院, 국왕의 눈과 귀가 되어 독립적으로 관원의 비행을 감찰하는 어사대御史臺, 그리고 낭사郎舍나 간관諫官으로 총칭되는 중서성과 문하성의 중급 관원들이 있었는데, 그들은 부당한 정책 결정과 부적절한 국왕의 행동을 비판할 뿐만 아니라 인사와 정책을 재가하는 중요한 권한인 서경署經을 어사대와 함께 행사했다.

고려왕조는 군사적 기원을 갖고 있었지만, 무반은 제도적 구조를 개편하는 데서 분명히 열등한 지위였다. 중앙 관원은 문반(동반)과 무반(서반)으로 구성되었다. 문반은 정1품부터 종9품까지 18품으로 구성되었다. 그러나 정1품은 명예직으로만 수여되었고, 현직 최고 문관은 종1품의 문하시중門下侍中이었다. 반면 최고 무관인 상장군上將軍은 정3품에 지나지 않았다. 앞서 말했듯이 최고 수준의 국방 업무는 문반 관서인 중추원에서 다뤘으며, 전쟁이나 내란에서 가장 높은 야전 사령관은 고위 문관을 임명하는 것이 일반적인 관행이었다.

10세기 후반에 문반이 조정의 권력 중심으로 떠오른 것은 10세기 전반에 조정을 장악했던 무장 세력을 억제하는 데 고려가 성공했다는 징표였다. 그러나 그렇다고 해서 고려 국왕들이 독재적 권력을 누린 것은 아니었다.

역사상의 관료적 정치제도를 분석하는 데 아이젠슈타트가 사용한 주요 기준의 하나는 어떤 특수한 역할을 중심으로 주요한 정치 활동이 조직되었고 그런 역할이 서로 분화되었던 정도다.[38] 그런 제도의 또 다른 주요 특징은 다양한 사회집단의 요구가 종합되고 표명될 수 있는 정치적 협의 기구—전형적으로 어떤 종류의 위원회나 대표 기구—가 발전했다는 사실이다. 국왕은 그런 기구에 일정한 자치를 허용하고 왕조가 지원을 의존하고 있는 사회집단의 요구를 충족시킴으로써 자신의 권위를 높이고 폭넓은 권력을 창출·유지하려고 시도했

1장 고려의 정치제도

다. 국왕의 주요한 문제는 이런 기구들을 전통적 귀족 집단과 분리해 계속 통제하는 것이었다. 국왕은 협의 기구에 들어갈 수 있는 자격을 직접 승인하거나 믿을 만한 사회집단 안에 그것을 설치해 그런 목표를 이루려고 했다.[39]

성종이 도입한 새로운 정치제도는 정치적 역할의 상당한 전문화와 분화를 가져왔다고 판단된다. 문반과 무반이 서로 분리된 조직에 편제되었을 뿐만 아니라 문반의 내부 구조는 재정과 감찰은 물론 정책의 입안과 검토·집행을 맡은 각기 다른 관서가 설치됨으로써 기능이 뚜렷하게 분화되었다. 중서성과 문하성은 각각 정책 입안과 검토를 담당하면서 최고의 정치적 협의 관서로 자리 잡았다. 이 두 관서의 기능이 분리됨으로써 국왕은 잠재적으로 그들을 서로 견제하게 할 수 있었다. 또한 정무 기구에 참여할 수 있는 자격은 귀속적 신분 집단에 소속되었는가보다는 정규 관직을 가졌는가에 따라 결정되었다.

이런 기능 분화는 실제보다 더욱 명확했다. 새로운 정치제도는 도입되자마자 수정을 거쳤다. 중서성과 문하성은 중서문하성으로 통합되어 문하시중의 지휘를 받았다. 상서성의 최고 관직은 공석으로 남아 있거나 명예직으로만 제수되었지만, 육부는 중서문하성에 직속되었고 1·2품 관원은 삼사와 한림원 같은 다른 주요 관서와 육부의 판사를 겸직했다. 이런 권력을 가진 소수의 중서문하성 1·2품 관원들은 중앙 관료 제도에서 '재신宰臣'이라는 상부를 견고하게 형성했다. 특히 그들의 탁월한 정무 능력은 국왕이 주요한 정치 사안이나 정책을 결정할 때 그들과 정기적으로 상의한다는 사실에서 나타났다.[40]

이런 수정은 당시 중국보다 한국에서 정치적 역할의 전문화가 훨씬 낮았다는 것을 알려준다. 그러나 당과 송의 중앙 정치제도를 다룬 2차 문헌은 고려의 경험과 비슷한 통합 과정을 서술하고 있다. 중국의 중서성과 문하성도 하나의 관서로 합쳐졌으며, 통합된 중서문하성의 최고 관원들은 육부의 관직을 겸임했다.[41] 윈스턴 로는 관원의 권한이 사실상 이렇게 통합된 까닭은 효용성 때문이었다고 파악했다.[42] 고려처럼 적은 자원을 가진 작은 나라는 관료 제도를 간소화해야 할 필요성이 더 크다고 상정할 수 있다. 그러나 당과 고려 모두 귀속적 특권이 중요했기 때문에, 정치적 역할의 분화가 제한된 것은 낮은 수준의 사회적 분화와 관련되었을 가능성을 배제할 수 없다.[43] 아무튼 중서문하성에 소속된 소수의 고위 관원에게 정무와 관료행정의 기능이 통합되었다는 사실은 이전의 체제에 내재했던 견제와 균형이 약화되었다는 것을 보여준다.

중서문하성으로 권한이 상당히 통합되었음에도 신권臣權에는 또 다른 잠재적 중심이 있었다. 그것은 국왕과 신하 간의 문서 출납과 국방 문제의 협의를 맡은 중추원이었다. 중국에서는 중추원의 관원을 환관으로 채우는 것이 일반적인 관행이었다.[44] 후한(25~220) 이후의 중국 황제들은 황실 인척과 그 밖의 귀족들의 권력과 영향력에 대응하려는 목적에서 지배적 사회 신분이 아니며 자손을 낳지 못하는 부류인 환관을 규칙적으로 등용했다. 중국에서 중추원의 고위직에 환관이 많이 배치되었다는 사실은 황제가 그 관서를 중서문하성에 포진한 귀족 세력과 평형을 맞추는 도구로 사용했음을 보여준다.

고려에서 중추원의 장관인 종2품 관원 5명은 추신樞臣으로 불렸다. 문서의 출납과 국방 업무의 협의를 제외하고도 그들은 어사대와 낭사에 자주 임명되었다.[(45)] 대관臺官과 간관은 대간臺諫이라는 통합된 이름 아래 공동으로 행동할 때가 많았다. 그런 공동 행동은 대체로 기능이 같았기 때문으로 설명되지만,[(46)] 추신이 두 관서의 활동을 조정했을 가능성도 배제할 수 없다. 실제로 이런 방식의 겸임은 중추원 아래에 간쟁과 감찰 기능이 사실상 통합되었음을 암시한다.

그러므로 고려의 중추원은 중국의 그것보다 정치권력의 튼튼한 두 번째 중심이었음이 분명했다. 그러나 고려에서 중추원의 모든 관원은 정규 조정의 구성원이었다. 왕조의 상당히 후반까지 환관은 결코 관직을 가질 수 없었으며 중요한 정치권력을 행사하지 못했다. 그러므로 두 나라의 정규 관료 제도는 비슷한 수정을 거쳤지만 다른 결과로 나타났다. 중국에서 정치적 기능의 통합은 황제가 귀족의 권력을 계속 규제하는 제도 안에서 발생했으며, 한국에서 국왕은 귀족이 관료 제도를 지배하는 상황에 효과적인 제도적 균형추를 갖지 못했다.

고려가 관료 제도로 이행한 것은 이런 10세기 후반부터 11세기 초반의 변화에 국한되지 않았다. 1·2품에서 권력을 더욱 폭넓게 분할하려는 새로운 경향은 11세기 후반부터 12세기 초반 관원 내부에서 경쟁의 압력이 점차 커진 결과로 나타났다.[(47)] 이런 권력 분할은 세 가지 형태로 나타났는데, 정치적 역할의 전문화와 분화가 좀더 축소되는 결과로 이어졌다.

첫 번째 변화는 재신과 추신에 임명된 사람들이 증가한 것이었다. 『고려사』 「백관지」에서는 11세기 후반 또는 12세기 동안 해당 관직의 정원이 증가하지 않았다고 언급했지만, 고위 관직이 사실상 늘어났음을 보여주는 유력한 증거가 있다. 「백관지」에서는 종2품 참지정사參知

政事의 정원이 1명이라고 서술했지만, 1093년(선종 10) 5월[48]과 1122년(예종 17) 3월 등의 일부 사례에서 2~3명이 이 관직에 동시에 임명되었다. 같은 상황은 종2품의 지중추원사와 동지중추원사에서도 나타났다. 「백관지」는 이런 관직의 정원을 1명이라고 기술했지만, 1117년(예종 12)에는 두 사람이 지중추원사에 임명되었고, 1102년(숙종 7)과 1125년(인종 3)에는 동지중추원사에 복수의 지명이 동시에 이뤄졌다.[50] 이처럼 고위 관직이 사실상 늘어난 범위를 측정하기는 어렵지만, 종2품 관직에 국한된 것으로 보인다.

정치적 참여를 넓힌 또 다른 형태는 종2품 관원에게 좀더 큰 권한을 위임한 것이었다. 종1품 문하시중과 4명의 종2품 중서문하시랑·중서문하시랑평장사中書門下侍郎平章事는 10세기 후반부터 11세기 중반까지 재신의 상부를 구성했다. 그들은 종2품의 동료들보다 지위가 높았을 뿐만 아니라 육부의 판삼사사判三司事라는 요직을 독점했다.

그러나 〈표 1.1〉에서 보듯이 11세기 후반부터 12세기 초반 종2품 관원은 겸임을 통해 권력을 더 많이 나눠 가졌다. 중서문하성과 중추원의 종2품 관원들은 이전에는 종1품과 정2품 관원들이 독점해왔던 관직을 겸임하게 되었다. 그 흐름은 1081년(문종 35) 참지정사를 병부판사로 임명하면서 시작되었으며, 1123년(인종 1) 이후 육부 판사에 종2품 관원의 80퍼센트가 임명되면서 시간이 갈수록 더욱 공식화되었다.[51] 중서문하성의 종2품 재신이 이런 변화의 유일한 수혜자는 아니었다. 이전에는 판사를 겸임하지 못했던 중추원의 추신(모두 종2품)도 그 뒤 1명이 한림원에 판사로 임명된 사례를 따라 10~14명이 판삼사사에 임명된 것으로 집계되었다. 또한 추신은 육부의 장관에 임명되는 경우가 늘어나면서 조정의 정규 행정에 더 많이 참여하게 되었다. 이처럼 종2품 관직이 증가하고 그 관원에게 더 큰 권한을 위임한 조처는 재신과 추신의 분화를 흐리게 만들었다.

권력 분할이 확대된 세 번째 방법은 종2품 관원의 지위 상승과 밀접히 관련되었다. 고려왕조 내내 중서문하성의 1·2품 관원과 중추원의 종2품 관원은 양부兩府 또는 재추宰樞라고 불렸다. 1070년(문종 24) 이전에 이 용어는 1048년(문종 2) 11월 문종이 양부의 고위 관원들과 모든 관서의 중급 관원들에게 잔치를 베푼 것 같은 의례적 경우를 빼고는 거의 사용되지 않았다.[52] 그러나 12세기 초반에 이런 용어들은 한때 재신의 전유물이었던 중요한 사건들과 관련해서 점차 자주 나타난다. 예컨대 1105년(숙종 10)에 국왕은 당시 긴장이 고조되던 여진과의 국경 문제를 협의하기 위해 재추를 함께 불렀다.[53] 1109년(숙종 14)에 국왕은 여진 정벌의 실패로 처벌된 윤관尹瓘 등을 사면하는 중요한 문제를 재추와 협의했다.[54] 1122년(예종 17)에 국왕은 세상을 떠나면서 왕위 계승자를 논의하기 위해 재추를 소집했고,[55] 1130년(인종 8)에 국왕은 밤늦도록 재추와 정치 문제를 토론했다.[56] 이런 사례들은 재신이 국왕과 현안을 협의하는, 조정에서 가장 중요하고 권위 있다고 볼 수 있는 기능이 12세기부터 추신을 포함하는 것으로 확대되었음을 분명히 보여준다. 요컨대 이런 사례에서 최고의 정무 관서는 더욱 많은 관원들이 포함되어 확대되었다는 것을 알 수 있다.

중대한 사안을 협의하는 데 추신이 참여한 것은 종2품의 지위가 상승하고 재신과 추신의 권위가 거의 비슷해졌기 때문이다. 그러나 재추가 자문기관으로 자리 잡은 것은 관료 제도의 간소화를 훨씬 넘어

〈표 1.1〉 981~1069년과 1070~1146년의 겸직 임명

겸직 관직(품계)	피임명자의 품계	981~1069년	1070~1146년
육부 판사(종1)	종1	4	9
	정2	12	26
	종2품 재신	1	24
	종2품 추신	–	–
삼사 판사(종1)	종1	1	–
	정2	2	1
	종2품 재신	–	3
	종2품 추신	–	10
한림원 판사(종1)	종1	–	–
	정2	–	–
	종2품 재신	2	6
	종2품 추신	–	1
육부 상서(정3)	종1	–	–
	정2	–	–
	종2품 재신	19	17
	종2품 추신	7	30

서는 영향을 주었다. 고려 국왕들은 재신과 추신이 독립적으로 갖고 있던 권한을 통합했지만, 중서문하성(정책 입안과 시행을 맡았다)과 추밀원(잠재적으로 감찰과 간쟁의 기능을 담당했다)이 구별된 독립체로 남아 있는 한 관원들의 권력에 일정한 외형적 견제를 유지하려고 했다. 그러나 12세기 초반 두 관서가 실질적으로 합병된 것은 조정 안에서 명확한 기능 분화는 더 이상 없다는 의미였다. 국왕은 조정에 포진한 귀족들을 통제하는 데 중요한 영향력을 상실한 것이었다.

11세기 후반부터 12세기 전반 재추가 신권의 보루로 떠오른 것은 중앙에서 주요한 세습적 문반 가문이 성장하는 맥락 안에서 일어난 사건이었다. 충성스러운 신하를 배출하려는 초기적 노력으로 왕조는 고위 관원에게 그 아들·손자 또는 그 밖의 친척을 중앙 관직에 임명할

수 있는 문음門蔭과 예비적인 자격시험 없이 현직 관원의 자제를 국립 학교에 입학시켜 과거를 준비하게 하는 등의 여러 특권을 줌으로써 그들의 충성을 확고하게 하려고 노력했다.[57] 이런 특혜는 사회의 다른 부류보다 중앙 관원의 신분을 높여 그들의 충성을 굳게 하려는 의도였지만, 한국 사회를 특징짓는 귀속적 특권을 강하게 반영한 조처이기도 했다.

이처럼 왕조는 중앙 관원의 새로운 세습적 집단을 창출함으로써 호족 연합을 문신 관료 제도로 대체했다. 11세기 후반 경원(인천) 이씨 출신의 이자연李子淵과 해주 최씨 출신의 최충崔冲이 유력한 문반 가문으로 발전함으로써 그 후손들은 관원으로 등용되어 지방에서 중앙에 정착했다. 경원 이씨 같은 가문의 구성원들이 공개적으로 왕권에 도전하기 시작한 것은 이 시기였다. 그런 사례는 이자의李資義가 헌종獻宗 (재위 1094~1095)을 폐위시키고 왕자였던 자신의 손자를 옹립하려고 시도하고, 1126년(인종 4)에 스스로 왕위를 차지하려고 했던 이자겸李資謙에게서 찾을 수 있다.[58] 이처럼 광종과 성종의 개혁 이후 한 세기가 조금 넘게 고려의 국왕들은 조정과 정치를 지배할 수 있는 제도적 수단을 갖게 되었지만, 왕조의 생존 자체를 위협할 정도로 강력한 중앙의 세습적 가문에 다시 한 번 직면해 있다는 것을 깨달았다. 이런 맥락에서 최고 정무 기구로서 재추가 등장한 것은 중국의 정치적 선례에서 나타났던 역할의 전문화와 분화가 더욱 감소했음을 보여주는 사실이었다. 아울러 재추가 유력한 문반 가문 출신으로 채워진 것은 국왕이 지배적인 사회집단의 통제에서 벗어나 정무 기구를 장악하려는 노력에서 유일한 차질로 작용했다. 그러므로 고려 전기의 국왕들은 관료 제도를 시행해 왕권을 강화했지만, 낮은 수준의 사회적 분화에서 초래된 한계를 끝내 극복할 수 없었던 것이다. 중요한 정치적 역할은 귀속적 집단에 계속 남아 있었기 때문에 국왕들은 강력하고 포괄적인 권력을 유지할 수 없었다.

무신 치하의 제도 개혁

귀족적 문반 가문의 주도로 정치권력의 집중이 점진적으로 진행된 과정은 1170년(의종 24)의 무신란으로 차질을 빚었는데, 그 사건은 부분적으로는 더욱 무례하고 횡포해진 문신들의 행동에 무신들이 분개하면서 촉발되었다. 그러나 무신이 지배한 시대는 문신의 조정 장악은 끝냈지만, 왕권의 부흥을 가져오지는 않았다.

1170년의 무신란 직후 여러 무신이 주도권을 쟁취하려고 겨루던 혼란기 동안 나타난 중요한 제도적 동향을 파악하기는 어렵다. 그러나 1196년(명종 26)에 일단 최충헌崔忠獻(1149~1219)이 권력을 장악하고 질서의 일정한 기틀을 세우자 무신은 여러 제도의 외적인 기구를 만들어 국가를 통치하기 시작했다. 그런 기구는 최씨 정권의 사병 조직인 도방都房, 정책 결정을 맡은 교정도감教定都監, 인사 문제를 다루고 최씨 정권에 협력한 문신들이 포진한 정방政房 등이었다.[59]

최씨 정권 안에 이런 사적 기구가 창설되었다는 사실은 정규 국가조직이 부분적으로 권위를 상실했다는 의미였다. 재추는 최고 정책 결정 관서로서의 위치를 교정도감에 잃었고, 중추원은 그 군사 편성기능을 도방에 양보했으며, 이부와 병부는 정방에 인사권을 빼앗겼다. 그러나 그렇다고 해서 이전의 국가 관서가 폐지되었다는 의미는 아니었다. 무신들은 자신의 정책을 시행하기 위해 현존하는 제도적 구조를 계속 이용했다. 최씨 집권기에도 중요한 현안을 협의하려고 재추가 모인 사례가 있지만, 그런 모임은 언제나 최씨 집정의 지시로 그들의 사저에서 소집되었으며, 독립적인 정책 결정이 아니라 최씨에게 자문과 상징적인 승인을 제공하려는 목적에서 재추가 모두 모인 것이었다.[60] 요컨대 여전히 주로 문반들이 포진하고 있던 정규 관서들은 온전하게 남아 있었지만, 대체로 그 기능은 이제 최씨 정권의 사적 기구에서 만들어지는 정책을 집행하고 최씨의 지배를 합법화하는 것으로 국한되었다.[61]

고려 중기의 무신들은 전례 없는 수준으로 국왕을 약화시켰다. 그들은 일상적으로 국왕을 폐위시켜—1170년 의종毅宗, 1197년 명종明宗, 1211년 희종熙宗 등—자신들이 선호하는 왕실의 다른 인물로 교체함으로써 효과적으로 국왕을 꼭두각시로 전락시켰다. 대체로 고려 중기 무신의 흥기는 고려 정치사의 커다란 단절로 보이지만, 최씨와 그의 지지자들이 왕조의 관원이었다는 측면에서 그들의 독재체제는 1170년의 무신란 이전 신하가 국왕을 지배하는 방향으로 발전해온 경향의 정점으로 파악할 수도 있다.

지방행정 제도

10세기 후반 중앙에서 문반이 지배하는 관료 제도를 시행한 뒤 고려는 지방을 좀더 강력하게 통제하는 문제로 관심을 돌렸다. 그 세기 중반 광종이 군사 연합의 지도자들을 몰락시켜 중앙의 왕실은 당분간 안정된 지위를 확보했지만, 향리 가문은 지방에서 여전히 실질적인 자치권을 누리면서 중앙집권적 정치체제를 창출하는 데 주요한 걸림돌로 작용했다.

지방의 사회 · 정치적 질서

고려가 지방에서 직면한 문제는 신라의 지방 통치 제도에 그 기원을 두고 있다. 통일 이전 신라의 지방행정은 전통적인 부족적 영토의 구획과 정치 구조에 기초해 운영되었다. 그러나 통일 이후 신라는 넓어진 영토를 갖게 되었고, 그 일부에는 잠재적으로 적대적인 백성들이 거주했다. 이런 도전에 대한 신라의 첫 대응은 진골 귀족에게 군사를 주어 소경小京이나 총관摠管(나중의 주州)으로 편제된 중요한 지방(대부분 새로 정복한 영토였다)에 파견하는 것이었다. 이것은 과도적 방법으로는 충분했지만, 결국 좀더 견고한 제도적 기초 위에 지방행정을 둘 필요가 있었다.

통일 이전의 신라는 중국의 군현제를 따라 몇 개의 마을이 향鄕을 이루고 몇 개의 향이 현을 형성하며 몇 개의 현이 하나의 군으로 조직되어 차례대로 상위의 중앙 조정에 보고하는 정규적 행정 체계로 짜여 있었다.[62] 8세기 중반 신라의 왕권이 정점에 도달했을 때 경덕왕景德王은 중국의 제도와 좀더 비슷한 형태로 지방행정을 크게 개편했다. 그에 따라 많은 주현이 개편되고, 중국적 지명이 도입되었다. 『삼국사기』는 경덕왕의 개혁 이후 신라의 9주는 450개의 군현을 관할했다고 기록했다.[63] 『삼국사기』「직관지職官志」 '외관조外官條'에서는 전국의 군·현에 중앙에서 파견된 태수 115명과 현령 201명이 임명되었다고 서술했다. 군은 상대적으로 조직이 커서 중앙 관품을 가진 14명의 서리와 품계를 알 수 없는 다수의 하급 서리가 배속되었는데, 해당 지방 출신으로 태수를 돕기 위한 조직이었다.[64] 이런 군현의 조직이 설립된 시기나 하위 조직의 크기·구성은 정확히 알 수 없다. 그러나 『삼국사기』의 기록에 따르면 전성기에 신라는 중앙에서 지방을 확실히 장악하고 있었다고 판단된다. 이런 판단은 하타다 다카시旗田巍가 최근 일본에서 발견된 신라 장적帳籍을 분석하면서 강화되었는데, 그 문서는 조정이 지세와 요역을 수취하기 위해 개별 마을을 강력하게 통제했음을 보여준다.[65]

그러나 8세기 후반부터 9세기에 정치적 불안정이 지속된 결과 신라의 군현제는 무너졌다. 많은 지방은 계속 군현으로 남아 있었지만, 중앙에서는 더 이상 전국에 관원을 파견하지 못했고 지방은 그곳 유력자의 관할 아래 놓이게 되었다. 그들 중 더욱 강력한 부류는 이웃한 군현의 주요 가문을 복속시켜 영향력과 영토를 넓혔다. 이런 강력한 세력들은 조세와 군사 기구 등을 포함해 정교한 행정제도를 가진 독자적인 지방 체제를 창출해 조세와 치안에 관련된 중앙 조정의 권력을 빼앗았다. 그들은 자신이 지배하는 지역에 신라의 중앙 조정과 동일한 품계와 관명을 부여함으로써 자치를 표명했다.[66] 10세기 호족 연합을 구성한 이런 자치적 지방 제도는 주군主郡이 속군屬郡과 속현屬縣을 통제하고, 주현主縣이 다른 속현을 통제하는 독특한 체제의 지방 정부를 형성했다.[67]

이처럼 새로 건국된 고려왕조는 호족 가문들이 지배하던 매우 견고한 지방의 사회·정치적 질서와 마주쳤다. 중앙 조정은 지방 방어와 치안을 조직하고 조세를 걷는 등의 가장 기본적인 행정 업무를 수행하려면 군현을 장악한 호족들의 협력에 의지하지 않을 수 없었다. 그리고 그런 호족들도 자신이 거느린 군현에서 군사를 동원하고 세금을 걷기 위해서는 해당 지역에서 가장 유력한 가문에 의지했다.[68]

이런 제도는 신라처럼 골품의 성姓이 아니라 발원한 지역에 의거해 후손을 인정하는 본관제와 밀접히 관련된 것이었다. 일반적으로 그 제도는 신라 후기에 골품제가 해체되면서 지방의 주요 가문이 자신의 출신 지역에 따라 스스로를 구별하기 시작하면서 나타났다고 해석된다.[69] 예컨대 강릉을 통치하던 김씨 집단은 자신들을 강릉 김씨로 불렀고, 평산平山 지방에서 지배적 지위를 갖고 있던 박씨 집단은 스스로를 평산 박씨라고 부른 것이다. 이것은 실제적인 권력이 신라 수도의 진골 귀족에서 지방의 호족으로 옮겨갔음을 보여준다.

새 왕조는 본관제를 인정했을 뿐만 아니라 장려했다. 『고려사』에는 고려 전기 국왕들이 지방의 유력한 개인에게 성姓을 하사하고 고려에 정착한 중국과 그 밖의 외국인들에게 본관을 지정한 몇 가지 사례가 실려 있다.[70] 이것은 중국의 관습을 단순히 모방한 것이지만, 본관제가 왕조와 지방 호족 모두에게 이로웠다는 사실을 잘 보여준다. 중앙 조정은 각 지역의 관할 거점을 쉽게 파악하고 지방 세력의 연속성을 보장해줄 수 있었으며, 지방 호족은 자신의 특권적 지위에 대한 왕조의 승인을 얻을 수 있었다. 본관제는 고려 전기 군현제의 핵심이자 새 왕조가 지방에서 안정적 정책을 확립할 수 있도록 한 결정적 요소였다. 그러나 동시에 두 제도는 긴밀하게 통합된 지방의 사회·정치적 질서를 형성함으로써 강력한 중앙 통제에 커다란 장애가 되기도 했다.

지방의 지위와 중앙 관직의 취득 사이에는 긴밀한 관련이 있었다. 역사학자들은 고려 전기 조정의 고위 관원들은 지방행정 서열에서 상위에 있던 경주·정주·수주 같은 도호부·도독부·목 출신이라고 지적했다.[71] 광종이 과거제도를 시행한 뒤 권력에 접근하는 경로는 예상대로 넓어졌다. 이천 출신의 서희徐熙와 경원(당시는 속현이었다) 출신의 이자연처럼 지방 출신의 인물들은 과거에 급제한 뒤 어려움 없이 관료 제도 안에서 출세할 수 있었다.

군현의 주요 가문에 초점을 맞춘 최근의 연구는 고려의 향리는 향리 위계에서 승진할 수 있는 수준과 과거 응시 여부를 결정한 분류 방법에서 가문의 전통(가풍)에 따라 서열이 정해졌다는 것을 밝혀냈다. 그 연구에 따르면 고려의 향리는 3개의 주요한 범주로 구성되었는데, 가장 높은 가풍을 가진 첫 범주는 지방관청에서 두 번째 서열인 부호장副戶長으로 근무를 시작했고 과거에 응시할 수 있는 자격을 가졌다. 두 번째 범주는 조금 떨어지는 가풍을 가졌는데, 6품으로 지방관청에서 근무를 시작했지만 호장戶長까지 올라갈 수 있었고 역시 과거에 응시할 수 있었다. 세 번째 부류는 가장 떨어지는 가풍으로 지방관청의 하위직에만 근무할 수 있었고 의과 같은 잡과만 볼 수 있었다.[72] 따라서 고려의 사회·정치적 질서는 지방에서 어떤 가문이 가진 지위와 그 출신 인물이 중앙 조정에서 올라갈 수 있는 수준이 서로 밀접히 관련된, 근본적으로 출신 지역에 기반을 둔 신분제도였던 것이다.

중앙과 지방 지위의 상관관계를 파악할 수 있는 가장 좋은 증거는 14세기 전반 몽골어에 능통해 고위 관원이자 국왕의 총신이 되었던 유청신柳淸臣의 열전에서 찾을 수 있다. 그 기록은 다음과 같다.

> 유청신은 장흥부長興府 고이부곡高伊部曲 사람으로 그 선조는 모두 부곡의 서리였다. 나라의 제도[國制]에 따르면 부곡의 서리는 공훈을 세워도 5품 이상 승진할 수 없었다. …… 충선왕은 "유청신은 조인규를 따라 최선을 다해 공을 세웠으니, 그 가문은 5품 이상 승진할 수 없지만 그만은 3품까지 오를 수 있도록 허락하고 고이부곡은 고흥현高興縣으로 승급하라"고 하교했다.[73]

유청신은 지방 서열에서 상대적으로 낮은 지위에 있던 가문의 한계를 벗어나 일련의 2품 관직을 거친 뒤 충선왕忠宣王 때 마침내 문하시중까지 올랐다.

고려에서 부곡[74]은 지방행정제도에서 군현 아래에 소속되었으며 소所·장莊·처處·향鄕·진津·역驛 같은 특수 행정구역으로 구성되었다. 이런 단위들은 대부분 군현 안에 있었다.[75] 한때 역사학자들은 향과 부곡은 신라 시대부터 존재했으며, 고려는 해당 지역 출신이 국립학교에 입학하고 과거를 치르는 것을 금지하고, 군현 출신과 혼인해 태어난 자손은 부곡 신분을 갖게 함으로써 그런 지역 출신을 차별하는 법령을 두었다는 사실에 근거해 세습적 예속민이 거주하는 특별 행정조직이었다는 데 대체로 동의했다.[76]

그러나 고려 시대 향과 부곡의 실제 생활환경과 사회조직에 관련된 최근의 연구는 그곳의 거주자들이 부자유하지는 않았고, 군현처럼 그 인구의 대부분은 세습적 향리 가문의 통제를 받는 자경自耕의 일반 농민이었다는 사실을 입증했다.[77] 그러므로 향과 부곡은 예속민이 거주한 특수 지역은 아니며, 대체로 당唐의 향과 비슷한 하위 행정조직으로 보아야 할 것으로 생각된다.

향과 부곡 출신에 대한 제약은 그곳의 거주자 전체가 아니라 해당 지역의 향리에게 적용되었다. 군현의 호장과 부호장의 아들에게는 과거 응시를 허용한다는 규정을 공포한 것은 그 아래 서열의 향리와 양인은 그것을 금지했음을 암시한다. 향과 부곡에서 가장 높은 향리는 군현에서 가장 높은 향리와 동등하게 간주되지 않았는데, 군현의 최고 향리는 호장이라는 명칭을 가졌지만 향·부곡의 최고 향리는 그런 이름은 쓰지 못하고 그저 장長이라고만 불렸다. 부곡 향리의 아들이 국립학교에 들어가고 과거에 응시하며 5품 이상 승진하는 것을 금지한 규정은 지방의 사회·정치적 위계에서 부곡 향리 후손이 부자유한 사회 신분은 아니며 상대적으로 낮은 지위였음을 반영하는 것으로 보아야 한다.

고려 후기에 나타난 부곡 향리 가문 출신에 대한 규제는 좀더 포괄적이었던 고려 전기 제도의 흔적일 뿐이라고 생각되지만, 사실 그런 규제는 14세기에도 여전히 쟁점이 되었다. 유청신이 부곡의 향리 출신이라는 배경에 반대가 제기되자 국왕은 그런 반대를 무시하거나 그런 규제는 유효하지 않다고 선언하기보다는 그의 출신 지역을 부곡에서 현으로 격상시켜 승진을 합법화하는 방법을 선택했다. 이것은 지방의 위계적 신분제도와 중앙 관직의 취득, 그리고 그런 관계의 바탕에 있는 기본 원칙이 지속적인 영향력을 가졌다는 측면을 보여준다.

중세 중국에서도 지방 가문의 사회 신분은 중앙 관직의 획득과 밀접한 관련을 가졌다. 한과 당 사이의 위진남북조魏晉南北朝 시대에 동위東魏(534~550)는 모든 유력한 사士 가문의 신분을 국성國姓·주성州姓·군성郡姓·현성縣姓으로 서열화했다.[78] 언뜻 보기에 이것은 고려의 위계와 매우 비슷하게 보일 수도 있지만, 실제로 두 제도는 서로 상당히 다르다. 중세 중국을 규정한 제도는 지방 관원이 모든 사람을 9품으로 분류하는 구품중정제九品中正制였다. 이런 등급은 능력과 인격에 기초했으며 그 사람이 중앙 조정에서 승진할 수 있는 수준을 결정했다. 그러나 실제로 등급을 결정한 것은 가치 있는 장점이 아니라 가문의 지위였다. 중국에서 유명한 지방 가문은 주성이나 군성이었고, 그들이 누린 권위는 그 지역에서 행사한 세습적 지도력이 아니라 중앙 관직을 가진 가문적 전통에서 나왔다.[79] 이것은 지방의 세습적 주요 가문의 지위, 곧 9~10세기의 강력한 지방 호족이었다는 사실에 근거해 중앙 관직을 가질 수 있는 자격이 결정된 고려와는 현저하게 다른 것이다.

이처럼 고려 정치제도의 기본적 구성 원리는 신라 후기 동안 존재했던 지역적 신분제였다. 세습적 가문에 지방 통치를 위임하고, 그 지방의 행정적 서열과 그 출신 인물이 중앙 조정에서 올라갈 수 있는 수준이 밀접한 관계를 갖고 있다는 사실은 고려 사회의 분화가 상대적으로 낮았다는 것을 보여준다.

중계적 지방 관서를 설치하려는 시도

왕조 초기에 고려는 호족들이 전주全州(안남도호부)와 상주尙州(안동도독부) 같은 전략적 지역에 설치된 도호부(도독부)에 군사를 계속 주둔할 수 있도록 허락함으로써 그 지위를 유지시켰다. 그러나 그것은 고려가 정규적인 지방행정제도의 외형을 갖추기 수십 년 전의 일이었다. 초기에 할 수 있었던 최선의 방법은 조세 수취 같은 특정한 일시적 목적에 따라 관원을 정기적으로 파견하는 것이었다.[80] 그 정책을 꾸준히 시행하는 동안 왕조는 지방의 지배층에게 의지할 필요를 발견했고, 경주의 사심관事審官이었던 신라의 마지막 국왕 김부金傅의 사례에서 보이듯이 해당 지역에 그곳의 호족을 사심관으로 임명했다.[81] 사심관 제도와 함께 기인其人 제도가 도입되었는데, 사심관의 아들들은 사심관의 뛰어난 업무 수행을 보증하려는 목적에서(표면적으로는 지방 상황을 조언하려는 취지에서) 수도로 보내졌다.[82]

995년(성종 14) 고려는 당의 지방행정제도를 모방하려고 시도하면서 당과 같은 이름의 10도를 설치하고 관찰사觀察使와 절도사節度使를 임명했다. 이 제도는 정착되지 못했고, 몇 번의 수정을 거친 뒤 30년 만에 최종적으로 폐기되었다.[83]

주요한 중계적 지방 조직으로 도道 제도 대신 나타난 것은 지방의 거점들이었다. 「지리지」에 따르면 3개의 경京과 4개의 목사牧使를 포함해서 14개의 그런 거점이 있었다.[84] 평양의 서경西京은 왕건이, 경주의 동경은 성종이, 양주楊州의 남경은 문종文宗(1046~1083)이 설치했

59

다. 서경의 관제는 개경과 거의 동일했지만, 행정적 권위는 1130년대 묘청의 난 이후 크게 축소되었다.[85] 동경과 남경은 3품 관원이 최고직을 맡아 7명으로 구성된 작은 행정조직을 관할했다.[86] 도호부—그 실제 숫자와 위치는 계속 바뀌었다—는 북쪽에서 영주寧州의 안북도호부와 등주登州의 안변도호부, 동남쪽에서 경주의 안동도호부, 남쪽에서 고부古阜(나중에 전주와 수주樹州)의 안남도호부, 서쪽에서 해주의 안서도호부 등이 여러 차례에 걸쳐 설치되었다. 도호부에는 경京처럼 7명의 적은 관원만이 배정되었다.

목사는 성종 때 처음 설치되어 중부와 남부 지방의 여러 곳에 배치되었는데, 현종顯宗(재위 1009~1031) 때 8곳으로 줄어들었다. 목사는 3품 관원으로 중앙에서 파견된 5명의 적은 행정 관원을 거느렸다.

이런 거점들은 국가의 주요한 군사 요충지였다. 『고려사』에는 이런 지역에 주둔한 병력의 규모는 나와 있지 않지만, 이기백은 도호부와 정종 때 창설된 광군, 그리고 성종 때 설치된 12목과 12군 사이에는 밀접한 관련이 있다고 지적했다.[87] 왕조가 군사 연합에서 기원했다는 사실과 전국에 걸친 강력한 호족의 존재를 생각하면, 10세기의 지방 행정제도가 주로 군사적 성격을 가진 것은 적합했다.[88] 방어에 중요한 변방은 왕조 내내 군사적 행정을 시행했지만, 고려는 11세기 전반 현종의 개혁으로 문반이 주도하는 지방행정을 추진하기 시작했다.

문반 행정을 지향한 뒤에도 지역의 거점들은 그 휘하의 군현을 넘어서는 행정적 권위를 거의 행사하지 못한 것으로 보인다. 일반적으로 말해서 조세와 요역의 수취를 포함한 일상적인 문반 행정은 이런 거점들을 거쳐 시행되지 않았다. 그들의 기능은 상소의 하달, 향시의 시행, 감옥의 순시 등으로 제한되어 있었다고 판단된다.[89] 이런 제한된 기능은 중앙에서 파견된 관원이 적다는 사실에 반영되었다. 이처럼 중앙 조정의 상설적인 대표 기구로서 이런 지역 거점이 존재한 것은 상주하는 관원이 전혀 없었던 왕조 초기의 상황에 견주면 커다란 발전이었지만, 11세기 고려는 여전히 지방에 아주 미약한 행정적 통제력을 행사하고 있었다.

도 제도는 12세기 전반에 개정된 뒤 왕조 끝까지 큰 변화 없이 유지되었다. 이 제도는 북방에 양계兩界를 두고 국토의 3분의 2에 해당하는 나머지 지역을 개경 주위의 경기와 5도(교주交州·양광楊廣·경상慶尙·전라全羅·서해西海)로 나눴다. 각 도는 안찰사가 관할했는데, 『고려사절요』에 따르면 안찰사의 임무는 군현의 실적을 점검하고 농민의 복지를 조사하며, 재판과 처벌을 담당하고 조세와 요역을 수취하며 국방 업무를 감독하는 것이었다.[90] 이런 서술은 도 행정이 활발했던 것처럼 보여주지만, 사실 안찰사는 (당 초기의 그것처럼) 아주 제한적인 기능만을 수행했다.[91] 그들은 5·6품의 비교적 낮은 관원 중에서 선발되어 6개월의 짧은 임기로 임명되었고 상설 관직도 아니었다. 아울러 이런 도 제도가 시행된 뒤에도 경·도호부·목사는 이전과 같은 역할을 계속 수행했다.[92] 실제로 중계적인 지방행정조직은 행정적 권한이 거의 없었다. 군현에서는 대부분의 사무를 중앙 관서에 계속 직접 보고했다.

군현의 통제

중계적 지방행정의 약점은 왕조가 추진한 중앙집권 정책의 진정한 관건이 지방행정의 기본 단위인 군현에 상설 관원의 존재를 확립하는 데 있다는 사실을 보여주었다. 8세기 후반부터 9세기 전반 신라 체제가 무너지고 고려 전기에는 군사력에 의지해 지방을 통제한 결과, 10세기에는 군현에 태수와 현령을 두지 못했다. 중앙의 군사력이 개입할 가능성은 있었지만, 호족들은 신라 말기 자신이 확립한 자치제도를 이용해 자신의 지방을 계속 통제했다.

10세기 후반부터 11세기 동안 왕조는 지방 호족의 영향력을 약화시키려는 일련의 조처를 시행했다. 그 핵심은 983년(성종 2)에 옛 지방 관서의 이름을 중앙에 복속되었음을 나타내는 새로운 향리 제도로 대체한 것이었다.[93] 이 시기 이전까지 지방 관서의 수장은 당대등·대등 같은 옛 신라의 중앙 관직 이름을 썼으며, 자신들의 지방행정조직에는 중앙 관서—병부兵部 같은—의 명칭을 사용했다. 983년 이후 최고 향리는 호장·부호장으로 불렸고, 지방과 관서의 이름도 모두 바뀌었다. 다른 조처로는 987년(성종 6)에 지방 관서에서 무기를 수거하고(이것은 지방 사병의 실질적인 소멸을 의미했다),[94] 996년(성종 15)에 각 지방에 파견된 사심관의 숫자를 제한했으며,[95] 1051년(문종 5)에 향리 임용과 승진의 표준 절차를 규정한 법안의 제정 등이 있다.[96] 10세기 후반부터 11세기 전반 왕조는 지방을 중앙의 일정한 통제 아래 두는 점진적 또는 단계적 과정을 추진했다. 그런 개혁의 결과 전국은 통일된 지방행정제도 안에 편성되었지만, 지방의 주요 가문은 그 지방에서 최고의 지위를 세습적으로 계승하고 중앙 관직에 진출할 수 있는 경로를 제도적으로 보장받는 등의 여러 특권을 계속 누렸으며, 그것은 그들에게 상당한 권력과 권위를 부여하면서 왕조의 지배층 안

으로 효과적으로 편입시켰다.[97]

이런 행정적 개혁들은 지방을 중앙의 통제 아래 두는 중요한 과정이었지만, 통제와 복속의 군현제도에 내재된 지방 연합 체제를 해체하거나 적어도 제한하는 좀더 근본적인 문제는 다루지 않았다. 왕조가 이 문제를 다룬 과정은 두 개의 중복된 국면으로 구성되었다. 첫 국면에서 가장 대표적인 사실은 940(태조 23)~1018년(현종 9)에 그동안 독립적이었던 많은 군현을(아마도 정치적으로 의지할 만한 호족이 통치하는 지방에) 복속시키고, 이미 복속된 군현은 새로운 군현의 통제에 다시 할당한 것이었다. 두 번째 국면은 1005년(목종 8)에 시작되었는데, 중앙에서 파견된 태수와 현령을 지방행정의 영속적인 책임자로 임명한 것이었다.

군현을 통제하고 복속시킨 고려의 독특한 제도에 관련된 전통적 해석은 그 기원을 9세기 후반부터 10세기 전반 신라의 군현제가 몰락하고 지방 호족이 흥기한 것에서 찾았다. 지방 권력 구조에 대한 하타다 다카시의 분석은 10세기 군현의 통제와 복속의 방식은 신라 말기에 형성된 지방 권력의 서열을 반영한다는 사실을 명쾌하게 입증했지만, 그 제도의 가장 이른 기원은 지방행정을 일정하게 제한한 신라의 제도에서 찾을 수 있다고 생각한다.

『삼국사기』는 신라에 450개가 넘는 군현이 있었다고 언급했지만, 그 「지리지」에 나열된 개별 군현은 모두 408개(121개의 군과 287개의 현)로 산출된다. 군의 숫자는 『삼국사기』에서 신라가 임명했다고 말한 태수(115과窠)의 숫자에 가깝지만, 일부 군의 지위 변화가 기록되지 않았기 때문에 차이가 발생한 것으로 판단된다. 그러나 현은 현령의 숫자(201과)보다 많은데, 조사하지 않고 설명하기에는 너무 차이가 크다. 『삼국사기』에서는 그 차이를 전혀 설명하지 않았고, 모두 287개인 현이 어떤 특정한 군의 통제를 받는다는 사실만 나열했다. 전형적인 사례는 고부현을 설명한 부분이다.

고부군古阜郡은 본래 백제의 고사부리군古沙夫里郡인데, 경덕왕이 이름을 고쳤으며 지금까지 그대로 따르고 있다. 영현領縣은 3개다. 부령현扶寧縣은 본래 백제의 개화현皆火縣인데, 경덕왕이 이름을 고쳤으며 지금까지 그대로 따르고 있다. 희안현喜安縣은 본래 백제의 흔량매현欣良買縣인데, 경덕왕이 이름을 고쳤다. 지금은 보안현保安縣이다. 상질현尙質縣은 본래 백제의 상칠현上漆縣인데, 경덕왕이 이름을 바꾸었고 지금까지 그대로 따르고 있다.[98]

『고려사』「지리지」는 각 지방의 간단한 연혁을 비슷하게 제시하는데, 『삼국사기』에 나오지 않는 정보를 자주 제공한다. 예컨대 고부군에 관련된 『고려사』의 항목에서는 보안현과 부령현을 다음과 같이 서술했다.

보안현은 본래 백제의 흔량매현인데, 신라 경덕왕이 희안현으로 이름을 고치고 고부군에 복속시켰다[來屬]. 고려에 와서 지금의 이름으로 고치고 그대로 계속 복속시켰다[仍屬]…… 부령현은 본래 백제의 개화현인데, 경덕왕이 지금의 이름으로 고치고 고부군에 복속시켰다. 고려에 와서 그대로 계속 복속시켰다.[99]

1장 고려의 정치제도

『삼국사기』는 속현을 전혀 언급하지 않았지만 『고려사』에서는 신라 시대에 모두 19개의 속현이 있었다고 서술했는데, 『고려사』에는 신라 시대의 연혁이 기록되지 않은 지방이 많기 때문에 그 실제 숫자는 더 많을 것이다. 따라서 『삼국사기』에 기록된 개별 현과 신라가 임명한 현령의 숫자가 다른 까닭은 현령이 임명되지 않은 속현의 존재로 설명될 수 있다고 판단된다. 또한 속현은 적어도 경덕왕 때인 8세기 중반에 이미 존재했다고 생각된다.

8세기 중반 신라에 속현이 존재했다는 사실은 신라 후기 지방 호족이 흥기한 결과 군현의 비정규적인 통제와 복속의 제도가 발생했다는 생각에 의문을 제기한다. 그러나 그것이 통제와 복속의 제도에 지방 호족 가문의 서열이 반영되었다는 주장이 틀렸다는 사실을 보여주는 것은 아니다. 반대로 9~10세기 지방 호족의 위계는 중앙 조정이 무너진 뒤 오래되고 견고한 지방 권력관계가 다시 등장했다는 의미로 생각된다.

『고려사』「지리지」는 129개의 군과 335개의 현이 있었다고 서술했는데, 현종 때의 상황에 기초했다고 생각된다.[100] 모두 464개의 군현은 『삼국사기』의 450여 개와 조선 전기의 실록에서 444개로 나열된 수치와 가깝다. 수치는 군현의 간헐적인 통합과 다양한 조직의 격상이나 격하 때문에 왕조 내내 어느 정도 변동했지만, 고려 시대 군현의 기본 숫자는 450개로 보는 것이 안전하다고 판단된다.

『고려사』「지리지」는 어떤 군현이 다른 지방행정조직에 소속된 것을 표현하는데 '잉속仍屬'과 '내속來屬'이라는 두 가지 용어를 사용하고 있다. 대체로 잉속은 옛 신라의 군현제가 변하지 않고 유지된 상황을 가리킨다. 보안현과 부령현 같은 일부 사례에서 그것은 옛 소속 관계가 유지되었음을 나타냈지만, 대부분은 신라 치하에서 일단 중앙 관원이 파견된 현은 이제 태수가 현령을 감독하게 된 군에 편입된다는 의미였다. 그런 한 가지 사례는 진위현振威縣이다.『고려사』에 따르면 "진위현은 본래 고구려의 부산현釜山縣인데, 신라 경덕왕이 지금의 이름으로 바꾸어 수성군水城郡의 영현領縣으로 만들었다. 고려에 와서 계속 복속시키다가[仍屬] 뒤에 감무監務를 두었다."[101] 내속은 이전에 독립적이었던 단위가 복속되어 다른 군이나 현에 다시 할당되었거나, 이미 복속된 군이나 현이 새로운 통치 조직에 다시 할당된 상황에 적용되었다. 정읍현은 내속의 한 사례를 보여준다. "정읍현은 본래 백제의 정촌현井村縣이었는데, 경덕왕이 지금의 이름으로 고치고 대산군大山郡의 영현으로 만들었다. 고려 때 고부군에 복속시켰다."[102]

이런 표현은『고려사』「지리지」에 나열된 464개의 군현 중 336개에 사용되었다. 136개의 경우에서 그 조처는 왕조 개창기에 시행된 것으로 나타나며, "고려 초기에[高麗初]"나 "고려에 이르러[致高麗]", 또는 "고려가 계속 복속시켰다[高麗仍屬]"와 같은 다양한 표현처럼 그냥 '고려'라고 표현되기도 했다. 이런 136개의 사례에서 잉속은 47건이고 내속은 89건이었다. 다시 배치된 군현 중 거의 4분의 3(89개 중 66개)이 후백제의 영역에 있었다는 사실은 흥미롭다. 고려에 자발적으로 항복한 신라와 달리 후백제는 끝까지 저항하다가 결국 전투에서 패배했다. 왕건은 자신의 연합이 해체되거나 신라의 영역에 있던 주요 가문의 협력을 잃는 것을 두려워했는데, 후백제의 군사력을 무너뜨림으

1장 고려의 정치제도

로써 그것의 옛 지역적 동맹을 파괴할 수 있었다. 제한된 자원으로는 중앙집권적 행정제도를 수립할 수 없었기 때문에 그는 군현의 관계를 재배치하고 후백제 지역에 있었던 군현의 대부분을 나주·전주·남원·영광 같은 소수의 전략적 거점에 복속시켜 목표를 이루려고 했다.[103] 후백제에 군사적으로 복속되었던 지역에서 주로 시행된 지방 관계의 재편은 고려 전기의 지방 통제가 근본적으로 군사적 성격을 띠고 있었다는 앞서의 관찰을 뒷받침하지만, 다른 지방에서는 재편이 일어나지 않았다는 사실은 왕조가 전국을 충분히 장악하지 못했음을 또렷이 보여준다.

그 다음 1세기 동안 12개의 군현이 추가로 재편되었지만, 그 뒤의 주요한 재편은 1018년(현종 9) 현종이 속현과 속군 200개의 지위를 바꾼 조처였다. 이 중 15개만이 옛 후백제의 영역에 있었으며, 나머지는 본래 고려의 영토인 지역이나 10세기까지도 신라의 지배를 받던 동남쪽 지방에서 일어났다. 관련된 많은 군현들은 상주·안동·경주(동경)·홍주洪州 같은 소수의 주요한 지역 거점에 다시 배정되었다.[104]

이처럼 고려가 처음 권력을 장악했던 지방 연합 체제를 해체할 수 있을 만큼 강력해지기까지는 후삼국을 통일한 뒤 거의 1세기가 걸렸다. 이런 주요한 변화에는 향리 제도를 재편하고 지방 호족에게서 무력을 몰수한 성종의 시책이 결정적으로 작용한 것이 분명하지만, 현종 때 거란과 날카롭게 대치한 군사적 상황도 간과할 수 없는 배경적 요소다. 거란의 침입으로 내부 통합이 절실해지지 않았다면, 현종은 지방의 사회·정치적 권력 구조를 그처럼 폭넓게 개편할 수 없었을 것이다.

지방에 대한 중앙의 통제를 강화한 두 번째 국면은 중앙에서 임명한 관원을 군현에 배치한 것이었다. 이것은 1005년(목종 8)에 시작되었는데, 20명 이하의 적은 현령이 이름이 밝혀지지 않은 주현主縣에 배치되었다.[105] 1018년(현종 9)에도 현종은 56명의 지주知州(또는 군사郡事)와 20명의 현령을 추가로 임명했다.[106] 이런 숫자는 『고려사절요』에 기록되어 있으며 『고려사』 「지리지」에는 관련된 군현의 일부만 나온다. 현존하는 자료에 따르면 이런 임명은 전국에 걸쳐 이뤄진 것으로 보인다. 일부는 많은 속현이 배정된 안동·경산京山·통주通州 등에 배치되었다. 현종 이후에도 소수의 지주와 현령이 산발적으로 새로 임명되었지만, 군현의 압도적 다수는 주군이나 주현의 통제를 받았다.

속군이나 속현에 중앙관을 확고히 배치하려는 본격적인 시도를 처음 전개한 국왕은 예종睿宗(재위 1105~1122)이었는데, 1105년(예종 0)에 주요한 지방 거점에 소속된 속군·속현에 현령 27명을 파견하고 1108년(예종 3)에는 40명을 더 배치했다.[107] 그 뒤의 시도는 1143년(인종 21)에 인종仁宗(재위 1122~1146)이 속군과 속현에 현령 6명과 감무 8명을 임명한 것이다.[108] 새로 현령을 빈번하게 임명한 최종 조처는 1170년의 무신란 직후에 이뤄졌다. 1172(명종 2)~1176년(명종 6)에 69명의 감무가 임명되었다.[109] 이로써 중앙 조정은 전국의 군현 중 절반 정도에 관원을 배치한 것이었다.

지주나 현령의 설치는 군이나 현이 더 이상 다른 지방행정조직에 복속되지 않는다는 의미가 분명했지만, 감무의 임명도 그렇게 볼 수 있을 것인가. 전주(서남부의 목)의 속현인 옥야현沃野縣의 사례는 이런 측면과 관련해 유용하다. 「지리지」에 따르면 "옥야현은 고려 초기에 내속되었다. 1176년(명종 6)에 감무를 두었으며, 뒤에 다시 내속되었다."[110] 이것은 감무가 설치됨으로써 복속 관계가 폐지되고 속현은 중앙의 직할을 받게 되었다는 사실을 보여준다. 이처럼 감무의 임명은 중앙집권적 지방행정제도의 창출에서 또 다른 진전이었다.

중앙 관원이 배치된 군현은 도호부나 목보다 적었다. 지군사知郡事는 5품 관원이었고 판관判官 1명만 휘하에 두었으며, 7품의 현령은 8품의 현위縣尉 1명의 보좌를 받았다. 중앙에서 임명된 휘하 관원이 이렇게 적었기 때문에 지군사와 현령들은 관할 군현을 통제하는 자신의 임무를 수행하는 데 중국이나 신라의 동일한 관원보다 지방 유력층의 협력에 훨씬 더 많이 의존했다.

12세기 말엽 고려는 전국 군현의 절반 정도를 중앙의 직접적인 통제 아래 두게 되었다. 관할의 수준을 점진적으로 높이려는 노력은 지속되었고, 중앙집권 정책은 중앙의 직접적인 감독을 받는 지방의 비율을 분명히 높였으며 그런 정책을 추진하는 기술 또한 확실히 진보했지만, 지방에서 중앙의 통제력은 매우 미약했으며, 그 결과 지방행정은 해당 지역의 주요 가문의 협력에 계속 크게 의지하게 되었다.

자원을 둘러싼 갈등

고려 사회의 분화가 상대적으로 낮은 수준이었음을 보여주는 또 다른 증거는 국가의 경제 질서에서 찾을 수 있다. 고려는 농업 사회였다. 정종 때 대토지 소유자의 이익에 따라 해상무역 세력이 붕괴된 것은 그 사회 안에 무역 세력이 내린 뿌리가 얕았다는 것을 보여주며, 한국에서 그 세력은 실질적인 종말을 맞았다. 산업은 말할 것도 없고 상업의 발전도 매우 저조해서 화폐를 계속 유통시키려는 노력은 거듭 실패했으며, 쌀과 옷감은 주요한 교환 수단으로 계속 사용되었다. 주요한 경제 자원은 토지와 그 산물이었다. 토지와 그 산물의 지배를 둘러싼 왕조와 다양한 지배층의 경합은 고려 역사의 주요한 주제를 형성했으며 많은 학문적 논쟁의 원천이 되어왔다.

전시과

고려 전기 토지 소유의 본질을 알려주는 증거는 거의 없다. 그러나 남아 있는 증거는 진보적인 사회경제적 변화를 입증하려는 노력에 집중된 광범하고 상당히 난해한 논쟁을 불러왔는데, 그것은 밝혀진 측면만큼이나 모호한 부분이 많았다.[111] 논쟁의 대부분은 광종을 계승한 경종이 976년(경종 1)에 시행한 전시과田柴科를 둘러싸고 전개되었다. 전시과는 토지를 2개의 주요한 범주로 나눴는데, 공전은 거둔 세금을 중앙 조정으로 보내는 토지였고 사전은 국가에 봉사하는 다양한 부류—문반·무반·서리·군사를 포함한—가 세금을 걷을 수 있는 녹전祿田이었다. 조세 수취의 권리는 수령자가 죽으면 국가에 반환되었지만, 공음전시功蔭田柴라는 작은 규모의 토지는 세습적으로 세금을 수취할 수 있는 권리(그것은 사망한 관원의 가족에게 주어졌다)가 부여되었다. 관원의 녹봉은 4개월마다 쌀로 지급되었다.[112]

이 제도에 관련된 초기의 해석은 토지의 사유는 고려왕조가 건국될 때까지 발전되지 않았으며, 그 대신 당 균전제均田制의 해석을 토대로 한국의 모든 토지는 국왕에게 귀속되어 있었다고 단언했다. 이런 왕토사상王土思想에 따르면 한국에서 토지 소유의 기본 형태는 선사시대에 원시적 공산주의의 공동 소유에서 통일신라 무렵 국왕 소유의 체제로 변화했다.[113] 그러나 신라 후기에 국력이 쇠약해지면서 혼란에 빠져든 이후 국왕 소유가 복구되고 전시과 제도가 체계화되기 전까지 지방 호족들은 자신의 지역에서 토지를 자치적으로 통제했다. 이런 해석은 전시과 제도에서 토지는 가장 높은 재상부터 가장 낮은 농민까지 왕조의 모든 국민에게 분배되었고, 수령자가 죽으면 다시 분배하기 위해 국가에 반납되는 것으로 이해했다. 그러나 왕조 중반 국력이 약화되면서 주요한 관원 가문은 그들의 전시田柴를 사유지로 전환할 수 있었으며, 그 결과 고려 후기에 거대한 농장이 등장하고 그 제도는 궁극적으로 폐지되었다.

그러나 왕토사상은 한국에 적용되는 과정에서 모순된 증거를 드러내면서 여러 약점을 나타냈다. 첫째, 891년(신라 진성여왕 5) 토지 매매를 보여주는 자료는 신라 후기 전장田莊의 사유와[114] 전권田券에 관련된 것인데, 신라가 국가의 모든 토지를 실제로 통제했는가 하는 사실에 심각한 의문을 제기한다.[115] 둘째, 고려는 전국의 모든 토지를 통제하지 못했다는 증거인데, 『고려사』에 따르면 전시과는 국가에 봉사하도록 선발된 부류(문반·무반·향리·군인 등)에게만 지급되었으며 모든 국민에게 토지를 할당한다는 조항이 실려 있지 않다는 것이다.[116] 끝으로 매우 강력한 중앙 조정이 전국을 직접 통제했다는 왕토사상의 추정은 왕조가 각 지방의 주요 가문과 협력해서만 국토의 대부분을 다스릴 수 있었다는 증거에 비추어 고려 전기에는 인정하기 어렵다는 것이다. 이런 해석적 문제들이 제기된 결과 1950년대 무렵 학자들은 이 이론을 외면하기 시작했다.

그러나 왕토사상의 부정이 토지 사유론으로 직결된 것은 아니었다. 10세기에 사유의 증거(토지 매매 기록 같은)가 발견되지 않자 학자들은 토지 소유를 보여주는 다른 주요한 존재로 촌락공동체를 인정하기 시작했다. 이 이론의 지지자들은 신라 후기와 고려 전기 지배층의 권력 기반은 토지 소유보다는 백성에 대한 지배였다고 보면서 촌락공동체는 공동으로 토지를 소유한 사회적으로 분화되지 않은 촌락 거주자들로 구성되어 있었다고 파악했다.[117]

그 이론에 따르면 호족은 그들의 전통적 권리를 실질적으로 녹봉으로 전환한 전시과 제도가 시행될 시점까지 해당 지역의 백성과 토지를 계속 통제했다.[118] 전시과 제도는 그동안 호족이 지배하던 토지를 수조지로 전환했다는 주장은 토지의 사유가 신라 후기부터 지속되었다는 개념을 수용한 결과로 생각된다. 이것은 촌락공동체론의 지지자들에게는 주요한 문제로 부각되지 않았는데, 호족의 토지 지배의 본질과 관련된 그들의 견해 때문이었다. 이것의 전형적인 형태는 신라·고려 전기의 녹읍과 신라·고려의 식읍이었는데, 거기서는 "분급

받은 토지의 소유권과 그 토지에서 나온 산물의 수취권을 갖는 대신 특정한 지역이나 일정한 규모의 가호에 통제권을 행사했다."[119] 이처럼 호족은 자신이 장악한 지역의 백성을 개인적으로 복속시킴으로써 일정한 지역의 토지를 효과적으로 통제할 수 있었다. 왕토 이론의 옹호자들처럼 촌락공동체론의 지지자들은 호족과 유력한 중앙 관원 가문의 후손들은 왕권의 약화를 이용해 녹봉으로 받은 토지를 사유화함으로써 결국 고려 후기 거대한 농장의 선례가 되었다고 파악했다.

좀더 최근에 나온 세 번째 해석은 새로운 사회경제적 세력이 연속적으로 등장해 매우 중요한 단계에서 권력을 쟁취한 직선적 발전의 과정으로 한국사를 묘사한 학자들이 제시했다. 신라 후기뿐만 아니라 그 이전인 삼국시대(3~7세기 중반)[120]에도 있었던 사유의 증거에 비추어볼 때 촌락공동체적 형태의 토지 소유가 나타난 것은 발전이 아닌 퇴보의 의미였다. 이런 학자들은 신라 후기의 증거와 12세기 사유의 기록을 인용하면서 토지의 완전한 사유권은 고려왕조 내내 존재했다고 주장했다. 이 견해의 지지자들은 지방에 대한 중앙의 통제라는 문제는 다루지 않았는데, 중앙이 지방의 경제와 사회에 강력하게 개입한 측면을 상정하지 않았기 때문이었다. 그들은 무신란 이전의 주요 가문을 포함한 다양한 사회계층은 그들 자신의 토지를 소유했고 정부는 그런 소유권에 전혀 간섭하지 않았다고 인정했다. 이런 소유권 이론에서는 전시과 제도를 정부가 국유지를 관원·서리·군인들에게 보상해 그들의 충성을 확고하게 만든 수단에 지나지 않았다고 파악했다.[121]

완전히 성숙한 사적 소유권이 고려 시대 전체와 그 이전에도 존재했다는 주장은 퇴보의 문제는 다루지 않았지만, 직선적 발전으로 해석한 이론을 자멸 직전까지 몰고 갔다. 생산수단과 관계에 어떤 급격한 변화가 없던 상태에서 자유로운 사유권이 신라 시대부터 계속 존재했다는 생각은 고려 역사의 발전을 보여주는 다양한 사회계층의 동향이 가진 경제적 기반을 파악하는 데 구체적인 근거를 제시하지 못하고 있다. 그러나 제임스 팔레가 지적했듯이, 사유론은 재산권의 법률적 방어 능력은 충분히 해명하지 못했지만 토지 소유를 보여주는 현존하는 증거를 가장 잘 설명한다.[122]

이 문제에서 검토된 증거와 주장은 아이젠슈타트가 '가용 자원'이라고 부른 것이 고려 전기에도 존재했음을 보여준다. 토지—매매할 수 있는 토지—의 사유는 있었다. 아울러 전시과 제도는 국가가 토지나 적어도 토지의 산물을 직접 지배했으며, 그 일부는 녹봉으로 할당되었음을 보여준다. 나머지 공전은 국가의 재원을 마련하기 위해 과세되었다.

그러나 전시과의 지급은 법률적 허구—지배층의 토지 사유를 국가가 확인해준 것에 지나지 않는—였거나, 토지 분급은 지배층이 소유한 토지의 일정 분량에 면세의 혜택을 주고 그 면세는 국가에 대한 봉사의 반대급부로 주어졌을 가능성도 배제할 수 없다. 그러나 그 제도가 시행된 상황과 그것의 일부 특징에 관련된 반대 증거도 있다. 첫째, 광종이 옛 연합을 숙청한 직후에 그 제도가 확립되었다는 사실은 녹봉으로 다시 분배된 토지가 광종에게 희생된 세력이 관할하던 것을 빼앗은 것임을 알려준다. 둘째, 그 제도는 고려 국왕들이 자신에게 충성을 바치는 관료 제도를 창출하려고 시도한 시점에서 발생했는데,

지방에서 등용된 사람들에게 수입의 추가적 원천으로 토지를 분급한 것은 조정에 봉사할 매력적인 동기가 되었을 뿐만 아니라 그 토지가 그 수급자의 생계에 도움을 주었다는 측면에서 그것은 지배적인 사회 집단으로부터 관원의 독립을 제고시키는 수단으로 국왕에게 보였을 것이 분명했다. 셋째, 그 제도는 사망한 관원의 부인이나 자식을 보조하는 목적에서 세습할 수 있는 소규모의 토지를 제공했는데, 이것은 수조권이 현존하는 토지 사유를 단순히 인정한 것이라면 거의 필요가 없었을 사항이다. 끝으로 그 제도는 수급자의 품계에 따라 수조지의 분량이 달라지는 자세한 규정을 만들었다—정1품 관원에게는 전지田地 110결(비옥도에 따라 2.25∼9.0에이커에 해당하는 토지의 분량)과 시지 柴地 110결부터 종9품 관원에게는 전지 32결과 시지 25결을 지급했으며, 중앙의 서리·군인·향리를 포함해 국가에 봉사하는 그 밖의 부류에는 좀더 적은 규모의 수조지가 다양하게 분급되었다. 수조지의 크기는 998년(목종 1)과 1076년(문종 30) 두 차례의 추가적 수정에서 하향 조정되어 최고 품계의 관원은 전지 100결과 시지 50결을 받게 되었는데, 중앙 관원이 늘어나 자원에 대한 압박이 증가했기 때문으로 판단된다.[123] 수조지 분급이 그 관원들이 이미 소유한 토지를 인정하는 가공적인 수단에 지나지 않았다면, 국가는 그렇게 자세한 규정을 만들거나 수정할 필요가 없었을 것이다.

그 밖의 토지자원들

국가가 중앙 조정에서 봉사하는 사람들에게 분급한 수조지를 직접 관할했다면, 향리 같은 그 밖의 사회집단에게 수조지로 지급한 것은 무엇이었는가. 지방에서 제한된 통제력을 행사한 조정이 각 군현에서 향리에게 수조지로 분급할 수 있는 상당한 분량의 토지를 관할했을 가능성은 희박하다. 국가는 향리 가문이 소유하고 있던 토지의 일부를 수조지로 인정했는데, 이것은 사실상 지방 지배층에게서 국가 정책의 지원을 얻는 대가로 토지 소유자들에게 면세를 허용한 조처였다. 물론 이런 설명은 향리가 소유한 나머지 토지는 과세의 대상이었고 대부분 공전이었을 가능성이 컸음을 암시한다. 그러나 향리가 세금 수취에서 국가의 중개자로 활동했다는 사실을 고려하면 국가가 향리의 소유지에 효과적으로 과세할 수 있었는지는 회의적이다. 그러므로 고려 전기에 주요 자원은 귀속적 사회집단에 계속 남아 있었으며, 전시과가 공포된 뒤에도 그랬을 가능성이 크다.

끝으로 지방행정의 복합적인 구조와 자원 수취 제도의 관계를 생각해야 한다. 군현의 토지는 사전과 공전으로 분류되었지만, 향·부곡 같은 하위 행정단위는 특정한 경제·재정적 목적에 봉사했다. 잘 알려졌듯이, 소所는 특수한 경제적 중요 품목(금·은·종이, 그리고 유명한 고려청자 등)을 생산하는 지역이었고, 장莊·처處는 왕실의 재정을 보조하는 농지였다. 향·부곡은 농지로서 특수한 군사시설과 학교, 그리고 특정 관서 등에 재원을 조달했다.[124] 국가가 특정한 정부 활동에 재원을 제공하기 위해 일정 지역을 할당할 수 있었다는 사실은 자원을 상당히 강력하게 통제하고 있었음을 보여준다. 그러나 필수적인 정부 활동을 후원하기 위해 특수 집단의 출현을 촉진했다는 사실은 국가가 많은 분량의 가용 자원을 안정적으로 사용할 수 없었음을 보여준다고 판단된다. 또한 이런 집단을 이끈 가문의 지위가 상대적으

1장 고려의 정치제도

로 낮았다는 사실은 그들이 중앙 체제에 맞서 상당한 정도의 자치를 유지하지 못한 결과였다고 생각된다. 더 높은 지위를 가진 지방 호족들은 자신의 사회적·정치적 위상을 높이기 위해 중앙과의 연결 고리를 사용하려고 하지 않았으며, 그것은 지역적 신분제의 기능을 약화시켰을 가능성이 있다. 아무튼 이런 세습적으로 규정된 특수 집단의 존재는 고려 사회의 분화가 낮음을 보여주는 추가적인 증거다.

결 론

고려 정치제도에 관련된 이런 검토는 정치적 단합의 지향이 좀더 일반적이었던 왕조의 첫 세기 동안 전통적인 귀족의 지배에서 벗어나 국왕이 정책을 결정할 수 있게 했다고 아이젠슈타트가 서술한 중앙집권적 관료 제도를 향해 중요한 전진을 이뤘음을 보여주었다. 그런 전진에는 능력에 기초한 등용 제도의 시행, 조정의 기본적 재정 제도의 확립, 중앙 관료 제도의 도입, 지방에 대한 중앙의 통제를 넓히려는 시도 등이 포함되었다.

그러나 아이젠슈타트가 국왕의 정책 결정권을 제한하는 것이라고 지적한 여러 요소는 고려 국왕들에게도 적용될 수 있다는 측면을 보았다. 그중 하나는 합법화된 전통적 이념의 영향력이었다. 고려의 국왕들은 중국의 종주권을 인정하고 그 황제에게서 책봉 문서를 받음으로써 외부의 승인을 받았지만, 동시에 그것은 하늘에서 이끌어온 궁극적인 권위에 관련된 모든 주장을 약화시키는 결과를 가져왔다. 고려의 국왕들은 신라의 귀족 · 지방 호족의 이익과 밀접하게 관련된 불교와 풍수지리설 같은 전통적 이념에서 합법화의 추가적인 수단을 찾을 수밖에 없었다.

가장 중요한 제한 요소는 왕조가 사회적 역할과 정치적 역할을 궁극적으로 분리할 수 없었다는 사실일 것이다. 사회적 신분에 따라 정치적 역할을 견고하게 규정한 골품제가 신라의 멸망으로 폐기되고 삼국시대 후반 사회적으로 상승할 수 있는 일정한 유동성이 존재했지

1장 고려의 정치제도

만, 대토지 소유자를 위한 귀속적 특권은 중요한 요소로 계속 남았다. 진골 출신이 계속 높은 권위를 누리면서 중요한 정치적 역할을 하던 중앙과 세습적 향리 가문의 반+자치적인 통제를 받고 있던 지방의 많은 군현 모두 그랬다. 이런 귀속적 분위기 안에서 왕조는 음서 같은 중요한 수단을 고위 관원들에게 양보했다. 능력에 기초한 과거라도 세습적 사회 신분에 따라 응시 자격이 결정되었다. 그 결과는 새로운 중앙 귀족–관료적 지배층의 흥기였다. 11세기 후반부터 12세기까지 대대로 관원을 배출한 주요 가문은 조정을 지배할 정도로 부상했다. 그 결과 고위 관직은 이런 귀족 가문의 세습적인 거점이 되어갔으며, 그들은 고려 사회에서 대토지를 소유한 지배층을 형성했다.

주요 가문이 중앙에서 입지를 확보함에 따라 왕조는 정치적 통합에서 문화 유지의 지향으로 전환했다. 이런 변화는 다양한 형태로 나타났는데, 외교적으로는 요와 금의 종주권을 인정해 옛 고구려 영토를 수복하려는 노력을 포기했고, 문화적으로는 김부식이 고려의 법통을 신라에 두었으며, 정치적으로는 특히 지방행정에서 제도 개혁을 적극적으로 추진하지 않았다는 것 등이었다. 이런 전환은 영토를 회복하려는 고려의 열망을 가로막은 강력한 북방 제국의 흥기 때문에 나타난 것이 분명했지만, 유력한 중앙 관원 가문의 흥기와도 밀접히 관련되었다. 이처럼 12세기 중반부터 조정의 정책은 계속 보수적이었는데, 주로 왕조를 방어하고 대토지 소유자들이 지배한 귀속적 사회질서를 유지하는 것과 관련되었다.

고려의 정치제도는 많은 측면에서 당과 비슷했다. 모두 삼성육부제를 채택했고, 중서성과 문하성을 통합해 감독의 임무를 겸임시켜 육부의 행정 활동을 통제하는 단일한 정책 결정 기구를 만드는 비슷한 수정을 거쳤다. 그러나 고려의 국왕들은 당·송의 황제들보다 정치 운영에서 상당히 허약한 왕권을 행사했다. 중국의 황제들은 천명에 의거해 황제로 승인을 받음으로써 비교할 수 없는 권위를 누렸고 (환관 같은) 관원 이외의 부류를 이용해 귀족의 권력을 견제할 수 있었지만, 고려의 국왕들은 합법화의 근거가 미약했고 왕실이 권력과 권위를 가진 가문과 혼인해온 전통 때문에 제약을 받았다.

고려 국왕들은 정무 관서를 계속 장악하기가 매우 어렵다는 것을 깨달았다. 12세기에 연합적 자문 기구를 형성했던 재추는 왕조의 관원이었지만, 대토지를 소유한 주요 가문의 대표자라는 그들의 지위는 정치 과정에 귀족적인 요소를 강력히 부여했다. 무신란 이후 재추는 의례적儀禮的 임무를 수행하는 지위로 격하되고, 무신 정권기 동안 최씨 집정들이 창설하고 장악한 정무 기구가 그 위치를 대체했다.

지방행정에서 당과 고려는 모두 군현제를 사용했으며, 적어도 당 후기에 강력하고 자치적인 절도사가 흥기하기 전까지는 지방관의 권력이 상대적으로 약했다는 특징을 가졌다. 그러나 지방 통치의 유사성은 실제보다 더욱 또렷했다. 당의 군현제는 중앙에서 임명한 태수와 현령을 기초로 정규적 행정 위계를 형성했지만, 고려의 제도는 중앙 관원이 제한적으로 파견된 상태에서 지방의 사회적 신분에 기초해 군현을 통제하고 복속시키는 비정규적이며 분절적인 체제였다. 고려의 제도는 당의 군현제보다는 위진남북조 시대의 매우 귀족적이고 분권화된 제도와 좀더 비슷했다. 그러나 중세 중국에서 어떤 가문의 권위는 중앙 관직을 취득한 역사에서 나왔지만, 고려에서 그 지위는 중앙 관직의 취득에 따라 상승하기는 했지만 궁극적으로는 지방자치적 전통에서 나왔다는 것을 지적해야만 이런 비교는 수긍될 수 있다.

고려의 제한적인 사회적 분화가 대토지를 소유한 귀족의 이익이 보편화되고 왕권이 허약하며 국가가 지방을 강력히 통제하지 못했다는 사실에 반영되었다면, 고려가 중국 위진남북조 시대에 각축하던 국가들이나 일본 아시카가(足利) 시대(1336~1573)의 다이묘(大名)들처럼 분권적 체제로 발전하지 않은 까닭이 궁금할 것이다. 중국과 요·금, 특히 원 황제의 외부적 승인은 고려의 국왕을 지탱하는 데 도움을 준 것이 분명하다. 또한 북방에 침략적인 거란과 여진이 있다는 사실은 통일의 필요성을 다시 부여했다. 그러나 중요한 요인은 한국 자체에도 내재했다. 첫 번째 요소는 상대적으로 작은 국토의 크기였는데, 잠재적 반란 세력은 왕조의 보복에서 스스로를 보호할 수 있는 광대한 거리에 의존할 수 없었다. 또 다른 중요한 요소는—왕건의 혼인 정책과 지방에서 인재를 등용하려는 과거제도의 시행에서 보이듯이—전국의 주요 가문을 중앙 관료 제도 안으로 통합한 왕조의 조처들이었다. 왕조가 자신들에게 이익을 제공한다고 느껴 중앙 관직에 진출하는 한, 지방의 지배층은 탈퇴해 독립적인 체제를 형성할 동기를 거의 갖지 못한다.

그렇게 약화된 국가라도 왕조가 존속할 수 있었다는 사실 때문에 고려를 곤경에 빠뜨린 압력, 곧 대토지를 소유한 귀족이 설정한 제한을 국왕이 극복하지 못한 데서 주로 연유한 압력을 간과해서는 안 된다. 주요한 중앙 정치제도를 점검하고 그 뒤 1세기 이상 국내적 평화가 이어졌지만, 결국 고려는 강력한 왕권을 수립하지 못했다. 11세기 후반 중앙 조정은 대토지 소유를 발전시킨 유력한 중앙 관원 가문의 지배 아래 놓이게 되었다. 그때부터 계속 고려의 국왕들은 상당한 정도의 포괄적 권력을 유지하고 귀족이 자원을 통제하지 못하도록 막는 것이 점점 더 어려워지고 있다는 사실을 깨달았다.

2장
중앙 관료적 귀족의 흥기

．．．

세습적인 중앙 관원의 흥기는 고려 역사에서 가장 핵심적인 특징의 하나다. 외형적으로 이것은 유력한 귀족 가문과 함께 당과 비슷한 또 다른 측면으로 보일 수도 있다. 고려와 중세 중국의 지배층에 관련된 최근 동아시아 학계의 연구는 그 둘이 매우 비슷하다고 평가하는 것으로 생각된다. 역사학자들은 한국과 중국의 지배층이 성姓과 본관이라는 식별자에 의거해 나머지 인구와 자신을 구별한 방법에 주목하고 있다.(1) 또한 역사학자들은 두 사회의 지배층을 보통 동일한 용어—문벌과 귀족 같은—로 서술한다.

그러나 이런 역사 서술의 경향에도 불구하고 중세 중국과 고려에는 중요한 차이점이 존재했다. 두 나라의 지배층은 성과 본관을 사용했지만, 스스로를 구별하는 데 사용한 용어는 매우 달랐다. 중국의 주요 가문들은 보통 자신들을 문벌이나 귀족이라고 불렀지만, 고려의 지배층은 그런 표현을 거의 사용하지 않았다.(2) 고려를 언급하는 데 그런 용어를 사용한 것은 20세기의 창안이었다. 그런 용법은 그 용어들이

2장 중앙 관료적 귀족의 흥기

'문벌'과 '귀족'의 포괄적인 표현으로 널리 통용되었다는 변화를 기반으로 정당화될 수 있을 것이다. 그럼에도 그런 용어를 중세 중국과 고려의 유사성을 보여주기 위해 적용할 때는 주의해야 한다.

용어의 문제는 문벌과 귀족에 국한되지 않는다. 중세 중국의 지배층은 사士·사족士族·사대부 같은 용어로 스스로를 정의했는데, 이것은 관직의 보유가 그 집단의 정체성에서 중요한 요소였다는 사실을 보여준다.[3] 고려의 지배층은 왕조의 가장 말기까지 그런 용어(현직 관원을 표시하는 데 사대부를 가끔 사용한 사례를 빼면)를 쓰지 않았으며[4] 고려 시대의 대부분 동안 자신을 대족大族·명족名族·현족顯族이라고 불렀는데, 그것은 중국에서 사나 사대부가 그랬듯이 관직을 가졌다는 것과 같은 의미는 아니었다.[5]

둘째, 당의 주요 가문은 부계 원리에 따라 조직되었지만, 마르티나 도이힐러Martina Deuchler가 보여주었듯이 한국 지배층의 친족 조직은 좀더 복잡하고 포괄적이고 포용적인 부계·모계 관계와 인척 관계를 갖고 있었다.[6] 고려에서는 부계와 모계 모두 후손을 형성했으며, 예컨대 재산 상속과 문음의 자격 규정은 물론 과거 응시자의 사조四祖에 외조도 포함되는 사례에서 보이듯이, 외가의 후손은 왕조 내내 지배층 친족 집단의 실제적인 조직과 기능에서 중요한 요소로 작용했다.[7] 그러나 묘비명에 따르면, 11세기 중반 중앙의 정치적 지배층은 주로 성과 본관에 의거하고 특별한 경우에는 부·조부·증조부로 거슬러 올라가는 계보에 따라 자신들이 그 가문의 일원임을 입증하면서 부계 조상에게 좀더 큰 무게를 두기 시작한 것으로 나타난다.[8] 같은 흐름이 지방에서도 나타났는지를 알려주는 증거는 없지만, 중앙 지배층은 대부분 조상 중에 향리가 있었고 그 향리 선조의 성과 본관을 계속 사용했다. 이것은 지방 유력층이 자신의 기원을 알고 있었을 뿐만 아니라, 그들이 지방 친족과 혈연의식을 갖고 있었음을 보여준다. 그러므로 넓게 말해서 고려의 중앙 지배층이 사용한 본관과 성이라는 식별자는 중앙과 지방의 분할을 포괄하는 복합적인 요소였다. 그러나 여기서 다룰 대상은 자료에서 주요한 부계 혈통으로 묘사되면서 좀더 좁게 정의된 중앙에 기초한 집단이다.

쟁점은 친족 조직의 적절한 용어와 정확한 서술에 관련된 문제가 아니라, 고려의 지배층을 서술하는 데 당의 용어와 개념을 사용하는 것은 비슷한 사회 진화를 암시한다는 측면이다. 위진남북조 시대와 당 초반을 지배한 유력한 귀족 가문은 과거제도의 중요성이 커지고 지방 반란이 확산된 결과 권력과 권위를 크게 상실했고, 당 후반에는 더 이상 자기의식이 강한 집단적 독립체로서 존재하지 않았다. 고려 역사를 보수적으로 해석하는 견해에서는 고려 전기의 문반 귀족은 1170년 무신란으로 그 권력과 권위를 크게 상실했으며, 귀족 제도의 흔적은 왕조 중반 이후 과거로 새로운 인물을 등용함으로써 약화되었다고 주장했다. 이 장에서는 왕조 전반 조정에 등용된 지방 호족이 11세기 후반 강력한 중앙 관료적 귀족으로 발전했으며, 12~13세기에 반란·정변·침략을 겪으면서 원래 발원했던 지방 호족과 차별되는 집단적인 정치적·사회적 지배층이라는 강력한 의식을 갖고 고려 후기에 다시 등장했다는 사실을 보여줄 것이다.

고려 전기의 중앙 관원층

여러 뛰어난 연구들—경원 이씨에 대한 후지타 료사쿠藤田亮策의 분석과 그 밖의 가문에 대한 박용운의 연구 같은—은 고려 전기 중앙 조정을 지배한 특정 집단을 검토했다.[9] 그러나 전체적으로 중앙 조정에서 이런 가문의 위치를 포괄적으로 연구한 사례는 아직 나오지 않았다. 여기서는 주요 가문의 객관적 수치와 정치권력의 상대적 중요성을 파악하고, 나아가 그들이 권력을 획득하고 유지한 방법을 검토함으로써 주요 가문의 사회·정치적 본질을 좀더 깊이 살펴볼 것이다.

고려 전기의 주요 가문들

11~12세기의 주요한 중앙 관원 가문은 어떤 집단이었는가. 그들은 어느 정도까지 조정을 지배할 수 있었으며, 어떤 종류의 정치권력을 행사했는가. 이런 질문에 대한 대답은 중앙 관원층의 실제적 구조와 구성을 연구해 얻을 수 있다. 이런 목표에 따라 필자는 성종이 당의 관제를 채용한 981년(성종 0)부터 인종의 치세가 끝나는 1146년(인종 24)까지 중앙 조정에 재직했던 모든 관원의 경력에 관련된 자료를 수집했다. 관직 획득에 관련된 기록은 족보와 지방지 같은 자료에도 많이 나오지만, 신빙성을 높이기 위해 왕조 기록에 나타난 임명만 고려하는 것으로 제한했다.[10] 필자는 여러 사서의 전기 자료·묘지명·지방지, 그리고 제한된 범위에서 족보 등을 이용해 찾을 수 있는 모든 관원의 출신에 관련된 정보도 모았다. 고려 전기의 자료는 그 뒤의 시기

보다 무척 적었지만, 무신란 이전 고려의 권력 구조에 관련된 일정한 결론을 이끌어내는 데는 충분했다.

왕조 역사에는 981~1146년 동안 모두 1,140명의 중앙 관원이 나오는데, 문반이 959명이고 무반이 181명이다. 『고려사』 「백관지」에 따르면 고려 중앙 조정의 정규 문·무반직은 모두 4,358과인데,[11] 이 1,140명은 그 기간에 재직한 관원 중 작은 일부가 분명하다. 아울러 『고려사』에는 하위 관원이 대부분 기록되지 않았기 때문에 이 1,140명은 관원의 대표적 사례도 아니다. 중앙 관직 중에서 거의 70퍼센트(4,358과 중 3,014과)가 9품 관직이었지만, 그 관직을 가졌다는 사실을 알 수 있는 관원은 기록이 남아 있는 관원의 1퍼센트 미만(1,140명 중 12명)이며, 중서문하성과 중추원의 1·2품의 재추(재상으로도 불렸다)는 중앙 관직의 0.3퍼센트(4,358과 중 12과)밖에 되지 않았지만, 기록이 남아 있는 관원의 21퍼센트(1,140명 중 234명)를 차지했다.[12] 이런 자료를 토대로 관료 제도 전반을 자신 있게 말할 수는 없지만, 조정에서 실질적인 정치권력을 행사한 최고층에 관련된 일정한 결론을 이끌어낼 수는 있다.

〈표 2.1〉에 나와 있듯이 가문(성과 본관을 포함해서)은 1,140명 중 257명(23퍼센트)을 알 수 있는데, 문반이 245명이고 무반이 12명이다. 본관을 알 수 있는 257명은 87개의 개별 가문에 퍼져 있다. 그러나 이 가문들의 다수(45개)에서는 관원 1명씩만 배출되었는데, 중앙 조정의 상당히 넓은 대표성을 보여준다.

2장 중앙 관료적 귀족의 흥기

〈표 2.1〉 981~1146년 중앙 관원층의 가문 구조

이름을 알 수 있는 전체 관원	1,146명
가문을 알 수 있는 관원	257명(23퍼센트)
이름을 알 수 있는 전체 재추	234명
가문을 알 수 있는 재추	143명(61퍼센트)
전체 가문	87개
1명의 관원만 배출한 가문	45개(52퍼센트)
가장 주요한 가문*	29개
가장 주요한 가문 출신의 관원	169명(15퍼센트)
가장 주요한 가문 출신의 재추	94명(40퍼센트)

* 4명 이상의 관원이나 2명 이상의 재추를 배출한 가문

〈표 2.1〉에서 나타난 가장 중요한 정보는 비교적 소수의 가문이 중앙 관직을 지배한 정도다. 고려에서 중앙 관직을 가졌던 가문의 숫자를 정확히 알 수는 없다. 조선 전기의 문헌에 근거한 한 자료에서는 그 숫자를 2,181개라고 말했다.[13] 그러나 450여 개의 군현에 주요 가문이 하나씩만 있었다는 보수적 수치를 사용하고 안동·경주·청주 같은 주요한 지방 거점에는 복수의 주요 가문이 있었다는 사실을 무시하더라도, 〈표 2.1〉의 자료는 981~1146년 동안 고려의 주요 가문의 6퍼센트(450개 중 29개)가 기록이 남아 있는 모든 관원의 15퍼센트(1,140명 중 169명)와 재추의 40퍼센트 이상(234명 중 94명)을 차지했다는 사실을 보여준다. 이것은 비교적 많은 가문이 조정에서 관직을 가졌지만, 소수가 권력의 불균형한 분배를 누렸다는 측면을 보여준다.

그런 소수의 가문은 누구였는가— 중세 중국에서 국가가 후원한 주요 가문처럼 고려 시대의 주요 가문을 파악할 수 있는 자료는 없다.[14]

그러므로 중앙 조정에서 실제로 취득한 관직에 근거해 주요 가문의 지위를 결정해야만 한다. 〈표 2.2〉는 고려 전기에 상당한 숫자의 관원을 배출한 가문의 수치적 순위인데, 매우 소수—특히 경원 이씨·경주 김씨·해주 최씨—가 다른 집단을 크게 압도하면서 중앙 조정에서 지배적인 지위를 차지했음을 보여준다. 〈표 2.2〉의 정보는 왕조 역사에서 나타난 이름에서 수집한 것인데, 많은 가문의 실제적인 모습을 축소했을 가능성이 크다. 예컨대 묘지명에서 추출한 자료를 포함한다면, 이천 서씨는 전체 관원 7명과 재추 4명으로 증가하고 황려 민씨는 전체 관원이 7명으로 늘어난다.[15] 경원 이씨는 다른 모든 가문보다 우위에 있는 것이 분명하지만, 한편으로는 경주 김씨와 해주 최씨, 그리고 황려 민씨·이천 서씨·청주 유씨 같은 가문 사이의 숫자 차이는 〈표 2.2〉에 나타난 수치보다 약간 적다.[16]

〈표 2.2〉는 고려 전기 중앙 관원층의 구성에서 흥미로운 또 다른 측면을 보여준다. 우선 경주 김씨[17]·강릉 김씨·평산 박씨처럼 신라 진골의 배경을 가진 부류는 고려 전기에 가장 주요한 가문의 일원이었다는 것이다. 이것은 11~12세기의 중앙 귀족은 주로 신라 육두품 관원과 비귀족적 기원을 가진 지방 호족으로 구성되었다는 전통적 관념을 부정한다.

또 다른 특징은 고위 관원 가문이 동해안의 강릉부터 동남부의 초계草溪·영천永川, 서남부의 광양光陽·남평南平·영광靈光·옥구沃溝에 이르기까지 반도의 전역에서 나왔다는 것이다. 이것은 고려 전기에는 북부와 중앙 지역 출신의 가문이 지배했고, 외진 지역은 고려 후기까지 중요한 위상을 차지하지 못했다는 주장을 반박한다.[18] 왕건의 혼

〈표 2.2〉 981~1146년의 가장 주요한 가문들

가문	전체 관원	재추
경원 이씨	27	12
경주 김씨	14	10
해주 최씨	13	8
경주 최씨	9	6
강릉 김씨	9	5
단주 한씨	7	2
평산 유씨	7	2
광양 김씨	6	5
평산 박씨	5	2
개성 왕씨	5	2
수주 최씨	5	2
파평 윤씨	5	2
봉주 지씨	5	2
공암 허씨	4	2
정안 임씨	4	4
남평 문씨	4	3
청주 곽씨	4	2
황려 민씨	4	1
동래 정씨	4	1
인천 서씨	3	3
초계 정씨	3	2
옥구 임씨	3	2
영광 김씨	3	2
청주 이씨	3	2
수주 이씨	3	2
충주 유씨	3	2
영천 황보씨	3	2
안산 김씨	2	2
청주 유씨	2	2
합계 : 29	169	94

인에서 보이듯이 전국에 걸쳐 호족의 지원을 얻으려는 왕조의 필요를
생각하면, 주요 가문의 지역적 분포가 반도 전체를 아우르고 있다는
것은 놀라운 사실이 아니다.

끝으로 중요하게 언급해야 할 사실은 고려 전기의 주요 가문은 사실상 조정의 문반에서 근무했다는 것이다. 주요 가문에 소속된 것으로 파악된 169명 중 5명(2퍼센트)만이 무반이었는데, 2명은 평산 유씨, 2명은 경원 이씨, 1명은 강릉 김씨의 한 지파 출신이었다. 후지타 료사쿠가 밝혔듯이 경원 이씨 출신의 무반 2명은 그 가문의 무반 계열의 일원이었지만, 경원 이씨의 무반 출신은 정치적으로 활발하지 않았으며 재추까지 올라가지 못했다.[19] 무반으로 재직했던 강릉 김씨 출신의 1명은 11세기 후반 이자의의 반란에서 핵심적 역할을 담당한 결과 재추까지 올라갔다. 그는 왕국모王國髦였는데, 왕조 개창 무렵 왕실의 성씨인 왕씨를 하사받은 강릉 김씨 출신이었다.[20] 이런 사례는 적어도 주요 가문의 일부는 무반 출신이었지만 매우 소수였으며, 정치적 역할은 (왕국모를 제외하고는) 제한적이었다는 것을 보여준다. 고려 전기 주요 가문의 구성원은 문반이었던 것이다.

이런 문반 가문은 서로 밀접히 연결되었다. 후지타 료사쿠가 밝혀낸 혼인 관계에 따르면, 고려 전기 중앙 조정의 주요 가문은 왕실과 자주 혼인했을 뿐만 아니라 서로 결혼한 사례도 많았다.[21] 예컨대 경원 이씨는 적어도 10회에 걸쳐 왕자와 자기 가문의 딸을 결혼시켰고, 해주 최씨와는 4회, 경주 김씨·강릉 김씨·광양 김씨와는 각각 3회 혼인했다. 이런 가문들은 왕실과 혼인함으로써 12세기에 왕권을 쉽게 제어할 수 있었다고 자주 지적되지만, 주요 가문끼리 유대를 구축했다는 사실 또한 인정해야 한다. 소수의 가문 안에서 복수의 연합이 나타난 현상은 문반 귀족이 고려의 사회·정치적 질서의 정점에서 폐쇄적인 지배층을 형성했다는 측면을 보여준다.

주요 가문의 기원

15세기의 학자이자 관원인 성현成俔은 자기가 살던 시대의 주요 가문의 기원을 논의하면서 "우리나라의 모든 명문거족名門鉅族은 군현의 주요 가문에서 흥기했다"고 말했다.[22] 성현의 주장은 지방 주요 가문의 자손이 조정의 관직을 획득하고 중앙 관원의 세습적인 계보를 유지한 사례가 많았던 고려 시대의 자료로 증명된다.[23]

〈표 2.2〉의 일부 가문——그 조상의 기원이 신라의 육두품과 진골까지 올라갈 수 있는 경주 최씨·경주 김씨·강릉 김씨·평산 박씨 등——은 왕조 개창부터 중앙 조정에서 활동했지만, 대다수는 10세기 중반 과거제도가 시행된 뒤 지방 호족 출신에서 일어났다. 950년(광종 1) 이후 지방 출신의 중앙 관원 가문은 이천 서씨[24]·광양 김씨[25]·수주 최씨·경원 이씨[26]·해주 최씨·단주端州 한씨[27]·파평 윤씨[28]·동래 정씨 등이었다. 특히 기록이 잘 남아 있는 사례 중 하나는 10세기 중반 중앙에서 입지를 굳힌 수주 최씨 가문이다. 저명한 조상을 기린 1160년(의종 14)의 묘비에 따르면 그의 8대조는 수주의 향리로 두 아들을 두었는데, 둘째 아들이 "조정에서 벼슬해 문하시중에 이르고 처음 도성에 살게 된 뒤 후손들은 모두 도성에서 거주했다."[30] 11세기의 잘 알려진 또 다른 사례는 유명한 학자이자 관원인 최충이다. 해주 향리의 아들[31]인 최충은 11세기 조정의 최고 관직까지 올랐으며 그의 아들·손자·증손들 모두 고위 관직에 올랐다.[32] 최충과 경원 이씨의 이자연 등이 확고한 기틀을 잡은 일부 이런 주요 가문의 등장은 고려 전기의 정치적 중앙집권 정책과 관련해서 이해해야 한다. 이런 일부 중앙 관원 지파의 설립자들이 입사入仕하게 된 원래의 방법은 분명치 않

지만, 많은 인물―최충·이자연·김책金策(본관 광양)·허현許玄(본관 공암)·정배걸鄭倍傑(본관 초계)·한안인韓安仁(본관 단주)·윤관(본관 파평)·정목鄭穆(본관 동래) 등―이 중앙 연합의 외부에서 인물을 등용해 중앙 관직을 채우려는 목표로 광종이 시행한 과거제도를 거쳐 중앙 관직을 처음 얻었다.[33]

이런 주요 관원 가문의 등장 뒤에 있는 또 다른 중요한 요소는 고려 가문의 내부 구조였다. 지방의 주요 가문은 다른 지방의 주요 가문과 결혼하는 경향이 많았다. 한 가문의 흥기는 그 결혼 상대자의 융성을 쉽게 했지만, 부계뿐만 아니라 모계 쪽으로도 후손을 인정했던 고려 제도에서 그런 현상은 좀더 뚜렷했다. 이수건李樹健은 "중소 군현의 토성土姓이라 하더라도 한 성씨가 중앙에 진출하면 동읍同邑의 다른 토성이 그 뒤를 따라 진출하는 것이 일반적인 현상이었다"고 지적했다.[34] 경원 이씨는 좋은 보기다. 이 가문의 중앙 지파를 설립한 이자연은 과거로 처음 중앙 관직에 들어왔지만, 그의 화려한 부상과 그 후손의 성공은 경원 이씨보다 중앙에서 빨리 등장했던 동일 지역 출신의 두 강력한 가문인 수주 최씨와 안산 김씨와의 혼인 관계에서 많은 도움을 받았다.[35]

그러므로 이런 가문의 중앙 지파가 처음 흥기한 것은 독립적인 관료 제도를 만들려는 국왕의 노력과 주요 가문의 내적 구조 때문에 발생한 결과로 판단된다. 이런 요소는 중앙 관원층을 유지·강화하고 지방 주요 가문의 특권적 지위를 보존하는 데 도움을 주었다.

고려왕조는 중앙 관원을 등용하는 데 여러 방법을 동원했다. 『고려
사』「선거지」에서는 과거와 음서 외에도 남반南班·내시內侍직과 성중
애마成衆愛馬·천문관·의관 같은 잡로雜路를 거쳐서도 정규 관직에 진
출할 수 있다고 언급했다. 이런 넓고 다양한 등용 제도는 상당한 사회
적 이동성의 잠재력을 보여주는 것 같다. 그러나 증거는 이런 제도들
이 주로 문·무반이 차지한 지배적 사회집단의 이익에 봉사했음을 보
여준다.

음서는 중앙 귀족이 조정에서 그 가문의 존재를 유지하는데 매우
중요한 수단이었다. 그것은 고위 관원이 그 아들·손자 또는 다른 친
척들—그 외손이나 외증손·모계 조카·사위 등—에게 중앙 관직을
지명할 수 있도록 허용했다. 음서는 일반적으로 두 형태였는데, 주로
5품 이상 관원의 아들·손자·조카·사위 등에게 수여되는 것과 치세
초기 공신의 후손에게 하사한 특별한 경우(새로운 국왕의 즉위 같은)가
있었다. 첫 번째 유형은 두 번째보다 좀더 많은 관원의 임명에 적용된
것이 분명한데, 『논어』와 『효경』의 강경講經을 포함했고 1년에 네 번
시행된 것으로 판단된다.[36] 이렇게 자주 시행되었다면, 고려왕조 전
체에서 음서 제도의 혜택을 받은 사람이 수천 명이라는 것은 어렵지
않게 상상할 수 있다. 『고려사』나 다른 자료에는 얼마나 많은 사람이
음서를 받았는지 기록되어 있지 않기 때문에, 다시 한 번 전기 자료와
묘지명, 그 밖의 문헌에 기댈 수밖에 없다. 고려 시대에 이런 자료들에
나와 있는 191명의 음서 수혜자들은 전체 관원에서 매우 적은 부분을
반영한 것이 분명하다.[37] 현존하는 자료는 음서가 고려 전기 중앙 귀

족 사이에서 광범하게 사용되었음을 알려준다. 왕조 개창부터 중앙에서 활동하던 가문 중에서 무신란 이전까지 경주 최씨는 4회, 경주 김씨는 3회의 문음을 사용했다. 같은 기간에 가까운 지방 호족 출신의 신흥 가문들은 중앙에 정착하는 데 1회 이상 음서를 사용했다. 그 사례에는 경원 이씨(12명의 음서 수혜자가 있었다)와 수주 최씨와 해주 최씨(각 5회)가 들어 있다.[38] 아울러 모계 조상에서 음서의 중요성은 노명호盧明鎬가 수주 최씨와 공암 허씨 같은 주요 가문에서 그 제도를 사용한 사실을 발견함으로써 입증되었다.[39] 고려 전기 음서 수혜자들은 대부분 중앙 서리직에 임명되었으며, 그것을 거쳐 정규 관직으로 진출했다.

이것은 어떤 가문에서 중앙에 기초한 지파가 그 지방 지파보다 두드러지게 승진했다는 측면을 보여주지만, 가장 높은 향리—호장과 부호장의 직위를 가진 부류—의 자손들 또한 중앙 서리직에 나아갈 수 있었다는 사실을 알려준다. 이런 자리에는 음서 수혜자들이 자주 임명되었다.[40]

다른 주요한 등용 제도인 과거는 등용에 동일한 두 개의 접근을 포괄했는데, 중앙에 확고히 자리 잡은 가문에 상당한 이익을 주었지만 지방 지배층이 중앙 관직에 접근하는 것도 보장했다. 고려의 과거제도는 두 단계였는데, 응시자들은 초시初試를 통과해야만 복시에 나아갈 수 있었다. 중앙에 자리 잡은 부류가 과거에 급제하는 데 선호한 방법은 국자감시國子監試를 통과하는 것이었지만, 중요한 예외가 있었다. 6품 이하의 현직 관원은 학업 성적이 뛰어난 것으로 평가되면 국자감 학생들이나 11세기 후반 이후 중앙의 12학당처럼 초시를 거치지 않고도 복시를 치를 수 있었다.[41] 과거 준비생을 위해 마련된 중앙 학교에 입학하는 것은 현직 관원의 자제로 제한되었기 때문에,[42] 이 제도는 중앙에서 확고하게 자리 잡은 가문의 지파에게 매우 유리했다. 그러나 과거제도에는 지방의 향시도 있었다. 그런 시험의 응시 자격은 중앙 서리직처럼, 호장과 부호장의 자제에게 국한되었다.[43]

상위 시험은 제술과와 명경과였다. 둘 다 왕조 내내 시행되었지만, 제술과의 권위가 좀더 높았으며 합격자의 압도적인 다수를 배출했다. 『고려사』 「선거지」에는 각 시험의 날짜, 합격자의 숫자, 장원의 이름만이 기록되어 있다. 각 시험의 합격자는 10세기에 8~9명에서 11~12세기에는 25~30명이었기 때문에 「선거지」에 기록된 장원의 이름은 고려 전기 과거 급제자의 아주 일부만을 담은 것이 분명하다. 박용운은 『고려사』 열전과 묘지명을 포함한 다양한 추가 자료를 이용해서 1146년까지 제술과 급제자 334명을 밝혔는데, 그 기간에 배출된 급제자 2,089명의 대략 15퍼센트였다.[44] 이런 빈약한 자료 때문에 과거제도의 전반적인 영향은 측정하기 어렵지만, 상위 28개 중앙 관원 가문에 관련된 그 제도의 중요성은 어느 정도 통찰할 수 있다. 첫째, 28개 가문 중 25개는 적어도 1명 이상의 급제자를 배출했고 확인된 334명의 급제자 중 102명을 냈다.[45] 둘째, 유력한 중앙 관원 가문의 일부는 그들의 권력을 지속하는 데 과거제도를 광범하게 이용했는데, 경원 이씨와 경주 김씨는 각 9명의 급제자를 배출했고, 해주 최씨는 8명, 강릉 김씨는 7명, 광양 김씨·평산 박씨·수주 최씨는 각 6명을 배출했다. 셋째, 과거제도는 음서보다 좀더 권위가 있었기 때문에 많은 사람이 음서로 관직을 획득한 뒤에도 과거를 거쳤다.[46]

과거제도의 권위는 최고 관직에 초점을 맞출 때 더욱 분명해진다. 1070(문종 24)~1146년(인종 24) 동안 중서문하성에서 종1품의 문하시중과 정2품의 중서문하시랑평장사의 관직을 가진 사람은 모두 57명이었다. 필자는 『고려사』 열전과 묘지명, 「선거지」를 이용해 그 57명 중 24명(42퍼센트)은 과거로, 5명(9퍼센트)은 문음으로 입사했으며, 그 밖의 5명은 무반·서리 또는 남반의 배경을 가졌다는 사실을 밝혀냈다. 입사 경로가 밝혀지지 않은 23명 중 10명은 지공거知貢擧나 동同지공거로 활동했는데, 그들 자신이 급제자가 아니라면 수행할 수 없는 임무였다. 이 10명을 추가로 고려한다면, 981~1146년 문하시중과 문하시랑평장사의 60퍼센트(57명 중 34명)는 과거 급제자였음이 분명한 것으로 판단된다. 이것은 대체로 고려보다 좀더 관료 제도에 가까웠다고 평가되는 조선의 첫 75년 동안 최고 관원의 65퍼센트(61명 중 40명)가 급제자였고 23퍼센트(61명 중 14명)가 음서 수혜자였던 상황과 비교할 만하며, 과거에 급제하는 것이 고려 전기에 관원으로 성공하는 데 중요한 열쇠였음을 알려준다.[47]

전체적으로 볼 때 고려의 등용 제도가 귀속적인 사회적 특권을 보호했다는 것은 그 시대의 사회적 분화가 제한적이었다는 관찰을 뒷받침한다. 동시에 등용 제도의 이중적 본질은 지배층이 두 경로의 구조로 발전해왔음을 보여준다. 주요한 중앙 관원 가문은 중앙에서 매우 특권적이고 권위 있는 상층을 형성했다. 지방 군현의 호장과 부호장 가문은 그 다음의 계층을 이뤘는데, 사실상 등용 자격을 가진 사회적으로 공인된 집단을 형성하면서 상당한 자치권을 가지고 지방행정을 계속 맡았으며 중앙 관직에 접근하는 제도화된 수단을 누렸다.

중앙 관원의 경력 유형

관료 제도의 특징 중 하나는 정규적 서열 안에 조직된 전문적 관원이 존재하면서 객관적이고 정형화된 규칙과 절차 아래 특화된 기능을 수행한다는 것이다. 앞서 보았듯이 고려 조정의 최상층에서 기능의 실질적인 특화는 거의 없었다. 그러나 그렇다고 해서 중하급 관원으로 구성된 수많은 하위 관서에서도 실질적인 기능적 특화가 없었을 것이라고 추단할 필요는 없다. 불행하게도 관원의 일과에 관련된 기록이 없기 때문에 일상 업무의 어느 정도까지 관료 제도의 규칙과 절차에 따라 이뤄졌는지는 측정하기 어렵다.

그러나 한 가지 가능한 접근은 고위 관원들이 정규적인 방식으로 관직의 서열을 거쳐 승진했는지, 아니면 가문에 의존해 좀더 빨리 승진했는지를 판단하기 위해서 그들의 관력에 대해 현재 남아 있는 정보를 검토하는 것이다. 『고려사』 「세가世家」에는 개별 관원의 입사 경로와 관련된 수십~수백 개의 자료가 있지만, 대부분 어떤 관원이 중상 등급의 관직에 오른 뒤에만 언급하고 있을 뿐 그의 초기 경력을 판단할 수 있는 자료는 거의 없다. 『고려사』 열전도 나을 바 없는데, 관원의 초기 경력에 관련된 의례적인 짧은 언급으로는 그들이 최고 관직까지 오른 경로를 추적하기에 매우 부족하다.

그러나 이 문제에 접근하는 다른 방법이 있다. 한충희韓忠熙는 고려 전기에 부친과 조부가 고위 관직을 가진 사람은 과거나 음서 출신에 상관없이 조정에서 더 빠르고 높게 승진하는 경향이 있다는 사실을 보여주었다. 그러나 그의 자료는 그 관원이 처음 입사했을 때부터 재추에 오르기까지는 보통 30년이 넘는 기간이 걸린다는 사실도 알려준다.[48] 한충희의 연구는 주로 『고려사』에서 모은 정보에 기초했지만, 그의 결론은 후손의 경력에 관련된 상당히 자세한 내용을 담고 있는 일부 묘지명에서 얻은 정보에서도 확인된다.

고려 전기의 자세한 묘비 중 하나는 경원 이씨 출신의 이자연의 것이다. 이자연은 1024년(현종 15)에 22세의 나이로 급제했다. 그 뒤 그는 다양한 중하위 관직을 거쳐 입사한 지 16년만인 1040년(정종 6) 처음 재추에 임명되었다.[49] 이자연의 승진은 한충희가 기술한 전형적 사례보다 상당히 빠르지만, 그는 고려 전기에 가장 화려한 경력을 가진 한 사람이었으므로 빨리 승진했다는 것은 그리 놀라운 일이 아니다. 다른 자세한 묘비는 그의 아들 이정李頲의 것인데, 그는 20세에 문음으로 입사했으며 일련의 중하위 관직(3년의 지방 근무를 포함해서)을 거친 뒤 50세 때 재추에 올랐다.[50] 조금 비중이 떨어지는 가문 출신은 좀더 늦게 승진했다. 예컨대 정안 임씨 출신의 임의任懿는 1070년(문종 24)에 32세로 급제했는데, 그 뒤 다양한 중하위 문반직을 거치고 지방 관원으로 두 번의 임기를 마친 뒤 입사한 지 36년만인 1106년(예종 1) 68세의 나이에 참리參理로 처음 재추에 임명되었다. 동래 정씨 출신의 정항鄭沆은 1103년(숙종 8)에 23세로 급제해 처음에는 지방 관원에 임명된 뒤 여러 중하위 관직을 거쳐 급제한 지 33년 만인 1136년(인종 14)에 재추가 되었다. 이런 사례들은 고려 전기 관원들이 정규적인 승진 경로를 밟았다는 사실을 보여주며, 대체로 한충희의 결론을 확인해준다. 당시 가장 융성했던 경원 이씨 출신은 좀더 빨리 승진하는 경향을 보였지만, 그들조차도 중하위 관직에 15~20년 동안 근무한 뒤에야 재추에 임명될 수 있었다. 이것은 고려 전기의 제도가 적어도 인사 행정에서는 정규적 관료 행정에 따라 운영되었음을 보여준다. 최고 관원에게 과거 급제의 배경이 분명히 중요했다는 사실을 함께 고려하면, 이것은 고려 전기 중앙 조정에 놀라울 정도로 강력한 능력 중시의 경향이 존재했음을 보여준다.

주요 가문의 융성

주요 가문이 성장한 결과 고려 조정에는 중요한 변화가 일어났는데, 그것은 국왕에 맞서 신하들의 권력이 상승하는 데 결정적인 영향을 주었다. 하나는 주요 가문이 고위 관직에 자기 가문 출신을 좀더 많이 앉히는 경향이었다. 거기에 관련된 변화는 고위 관원의 확대였는데, 경쟁 압력이 증가한 현상에 따른 결과로 판단된다.

주요한 중앙 관원 가문이 모두 동시에 융성한 것은 아니었다. 경주 김씨와 수주 최씨를 포함한 일부 가문은 981~1146년에 걸쳐 관직에 진출했다. 경주 최씨 같은 가문은 10세기 후반에서 11세기에 가장 융성했지만, 정안 임씨 같은 일부 가문은 11세기 후반부터 12세기까지도 두각을 나타내지 못했다.

이런 가문이 관직을 취득하는 데는 세 가지의 기본 유형이 있었다. 첫 번째는 이천 서씨[51]와 청주淸州 곽씨[52]의 사례에서 보이듯이 부자 사이의 직계에서 한 세대당 관원 1명이 배출되는 것이었다. 두 번째 형태는 가문의 여러 지파에서 나온 복수의 관원들이 동시에 중앙 관직을 가진 것인데, 경주 최씨와 경주 김씨에서 발견할 수 있다.[53] 세 번째 유형은 여러 형제가 자주 동시에 고위 관직을 가진 것인데, 경원 이씨 · 해주 최씨 · 경주 김씨 · 정안 임씨와 그 밖의 일부 가문에서 나타났다.[(54)] 문종 후반에 세 번째 형태의 관직 취득이 등장한 것은 국왕과 신하의 권력균형을 변동시켰다.

문종이 즉위하기 이전 중앙에 기반을 확립한 가문들이 아들 1명 이상을 관직에 진출시킬 수 있었음을 암시하는 자료가 있다. 수주 최씨 출신으로 현종 때의 저명한 신하였던 최사위崔士威는 아들 6명이 모두 중앙 관직을 가졌다고 말했다.[(55)] 그러나 1명의 임명만 역사에서 확인되는 것은 이상한 일이 아니다. 역사에서 고위 관원의 임명과 활동은 대체로 기록되지만, 하위 관원은 특별한 상황에서만 언급된다. 다른 5명은 하위 품계 이상 올라가지 못한 것이 확실하다고 판단된다. 이런 측면에 비추어 2명 이상의 형제가 관직에 오른 것을 입증할 수 있는 첫 사례—1070년대 경원 이씨[(56)]와 해주 최씨[(57)]—에서 그들이 1·2품 관직을 가졌다는 사실은 주목할 필요가 있다. 981(경종 6)~1069년(문종 23)에 형제가 관직을 가진 사실을 증명할 수 있는 사례가 없다는 것은 1070년 이전에는 형제가 관직을 취득한 것은 하위 관직에 제한되었음이 분명하다는 측면을 보여준다. 고위 관원에서 그런 현상이 일어난 것은 1070년 이후였다.

11세기 후반부터 12세기 동안 이런 관행은 얼마나 널리 퍼졌는가. 부분적인 추세는 1070~1146년 형제가 관직에 진출한 가문을 나열한 〈표 2.3〉에서 알 수 있다. 품계 항목은 그들이 가졌던 최고 품계이며, 연도 항목은 그 품계를 획득한 연도나 왕대를 나타낸다. 〈표 2.3〉에서 1070~1146년 동안 12개 가문 출신의 형제 중 51명의 관원이 집계되는 것으로 볼 때 2명 이상의 형제가 관직을 가진 것은 일반적인 관행이었다고 판단할 수 있다. 그들은 상당수가 고위 관직에 진출했는

〈표 2.3〉 1070~1146년 동안 2명 이상의 아들이 관직에 진출한 가문

가문	아버지	품계	아들	품계	연도
정안 임씨	임의	정2	임원개	정2	1134
			임원준	정2	1137
			임원숙	정3	1141
해주 최씨	최충	종1	최유선	종1	1073
			최유길	종1	1077
	최유길	종1	최사량	종2	1087
			최사추	정1	1103
	최사제	정2	최약	정3	1105~1121
			최용	종2	1105~1121
강릉 김씨	김상기	정2	김인존	종1	1126
			김고	정2	1123
광양 김씨	김양감	정2	김의원	종2	1126
			김약온	정2	1123
경주 김씨	김건	종3	김부철	종2	1136
			김부일	정2	1127
			김부필	정5	1102
			김부식	종1	1136
경원 이씨	이자연	종1	이정	종1	1076
			이척	종2+	1046~1083
			이석	정4	1075
			이의	종2+	1081
			이허	정?	1046~1083
	이청	종1	이자인	정3	1088
			이자의	종2	1094
			이자현	정5	1084~1094
	이호	정5	이자량	정2	1123
			이자겸	종1	1124
	이자겸	종1	이지미	종2	1124
			이지온	정4	1124
			이지보	정5	1124
			이지윤	종6	1124
			이지원	정7	1124
	이자상	정2*	이예	종2	1095
			이오	정2	1103
남평 문씨	문익	정3	남공미	종2	1131
			남공유	종2	1136
			남공원	정5	1136
파평 윤씨	윤관	종1	윤언이	종2	1146
			윤언민	정6	1146
			윤언식	정4	1136
평산 박씨	박일량	종2	박경인	종2	1117
			박경백	정5	1107
			박경산	정4	1134
수주 이씨	이정공	종1	이숙	종2	1128
			이위	종1	1116
단주 한씨	한규	정4	한안인	정2	1123
			한안중	종3	1124
동래 정씨	정목	정2*	정첨	종5	1132
			정택	종4	1134
			정항	정3	1135

* 사후의 명예 임명

데, 55퍼센트(28명)가 1·2품 관직을 얻었다. 아울러 형제들이 동시에 관직을 갖는 경향은 시간이 갈수록 늘어나 1123~1146년 동안 발생한 사례의 60퍼센트 이상(31명)이 그랬다.

관직 취득의 유형에서 이런 변화의 영향으로 나타난 일부 조짐은 981~1069년 동안 주요 가문의 연합적 권력을 1070~1146년의 그것과 비교한 〈표 2.4〉에서 볼 수 있다. 〈표 2.4〉는 고려의 중앙 조정에서 실권을 행사한 1·2품 관직은 11세기 후반에서 12세기 초반 동안 소수의 가문이 점점 더 지배해갔다는 사실을 보여준다. 981~1069년 동안 가장 주요한 가문은 중앙 관원을 배출한 모든 가문 중 20퍼센트(56개 중 11개)였는데, 이런 비율은 1070~1146년 동안 25퍼센트(75개 중 19개)로 약간 증가했다. 이름을 알 수 있는 전체 관원의 비율이 11퍼센트(356명 중 40명)에서 13퍼센트(788명 중 102명)로 앞서와 비슷하게 조금 증가한 까닭은 가장 주요한 가문 때문으로 설명할 수 있다. 그러나 1070년 이후 가장 주요한 가문이 점유한 재추의 비율은 981~1069년 동안 25퍼센트(97명 중 24명)에서 그 뒤 43퍼센트(134명 중 58명)로 급증했다. 〈표 2.4〉에서 1070~1146년 동안 열거한 19개 가문 중 12개는 〈표 2.3〉에서 2명 이상의 형제가 관직에 진출한 12개의 가문과 동일하다. 복수의 아들이 관직에 진출하는 관행에 힘입어 11세기 후반에서 12세기 소수의 가문이 중앙 조정에서 지배적 지위를 차지할 수 있었다는 것은 명백하다.

이런 가문들은 스스로 중앙에 확고히 자리 잡았지만, 지방에서 인재의 유입은 줄지 않았다. 사실 〈표 2.4〉에 들어 있는 단주 한씨와 동래 정씨 두 가문은 11세기 후반이나 12세기 전반 중앙에 진출했다. 한

〈표 2.4〉 981~1069년과 1070~1146년 가문의 비교

981~1069년			1070~1146년		
가문	전체 관원(명)	1·2품(명)	가문	전체 관원(명)	1·2품(명)
경주 최씨	7	4	경원 이씨	24	11
경주 김씨	6	3	해주 최씨	12	7
평산 유씨	5	2	경주 김씨	9	6
개성 왕씨	3	2	강릉 김씨	7	5
영천 황보씨	3	2	광양 김씨	5	3
이천 서씨	3	2	평산 박씨	5	2
청주 유씨	3	2	파평 윤씨	5	2
황려 민씨	3	1	단주 한씨	5	1
안산 김씨	2	2	남평 문씨	4	3
해주 최씨	2	2	정안 임씨	4	3
광양 김씨	2	2	동래 정씨	4	1
			수주 이씨	3	3
			초계 정씨	3	2
			수주 최씨	3	2
			청주 한씨	3	1
			영광 김씨	2	2
			공암 허씨	2	2
			청주 유씨	2	2
합계 : 11가문	39	24	18가문	102	58
전체 관원 : 56가문	352	97	75가문	788	138

규韓圭는 향시 출신이었고,[58] 정목은 동래 호장의 아들이었다.[59] 12세기에 새로 중앙으로 진출한 주목할 만한 인물은 강릉 최씨 출신의 최유崔濡,[60] 전주 최씨 출신의 최척경崔陟卿,[61] 역시 전주 이씨 출신의 이준양李俊陽[62] 등이었다. 1·2품 관직의 제한된 숫자(중서문하성 8개, 중추원 5개) 때문에 중앙 가문 지파의 확산과 계속 새로 진출하는 가문의 결합은 문반 계열에 엄청난 경쟁의 압력을 야기했다.[63] 이런 압력, 특히 구세력과 신세력 사이의 긴장은 1170년 무신란의 전조가 되는 정치적 불안정의 중요한 요소였다.[64]

고려 후기의 주요 가문들

많은 문신을 숙청한 1170년의 무신란은 일반적으로 고려의 지배층을 크게 재편했을 것으로 추정되어왔다. 내재적 발전론의 지지자들은 1170년 이후 무신의 흥기는 11~12세기에 중앙 조정을 장악했던 문반 귀족의 집단적인 붕괴를 가져왔다고 주장했다. 변태섭邊太燮에 따르면 역사적 전환점으로서 무신란의 진정한 중요성은 "고려왕조의 성립 기반인 신분제도를 변질시켜 귀족 제도를 붕괴시킨 데 있었다." [65] 이런 견해는 무신란이 혼합된 사회적 기원을 가졌고 무신의 부차적 지위와 문신의 오만에 분개한 무신들이 일으켰으며, 많은 문반 귀족이 살해되고 많은 사람이 은신하게 되었다는 것으로 요약된다. 그러나 권력을 장악한 뒤 무신들은 자신에게 행정 경험이 필요하다는 사실을 깨달았고, 고려 전기에 대대적으로 축출된 거대한 집단인 향리를 등용해 그 필요를 채웠다. [66]

그러나 에드워드 J. 슐츠Edward J. Shultz는 무신란 이전과 이후의 고려 지배층에는 상당한 연속성이 있었음을 보여주었다. 무신들은 11세기 후반에서 12세기 초반에 일어난 반란을 진압한 공로 덕분에 무신란 이전 수십 년 동안 좀더 활발한 정치적 역할을 수행하기 시작했다. 아울러 많은 옛 문반 귀족 가문은 무신과 연합해 무신 정권에서 살아남았으며 더욱 번창하기까지 했다. 예컨대 정안 임씨는 무신 집권기 대부분에 걸쳐 왕실과 계속 혼인했고, 파평 윤씨·경주 김씨·경원 이씨·남평 문씨 같은 저명한 문반 관원 가문 출신은 계속 고위 관직을 가졌다.[67] 과거를 통해 지방에서 새로운 문반 인재를 등용한 것도 대체로 무신란 이후의 상황으로 보지만, 실제로는 무신란 이전의 관행이 지속된 것이었다. 문반 가문의 지속과 확립된 등용 제도의 유지는 권력은 문반에서 무반으로 이동했지만, 정변이 확립된 사회·정치적 질서를 파괴하지는 않았음을 보여주는 충분한 증거다.

더욱이 전통적인 견해와는 반대로 무신 집정들은 스스로 문반 귀족과 연합함으로써 자신들의 지위와 권위를 강화하려고 했다는 주목할 만한 증거가 있다. 최씨 무신 집정들은 문반 출신을 계속 고위 관직에 승진시켰을 뿐만 아니라 정안 임씨·경주 김씨 같은 옛 관원 가문과 적극적으로 혼인했다.[68] 이것은 고려의 새로운 무신 집정들은 나라를 다스리기 위해서 유력한 문반 가문의 지지와 협력을 얻을 필요가 있었음을 보여준다.

옛 문반 귀족의 생존은 부분적으로는 그들의 실제적인 행정 능력 덕분이었지만, 그들이 누렸던 사회적 권위의 결과였다는 사실도 분명하다. 그러나 집단으로서 그들은 무신에 의해 최고 정치 결정권자의 위치에서 쫓겨났으며, 전통적인 정치적 특권을 다시 행사할 수 있는 기회를 기다리는 동안 자신들이 대부분 행정적 기능으로 전락했다는 것을 깨달았다.

많은 옛 문반 귀족 가문들은 무신 집권기 동안 생존했고 번창하기까지 했지만, 30년에 걸친 원의 침략과 1258년(고종 45) 최씨 정권의 몰락은 새로운 집단이 흥기할 수 있는 기회를 제공했으며 중앙 관원층의 구조와 본질을 크게 바꾸었다. 전통적인 해석에서는 고려 후기의 지배층을 무신란 이후 처음 흥기한 무반, 원의 후견을 받은 부류,

그리고 옛 문반 귀족의 일부 지파로 구성되었다고 파악했다.

　필자는 고려 후기 조정의 구조와 사회적 구성을 검토하고 관원 등용 방법의 기능, 경력의 유형, 그리고 권문세족과 사대부에 관련된 쟁점을 질문함으로써 이 문제를 검토할 것이다.

고려 후기의 중앙 관원층

　〈표 2.5〉에 보이듯이 1260~1392년 동안 『고려사』 「세가」에 기록된 중앙 관원은 2,660명이다. 고려 후기와 관련된 자료는 상당히 더 많지만(고려 전기 165년 동안은 1,140명이지만 후기 132년 동안은 2,660명이다), 그들은 전체 중앙 관원의 일부만을 반영할 뿐이다.[69] 아울러 〈표 2.5〉는 『고려사』가 고려 전기에 그랬듯이, 고위 관원에 비추어 하위 관원은 거의 완전히 무시했음을 보여준다.[70] 다시 한 번 고위 관원은 가장 중요한 분석 대상이 된다.

〈표 2.5〉 1260~1392년 중앙 관원층의 가문 구조

이름을 알 수 있는 전체 관원	2,660명
출신 가문을 알 수 있는 관원	1,303명(49퍼센트)
이름을 알 수 있는 모든 재추	800명
출신 가문을 알 수 있는 재추	455명(57퍼센트)
모든 가문	199개
1명의 관원만 배출한 가문	108개(54퍼센트)
가장 주요한 가문들*	22개
가장 주요한 가문 출신의 관원들	375명(14퍼센트)
가장 주요한 가문 출신의 재추들	187명(23퍼센트)

* 10명 이상의 관원이나 6명 이상의 재추/명예직 소유자를 배출한 10개 가문.

〈표 2.5〉는 고려 후기 조정의 전체적인 가문 구조는 고려 전기와 매우·비슷하다는 사실을 보여준다. 상당히 많은 숫자인 199개의 가문에서 관원이 배출되었다. 이런 가문의 증가—고려 전기 87개에서 고려 후기 199개—는 관직 진출의 폭이 좀더 넓어졌다는 사실을 보여주지만, 이 자료는 좀더 이후의 시기에 더 적합하다고 생각된다. 아무튼 그런 가문 중 108개(54퍼센트)는 1명의 관원만 배출했지만, 가장 주요한 22개 가문(11퍼센트)은 기록이 남아 있는 모든 관원의 14퍼센트와 재추의 23퍼센트를 차지했다(자세한 사항은 〈표 2.6〉 참조). 달리 말하면 이 22개 가문은 고려의 모든 주요 가문의 1퍼센트도 안 되지만, 고려 후기에 기록이 남아 있는 모든 관원의 14퍼센트와 모든 재추의 거의 4분의 1을 배출한 것이다. 고려 전기처럼 비교적 소수의 가문은 중앙 관직에서 지배적인 지위를 차지했다.

〈표 2.6〉에서는 고려 후기에 10명 이상의 관원이나 6명 이상의 재추를 배출한 가장 주요한 관원 가문 22개를 나열했다.[71] 재추직의 숫자는 고려 후기를 거치면서 점차 늘었다. 다양한 시기에 걸쳐 『고려사』에 나와 있는 숫자에 따르면, 전체적으로 고려 후기에 평균 50개의 재추직이 운영되었다. 재추직의 평균 임기가 8.7년이었다는 것을 근거로[72] 필자는 1260~1392년 동안 758명이 재추직을 가졌다고 추산했다. 기록이 남아 있는 689명은 추정한 전체 재추의 91퍼센트를 차지하는데, 이것은 고려 후기 고위 관직의 상당히 믿을 만한 그림을 얻을 수 있다는 의미다.

689명의 재추는 고려 후기에 중요했던 두 범주인 작위를 가진 부류와 도지휘사(또는 도안무사)로 나뉜다. 대체로 공公·후侯·백伯 같은 작

<표 2.6> 고려 후기의 가장 주요한 가문들

가문	배출한 관원(명)	재추(명)
남양 홍씨	28	18
광산 김씨	27	16
개성 왕씨	25	9
경주 이씨	24	6
안동 권씨	22	12
성주 이씨	21	12
공암 허씨	19	7
황려 민씨	18	7
파평 윤씨	18	9
평양 조씨	17	8
안동 김씨	17	11
전주 최씨	16	7
순흥 안씨	15	9
청주 한씨	15	7
단양 우씨	14	5
죽산 박씨	13	6
경주 김씨	13	7
문화 유씨	12	6
온양 김씨	12	8
경주 최씨	11	3
원주 원씨	10	7
평강 채씨	8	7
합계	375	187

위는 조정에서 오랫동안 뛰어난 공로를 세운 뒤에 받는다. 그러나 작위는 가졌지만 재추직을 가진 것으로 역사에는 기록되지 않은 34명이 있다. 그들이 실제로 재추직을 가졌는지는 분명치 않지만, 작위 소유자들은 중앙 정치에 자주 참여했기 때문에 정치적 지배층에 그들을 포함시키는 것은 타당하다고 생각된다. 역사에 재추로 나오지는 않지만 도지휘사나 도안무사를 지낸 34명이 추가로 있다. 14세기 중후반의 연속적인 전란(특히 홍건적紅巾賊과 왜구의 침입)으로 무신의 중요성

은 평소보다 더욱 커졌다. 그 결과 중앙의 삼군부三軍府와 야전의 다양한 군사 지휘관(도지휘사나 도안무사) 휘하에 새로운 관직이 설치되었다. 이런 관직은 대체로 재추가 겸임했으므로 그들을 재추에 포함시키는 것은 적절할 것이다.

〈표 2.6〉의 가문들은 고려 전기와 강력한 연속성을 보여준다. 22개의 주요 가문 중 경주 김씨 · 경주 최씨 · 파평 윤씨 · 황려 민씨 · 청주 한씨 · 공암 허씨 등 6개는 고려 전기의 가장 주요한 가문이었으며, 거기에는 왕족인 개성 왕씨도 포함될 수 있을 것이다. 다른 9개 가문—문화 유씨 · 남양 홍씨 · 전주 최씨 · 죽산 박씨 · 안동 김씨 · 안동 권씨 · 경주 이씨 · 원주 원씨 · 성주 이씨—또한 고려 전기에 고위 관원을 배출했다. 〈표 2.6〉에 나오지 않은 고려 전기의 가장 주요한 가문의 일부—경원 이씨 · 이천 서씨 · 남평 문씨 등—는 고려 후기 조정에서 약간 위축되기는 했지만 독자적으로 계속 생존할 수 있었다.[73] 아울러 〈표 2.6〉에 나오지 않는 고려 전기 주요 가문의 몰락하는 운명은 지배층의 근본적인 재편보다는 당파적 정치 및 혼인 관계와 좀더 관련된 것으로 생각된다. 경원 이씨 가문은 무신란 훨씬 이전인 12세기 전반의 정치적 내분의 결과로 이미 몰락하기 시작했으며, 이수건이 지적했듯이 무신 아래서 계속 융성했던 단주 한씨는 한광연韓光衍(1267년 사망)이 후사 없이 죽으면서 쇠퇴하기 시작했다.[74] 전체적으로 증거는 고려 전기와 후기의 지배층에 상당한 연속성이 있었음을 보여준다.[75]

그러나 실제의 상황은 그리 간단치 않다. 고려 후기에 융성했던 여러 가문—경주 이씨 · 경주 최씨 · 청주 한씨 · 성주 이씨 · 안동 김씨 · 안동 권씨 등—의 구성원들은 고려 전기에 있었다고 추정되는 친족에

111

서 직접 이어지지 않은 것으로 나타난다. 또한 고려 후기에 수적으로 우세한 일부 가문은 서로 멀리 연관된 지파로 나누어졌다. 이처럼 가문에만 기초해서는 고려 전기와 후기의 연속성을 자동적으로 추정할 수 없다. 그 대신 두 시기의 최고 관원 사이의 혈연관계를 검증해보아야만 한다.

한국의 주요 가문(때로는 그렇게 저명하지 않은)의 족보—그 시대는 가장 이르게는 15세기부터 시작된다—들은 고려 전기의 고위 관원부터 끊어지지 않는 계보를 예외 없이 담고 있지만, 고려 시대에는 부계 후손의 단일한 직계로 가문을 묘사하다가 조선이 개창된 뒤부터 몇 개의 지파로 다시 나뉘는 경향을 보인다. 그러나 족보의 신빙성은 족보에 전혀 나오지 않는 계보에 소속된 것으로 동시대의 자료에 분명하게 나오는 관원이 많다는 사실 때문에 약화된다. 더욱이 어떤 가문들은 고려왕조 동안 복수의 지파에 소속된 것으로 나오는데, 대부분 지방과 중앙에 기초한 지파로 나뉜다.[76] 왕조 역사의 정보가 본질적으로 제한적이고 족보의 신빙성이 부족하기 때문에 고려 후기 주요 인물의 대부분은, 그 가문은 알 수 있어도 그 조상을 재구성하기는, 완전히 불가능하지는 않지만 어렵다. 22개 가문에서 중앙 관직을 가진 조상의 숫자는 『고려사』의 정보와 묘지명의 전기 자료, 그리고 최근 발견된 고문서 같은 그 밖의 주요 자료를 조합해 추적할 수 있다.

고려 후기 최상층을 형성한 22개 가문은 중앙 조정에 처음 등장한 방식에 따라 두 부류로 나눌 수 있다. 첫 번째는 1170년의 무신란 이전에 관원으로 처음 등장한 부류인 11개 가문이다. 이 중 파평 윤씨·문화 유씨·황려 민씨·공암 허씨·경주 김씨·전주 최씨·죽산 박씨·개성 왕씨·평강 채씨 등 9개 가문은 고려 전기부터 계속 중앙 관직에 오른 직계의 부계 후손을 갖고 있다. 그중 6개 사례에서 고려 후기에 고위 관직을 가진 인물들은 모두 고려 전기 1명의 저명한 관원의 직계 후손이었다.[77] 입증할 수 있는 관직 취득을 계속 달성한 다른 세 가문—죽산 박씨·경주 김씨·평강 채씨—에서 고려 후기의 고위 관원들은 2개 이상의 지파에 소속되었는데, 하나는 고려 전기의 조상까지 거슬러 올라갈 수 있고 다른 하나는 무신란 이후 발원했다.[78] 다른 두 가문—남양 홍씨와 원주 원씨—은 고려 전기까지 소급할 수 있는 조상이 있지만 중앙 조정에서 모든 세대에 걸쳐 지속적으로 존재한 것은 입증되지 않았다.[79] 이처럼 고려 후기의 상위 22개 가문의 절반은 무신란 이전까지 거슬러 올라갈 수 있다. 흥미롭게도 이 11개 가문 중 7개는 충선왕이 왕실과 혼인할 수 있는 자격을 가진 재상(재추) 가문으로 지정한 목록에 들어 있다.[80] 이 11개 가문은 무신란과 원의 침입 같은 커다란 격변에도 3세기가 넘는 기간에 중앙 관원의 최상층에서 주목할 만한 정도의 혈연적 연속성을 보여주었다.

두 번째 유형은 고려 후기 11개의 주요 가문인데, 그들의 조상은 고려 전기 중앙 관원층에서 발견할 수 없다. 이들은 기존 가문만큼 강력했던 것으로 생각되는데, 기존 가문은 고려 후기에 모두 180명의 관원과 84명의 재추를 배출한 반면 신흥 가문은 195명의 관원과 103명의 재추를 기록했다.

기존 가문과 비슷하게 이런 신흥 가문은 저명한 개인으로부터 내려오는 하나 또는 그 이상의 지파로 구성되었다. 신흥 가문 9개 중 6개는 평양 조씨에서 모든 관원이 조인규趙仁規의 후손인 사례에서 보이듯이

113

하나의 지파로 이뤄졌다.[81] 나머지 세 가문은 2개 이상의 지파로 구성되었는데, 광산 김씨의 세 지파에서 보이듯이, 그들 사이의 관계는 명확치 않다.[82] 아무튼 신흥 가문은 그들의 조상과 마찬가지로 대대로 고위 관원을 배출한 개별 지파를 통해 중앙 조정에서 명성을 쌓았다는 사실은 명백하다.

혼인 유형은 신흥 가문과 기존 가문 사이에 또 다른 형태의 유사성이 있다는 사실을 보여준다. 남양 홍씨[83]·공암 허씨[84]·경주 김씨[85] 같은 기존의 주요 가문과 고려 후기의 후손처럼 신흥 가문은 왕실과 혼인 관계를 맺었다. 예컨대 『고려사』 열전에 따르면 경주 이씨[86]·평양 조씨·안동 권씨[88] 출신의 여성은 왕실의 배우자가 되었다. 신흥 가문은 왕실과 혼인했을 뿐만 아니라 기존 가문은 물론 자신들끼리도 긴밀하게 혼인했다. 예컨대 경주 이씨는 안동 권씨와 5회, 문화 유씨·청주 한씨와 각 4회, 파평 윤씨·평양 조씨와 각 3회, 그리고 황려 민씨·순흥 안씨와 각 2회씩 혼인했다. 순흥 안씨와 단양 우씨도 이처럼 밀접하게 교혼한 가문이었는데, 순흥 안씨는 광삼 김씨·경주 이씨·파평 조씨와 각 2회, 원주 원씨와 1회 혼인했고, 단양 우씨는 경주 김씨·죽산 박씨·안동 권씨·전주 최씨, 그리고 왕실과도 혼인했다.[89]

『고려사』 열전과 묘지명에는 부계 후손만 서술되어 있기 때문에 여기서도 부계에 초점을 맞춰 가문을 검토했다. 안동 권씨와 문화 유씨 족보의 구조에서 보이듯 고려와 조선 전기에는 모계도 후손으로 인정했다.[90] 고려 시대에 부계는 물론 모계도 후손으로 인정했다는 사실은 고위 관원이 친척을 관직에 임명할 수 있게 한 음서의 수혜 범위에

2장 중앙 관료적 귀족의 흥기

가장 뚜렷이 반영되었다. 고려에서 음서는 대체로 아들과 손자뿐만 아니라 외손과 외증손, 사위와 조카까지 허용되었다.[91] 모계 친척을 거쳐야만 음서를 주는 사람과 연관되는 어떤 남자에게 음서가 적용되었다는 사실은 모계 친척이 고려 지배층의 기능적인 가족 단위의 필수적인 부분이었음을 명확히 보여준다.

14세기의 자료인 광산 김씨 호구단자를 토대로 모계 조상을 재구성할 수 있다. 고려 시대 조상에 관련된 가장 일반적이고 주요한 자료는 묘지명인데, 전형적으로 그것은 부계 조상은 4대 이상 수록하지만 모계에서는 후손의 외조와 장인 정도만 제한적으로 언급한다. 그러나 이 호구단자에는 어머니의 부계 조상 3대가 수록되었고, 좀 더 중요하게는 외조와 외증조까지 기재되어 있다. 이런 자료에 힘입어 다른 자료로는 할 수 없는 수준까지 모계 조상을 복원할 수 있다. 이렇게 모계를 분석함으로써 고려의 주요 가문이 교혼한 범위를 더 잘 이해할 수 있다.

호구단자에 보이는 광산 김씨 남성의 아내는 능성 조씨(13세기 초반의 무신인 조시저曺時著의 딸)[92], 순흥 안씨(안향安珦의 손녀), 안동 권씨(권준權準의 딸), 원주 원씨(원관元瓘의 딸), 죽산 박씨(박원朴遠의 딸), 남양 홍씨(홍자번洪子藩의 증손녀) 출신이었다. 이런 부인들의 어머니는 하동 정씨·안동 김씨(김방경金方慶의 딸)·남양 홍씨(홍규洪奎의 딸)·연안 이씨·광주 이씨 출신이었다. 이 가문들은 고려 후기 중앙 조정에서 두드러졌으며, 고려 후기 22개의 주요 가문 중 6개다. 이처럼 모계 후손을 고려해 중앙 관원층을 보면, 주요 가문은 단지 부계만 검토해서 파악할 수 있는 것보다 훨씬 긴밀한 혼인 관계로 묶여 있었음을 알 수 있다.

광산 김씨 호구단자에 실린 광산 김씨와 남양 홍씨의 관계는 주요 가문이 혼인으로 맺은 밀접한 관계를 흥미롭게 보여준다. 김광리金光利의 부인은 원주 원씨였고, 그 어머니는 홍규의 딸 남양 홍씨였으며, 김광리의 딸은 박덕룡朴德龍(본관 죽산)과 혼인했고, 그 어머니도 본관이 남양으로 홍경의 딸(홍규의 조카)이었으며, 김광리의 형제 김영리金英利도 홍경의 손녀인 남양 홍씨와 결혼했다. 고려 전기의 주요 가문과 매우 비슷하게 이처럼 복잡하게 뒤얽힌 혼인 관계가 사실상 대체로 폐쇄적인 사회계층을 형성했다는 것은 어렵지 않게 상상할 수 있다. 여기서 검토한 증거는 고려 전기와 후기 사이에 중앙 관원의 상층부에는 강한 연속성이 있었음을 보여준다. 몇 개의 주요 가문은 고려 전기 이래 조정에서 지속적으로 확고한 지위를 차지했다. 아울러 고려 후기의 가문들은 기존 가문과 혼인했고, 하나 이상의 지파를 통해서 세습적으로 권력에 접근하는 확립된 형식에 순응했다. 신흥 가문은 새롭고 질적으로 다른 사회적 집단으로 이뤄지지 않았다고 말하는 것이 안전할 것이다. 반대로 그들은 기존의 중앙 관원 체제에 새로운 일원이 되었다.

등용 제도

고려 후기 중앙 관원층의 본질과 관련해 좀더 확정적인 결론을 도출하기에 앞서, 기존 가문과 신흥 가문이 권력을 획득하고 유지하는 데 사용한 방법 사이에 중요한 차이가 있었는가 하는 측면은 물론 관원들이 관직을 취득한 방법과 최고 관직까지 올라간 경로를 살펴보아야 한다. 우선 지파의 제휴 문제를 살펴보면, 기존 가문은 문반 계열에서 기원해 고려 후기 내내 문반 관직을 계속 선호했음을 알 수 있다.[93] 무신 집권기에 중앙 관원에 처음 진출한 신흥 가문 5개 중 4개—광산 김씨·안동 김씨·안동 권씨·언양 김씨—는 무반을 통해 고위직으로 처음 상승했다.[94] 그러나 이수건이 언급한 대로 무신 정권이 몰락한 뒤 모두 문반으로 전환해 권력을 계속 유지했다.[95] 평양 조씨는 무반 관직을 계속 유지했지만, 무신 정권이 무너진 뒤 주요 가문으로 성장한 다른 7개 가문—청주 한씨·평양 조씨·단양 우씨·경주 이씨·경주 최씨·성주 이씨·순흥 안씨—은 모두 문반 계열을 통해 입지를 넓혔다.[96] 평양 조씨는 22개의 주요 가문 중 원과 연결해 권력을 잡은 유일한 사례였다.[97]

고려 후기 문반은 고려 전기만큼 완벽하게 조정을 장악하지 못했다. 무반의 승진을 3품까지 제한함으로써 무반이 문반으로 전환하지 않으면 재추가 될 수 없도록 한 고려 전기의 차별적인 품계 구조는 고려 후기에도 계속 유지되었지만, 고려 후기에는 저명한 무신이 문반으로 전환해 재추로 승진하는 현상이 좀더 일반화되었다. 그런 사례에는 최영崔瑩·임견미林堅味·이성계처럼 유명한 인물들이 포함된다.[98] 그러나 14세기에 무신이 지속적으로 등장했지만, 고려 후기 재추의 11퍼센트(689명 중 79명)만이 무반으로 관직 경력을 시작했다. 전체적으로 볼 때 고려 전기와 마찬가지로 문반으로 근무하는 것은 권력과 권위를 획득하는 수단으로 여전히 선호되었다.

고려 후기에 중앙 조정에 진출하는 주요 수단은 계속 과거와 음서였다. 여기에 관련된 연구는 고려 후기 중앙 관원층의 본질과 주요 가문들이 권력을 계속 유지한 방법을 좀더 잘 이해하는 데 도움을 준다.

1260년(원종 1)부터 1392년까지 132년 동안 제술과는 64회가 치러져(거의 2년마다 1회씩) 2,024명의 급제자를 배출했다. 같은 기간 명경과는 13회가 치러져 31명의 급제자를 냈다. 즉 고려 후기에 대과에서는 모두 2,055명의 급제자가 배출된 것이다. 이것은 5만 2,800명으로 추산되는 관원 중에서 급제자는 5퍼센트 이하라는 의미다. 그러나 이런 추정은 문반과 무반 모두를 합산한 것이며, 무반을 제외하면 고려 후기 문반 관원의 추산된 숫자는 (앞서와 같은 기준을 따라서) 6,336명이며 과거에 급제한 2,055명은 문반의 3분의 1 정도로 계산된다.

고려 전기와 관련해서 『고려사』 「선거지」는 모든 급제자의 숫자와 각 시험의 장원의 이름만을 제시하고 있다. 조선왕조의 『국조방목國朝榜目』에는 고려왕조 마지막 30년간 급제자의 좀더 완벽한 목록이 실려 있지만, 그래도 고려 후기 급제자의 10퍼센트 정도밖에 확인할 수 없다. 기댈 수 있는 다른 자료—『고려사』 열전·묘지명·문집 같은—는 공백을 좀더 채워준다. 『고려사』의 다른 부분과 『국조방목』을 결합하면 원종 때부터 왕조 끝까지 대과 급제자 2,055명의 43퍼센트(886명)를 확인할 수 있다.

그렇다면 이 자료는 상위 22개 가문과 관련해 무엇을 말해주는가? 그들이 권력을 유지하는 데 과거제도는 얼마나 중요했는가? 기존 가문과 신흥 가문 사이에는 어떤 차이점이 있었는가?

〈표 2.7〉은 상위 22개 가문에서 과거에 급제한 167명을 보여준다. 167명의 급제자는 상위 22개 가문에 소속된 375명의 관원 중 44퍼센트 정도를 차지한다. 이것은 대략 조정 관원에서 급제자가 차지한 비

<표 2.7> 1260~1392년 과거에 급제한 관원

가문	급제자(명)	가문	급제자(명)
경주 이씨	16	경주 김씨	7
순흥 안씨	14	청주 한씨	7
황려 민씨	13	남양 홍씨	7
광산 김씨	12	전주 최씨	6
안동 권씨	11	죽산 박씨	4
성주 이씨	11	문화 유씨	3
공암 허씨	11	경주 최씨	3
단양 우씨	10	원주 원씨	3
안동 김씨	9	개성 왕씨	2
파평 윤씨	7	평강 채씨	2
평양 조씨	7	언양 김씨	2

전거: 박용운, 『고려 시대 음서제와 관료제 연구』 328~557쪽. 관원이라고 확정할 수 있는 사람만 포함시켰다.

율(3분의 1)보다 높으며, 고려 후기의 주요 가문은 자신의 권력을 유지하는 데 과거에 더 많이 의지했음을 보여준다.

〈표 2.7〉의 자료를 토대로 신흥 가문은 기존 가문보다 과거제도를 더 많이 이용했음을 알 수 있다. 기존 가문에서는 관원 중 급제자가 3분의 1을 조금 넘었고 25명의 관원 중에서 급제자가 2명뿐이었던 왕실을 제외하면 44퍼센트로 올라가지만, 신흥 가문은 출신 관원 중 절반을 조금 넘는 인원(195명 중 102명)이 과거에 급제했다. 신흥 가문은 15명의 관원 중 14명이 급제한 순흥 안씨와 14명의 관원 중 10명의 급제자를 배출한 단양 우씨 등이 특히 과거에서 두각을 나타냈다. 출신 관원 중에서 과거 급제자의 비율이 두 번째로 높은 가문은 기존 가문인 황려 민씨로 18명의 관원 중에서 13명이 급제했으며, 공암 허씨도 19명의 관원 중에서 11명의 급제자를 배출해 급제자의 비율이 높았다. 이처럼 신흥 가문은 과거에 급제하는 경향이 더 컸지만, 기존 가문

과 신흥 가문 모두 자신의 지위를 유지하는 데 과거제도를 널리 이용했다.

고려 전기와 마찬가지로 음서에 관련된 자료는 빈약하다. 음서가 자주 시행되었다는 사실에서 많은 사람이 그 혜택을 받았을 것이라고 추정할 수 있지만, 고려 후기에 확인되는 음서 수혜자는 61명으로 이름이 확인된 관원 2,660명 중 2퍼센트밖에 되지 않는다. 재추(작위 소유자와 도지휘사·도안무사를 포함해)의 음서 수혜자 비율도 비슷했는데, 789명 중 26명으로 3퍼센트 정도였다. 음서 출신으로 재추까지 오른 26명 중 19명은 상위 22개 가문에 소속되었는데, 그런 가문에서 배출된 1품 관원 179명의 10퍼센트를 조금 넘었다. 이처럼 비중이 높아진 결과는 그 가문들이 음서에 좀더 많이 의존했다는 사실을 보여주는 것인지, 아니면 자료가 좀더 풍부했기 때문에 나온 것인지는 판단하기 어렵다. 22개 상위 가문 중 7개에서는 음서 출신으로 재추에 오른 사람이 없었다. 반면 두 가문—안동 김씨와 원주 원씨—은 각 3명, 평양 조씨와 언양 김씨는 각 2명을 배출했다. 흥미롭게도 과거제도를 가장 널리 이용한 세 가문—순흥 안씨·안동 권씨·성주 이씨—에도 음서를 통해 처음 입사한 뒤 재추까지 오른 인물이 1명씩 있었다.

음서 수혜자에 관련된 정보가 부족해 고려 후기의 지배층이 음서제도를 어느 정도까지 확대해 사용했는지는 확실히 알기 어렵지만, 그것은 각 가문이 관원을 계속 배출하는 중요한 수단이었다고 판단된다. 고려 전기와 마찬가지로 음서 수혜자들은 과거에 응시하는 경향이 있었다. 고려 후기의 음서 수혜자 61명 중 16명은 그 뒤 과거에 응시해 합격했다. 이 16명 중 8명은 상위 22개 가문 출신의 재추였다.[99]

이미 성공적으로 관직에 진출했지만 과거에 급제하는 고난에 스스로 기꺼이 나아가려고 한 것은, 고려 전기와 마찬가지로 과거 급제자가 다른 수단으로 입사한 사람들보다 더 큰 권위를 누렸다는 사실을 보여준다.

고려 전기와 달리 고려 후기의 파편적 증거들은 주요 가문의 구성원들이 서리·남반·기술직 등을 거쳐 정규 조정에 입사했음을 보여준다. 예컨대 안향의 아버지는 정3품으로 올라가기 전에 의관이었고,[100] 언양 김씨 출신의 한 인물은 공민왕의 내시內侍로 근무하다가 정3품으로 승진했으며,[101] 공민왕의 악명 높은 자제위子弟衛는 남양 홍씨 같은 주요 가문 출신의 젊은이로 채워졌다.[102]

등용 방법에 관련된 증거는 고려 후기의 주요 가문이 자신의 위상을 다시 창출하는 데 광범하고 다양한 방법을 사용했음을 알려준다. 과거제도는 가장 중요하고 권위 있는 수단이었다. 물론 이것은 문반으로 권력이 복원되는 자연스럽고 필연적인 결과였지만, 고려 전기와 마찬가지로 남달리 강한 귀속적 사회질서를 수정해 능력을 중시하는 방향으로 나아간 경향을 암시하기도 한다.

경력의 유형

고려 후기의 조정에서 조사할 만한 또 다른 측면은 경력의 유형이다. 앞서 보았듯이 고려 전기의 관원들은 전형적으로 재추까지 오르는데 20년에서 30년 이상 걸리는 정규적인 승진 경로를 따랐다. 고려 전기와 마찬가지로 고려 시대의 기록은 관원의 경력을 복원할 수 있는 충분한 정보를 제공하지 않는다. 그러나 고려 후기의 관원에 관련된 자세한 묘지명이 비교적 많이 남아 있다. 20개의 고려 후기 묘지명에는 후손의 관력에 대한 상당한 추가적 정보가 기록되어 있다. 그들 중 11명은 상위 22개 가문 출신이며, 나머지 9명도 조정에서 두각을 나타낸 가문 출신이었다. 이들을 분석하면 고려 후기 관원의 경력을 어느 정도 이해할 수 있다.

이들 20명 중 15명은 1·2품의 재추직을 가졌으며, 나머지 5명은 3품 관직까지 올라갔다. 13명은 문반으로 승진했고,[103] 7명은 무반이었다.[104] 14명은 과거 급제자였고(무반 1명 포함) 7명은 문음 수혜자였으며(4명은 뒤에 과거에 급제했다), 1명은(비교적 주요 가문 출신이었지만) 일반 군인으로 경력을 시작했고 3명은 입사 방법이 확실치 않다.[105]

고려 후기에 귀족적 질서가 부패했다고 보는 통설의 시각은 주요 가문이 관원의 인사 행정을 마음대로 다룰 수 있었다는 것을 암시한다. 그런 추정을 증명하려면 저명한 가문 배경을 가졌지만 실제 경험은 거의 없거나 전무한 인물이 젊은 나이에 고위 관직에 오를 수 있었고, 영향력 있는 인물은 일반적인 과정을 뛰어넘어 승진할 수 있었다는 사실을 찾을 수 있어야 한다.

야전 복무를 통해 빠르게 승진할 수 있는 기회를 가졌지만 교육적 자격 요건은 갖추지 못한 무반은 빠른 진출을 위한 최고의 경로로 제시될 수 있다. 무반으로 승진한 7명은 어떤 잡다한 부류로 보일 수도 있다. 사회적 유동성을 보여주는 한 사례는 청주를 본관으로 하고 일반 군인으로 경력을 시작한 정인경鄭仁卿이다. 그는 무공을 세워 종9품 무반직에 임명되었으며, 거기서부터 시작해 일련의 종2품 재추직

2장 중앙 관료적 귀족의 흥기

까지 승진한 뒤 은퇴했다. 그러나 정인경은 예외적인 사례가 아닌데, 그의 아버지와 외조부도 모두 중앙 관직을 가졌기 때문이다.[106] 또 다른 흥미로운 사례는 평양 출신의 조연수趙延壽다. 처음 조연수는 음서로 말직에 임명되었다. 나중에 그는 무반으로 옮겨 종9품 녹사가 되었다. 그는 17세 때 과거에 급제했지만, 무반으로 돌아가 20세 때 정4품 장군에 제수되었다. 그 뒤 그는 다양한 문·무반직을 자주 겸직했으며, 31세 때 재추에 올랐다.[107] 고위직까지 빠르게 승진하고 무반과 관련을 맺은 조연수는 고려 후기 귀족정치에 관련된 전통적 견해를 입증하는 것 같지만, 이것은 예외적 사례였다.

다른 5명의 무반은 하위 관직에서 출발해 무반직을 거쳐 점차 승진해 고위 무반으로 올라가면서 문반직을 겸임했고, 2명을 제외하고는 결국 모두 재추에 임명되었다. 전형적인 사례는 주로 문반에 근무한 원주 원씨 출신의 원선지元善之인데, 지방에서 음서로 관직 생활을 시작해 문반으로 옮겨갔다. 그는 17세 때 무반으로 옮겨 정8품에 임명되었다. 그는 27세 때 정6품으로 승진했고 28세 때 정4품의 섭장군攝將軍이 되었다. 이듬해 그는 중추원의 종3품 문반직에 임명되었다. 44세 이후에 그는 대장군으로 종2품의 재추에 올랐다.[108] 원주 원씨의 명망을 업고 음서를 받아 일찍 관직에 나왔지만, 그는 재추까지 오르는 데 거의 30년이 걸린 것이다. 원선지와 그 밖의 무반 4명의 경력은 관료 제도에 따라 짜인 승진의 경로를 보여준다.

문반으로 승진한 13명 또한 정규 경로를 따라 정상까지 오른 것으로 보인다. 5명은 과거에 급제하기 전 어떤 종류의 관직에 있었지만, 모두 그 뒤 두 가지의 일반적 승진 경로 중 하나를 따랐다. 그들은 17

세~28세 사이에, 그러니까 평균 23세에 과거에 급제했다. 새로 급제한 사람들은 모두 하위 문반직에서 출발했는데, 대체로 국자감·예문춘추관藝文春秋館이나 비서성秘書省 같은 문반 관서에서 근무했다. 그렇게 몇 년 근무한 뒤 그들의 경로는 나뉘었다. 그들 중 10명이 선택한 가장 일반적인 경로는 1~4회 정도 지방에서 중하위 문관으로 근무한 뒤 중앙으로 올라와 대간이나 문한직에서 중급 관원으로 재직하다가 재추에 임명되는 것이었다.[109] 이런 경로를 밟은 인물로는 안동 김씨·원주 원씨·언양 김씨 같은 고려 후기의 주요 가문 자손과 전의 이씨·의성 김씨 같은 비중이 조금 떨어지는 가문 출신이 포함되었다.

이런 경력의 전형적인 사례는 언양 김씨 출신의 김평金平인데, 그는 21세 때인 1268년(원종 9) 과거에 급제했다. 그는 이듬해 국자감의 7품직을 받고, 그 뒤 같은 품계의 다른 관직으로 옮겼다가 1271년(원종 12)에 예부의 정5품직으로 승진해 원의 조정에서 세자를 수행했다. 중국에서 돌아온 뒤 그는 여러 지방관직을 거쳐 1285년(충렬왕 11)에 38세의 나이로 3품직에 임명되었다. 그 뒤 그는 중추원·어사대와 다양한 문한 관서에서 3품직을 거친 뒤 1299년(충렬왕 25)에 53세로 재추에 임명되었다.[110]

이런 경력의 또 다른 사례는 비중이 조금 떨어지는 가문인 의성 김씨 출신의 김단金旦인데, 서리로 입사해 26세 때인 1260년(원종 1) 과거에 급제했다. 그는 1266년(원종 7) 예문춘추관의 9품직에 임명되었고 1268년 한림원에서 7품직을 받았다. 2년 뒤 그는 1년 동안 금주金州에서 중급의 지방 관원을 지내고 중앙으로 돌아와 예부의 정5품 관원으로 근무했다. 그는 39세 때인 1273년(원종 14) 어사대로 옮겼고, 그 뒤 관찰사를 겸임했다. 2년 뒤 4품으로 승진했지만 일부 강력한 정적의 저지로 1년 동안 관직에서 물러났다. 1276년(충렬왕 2) 그는 수도로 다시 돌아와 국자감의 4품직에 임명되었는데, 거기서 또 다른 운명의 전환을 경험해 1278년에 다시 관직에서 쫓겨났다. 그는 54세 때인 1288년(충렬왕 14)에야 이전의 관직으로 돌아올 수 있었다. 그 뒤 그는 몇 개의 3품 문한직을 거쳐 과거에 급제한 지 36년 만인 1296년(충렬왕 22) 재추로 승진했다. 이듬해 그는 건강 악화로 물러났고 8년 뒤에 세상을 떠났다.[111]

또 다른 경력의 경로는 고성 출신의 이존비李尊庇(이전의 이름은 이인성李仁成), 공암 출신의 허공, 안동 출신의 권부權傅가 보여주었다.[112] 이런 경로를 거쳐 높은 관직까지 승진한 인물은 지방관직을 거치지 않았으며 관직 생활 내내 수도에 머물렀다. 이런 경력의 전형적인 사례는 권부인데, 그는 1279년(충렬왕 5)에 20세로 급제해 서리직을 받았다. 그 뒤 그는 국자감의 9품직으로 옮긴 뒤 7품 또는 8품(품계는 확실치 않다)의 문한직에 근무했다. 그 뒤 그는 중서문하성의 6품직에 임명되었고 같은 관서의 5품직으로 승진했다. 30대 후반과 40대에 그는 두 개의 문한 관서에서 3품직을 지낸 뒤 50세 때 마침내 재추가 되었다. 그는 그 뒤 10년 동안 여러 재추직에서 근무한 뒤 1320년(충숙왕 7)에 61세로 마침내 조정의 최고직에 올랐다.[113] 권부가 지방관직에 근무하지 않은 까닭은 그의 탁월한 문학적·학문적 능력 때문으로 추측된다. 같은 사례인 허공과 이존비도 학식으로 널리 알려졌다.

요컨대 이런 20명의 관원—무반·문반 출신은 물론 주요 가문 출신과 그렇지 못한 가문 배경을 가진 인물 모두—의 경력 유형은 혈통이나 가문적 지위가 조정에 입사하는 것을 용이하게 할지라도 일단 관직에 들어가면 근무와 승진의 정규적 절차에 따랐다는 것을 보여준다. 20명 중 1명만이 이례적으로 이른 나이에 최고 관원에 올랐으며, 나머지는 모두 최하나 거기에 가까운 관직부터 시작해서 정규적인 경로를 따라 승진했으며, 도중에 중하위 관직을 거쳤다. 출신 가문은 관직에 들어가는 전제 조건이었지만, 혈통만으로는 고위 관직에 빨리 오르는 확실한 보장이 되지 않았다.

관료 제도의 경로를 따르는 것이 고려 후기에 고위 관직에 오르는 방법이었다면, 조정의 정치적 결정에 참여한 명예직을 가진 많은 사람들은 어떻게 보아야 할 것인가.[114] 필자는 왕실을 제외하고 고려 후기에 명예직을 가졌던 197명을 찾아낼 수 있었다. 이 직함 중 80퍼센트 이상은 조정에서 오래 근무한 뒤에 수여되었다. 예컨대 『고려사』에서는 1377년(우왕 3) 이색李穡을 한산군韓山君이라는 명예직으로 처음 언급했는데, 그는 24년 넘게 중앙 조정에서 재직했으며 6년 동안 재추를 역임한 뒤였다.[115] 홍언박洪彦博은 1353년(공민왕 2)에 남양군南陽君이라는 명예직으로 처음 불렸는데, 역시 20년 이상 관직에서 근무하고 몇 년 동안 재추직에 있은 뒤의 일이었다.[116]

조정에서 오래 근무했기 때문에 명예직을 얻었다고 판단되지는 않는 34명 중 8명은 외국인이고 6명은 환관이었으며, 20명—알려진 모든 명예직 소유자들의 10퍼센트 정도—만이 지위가 상승된 요인을 파악할 수 없었다. 이것은 명예직이 조정에서 재직한 것과는 무관하게 수여되었다는 사실을 알려주지만, 이 20명 중 공암 출신의 허종許悰과 평양 출신의 조충신趙忠信 등은 주요 가문의 지파에 소속되었으며 그들의 직함은 관원으로 재직한 그 선조들 덕분이었던 것이 분명하다. 명예직을 가진 인물 중 80퍼센트 이상이 오랫동안 근무한 뒤에야 그 직함을 가졌다는 사실과 함께, 이것은 고려 후기의 작위는 일반적으로 조정에서 근무한 관원에게 주어진 보상이자 중앙 관직의 부속물이었음을 보여준다.

권문세족과 사대부 문제

20세기의 학자들은 13세기 후반부터 14세기의 개혁자들이 사용한 용어를 원용해 고려 후기의 지배적인 사회집단을 주로 '권문세족'이라고 부르고 있다. 이런 명칭은 '권문세가' · '권세가' · '권신' 같은 비슷한 용어의 총칭이다. 권문세족은 일반적으로 '사대부'와 나란히 쓰이는데, 그 용어 또한 13세기 후반부터 14세기에 처음 널리 사용되면서 새로운 사회집단의 흥기를 보여주는 것으로 받아들여지고 있다.

이런 해석을 주도한 대표적인 학자는 이우성李佑成인데 그는 "(박지원이) '독서하는 사람은 사士라고 하고 정치에 종사하면 대부'라고 한 바와 같이 '학자적 관료'이며 '관료적 학자'인 이 신흥계급은 고려 후기에서 말기로 접어들면서 정치적 · 사회적 기반을 확립시키고 나아가 조선의 건국에 주동적主動的 사명을 담당했던 것"이라고 언급했다.(117) 이우성은 '사대부'라는 용어의 출현을 향리 출신으로 과거를 거쳐 중앙 조정에 처음 등장한 "문장과 행정에 모두 능숙한(能文能吏)" 부류와 연결시켰다. 그러나 앞서 보았듯이 과거를 통한 향리의 등용은 고려 시대 전체에 걸쳐 일반적으로 나타난 현상이었다. 또한 등용 방법이나 혼인 유형, 고위 관직의 획득 성공을 기준으로 고려 후기 중앙 관원층에서 기존 부류와 신흥 세력을 구별하기는 매우 어렵다는 사실도 보아왔다. 이런 모든 측면은 고려 후기의 관원층이 두 개의 다른 사회집단으로 구성되었다고 볼 수 있는가 하는 문제에 의문을 제기한다.

김당택은 기존의 관원 가문과 충렬왕이 신권을 상쇄하려는 목적으로 등용해 고위 관직을 수여한 노비나 환관 같은 천계賤系 출신의 인물 사이의 정치적 갈등에 관련된 최근의 중요한 연구에서, 기존의 중앙 관원 가문은 자신들을 낮은 사회적 출신의 새로운 부류와 구별하기 위해 '사대부'와 '사족' 같은 용어를 사용하기 시작했다는 사실을 보여주었다. 김당택은 고려 후기에 자신을 사족이나 사대부로 부른 가문은 고려 전기 이래 권력을 가진 부류였다고 결론 내렸다. 새로운 용어는 원 간섭하에서 노비와 환관이 흥기함으로써 관원 가문이 비천한 출신의 인물에 맞서 자신들을 사회적·정치적인 집단으로 다시 정의하게 만들었다는 데서 중요한 의미가 있었다.[118]

이것은 고려 후기의 지배층을 권문세족이라는 용어로 지칭하는 학설에 의문을 제기한다. 그동안 20세기의 역사학자들은 그 용어가 지배층을 나타낸다고 가정하면서 권문세족이 도당都堂(재추의 심의기구)을 장악했다고 말해왔다.[119] 그러나 1345년(충목왕 1)에 권문세족의 과도한 토지 겸병으로 녹봉이 부족해졌다고 도당이 상소했던 것처럼, 사실 권문세족을 비판한 것은 대부분 도당이었다.[120] 김광철은 넓은 의미에서 권문세족으로 파악될 수 있는 다양한 용례를 철저히 분석해 권문과 세족('대대로 내려오는 가문'이라는 의미)이 혼용된 경우는 거의 없었음을 보여주었다. 권문·권신·권세가처럼 권력을 강조한 용어

2장 중앙 관료적 귀족의 흥기

들은 권력을 전횡해 지배층 사이의 권력 분점의 원칙을 무너뜨린 무신 집권기의 최씨 집정처럼 특별한 가문이나 개인을 지칭하는 경멸적인 의미에서 예외 없이 사용되었다. 반면 세족이나 세가처럼 세습을 나타내는 용어는 조상이 재추직을 가졌던 가문에 사용되었다. 김광철의 분석은 고려 후기 권문이나 권세가를 향해 투사된 비판 중 많은 부분은 전체적으로 중앙 관원을 겨냥한 것이 아니라 권력과 야망이 용인되는 수준을 넘어선 관원이나 중앙 조정에서 확고히 자리 잡은 가문 이외에서 흥기한 강력한 개인을 지목한 것이었음을 보여주었다.[121]

김당택과 김광철의 결론은 고려 후기에 귀족 이외의 부류가 등장했다는 사실을 보여주는 것이 아니며, 그들은 기존의 관원 가문은 이런 부류를 받아들이지 않았다고 지적했다. 요컨대 그들은 고려 후기 중앙 귀족–관원 지배층의 구조와 구성에는 중요한 변화가 전혀 없었다는 이 연구의 결론을 뒷받침한다. 그러나 필자는 김당택의 결론에서 한 걸음 더 나아가 고려 후기의 주요 관원 가문은 자신을 다시 정의했을 뿐만 아니라 그들이 그렇게 하는 데 사용한 용어—사족과 사대부—는 자신의 지위가 자치적인 지방 호족이었던 훨씬 먼 조상보다는 주로 중앙 조정에서 관직을 가진 가문적 전통에서 온 것으로 파악하기 시작했다는 사실을 보여준다고 지적하고 싶다.

이 무렵 중앙 귀족도 자신들을 양반이라고 부르기 시작했다. 중앙 조정의 문반과 무반을 뜻하는 양반은 권력과 지위의 주요한 원천이 중앙 관원을 배출한 가문적 전통에 있었던 부류를 지칭하는 자연스러운 명칭이었다. 이런 의미에서 그 용어는 사대부와 사족과 자유롭게 교환될 수 있다. 이성무李成茂는 주로 조선 시대의 지배층에 사용된 양반이라는 용어는 고려 후기부터 더 이상 중앙 조정의 문·무반 관원만을 나타내지 않고 넓은 사회적 함의를 갖게 되었다고 지적했다. 이성무는 14세기 후반 정몽주鄭夢周가 한 관원의 부인이 존경할 만한 성품을 가졌다고 소개하면서 "최담崔霮 부인의 가문은 진정한 양반"이라고 말한 편지를 인용했다. 이것은 양반이라는 표현이 사회적 지위를 나타낸 조선 시대 이전의 분명한 용례다.[122]

양반이라는 용어가 특별한 자기의식을 가진 지배층을 함축했다는 또 다른 증거는 1395년(태조 4)의 실록에서 찾을 수 있다. 그해 7월 국왕은 홍수로 굶주리는 백성을 구휼하라고 도당에 지시했다. 도당은 각 도의 관찰사에게 지시했다. "수령에게 사방에 있는 마을의 거리와 숫자를 분간해서 진제소賑濟所를 나누어 설치하고 한량閑良과 품관品官 중에서 자상하고 청렴한 사람을 골라 감고監考로 삼아 수령이 때때로 살피도록 하라. 늙고 병들고 굶주린 사람이나 양반이라서 부끄러운 마음에 구휼하는 장소로 나오지 못하는 사람은 분간해서 별도로 구휼하라."[123] 14세기의 양반이 자기 같은 지위에 있는 사람이 구휼을 받으러 나오는 것은 적절치 않다고 느꼈다는 사실은 그들이 이미 사회적 지위를 인식하고 있었다는 측면을 보여준다.

조선에서 양반 신분에 자주 인용되는 기준은 사조四祖(부·조부·증조부·외조부) 중 한 사람은 반드시 관직을 가져야 한다는 것이다.[124] 실제로 성문화되지는 않았지만, 사조의 기준은 16세기에 사족으로서 음서를 받고 일정한 형벌에서 면제될 수 있는 부류를 결정하는 데 사용되었다.[125]

　　　　　　　　　　　　　　　2장 중앙 관료적 귀족의 흥기

지배층에 관련된 비슷한 기준은 중세 중국에서도 적용되었는데, 3대 동안 관원을 배출하지 못한 가문은 특권적 지위를 상실할 위험에 처했다.[126] 그러나 저명한 관원이나 학자의 후손으로 수백 년 동안 자신의 위치를 확립해온 한국의 가문들은 3대 이후에 실제로 양반의 지위를 잃는 경우는 거의 없었다. 그럼에도 고려 후기 지배층은 중세 중국처럼 중앙 조정에서 관직을 획득한 가문의 역사에 따라 정의된 것은 분명하다. 고려 후기에 지배층이 차별적인 사회적 집단으로서 자신들을 지칭하는 데 양반이라는 용어를 사용한 것은 주요한 관원 가문이 자신의 특권의 원천은 중앙 관원으로 활동한 역사에 있다는 사실을 자각한 자연스러운 결과로 보인다. 주요 가문을 지칭하는 일반적 용어로 사대부와 양반이 등장한 것은 중앙 관료 귀족이 스스로를 보는 시각과 다른 사회집단과의 관계에서 커다란 변화를 나타냈다. 그런 용어를 사용한 것은 기존의 중앙 가문 지파와 귀족 이외의 부류를 구별하려는 목적뿐만 아니라 자신들이 발원한 지방 귀족에서 벗어난 중앙 관료 귀족이라는 사실을 표현하려는 의도였다.

중앙 가문의 경제적 기반

중앙에 기반을 둔 귀족이 대토지를 소유하게 된 것은 고려 중·후기의 주요한 특징이다. 이것은 대체로 무신 집권기에 시작되었고 고려 사회의 사회경제적 구조를 급격히 무너뜨렸지만, 여러 증거를 고려할 때 무신란 훨씬 이전에 시작되어 주요한 중앙 관원 가문이 흥기한 결과로 나타났다고 판단된다.

고려 전기

10~11세기 중앙에 자리 잡은 관원들의 주요한 부의 원천은 두 가지였다. 하나는 지방의 주요 호족 가문의 상당한 사유지였다. 이런 지방 호족 가문에서 중앙 관원으로 진출한 지파는 중앙에서 적어도 처음 몇 세대 동안은 조상이 소유한 토지의 부를 계속 누릴 수 있었다. 다른 하나는 전시과에서 지급된 녹봉과 수조지였는데, 수조지는 수급자가 사망하면 국가에 반환하는 정규적 토지와 그보다 작은 규모의 세습할 수 있는 토지와 시지로 이뤄졌다.

전시과 제도는 10세기 후반에서 11세기 동안 합리적으로 잘 운영되었다. 그 제도는 998년(성종 때 확립된 새로운 관제와 맞추려는 목적이었다)과 1076년(문종 30)에 개정되었다. 뒤의 개정으로 토지를 받도록 허가된 사람의 범주가 일정하게 바뀌었지만, 주목할 만한 특징은 분급 토지의 규모가 축소되고 하위 관원에게 주는 시지를 완전히 삭감했다는 것이었다.[127] 이런 축소는 앞으로 닥칠 문제의 전조였다.

2장 중앙 관료적 귀족의 흥기

11~12세기 중앙 관원층의 성장은 전시과 제도를 크게 압박했다. 그 제도로 제공된 토지와 녹봉은 관원과 그의 직계 가족이 생활하기에는 충분했지만, 세습할 수 있는 토지와 시지를 포함한 수조지는 궁극적으로 국가가 관리했기 때문에 관원과 그 가족에게 안정적이고 영속적인 경제적 기반을 제공한 것은 아니었다. 더욱이 왕조는, 지방을 강력하게 장악하지 못한 것과 더불어, 모든 중앙 관원이 풍족하게 생활하는 데 충분한 세습적 토지를 분급할 수 있을 만큼 많은 토지를 갖지 못했다. 아무튼 세습할 수 있는 토지로 분급할 수 있도록 비축해놓은 분량은 중앙 관원층이 성장하면서 바닥난 것이 분명하다. 엎친 데 덮친 격으로 시간이 흐르면서 기존의 중앙 지파는 자신의 조상이 확보한 자원에 의지하기가 더욱 어려워졌다. 무신란이 일어나자 많은 문신이 자기 조상의 근거지가 아닌 수도 근처의 사찰이나 지방으로 피신했다는 사실은 12세기 후반에 주요 가문의 중앙과 지방 지파가 상당히 분리되었음을 보여준다.[128] 그러므로 고려왕조가 평온한 시기에도 중앙 관원 가문의 지파는 안전하고 독립적인 물질적 기반을 스스로 확보하는 문제를 해결해야 했다.

경원 이씨의 사례를 살펴보자. 조상의 근거지가 고려의 수도와 가까운 지금의 인천이었기 때문에 분명히 수도에 거주하는 그 가문의 구성원은 적어도 몇 세대 넘게 수많은 중앙의 고위 관원을 배출해 마침내 중앙에 자리 잡음으로써 새로운 물질적 부의 기반이 필요할 때까지 조상의 지역 기반에서 나오는 자원에 의지할 수 있었을 것이다. 거의 완전히 농업 사회였던 고려에서는 토지가 그 해답이었는데, 이자량李資諒(대략 12세기 전반에 활동)과 이자겸(1126년 사망) 같은 이씨 출신의 인물이 최초로 알려진 사유지 소유자 중 일부였다는 사실은 그런 판단을 뒷받침한다.[129] 다른 중앙 관원 가문은 스스로 독립적인 경제적 기반을 만든 경원 이씨의 선례를 따랐다고 생각된다.

어떤 종류의 토지가 무신란 이전 중앙 관원 가문의 토지에 포함되었는지를 알려주는 증거는 거의 없다. 일부는 사실상 중앙 관원이 사유지로 전환할 수 있는 세습 가능한 전시과의 정규 토지였다고 생각된다. 그러나 중앙에 기반을 둔 일부 가문은 다른 사람이 소유하거나 관할한 토지에 통제력을 행사했다. 그런 행태가 널리 퍼졌다는 증거는 그런 토지를 몰수해 원래 소유주에게 돌려주게 한 1188년(명종 18)의 왕명에서 찾을 수 있다. "각 지역의 부강富强한 양반은 빈약貧弱한 백성이 빚을 갚지 못하면 그가 오래 전부터 갖고 있던 정전丁田을 빼앗으니, 이 때문에 백성들은 직업을 잃고 더욱 가난해지고 있다. 부유한 가호가 겸병하거나 침탈하지 못하도록 하고, 그 정전은 본래의 주인에게 돌려주도록 하라."[130] 이 조치는 무신란 직후에 공포되었는데 옛 문신들이 소유한 토지를 처분하려는 목적이었다. 그 효과나 무신과 그 협력자를 포함한 모든 중앙 관원에게 그 조처를 적용하려고 했는지는 의심스럽지만, 그것은 무신 집권기 내내 개인들의 농장이 성장하는 배경이 되었다.

중앙에 기반을 둔 관원이 창출한 토지를 경작한 노동자에 관련된 정보는 거의 없다. 세습 노비에 관련된 고려 전기의 지방 법령은 노비가 지배층의 중요한 경제적 부의 일부였음을 보여준다는 제임스 팔레의 주장을 고려하면, 그들은 노비였다고 추정된다.[131] 여러 왕명에 나타나는 용어로 추정할 때 토지 소유주는 소작인을 이용한 것으로 생각된다. 하나의 사례는 전주田主와 전호田戶 같은 용어를 사용한 조租의 수취에 관련된 법령인데, 후대의 토지 소유와 관련된 지주–소작인 관계를 보여준다.[(132)]

아무튼 노비와 소작인이 경작한 사유지는 무신란 이전의 주요 중앙 관원 가문의 경제적 기반에서 중요한 부분을 차지한 것은 분명하다고 생각된다. 11세기 후반부터 12세기에 이런 토지의 확대는 강력한 중앙 관원 가문이 확립된 직접적인 결과로 나타났는데, 그들은 더 이상 조상의 근거지에서 나오는 자원이나 조정에서 분급한 토지에 의존할 수 없었고 새롭고 독립적인 경제적 자원이 필요했다.

고려 후기

고려 후기에는 당시 농장이라고 불린 중앙 지배층의 대토지 소유가 급속히 확대되었다. 12세기 후반부터 13세기의 무신 집정들은 스스로 대규모의 농장을 형성했는데, 대체로 농민이나 그 밖의 부류가 소유한 토지를 무단으로 겸병한 것이었다. 최씨 가문이 소유한 진강晉康(진주晉州)의 토지 같은 일부는 넓고 연속적인 규모였지만, 일반적으로 이런 토지는 전국에 걸쳐 여러 구획으로 구성되었다. 농장은 13세기 후반부터 14세기에 급증했는데, 일부는 전국에 걸쳐 있을 정도로 컸다.[(133)] 농장은 고려 후기 중앙 양반이 소유한 경제력의 주요한 원천이었다.

고려 후기 일부 지배층이 상업적 이익을 얻었음을 보여주는 약간의 증거가 있다. 1342년(충혜왕 후 3) 한 유명한 양반은 고위 관원들이 쌀과 소금의 시장 가격에 관련된 자신들의 이익을 논의하느라 임무를 저버리고 있다고 비판하는 글을 남겼다.[134] 이런 특정 인물이 기존의 양반 가문 출신인지, 왕실이 총애한 비양반 출신의 상인이었는지는 분명치 않다. 필자는 왕조 말엽 이전의 상업 활동에 관련된 증거는 더 이상 찾지 못했다. 1391년(공양왕 3)에 한 대간은 관원이 상업에 종사하는 것을 금지해야 한다는 상소를 올렸다.[135] 7개월 뒤 유력한 양반 가문의 고위 관원은 명明에 사신으로 간 동안 상업 행위를 했다는 혐의로 고발된 뒤 관직을 박탈당하고 유배되었다.[136] 고려 후기 지배층의 경제적 기반에서 상업 활동을 제외할 수는 없지만, 상업에 관련된 증거가 매우 부족하다는 사실—특히 토지 소유와 관련된 증거가 풍부한 것과는 대조적으로—은 고려 후기 양반의 경제적 중심을 형성한 것은 상업이 아니라 토지자원이었음을 알려준다.

노비는 고려 후기에 농장 노동력의 주요 부분을 차지했다.[137] 1289년(충렬왕 15) 양인과 천인 사이에서 낳은 자녀는 어머니의 신분을 따른다는 법령은 모든 교혼 소생은 노비로 삼는다는 조항이 만들어지면서 폐기되었는데,[138] 노비의 숫자를 늘리려는 수정이었다.[139]

아무튼 스도 요시유키周藤吉之가 보여주었듯이, 노비에 관련된 소송은 고려 후기의 중요한 특징이었다.[140] 두 가지 주요 쟁점은 강제로 노비가 된 사람은 양인의 신분을 회복시켜주는 문제와 노비 소유권을 둘러싼 논란이었다. 이것은 고려 후기의 부유하고 권력 있는 부류는 어떤 방법을 동원해서라도 될 수 있는 대로 노비를 많이 소유하려고 적극적으로 노력했음을 보여준다. 그들이 그럴 수 있었다는 사실은 사회경제적 구조에서 어떤 근본적인 변화의 징후라기보다는 자원(이 경우는 사람)이 양반의 지배 아래 들어가는 것을 막는 데 왕조가 점차 어려움에 부딪치고 있었음을 보여준다.

집단적 공동체로서 양반은 토지와 인적 자원을 통제하는 데 성공했지만, 고려 후기 중앙 관원층의 모든 가문이 토지와 노비를 부유하게 소유했다고 생각할 수는 없다. 반대 증거는 청주 곽씨 지파의 소박한 삶을 묘사한 이색의 글에서 찾을 수 있다.

곽씨郭氏는 청주清州 추동楸洞에 밭을 갖고 있다. 곽씨는 그곳에 집을 짓고 살면서 농사를 지어 손님 접대와 혼례婚禮 · 상례喪禮 · 제례祭禮에 드는 비용을 충당했다. 그는 아침저녁으로 먹을 양식만 대강 마련되면 그것으로 만족할 뿐 다른 것은 전혀 바라지 않았다. 어떤 때는 조정에 나아가 벼슬하느라 농사를 그만두는 바람에 밭이 황무지로 변해도 다시 돌아보지 않을 것처럼 보이기도 했지만, 벼슬을 그만두면 다시 처자를 이끌고 돌아와서 농사를 지으면서 글을 읽고 시를 읊었다. 그 나머지 시간에는 나무꾼이나 농부와 어울려 이야기를 나누었으며 권세나 이익에는 관심을 두지 않았다. [141]

이색에 따르면 추동에 있는 이 토지는 13세기 말엽 그 가문의 한 사람이 일본 사행 도중에 사망하자 국왕이 곽씨에게 하사한 것이다. 곽씨의 삶의 방식에 대한 이색의 묘사는 어느 정도 이상화되어 있지만, 그들이 부유한 지주가 아니었음을 보여준다.

안동 권씨도 소박한 환경을 가진 또 다른 양반 가문이었다. 『고려사』 열전에 따르면 권단權旦은 처음에 승려가 되고 싶었지만, 한림학사인 아버지 권위權韙는 그를 강제로 붙들어놓고 문하성의 녹사錄事로 임명해달라고 조정에 주청했다. 권위는 그 비용을 대느라 가산을 탕진할 위험에 처했지만, 권단은 관직을 받는 수밖에 없었다.[142] 이 일화는 이 권씨 지파의 토지 소유에 관련된 아무런 정보도 제공하지 않지만, 권위가 넉넉지 않은 형편이었음을 알려준다.

곽씨와 권씨의 구성원이 모두 가난했다거나 중앙 양반층의 대부분이 소자본이었다고 결론 내리기에 앞서 곽씨 출신인 곽추郭樞가 14세기 후반 평주平州에 농장을 갖고 있었다는 사실을 주목해야 한다.[143] 또한 안동 권씨에 관련된 일화의 편린도 살펴보아야 한다. 이제현李齊賢은 『운금루기雲錦樓記』에서 도성 근처에 있는 연못 일대의 경치에 매혹된 권렴權濂(1302~1340)이 그곳의 토지를 조금 사서 높이 2길, 길이 3장의 누각을 세워 가족·친구와 잔치를 베푼 사실을 서술했다. 이제현에 따르면 "현복군玄福君(권렴)은 만호후萬戶侯로서 왕실과 혼인한 외척이었다. 그는 아직 40세가 되지 않았다. 깊은 잠이었든지 아니면 취해서 꾼 꿈이었든지, 그는 명성과 부와 명예를 즐길 것이다."[144] 이제현은 권렴의 토지 규모나 재력은 알려주지 않았지만, 그가 자신의 친척인 권위보다 처분할 수 있는 자산을 상당히 더 많이 가졌다는 사실은 분명하다. 그러나 권위는 중앙 관직을 가진 안동 권씨의 2세대였고, 권렴은 권위의 고손자로 중앙 관원에서 6세대였다. 이것은 적어도 안동 권씨의 일부 인물은 여러 세대 동안 중앙 관원의 지위를 활용해 물질적 부를 축적하는 데 성공했음을 보여준다.

이런 일화의 증거는 관원들의 경제 상황에 관련된 양적 자료를 대체하기에는 부족하지만, 고려 후기 관원층에는 부유한 사람과 평범한 부류가 모두 포함되었음을 보여준다. 일부 관원들은 자본이 적었기

2장 중앙 관료적 귀족의 흥기

때문에 조정에 근무한 대가로 받은 토지와 녹봉은 경제를 유지하는 중요한 재원이었다. 고려 전기에 토지와 녹봉을 제공한 전시과는 무신 집권기 말엽에 거의 무너졌다. 그 결과 강화도에서 수도로 돌아온 직후인 1271년(원종 12) 조정은 수도 일대의 일부 토지를 녹봉 대신 관원들에게 지급하도록 할당하는 녹과전祿科田 제도를 공포했다.[145] 이런 임시방편은 국가가 그런 토지에 대한 통제권도 잃기 시작한 1340년대까지 기능했다.[146]

일부 관원은 조정이 지급하는 녹봉에 생계를 의존한 것이 분명하지만, 고려 후기의 유력한 중앙 양반 가문의 다수는 상당한 토지를 소유했다고 판단된다. 농장과 수많은 노비의 소유는 질적으로 새로운 변화가 아니었으며, 무신란 이전 주요한 중앙 관원 가문의 토지 소유 형태와 노비 소유의 오랜 전통이 세습적 노비에 관련된 고려 전기의 법령에 반영된 결과였다.

결 론

10세기 후반 광종이 옛 군사 연합을 무너뜨리고 관료 제도로 이행하는 개혁을 실시한 뒤 비교적 소수의 문반 귀족 가문이 흥기해 조정을 지배했다. 강릉 김씨와 경주 최씨 같은 일부 가문은 10세기 초반부터 정계에서 활발히 활동했지만, 대부분은 전국의 군현을 지배한 지방 호족층에서 그 뒤에 등용되었다. 12세기 전반 그들은 세습적 중앙 관원으로 발전했는데, 고려 사회의 귀속적 전통과 그들이 중앙 조정에 근무하는 유인책으로 받은 특권 때문에 가능한 결과였다. 그들은 서로는 물론 왕실과 밀접하게 혼인하고 많은 일족을 고위 관원으로 진출시켜 자신의 사회적·정치적 지위를 강화했다. 처음에 그들은 국가에서 받은 토지와 녹봉, 그리고 조상의 본거지에 남아 있던 일족이 관리한 자원에 크게 의존한 것으로 판단되지만, 12세기 무렵에는 넓은 사유지를 축적해 독자적인 경제적 기반을 스스로 구축하기 시작했다.

그들은 무신의 집권으로 일족이 숙청되고 정치권력을 크게 상실했지만, 그 기간에도 사회적·행정적 지배층의 위치를 계속 지켰다. 13세기 중반 마지막 최씨 집정이 축출되고 왕국을 지배하던 최씨 정권의 사적 통치 기구가 폐지됨으로써 문신 귀족 가문은 정치적 우위를 다시 주장할 수 있는 기회를 얻었다. 고려 후기의 여러 외침으로 무신은 계속 중요한 정치적 역할을 수행할 수 있었지만, 고려 후기 재추의 90퍼센트에 가까운 인원이 문반 출신이라는 사실이 알려주듯이 문신

2장 중앙 관료적 귀족의 흥기

은 다시 한 번 행정 권력의 중심이 되었다.

무신란 이전의 문반 귀족 가문은 고려 후기 관원의 핵심을 형성했다. 고려 후기 가장 주요한 가문의 절반은 고려 전기 문반의 직계 후손이었다. 나머지 절반은 새로 중앙 조정에 진출한 가문이었지만, 집단으로서 그들은 질적으로 다른 '새로운' 사회 세력이 흥기한 것은 아니었다. 반대로, 한두 개의 예외는 있지만, 그들은 과거제도를 통해 지방의 인재를 등용하는 고려 전기의 관행을 지속했다. 아울러 이런 신흥 가문은 일단 중앙에 정착하면 문반의 세습적 계열을 확고히 만들면서 기존 가문과 긴밀하게 혼인함으로써 사실상 기존의 중앙 문반 기반에 새로 참여했다. 또한 고려 후기 가문이 대토지를 소유한 것은 새로운 경제제도의 등장이라기보다는 무신란 이전부터 발전해온 토지 소유 형태를 합성한 것이었다. 요컨대 고려 후기 조정을 지배한 주요 가문은 무신란 이전 문반이 지배한 체제와 상당한 연속성을 갖고 있었다.

고려 후기의 정치 지배층이 고려 전기의 동일한 부류와 공유한 특징의 많은 부분은 귀족 제도의 성격을 강하게 띤 것이었다. 중앙에 기반을 둔 주요 가문은 고위 관원을 대대로 배출했으며, 음서를 이용해 세습적으로 관직에 진출했다. 그들은 거대한 농장을 소유했고 서로 긴밀히 혼인하면서 매우 폐쇄적인 정치·사회·경제적 지배층을 형성했다. 그러나 고려 전기와 후기 모두 주요 가문은 일정한 관료적 경향을 나타냈다는 사실도 유념해야 한다. 과거제도는 조정에 입사하는 데 선호된 수단이 분명했다. 대부분의 음서 수혜자들이 그 뒤 과거에 응시했다는 사실이 알려주듯이, 그것은 관직을 얻는 다른 수단보다 더 큰 권위를 부여했다. 또한 저명한 관원의 경력 유형을 연구한 결과, 가문적 배경에 상관없이 그들은 20년 이상 근무한 뒤에야 진정한 정치권력을 행사할 수 있는 재추에 올라가는 정규적 승진 경로를 밟았다는 사실을 알 수 있었다. 이처럼 고려를 부패한 귀족 제도로 묘사하는 통설과 반대로 이 연구로 나타난 모습은 전체적으로 실력주의적 원리와 관료 제도적 절차가 귀족적 구조 안에서 적용된 혼합 체제의 하나였다.

　한국 지배층에서 귀족적 경향과 관료적 경향이 균형을 이뤘다는 측면은 제임스 팔레가 지적한 바 있다. 이런 균형은 조선 건국 이후 주로 성리학의 영향과 관원 등용에서 과거제도의 중요성이 증가한 결과로 나타났다고 팔레는 주장했다.[147] 그러나 여기서 검토한 증거는 고려의 지배층도 귀족적 태도와 관료적 태도가 혼합된 것임을 보여준다. 관료적 경향은 조선 시대에 좀더 확실히 나타났지만, 적어도 과거에 급제한 고위 관원의 비율과 관련해서는 귀족적 관료 제도로 파악한 팔레의 견해는 이르면 12세기, 그리고 13세기 후반 고려에도 분명히 적용할 수 있다고 생각한다.

　이것은 중세 중국과 어떻게 비교할 수 있을 것인가? 위진남북조와 당에서 귀속적 사회 신분은 조정의 고위 관직을 얻는 전제 조건이었으며, 집단으로 볼 때 중국의 유력 가문은 자신들을 재생산하는 데 성공해 거의 5세기 동안 사회와 정치를 지배한 것으로 보인다. 중국의 가문은 족보를 유지했으며, 당대唐代에 편찬되고 반포된 유력 가문의 목록에서 자신의 두드러진 지위를 공식적으로 인정받았다. 고려의 주요 가문은 족보를 편찬하지도 않았고(12세기부터는 가계 기록을 유지했다), 충선왕 때 왕실과 혼인할 수 있는 15개의 '재상지종宰相之宗'을 선정한 사례를 빼고는 공식적인 목록에 자신들의 명단을 모으지도 않았다.[148]

중세 중국에서 공식적으로 승인된 유력 가문이 존재했다는 사실은 그 지배층이 고려의 주요 가문보다 좀더 공식적으로 구성된 귀족이었음을 보여준다. 그러나 중국의 유력 가문이 실제로 귀족이었는가에 관련된 견해는 논쟁이 있다. 피터 볼은 고위 관직에 오를 수 있는 요소로 혈통이 가장 중요했다는 사실을 토대로 당의 유력 가문은 본질적으로 귀족이었다고 주장했다.[149] 반면 데이비드 존슨David Johnson은 귀족으로서 유력 가문에 관련된 법률적 정의가 없고 구품중정제에서 할당된 등급을 포함해 관직 진출을 보장하는 사회적 신분은 그 가문의 중앙 관직 취득에 관련된 이전의 기록에서 직접적으로 왔다는 사실을 근거로 그런 견해에 반대했다.[150] 고려왕조의 경우 세습적 사회 신분은 중앙 조정에 들어갈 수 있는 자격을 결정했으며, 부곡 향리 같은 일부는 개인이 승진할 수 있는 수준까지 결정했다. 그러나 중세 중국과는 달리 이런 세습적 사회 신분은 9~10세기의 자치적인 지방 호족에서 기원한 가문에서 형성된 것이었다. 이런 귀속적 신분은 서로 다른 사회계층 사이의 혼인을 규제하고, 주요한 지방 호족 가문의 구성원에게 과거 응시 자격과 그 뒤 정규 관원으로 진출하는 첫 단계인 중앙 서리직의 지급을 보장하는 여러 규정에 의해 법률적으로 정의되었다. 그러므로 고려왕조의 주요한 중앙 관원 가문이 뻗어 나온 기반—호족과 향리층—은 지방 귀족이었다고 볼 수 있다. 상층 사회 신분이 중앙 조정에서 본질적으로 독립한 것은 고려와 중세 중국의 중요한 차이를 나타낼 뿐만 아니라 고려에서 정치적 역할이 사회적 역할에 포함된 범위를 잘 보여준다. 참으로 중앙 관원이 지방 호족 출신으로서 중앙에 정착한 지파로 이루어졌다고 볼 수 있다면, 10세기의 중앙집권적 관료 제도의 개혁은 국가의 기본적인 사회·정치적 구조를 거의 바꾸지 못했다고 말하는 것이 타당하다.

그러나 이 경우는 그렇지 않았다. 더 이르지는 않더라도 13세기 후반 무렵, 중앙에 기반을 둔 가문의 지파는 중앙 관원으로서 자신의 역사를 좀더 강조하는 방식으로 스스로를 다시 정의하기 시작했다. 신분의 주요 원천이 중앙 관원을 배출한 기록이었던 중세 중국의 유력 가문과 그들이 좀더 비슷하게 보이기 시작하는 것은 바로 이 시점이다. 중앙 관료 귀족이 스스로를 보는 시각과 사회의 나머지 부류와 관계에서 나타난 이런 변화는 그들이 지배적인 사회·정치적 집단으로 등장한 지 거의 2세기 뒤에 나타났다. 그것이 발현하는 데 그렇게 오랜 시간이 걸린 까닭은 명확치 않다. 무신 집권기의 우여곡절이 새로운 자아상의 발전을 늦췄거나 옛 군현에 남아 있던 귀족적 질서의 전통이 극복하기에는 너무 강력했기 때문일 수도 있다. 그러나 돌이켜보면 변화는 결국 확실히 나타났다. 중앙에 기반을 둔 가문의 다수는 더 이상 지방에 있는 조상의 근거지와 긴밀한 관계를 유지하지 않았고, 중앙 관원의 지위와 권력을 이용해 사유지에서 독립적인 경제력의 기반을 발전시켰으며, 대부분 서로 결혼하면서 200년 넘게 대대로 중앙 관원을 배출했다. 아무튼 중앙 양반이 군현의 향리로부터 자신을 분리한 심연을 인식한 것은 14~15세기 한국 사회·정치사의 발전에 거대한 영향을 준 전환적 사건이었다.

2장 중앙 관료적 귀족의 흥기

3장
왕조 교체기의 양반

．．．

지금까지 검토한 결과 고려의 개별적 중앙 관원 가문과 중앙 관인층의 구조는 11세기부터 왕조가 끝날 때까지 전체적으로 견고한 연속성을 가졌다는 사실을 보여주었다. 그렇다면 고려와 조선의 왕조 교체기에 중앙 양반은 무엇을 했는가? 1392년에 새 왕조가 수립된 것은 지배층의 구성과 구조에 중요한 변화를 가져왔는가, 아니면 옛 고려의 지배층이 계속 정치와 사회를 지배했는가?

이 장에서는 왕조 초기인 1392년(태조 1)부터 1405년(태종 5)까지 관원의 구성을 분석하고 그 당시 가장 주요한 가문의 기원을 검토할 것이다. 15세기 중반 중앙 관원에 대한 조사는 고려 후기와 조선 전기 지배층의 구성과 구조에 견고한 연속성이 있다는 사실을 보여줄 것이다.

조 선 개 창 기 의 중 앙 관 원 층

조선의 첫 국왕인 태조(1392~1398)와 정종(1398~1400)의 시대는
정치적 불안정이 두드러졌던 교체기였지만, 1400년 후반에 태종이
즉위하면서 정치적 상황은 안정되었다. 필자는 두 시기로 나누어 중
앙 관원층을 검토했다. 하나는 1392~1400년에 걸친 태조와 정종의
시대이고, 다른 하나는 태종의 첫 5년이다. 이런 검토는 왕조의 변화
를 이끈 세력이 누구이고, 1400년 상황이 안정된 뒤 권력에 남은 사람
이 누구인지 식별하게 도와줄 것이다.

새로운 사회 세력이 조선왕조를 건국했다는 가설을 뒷받침하는 연
구는 특수한 인물들에게 초점을 맞추는 경향이 있다.[1] 이런 접근은
연구에 선택된 사람들이 중요한 지도자였다는 측면에서는 장점을 갖
지만, 그들이 전체적으로 지배층을 대표하는가는 확언할 수 없다. 좀
더 종합적인 연구를 지향한 최근의 노력에서 정두희는 조선왕조의 첫
세 국왕 때 책봉된 공신의 배경을 조사해 그들이 옛 왕조의 무반과 문
반 모두에 걸치는 다양한 배경을 가졌다는 사실을 발견했다. 정두희
는 조준 같은 일부 인물은 '넓은 의미에서' 고려의 귀족으로 간주될 수
있다고 인정했지만, 그래도 자신의 능력으로 성공한 부차적인 귀족이
었다고 주장했다.[2]

조준 같은 인물은 자신의 노력과 능력으로 출세했기 때문에 옛 고
려의 귀족층과 구분된다는 주장은 고려 지배층이 능력을 중시했다는
측면을 무시하고 귀족 이외의 부류가 성실과 재능을 독점했다고 가정

했다는 측면에서 설득력을 결여하고 있다. 그러나 이 연구는 또 다른 결함을 갖고 있는데, 고려 후기나 조선 전기의 조정을 전체적으로 다루지 않은 결과 조선 전기의 공신이 상당히 중요하다는 사실을 파악하기 어렵게 했으며, 고려 후기와 조선 전기의 지배층을 대표한 가문—평양 조씨·황려 민씨·성주 이씨 같은—이 고려의 관원층에서 중요한 구성원이 아니었다는 주장을 받아들이기 어렵게 만들었다. 요컨대 고려 후기와 조선 전기에 활동한 모든 관원의 기원을 조사하지 않고는 고려-조선 교체기 동안 지배층에 중요한 변화가 있었는지를 판단할 수 없다.

1392~1400년의 중앙 관원층

정두희의 연구는 조선 전기 지배층의 사회적 기원에 관련된 최종적인 해답을 제시하지는 못했지만, 새 왕조가 형성한 권력 구조의 넓은 윤곽을 보여주었다. 정두희는 공신이 이성계의 군사 연합과 중앙 관원의 배경을 가진 인물이라는 두 개의 주요한 범주로 나뉜다는 것을 발견했다.[3]

조선 전기에 이성계의 군사 연합의 중요성은 의심의 여지가 없다. 동북면의 무력은 옛 왕조를 무너뜨리는 원동력을 제공했을 뿐만 아니라 새로운 왕실도 구성했다. 조정을 군사 연합에 봉사한 본질적으로 힘없는 개인의 집합이라고 일축하기 쉽지만, 증거는 다른 측면을 보여준다.

동북면 군사 연합의 힘은 당시 조정의 중앙 군사력과 이성계가 주도한 연합의 사병을 통합적으로 지휘하려는 목적에서 1391년에 창설된 삼군부에 집중되었다. 이것은 본질적으로 군사 단체였지만, 삼군부의 최고직인 도총제都摠制는 시중급의 관원이 겸임했고, 다른 총제들도 대부분 재추가 겸임했다.[4] 삼군부에 임명된 재추의 다수는 무반 출신이었지만, 이것은 조선이 새 왕실의 군사 통제권을 문반에게 구조적으로 종속시킨 고려의 전통을 따를 수밖에 없었음을 보여준다.

옛 고려의 정치제도는 조선이 개창된 때부터 계속 중요한 역할을 수행했다. 그 증거는 고려 후기 최고의 문반 정무 기구인 도당(조선 전기에는 대체로 도평의사사라고 불렸다)의 활동에서 찾을 수 있다. 1394년(태조 3) 2월 도당이 변방의 무신 선발 절차 및 토지와 녹봉 제도의 개혁, 매 사냥 금지 같은 개혁을 논의하거나[5] 1400년 1월 국왕이 고위 관원을 임명할 때 서경하는 귀찮은 문제에 국왕이 도당의 의견을 따르는 등 실록은 왕조 초기 도당의 정치적 활동 사례로 가득하다.[6] 정치에서 도당의 중심적 역할은 1400년 4월에 권근權近이 요약했다. "지금 재상은 40명이 넘는데, 모두 도평의사사에 모여 국가의 일을 의논한다."[7] 이런 사례는 무반 출신의 새로운 왕실이 흥기했지만 상당한 정치적 권력은 중앙 조정의 문반에 계속 남아 있었다는 것을 보여준다.

처음 두 국왕의 치세 동안 새 왕조는 예전의 제도적 구조를 유지했다. 1392년에 왕조를 개창한 직후 발표된 한 법령에 따르면, 전체 관직은 옛 고려와 비슷한 4,749개였다.[8] 이 숫자는 왕조 초기에 거의 변화하지 않았다. 1400년에 문하부에서 올린 상소에서는 520명의 문반과 4,170명 이상의 무반이 있었다고 말했다.[9] 〈표 3.1〉은 1392년의 법령에 따라 조선 조정의 문반과 무반의 품계 분포를 보여준다. 고려

<표 3.1> 조선 개창기의 품계 구조

품계	문반직	무반직
정1	4	
종1	3	
정2	15	
종2	23	
정3	51	10
종3	37	20
정4	30	50
종4	22	
정5	11	150
종5	27	
정6	34	300
종6	65	
정7	29	300
종7	52	
정8	25	400
종8	49	
정9	20	1000
종9	22	2000
합계	519	4230

후기에 1·2품 문반은 전체적으로 증가했지만 품계 구조는 고려 조정의 그것과 크게 달라지지 않았다. 한 가지 중요한 특징은 무반이 문반보다 여전히 낮은 위치에 있다는 것이다. 조선 전기에 무반 출신 인물은 최고 문반직까지 정상적으로 임명되었지만, 고려에서처럼 행정력은 문반, 특히 1·2품의 재추직에 집중되었다.

1392~1400년의 실록에는 노비와 그 밖의 비관원 계층이 분명한 인물을 제외하고, 750명의 이름이 실려 있다. 관원으로 47회 언급된 조준 같은 일부 인물은 거듭 등장하지만, 대부분은 한두 번만 나온다. <표 3.2>는 그 시기에 어떤 관원이 가진 최고 관직과 품계를 보여준다.

〈표 3.2〉 문·무반과 품계에 따른 관원 분포

품계/지위	문반	무반	기타/미상
정1	13		
종1	17		
정2	35		
종2	95		
정3	78	7	
종3	31	21	
정4	16	17	
종4	31		
정5	14	4	
종5	24		
정6	10	8	
종6	23		
정7	2	4	
종7	7		
정8	0	5	
종8	0		
정9	1		
품계 불명확[가]	43	2	
소계	440	68	
지방관원[나]	66	21	
다른 지위[다]	39		
명예직 소유자			14
지위 불명확[라]			102
합계	545	89	116

[가] 간관이나 시종처럼 관직으로만 표시된 인물.
[나] 관찰사·절제사·만호·천호·지방 수령 등.
[다] 급제자, 관직이 밝혀져 있지 않고 중국으로 파견된 사신, 명예직 소유자 등.
[라] 특정한 당파에 소속되었거나 관직이 밝혀지지 않은 채 유배된 관원 등.

관원의 이런 배열은 두 가지 중요한 사실을 드러낸다. 첫째, 무반직과 문반직의 비율이 8대 1이었는데도 실록에는 무신 1명당 문신 6명이 나온다. 역사에서 문반의 우위는 실록을 편찬한 문신의 편견을 어느 정도 드러내지만, 품계 구조의 분석은 신권의 중심이 문반의 상위 품계에 있었다는 결론을 뒷받침한다. 둘째, 1·2품은 문반의 8퍼센트 이하지만, 1·2품 관원(도당에 참석한 인물)은 실록에 나타난 모든 문반의 38퍼센트에 가까웠다. 『고려사』와 마찬가지로 실록은 상위 품계의 관원이 진정한 권력을 갖고 있었다는 측면을 다시 한 번 입증하면서 고위 관원을 옹호하는 편견을 보여준다.

조선 전기 관원의 가문 구조를 보여주는 〈표 3.3〉은 조선 전기와 고려 후기 사이의 중요한 유사성을 알려준다. 주요 가문 출신의 관원 비율은 그대로 유지되고 있으며(49퍼센트. 〈표 2.5〉 참조) 1명의 관원만 배출한 가문의 비율은 비슷하다(조선 전기는 51퍼센트, 고려 후기는 55퍼센트). 그러나 주요 가문 출신의 재추 비율은 조선 전기에 크게 증가했으며(57퍼센트에서 84퍼센트로), 가장 주요한 가문 출신의 재추 비율은 두 배가 넘게 늘었다(23퍼센트에서 56퍼센트로). 이것은 조정이 왕조 교체로 옛 귀족을 축출하고 좀더 넓게 구성된 지배층으로 확장되기보

〈표 3.3〉 1392~1400년 중앙 관원층의 가문 구조

이름을 알 수 있는 모든 관원	750명
출신 가문을 알 수 있는 관원	374명(49퍼센트)
이름을 알 수 있는 모든 재추	165명
출신 가문을 알 수 있는 재추	138명(84퍼센트)
모든 가문	158개
1명의 관원만 배출한 가문	81개(51퍼센트)
가장 주요한 가문*	34개
가장 주요한 가문 출신의 관원	174명(23퍼센트)
가장 주요한 가문 출신의 재추	92명(56퍼센트)

* 4명 이상의 관원이나 재추 2명을 포함해 3명의 관원을 배출한 가문.

3장 왕조 교체기의 양반

다는 소수의 특정 가문에 권력이 더욱 집중되었음을 보여준다. 이것은 새 왕실이 정치적으로 의지할 수 있는 소수 집단에 기댄 자연스러운 결과였지만, 새 왕조의 지배층이 좀더 확대되고 귀족적 성향이 약화된 집단으로 가정한 전통적 견해의 모순을 보여준다.

가문적 기원이 알려지지 않은 50퍼센트의 관원이 새로운 사회 세력이었을 가능성을 배제할 수 없지만, 알려지지 않은 배경을 가진 인물의 비율이 고려 후기부터 조선 전기까지 동일하게 유지되었다는 사실은 그 반대를 주장한다고 판단된다. 아무튼 50퍼센트의 관원이 주요 가문에 소속되지 않았다거나 그들은 알려진 가문에 소속되지 않았기 때문에 비천한 출신이었다고 결론 내리는 것은 위험하다. 에드워드 와그너Edward Wagner가 지적했듯이 조선 중기에서 후기의 족보 편찬자들은 역사적으로 덜 두드러진 지파를 외면하고 정치적으로 두각을 나타냈던 지파를 선호하는 경향이 있었다.[10]

그렇다면 조선 전기에 우월한 지위를 차지했던 34개의 가문은 어떤 가문인가?

〈표 3.4〉를 살펴보면 황려 민씨 · 안동 권씨 · 파평 윤씨 · 문화 유씨처럼 고려 후기사에서 익숙한 가문이 나타난다. 건국 직후 가장 주요한 가문의 16개 또는 거의 절반이 고려 후기 가장 주요한 양반 가문 중에 있었던 것이다. 다른 일부는 고려 후기에 2명 이상의 재추를 배출했는데, 진주 강씨 · 고성 이씨 · 밀양 박씨는 각 5명, 해주 최씨 · 창녕 성씨 · 청주 이씨는 각 4명이다. 달리 말하면 고려 후기의 주요 양반 가문 중 거의 4분의 3(22개 중 16개, 73퍼센트)이 조선 전기의 가장 주요한 가문 중에 있던 것이다. 이것은 적어도 가문적 연합을 근거로 보면, 고

<표 3.4> 태조 · 정종대의 가장 주요한 가문

가문	배출한 관원(명)	배출한 재추(명)
전주 이씨	15	11
황려 민씨*	10	5
안동 권씨*	9	4
파평 윤씨*	9	1
문화 유씨*	8	3
경주 이씨*	8	1
평양 조씨*	6	5
청주 한씨*	6	4
한양 조씨*	6	4
진주 강씨	6	3
전주 최씨*	6	2
청주 이씨	5	5
경주 김씨*	5	3
죽산 박씨*	5	3
의령 남씨	5	3
안동 김씨*	5	3
창녕 성씨	5	2
밀양 박씨	5	2
동래 정씨	5	1
광산 김씨*	4	3
순흥 안씨*	4	2
단양 우씨*	4	1
해주 최씨	4	1
성주 배씨	4	1
영천 황보씨	4	1
배천 조씨	3	3
안동 장씨	3	3
성주 이씨*	3	2
청주 경씨	3	2
영일 정씨	3	2
봉화 정씨	3	2
청주 정씨	3	2
청송 심씨	3	2
고성 이씨	3	2
합계	180	94

* 고려 후기의 주요한 양반 가문(〈표 2.6〉 참조).

3장 왕조 교체기의 양반

려—조선 교체기에 관원의 상층부에서는 커다란 연속성이 있었음을 보여주는 증거다.

태종 초반(1401~1405)의 중앙 관원층

고려의 주요 가문이 1392~1400년의 교체기 동안 계속 권력에 접근할 수 있었다면, 그 뒤에는 어떠했는가? 국가에 대한 장악력을 강화하는 동안 새 왕실은 옛 지배층을 일시적으로 용인할 수 있었는가? 기존의 양반 가문은 1390년대 후반 왕자의 난이 발생한 정치적 격동에서 약화되거나 몰락했는가? 옛 가문들은 한국사 전체에서 가장 강력한 국왕 중 한 사람이었던 태종이 즉위하자 숙청되었는가? 이런 질문에 대답하려면 태종 치하의 조정을 분석할 필요가 있다.

즉위한 뒤 첫 5년 동안 태종은 중앙 정치제도를 크게 개혁했다. 이런 재편의 핵심은 도당을 좀더 규모가 작은 의정부로 대체한 것이었다. 그러나 태종은 1404년(태종 4)까지 신설한 의정부와 옛 관서를 나란히 두는 점진적인 접근을 채택했다. 이것은 1401년 후반부터 1405년 동안 전체적으로 1·2품 관직의 숫자나 정치적 중요성이 거의 줄어들지 않았다는 의미다.

〈표 3.5〉는 태종 치세의 첫 5년 동안 중앙 관원의 가문 구성은 대체로 1392~1400년의 그것과 비슷했음을 보여준다. 관원을 1명만 배출한 가문이 51퍼센트에서 63퍼센트로 상승한 것을 빼면, 모든 비율은 앞 시기와 비교해 약간 줄었다. 이것은 첫 두 왕대의 정치적 충돌의 결과로 발생한 집단적 숙청—봉화 정씨 출신의 정도전鄭道傳 같은—을 반영할 수도 있지만, 태종 치하에서 정치적 참여가 일부 확대되었다

155

<표 3.5> 1401~1405년 중앙 관원층의 가문 구조

이름을 알 수 있는 모든 관원	325명
출신 가문을 알 수 있는 관원	153명(47퍼센트)
이름을 알 수 있는 모든 재추	78명
출신 가문을 알 수 있는 재추	59명(76퍼센트)
전체 가문	96개
1명의 관원만 배출한 가문	60개(63퍼센트)
가장 주요한 가문*	19개
가장 주요한 가문 출신의 관원	63명(19퍼센트)
가장 주요한 가문 출신의 재추	34명(44퍼센트)

* 3명 이상의 관원이나 1명의 재추 또는 고위 관원을 포함해 2명의 관원을 배출한 가문.

는 측면을 보여주기도 한다. 그럼에도 소수의 주요 가문이 고위 관원을 더욱 많이 지배하는 경향은 태종 초반에도 지속되었다.

가장 주요한 가문의 구성에 나타난 중요한 변화는 무엇인가? <표 3.6>에서는 태종의 첫 5년 동안 가장 주요한 19개의 가문을 나열했다. 잠깐만 훑어보아도 태종 초반 가장 주요한 가문의 4분의 3 이상(19개 중 15개)이 1392~1400년의 가장 주요한 가문에 들어 있었음을 알 수 있다. 흥미롭게도 새 왕실인 전주 이씨는 태종 초반의 고위 관원 가문 중에 나타나지 않는다. 이것은 1390년대 왕자의 난의 결과이며 왕위에 도전하는 어떤 사람도 용납하지 않겠다는 태종의 결심을 반영한 것이 분명하다. 네 가문은 그 이전의 8년 동안 가장 주요한 가문에서 보이지 않는다. 그러나 그중 두 가문—경원 이씨와 남양 홍씨—은 고려부터 기반을 확립한 양반 가문이었다.[11] 함양 박씨 또한 고려 후기에 재추 2명과 관원 9명을 배출한 중요한 중앙 관원 가문이었는데,

〈표 3.6〉 태종 1~5년의 가장 주요한 가문

가문	배출한 관원(명)	배출한 재추(명)
안동 권씨*	9	2
황려 민씨*	5	3
파평 윤씨*	5	2
평양 조씨*	4	4
문화 유씨*	4	3
경원 이씨	4	2
진주 강씨*	3	3
광산 김씨*	3	3
한양 조씨*	3	2
경주 이씨*	3	2
단양 우씨*	3	2
공암 허씨*	3	1
홍주 이씨	2	2
남양 홍씨	2	2
함양 박씨	2	1
창녕 성씨*	2	1
청주 한씨*	2	1
청주 이씨*	2	1
성주 이씨*	2	1
합계	63	38

*〈표 3.4〉의 가문.

1392~1400년 동안 1명의 재추를 포함해 3명의 관원을 배출했다. 홍주 이씨는 고려 후기의 주요 가문은 아니었지만, 그래도 무신 집권기와 고려 후기에 재추 1명씩 배출한 경력이 있었다.[12] 요컨대 왕족의 몰락을 빼고는 1392~1400년의 과도기와 태종 초반 5년 동안 중앙 관원의 구조나 구성에 중요한 변화는 전혀 없었다.

1392~1400년과 1401~1405년의 자료를 종합하면 〈표 3.7〉에 수록한 조선 전기의 주요 양반 가문 38개를 얻을 수 있다. 이런 가문은 모두 고려 후기에 관원을 배출했으며, 상당한 비율이 무신란 이전까

<표 3.7> 1392~1405년의 가장 주요한 가문들

가문	배출한 관원(명)	배출한 재추(명)
전주 이씨	15	11
황려 민씨	12	7
안동 권씨	12	5
파평 윤씨	9	2
문화 유씨	8	4
안동 김씨	8	4
죽산 박씨	8	3
경주 이씨	8	2
평양 조씨	7	6
청주 한씨	7	4
전주 최씨	7	1
한양 조씨	6	4
진주 강씨	6	3
밀양 박씨	6	2
청주 이씨	5	5
경주 김씨	5	3
광산 김씨	5	3
순흥 안씨	5	3
배천 조씨	5	3
의령 남씨	5	3
창녕 성씨	5	2
동래 정씨	5	1
단양 우씨	5	1
성주 이씨	4	2
경원 이씨	4	2
남양 홍씨	4	1
연안 김씨	4	1
해주 최씨	4	1
성주 배씨	4	1
영천 황보씨	4	1
안동 장씨	3	3
청주 경씨	3	2
청주 곽씨	3	2
영일 정씨	3	2
봉화 정씨	3	2
청주 정씨	3	2
청송 심씨	3	2
고성 이씨	3	1
합계	216	107

지 거슬러 올라가도 중앙 조정에서 계속 존재했다.

　그러나 전통적 해석은 과거에 급제한 '신흥 사대부'로 정의되고 조선왕조를 건국한 새로운 사회 세력은 1351년에 공민왕이 즉위한 직후부터 고려 조정에 대거 등장했다고 주장한다.[13] 이것은 고려 후기를 단일한 시기로 다룰 경우 1351년 이후 일어난 중요한 신흥 사회 세력을 간과할 수도 있다는 의미다. 〈표 3.8〉은 38개의 가장 주요한 조선 전기 가문이 고려 후기 여러 왕대 동안 나타낸 지위를 보여준다. 거기에 따르면 조선 전기의 가장 주요한 가문 중 9개는 1351년에 공민왕이 즉위한 뒤 중앙 조정에 처음 등장했으며, 다른 7개 가문은 고려 후기와 조선 전기에 번창하기에 앞서 공민왕 이전에는 1명의 관원만을 배출했다. 그렇다면 이런 16개 가문은 '신흥 사대부'인가? 우선 해주 최씨는 제외해야 하는데, 1351년에 조정에서 1명의 관원만 배출했지만 그것은 고려의 유명한 양반 가문이었다. 그럼 15개의 신흥 가문이 남는다. 그러나 이 중 전주 이씨·한양 조씨·영천 황보씨·안동 장씨·청송 심씨·청주 이씨·청주 경씨 등 7개 가문은 대부분 또는 전부 무반이었다. 그렇다면 그들은 '신흥 사대부'에서 제외된다. 나머지 8개의 신흥 가문—의령 남씨·동래 정씨·연안 김씨·봉화 정씨·진주 강씨·창녕 성씨·영일 정씨—은 대부분 1351년 이후 대거 중앙 조정에 처음 진출한 문반 가문이었다.

　논쟁을 위해서 8개의 신흥 문반 가문이 모두 '신흥 사대부'라고 가정해보자. 그들은 조선 전기의 가장 주요한 38개의 가문 중 28퍼센트를 차지했지만, 주요 가문이 배출한 모든 관원(216명 중 32명)과 재추(107명 중 15명)에서는 각 15퍼센트와 14퍼센트만을 차지했다. 이처럼

<표 3.8> 고려 후기에 나타난 조선 전기 주요 가문의 지위

가문	1139~1351	공민왕대	우왕·창왕대	공양왕대
전주 이씨	1(0)	4(1)	5(2)	6(3)
황려 민씨	7(4)	4(2)	3(1)	2(2)
안동 권씨	8(7)	8(4)	6(3)	8(1)
파평 윤씨	9(5)	5(0)	6(5)	5(4)
문화 유씨	5(4)	2(0)	2(0)	2(1)
안동 김씨	7(7)	5(3)	−	4(1)
죽산 박씨	4(2)	3(2)	3(1)	2(1)
경주 이씨	10(3)	8(3)	3(1)	7(0)
평양 조씨	6(5)	3(1)	5(2)	3(2)
전주 최씨	6(4)	5(1)	4(2)	2(1)
청주 한씨	5(4)	8(5)	−	4(1)
한양 조씨	−	2(0)	3(2)	5(2)
진주 강씨	1(1)	1(1)	2(1)	4(3)
밀양 박씨	3(2)	6(3)	2(0)	2(1)
경주 김씨	5(4)	1(1)	1(1)	3(0)
청주 이씨	1(1)	−	3(0)	1(1)
광산 김씨	15(9)	11(3)	−	4(1)
순흥 안씨	4(4)	4(1)	4(2)	5(1)
배천 조씨	2(0)	1(0)	2(1)	3(1)
의령 남씨	−	−	3(2)	2(1)
창녕 성씨	1(0)	3(0)	4(3)	2(2)
동래 정씨	−	1(0)	−	1(1)
단양 우씨	3(0)	3(1)	5(3)	6(3)
성주 이씨	8(3)	7(6)	6(3)	2(1)
경원 이씨	2(1)	1(0)	2(1)	5(1)
남양 홍씨	9(6)	15(8)	5(5)	4(2)
연안 김씨	−	1(0)	2(0)	1(0)
해주 최씨	1(1)	3(1)	−	−
성주 배씨	−	1(0)	3(1)	1(1)
영천 황보씨	−	1(0)	1(1)	1(1)
안동 장씨	−	−	1(0)	1(1)
청주 경씨	1(0)	2(1)	3(2)	3(1)
청주 곽씨	2(1)	3(1)	−	1(0)
영일 정씨	1(0)	2(1)	2(1)	2(1)
봉화 정씨	−	1(1)	1(0)	3(1)
청주 정씨	3(2)	2(2)	1(1)	1(1)
청송 심씨	−	−	1(1)	2(1)
고성 이씨	1(1)	4(1)	4(3)	3(0)
합계	131(81)	131(54)	98(51)	113(46)

괄호 안의 숫자는 재추.

그들은 새 왕조의 조정에서 약간 미약했던 것이다. 반면 7개의 신흥 무반 가문은 가장 주요한 가문이 배출한 모든 관원의 18퍼센트(216명 중 39명)와 재추의 30퍼센트(107명 중 32명)를 차지했다.

'신흥 사대부'로 추정되는 가문은 기존 양반과도 동등하게 비교하기 어렵다. 조선 전기의 가장 주요한 8개 가문(새 왕실은 제외)은 모두 고려의 중요한 양반이었는데, 주요 가문이 배출한 관원의 36퍼센트(216명 중 78명)와 재추의 27퍼센트(107명 중 29명)를 냈다.

8개의 신흥 문반 가문이 조선 전기의 중앙 조정을 수적으로 지배하지는 못했다고 해도, 그들 개인이 그 가문의 숫자와는 어울리지 않게 훨씬 중요한 역할을 했다는 것은 불가능한가? 언뜻 보기에 이런 접근은 유망해 보인다. 새 왕조를 건국하는 데 공로를 세운 보상으로 태조가 책봉한 개국 1등 공신 18명 중 5명은 무신(의령 남씨 출신의 남은南誾을 포함해)이었고 11명은 문신이었다.[14] 이 11명 중 성주 출신의 배극렴裵克廉, 봉화 출신의 정도전, 의령 출신의 남재南在 등 3명은 '신흥 사대부' 가문 출신이었다. 파평 출신의 조준·조박趙璞, 안동 출신의 김사형金士衡, 성주 출신의 이제李濟, 청주 출신의 정탁鄭擢·정총鄭摠 등 6명은 고려 후기의 주요 가문 출신이었다. 한양 출신의 조인옥趙仁沃만이 동북면의 무장 계열의 문신이었다. 마지막으로 남은 공신인 경주 출신의 정희계鄭熙啓의 배경은 확실치 않지만 그가 우왕 비의 친척이었다는 사실은 기존 지배층과 연관되었음을 보여준다.[15] 이처럼 태조의 1등 공신 18명 중 3명(17퍼센트)만이 잠재적인 '신흥 사대부' 가문 출신인데, 그 비율은 모든 주요 가문 출신의 관원과 재추에서 그들이 차지한 비율과 비슷하다. 이것은 '신흥 사대부'가 1392년의 왕조 교체를 이끈 주요한 동력이었다고 주장하는 것을 어렵게 만든다.

최고 가문에 초점을 맞출 경우 새 왕조의 관원에 대한 이해를 왜곡할 가능성이 있는가? 사대부 같은 새로운 세력은 고려의 중앙 조정에 진출하기는 너무 늦었고, 1392~1405년 동안 다음 세대를 대거 관직에 보냈는가? 고려 후기의 긴박한 군사적 상황과 우왕이 필요 이상의 많은 인원을 임명한 사실을 고려하면, 그 질문은 조사할 만한 가치가 있다. 〈표 3.9〉는 1351년 이후 각 왕대마다 중앙 조정에 새로 진출한 가문과 거기서 배출된 관원과 재추의 총수를 보여준다. 우선 그 자료는 고려−조선 교체기에 큰 사회적 이동이 있었음을 보여준다. 각 왕대에 확인된 가문 중 14~20퍼센트는 새로 중앙 조정에 진출했고, 조선 전기 가문의 3분의 1 정도는 1351년에 공민왕이 즉위한 뒤 조정에 처음 나왔다. 그러나 이런 신흥 가문이 배출한 관원과 재추의 비율을 살펴보면, 그들은 조정의 전체적인 사회적 구성이나 권력 배치에 거의 영향을 주지 못했다. 신흥 가문 출신 관원은 6퍼센트 이하이며, 신흥 가문 출신의 재추는 4퍼센트를 넘지 않는다. 더욱이 신흥 가문은 지속적으로 권부에 머무르지도 못했다. 예컨대 공민왕 때 그들 중 25퍼센트(20명 중 5명)만이 조선 전기의 조정에서 계속 나타났다. 1351년 이후 중앙 조정에 처음 등장한 가문 출신으로 조선 전기의 관원(8퍼센트)과 재추(7퍼센트)의 비율이 낮다는 사실은 전체적으로 신흥 가문이 새 왕조가 수립된 직후 동안 중앙 조정에서 아주 적은 역할밖에 하지 못했음을 보여준다.

새로운 사회 세력의 등장이 왕조 교체의 동력이 아니었다면, 고려 후기 지배층의 붕괴라는 전통적 해석의 다른 절반은 어떻게 되는가?

<표 3.9> 고려 후기부터 조선 전기 중앙 조정에 새로 진출한 가문

	고려 후기			조선 전기 (1392~1405)
	공민왕 (1351~1374)	우왕·창왕 (1374~1389)	공양왕 (1389~1392)	
신흥 가문	20개(16퍼센트)	20개(20퍼센트)	13개(14퍼센트)	28개(18퍼센트)
신흥 가문 출신의 관원	25명(4퍼센트)	27명(6퍼센트)	13명(5퍼센트)	32명(4퍼센트)
신흥 가문 출신의 재추	9명(4퍼센트)	4명(3퍼센트)	0명(0퍼센트)	1명(1퍼센트)
조선 전기의 조정에서 위의 가문이 가진 대표성				**조선 전기 전체**
신흥 가문	5개(3퍼센트)	5개(3퍼센트)	8개(5퍼센트)	46개(29퍼센트)
신흥 가문 출신의 관원	6명(1퍼센트)	13명(2퍼센트)	11명(1퍼센트)	62명(8퍼센트)
신흥 가문 출신의 재추	4명(2퍼센트)	5명(3퍼센트)	2명(1퍼센트)	12명(7퍼센트)

괄호 안은 중앙 조정에 진출한 모든 가문 중에서 신흥 가문의 비율과, 모든 관원 중에서 신흥 가문 출신 관원의 비율, 모든 재추 중에서 신흥 가문 출신 재추의 비율을 나타낸다. 표의 아래쪽 전반은 각 시기의 신흥 가문의 활동을 보여준다. '조선 전기 전체' 항목 아래의 숫자는 조선 건국 이후에도 관원을 배출한 고려 후기의 신흥 가문과 조선 전기에 처음 진출한 가문을 모두 포함한 것이다.

충선왕 때 '재상지종'에 선정된 15개 가문 중 5개는 조선 전기의 주요 가문에도 나타나지만, 나머지 10개 가문은 어떻게 되었는가? 그들과 그 밖의 고려 후기 주요 가문은 왕조 교체와 함께 축출되었는가? <표 3.10>은 1392~1405년 동안 38개의 가장 주요한 가문에 포함되지 못한 고려 후기 이후 유력한 관원 가문의 운명을 보여준다.

그 가문은 두 가지 유형인데, 처음 4개 가문은 2장에서 다룬 고려 후기 22개의 주요 가문에 포함되며, 마지막 6개 가문은 수적으로는 적지만 역사적으로 유명한 고려 후기 가문의 일원이다. 첫 번째 유형의 4개 가문 중 3개는, 입지가 약화되기는 했지만, 조선 건국 이후에도 중앙 조정에서 계속 남아 있었다. 그러나 평강 채씨는 중앙 조정에서 완

가문	공민왕 이전	공민왕	우왕·창왕	공양왕	조선
언양 김씨	4(3)	5(2)	1(0)	2(2)	1(0)
경주 최씨	5(1)	4(1)	3(1)	–	2(1)
원주 원씨	6(5)	3(2)	–	–	3(0)
평강 채씨	7(6)	1(1)	–	–	–
행주 기씨	3(1)	5(1)	–	–	–
교하 노씨	2(1)	4(4)	1(1)	–	3(0)
평택 임씨	–	2(1)	5(3)	–	–
한산 이씨	2(1)	1(1)	3(2)	4(1)	3(1)
봉성 염씨	2(2)	2(1)	3(2)	–	–
창원 최씨	5(3)	3(1)	1(1)	–	–

괄호 안은 재추.

전히 사라진 것으로 보인다.[16] 고려 후기의 다른 주요 가문만큼 수적으로 많지는 않았지만, 평강 채씨는 1340년(충혜왕 후1) 순천군順天君에 책봉된 채홍철蔡洪哲과 그의 사생아로 알려졌지만 1354년(공민왕 3) 우정승(정1품)에 오른 채하중蔡河中을 포함해 14세기 전·후반 동안 매우 현달한 인물을 일부 배출했다.[18] 평강 채씨는 채하중이 감옥에서 자살하는 불명예스러운 최후를 맞은 뒤 고려 후기나 조선 전기에는 관원을 배출하지 못한 것으로 알려졌다. 채씨 가문의 몰락은 자손이 적고 정치적 불운에 시달렸으며, 채하중의 불법이 가져온 사회적 오명에서 기인한 결과로 생각된다.

　두 번째 유형의 6개 가문 중 2개는 조선 건국 뒤에도 조정에서 계속 존재를 유지했는데, 교하 노씨와 한산 이씨는 각 3명의 관원을 배출했다. 나머지 4개 가문—새 왕조의 건국 뒤, 또는 좀더 정확히는 1388년(우왕 14) 이성계 일파가 권력을 장악한 뒤 완전히 제거된 것으로 보인다―은 행주 기씨·봉성 염씨·평택 임씨·창원 최씨다. 원의 황후를 배출한 기씨는 전형적인 권문세족으로 가장 자주 인용되는 가문이다. 기씨는 무신란 이전에도 관원을 배출한 고려 조정의 확고한 구성원이 었다.[19] 그들은 공민왕 때 친원 세력이 숙청된 결과 권력을 잃었다. 염제신廉悌臣과 염흥방廉興邦을 배출한 봉성 염씨도 고려 후기의 주요 가문으로 자주 지적된다. 염제신은 14세기 중반 최고 관원이었다.[20] 공민왕 때 급제한 염흥방은 우왕 때 고위 관직에 올랐지만 1388년에 이성계가 권력을 장악한 뒤 임견미와 함께 숙청되었다.[21] 그 가문은 조선 전기에는 관원을 배출하지 못했다. 창원 최씨의 높은 위상은 의심의 여지가 없는데, 그들은 충선왕 때 선정된 15개의 재상지종 중 한 가문이었다. 고려 후기 그 가문의 중요한 관원에는 1268년(원종 9)에 찬성사贊成事(정2품)가 된 최온崔昷과 유명한 무신으로 고려 말엽에 중요한 역할을 한 최영이 포함되어 있다.[22] 물론 최영은 염흥방과 함께 1388년 이성계에 의해 권력에서 축출되었지만, 최씨 가문의 종말은 정치적 불운 때문만은 아니었다. 그들의 몰락과 관련해서 이수건은 "여말 최영의 실각으로 족세族勢는 급격히 쇠미해졌는데, 이는 정치적 이유 외에 고관을 역임한 그 가문 출신 인물이 모두 무자無子였다는 데도 원인이 있었다"고 언급했다.[23]

　기씨·염씨·최씨는 모두 귀족적 모형에 적합하지만, 평택 임씨는 어떤가. 고려 후기의 확고한 지배층이 아닌 임씨는 그 구성원의 무공으로 고려 후기에 등장한 신흥 가문이었다. 그 가문의 가장 두드러진 인물인 임견미를 다룬 『고려사』의 열전에서는 "임견미는 평택平澤 사람이다. 그의 아버지 임언수林彦脩는 임견미의 공로로 갑자기 고귀해

져 평성군平城君에 책봉되었다"고 기록했다.[24] 임언수는 그 가문의 족
보에 시조로 나오는데, 이것은 평택 임씨가 조정에서 이전의 배경이
없다는 사실을 보여주지만 향리 출신은 아니라고 생각된다.

이처럼 고려 후기 주요 가문 중 5개는 조선 건국 이후 중앙 조정에서
축출된 것으로 보인다. 행주 기씨와 평강 채씨는 실제로 공민왕 때 몰
락했지만, 다른 세 가문은 1388년에 이성계 일파가 중앙 조정을 장악
한 뒤 권력을 상실했다. 이성계가 흥기한 결과 3개의 주요 가문만이
제거되었다는 사실은 고려─조선의 왕조 교체가 사회적 혁명을 수반
하지 않았다는 추가적 증거다.

이 5개 가문 중 2개가 결국 중앙에서 스스로 입지를 회복했다는 사
실은 흥미롭다. 평강 채씨는 조선 중기에 중앙 조정으로 계속 진출했
고,[25] 행주 기씨는 16세기 전반에 일정한 명성을 얻었다.[26]

지파의 연합

조선을 건국한 인물들은 대부분 고려의 유력한 양반 가문에 소속되
어 있었지만, 아무튼 그들이 14세기 후반 동안 고려 후기의 지배층과
는 질적으로 다른 새로운 유형의 학자 관료인 '사대부'로 진화했을 가
능성을 자동적으로 배제할 수는 없다. 예컨대 이런 논리적 맥락은 이
장의 앞부분에서 논의한 조준에 관련된 정두희의 언급에 암시되어 있
다. 조선의 건국 세력을 '사대부'로 간주하려면 그들은 문반 출신이고
과거 급제자였다는 두 가지 기본 조건을 충족시켜야만 한다.

문반은 조선 전기의 정규 관직을 계속 지배했지만, 1392~1405년
동안 배출된 207명의 재추(1392~1400년 동안 165명, 1401~1405년 동

안 42명이 나왔다) 중에는 중요한 무반 출신도 있었다. 주요 관원 중 적어도 20퍼센트(42명)는 무반에서 경력을 시작한 사람이었다. 일부는 동북면의 군사 연합 출신이었지만, 놀라울 정도로 많은 사람이 문화 유씨·죽산 박씨·해주 최씨·청주 곽씨·황려 민씨 같은 유력한 중앙 양반 가문 출신이었다.

14세기의 가장 두드러진 가문 중 하나인 문화 유씨는 과거에 급제해 1397년(태조 6)에 정3품 간관이 된 유관柳寬과[27] 과거에 급제해 1400년(정종 2)에 5품의 언관이 된 유사눌柳思訥을 포함해[28] 학자의 경력을 가진 관원을 많이 배출했다. 그러나 그 가문 출신으로 조선 전기의 가장 중요한 인물 중 한 사람이었던 유만수柳曼殊는 무반 출신이었다. 실록에 실린 그의 졸기는 아래와 같다.

유만수는 본관이 문화文化로 우부대언右副代言 유총柳總의 아들이다. 공민왕 때 보마배행수寶馬陪行首가 되고, 1363년(공민왕 12) 장군에 임명되었으며, 여러 번 관직을 옮겨 밀직부사密直副使에 이르렀다. 1377년(우왕 3)에 임금(이성계)을 따라 풍해도豊海道에서 왜구를 쳤다. 1388년에 임금(이성계)을 따라 위화도威化島에 이르렀다가 군사를 돌이키자는 의논에 참여했다. 돌아온 뒤 지문하知門下에 임명되고 회군공신回軍功臣에 책봉되었다. 1390년(공양왕 2)에 문하평리門下評理에 임명되고 1391년에 응양군鷹揚軍 상호군上護軍을 겸임했다. 임금이 왕위에 오르자 그는 원종공신原從功臣에 책봉되고 상의문하부사商議門下府事에 임명되었다.[29]

유만수는 결국 1·2품의 문관에 임명되었지만, 원래 문반 출신이었으며 고위 관직에 오른 것은 적어도 부분적으로 무공의 결과였다는 사실은 분명하다.

죽산 박씨도 문반과 무반 모두에서 두각을 나타냈다. 과거 급제자인 박형朴形은 조선 전기의 지도적 학자 중 한 사람이었는데, 태학사太學士로 은퇴해 1398년(태조 7)에 세상을 떠났다. 그의 아들 박중용朴仲容도 과거에 급제했다.[30] 박형의 사촌 박포朴苞는 1392년 조선이 건국되었을 때 대장군이자 공신으로 처음 역사에 등장한다.[31] 뒤에 박포는 1398년 삼군부의 지휘관을 포함해서 다양한 관직을 거쳤으며,[32] 이방간李芳幹의 난에 가담한 죄목으로 처형되었다.[33]

충선왕 때 선정된 재상지종의 한 가문이었던 해주 최씨는 1392~1400년 동안 간관을 역임한 최호崔虎를 포함해 몇 명의 중앙 관원을 배출했다.[34] 그들 중 가장 핵심적인 인물은 최영지崔永沚였는데, 1392년에 문하시랑찬성사門下侍郎贊成事(종1품)에 임명되었다.[35] 실록에 실린 그의 졸기는 집이 가난해 배우지 못했지만 무장으로 이름을 얻었으며, 일을 처리할 때는 다른 사람에게 문서를 읽게 했는데 한번 듣고 바로 이해해 적절히 처리한 결과 능력 있는 행정 관원이 되었다고 기록했다.[36] 청주 곽씨도 문반과 무반을 모두 배출했다. 곽추는 급제해 정당문학政堂文學(정2품)에 올랐지만 1399년(정종 1)에 유배되었다.[38] 무반에서는 악명 높은 곽충보郭忠輔와 그의 아들 곽승우郭承祐가 있었다. 실록은 다음과 같이 기록했다.

전 상의중추원사商議中樞院事 곽충보를 청주淸州에 귀양 보냈다. 곽충보는 아들 곽승우와 함께 사사로운 감정 때문에 전 소감少監 황문黃文과 그 아내, 그리고 학생 김환金桓 등을 잡아다가 묶어 놓고 거의 죽을 정도로 때리고 인분人糞을 입과 볼에 바르기까지 했다. 형조에서 상소했다. "곽충보는 자질이 본래 용렬하고 비루한데, 오직 무재武才에 힘입어 재상에 이르렀습니다. 진실로 근신해 성상의 은혜에 보답해야 마땅하지만, 그러지 않고 불초한 자식과 함께 사사로운 분풀이를 했습니다. 곽충보 부자의 직첩을 회수하고 법률에 따라 엄격히 징계하소서." 국왕은 곽충보가 무공武功을 세웠다는 이유로 청주로 귀양 보내고, 곽승우를 별장別將에서 파직했다.[39]

하륜河崙을 배출한 진주 하씨에는 장군 하승해河承海도 포함되어 있다.[40] 민지閔漬와 민여익閔汝翼을 배출한 황려 민씨에는 대장군 민무구閔無咎도 들어 있다.[41] 앞서 '신흥 사대부' 가문에 포함될 수 있다고 판단했던 의령 남씨는 강한 무반적 지향을 가졌는데, 남은[42]과 남지南智는 무반과 관련이 있었다.

이런 사례들로 볼 때 조선 전기의 중앙 양반 가문은 기존 가문과 신흥 가문 모두 문반과 무반을 포함하고 있었다는 것은 분명하다. 문반이 구조적 우위를 차지했고 조선 전기 재추의 절대 다수는 문반 출신이었지만, 조선을 건국한 세력을 단순히 '사대부'라고 특징짓는 것은 오해의 소지가 있다.

등용 제도

과거제도는 고려보다 조선왕조에서 관원 등용의 더욱 주요한 수단이었다. 그 중요성은 왕조 내내 의정부 1품 관원의 90퍼센트 이상이 과거 급제자였다는 한 연구에서 알 수 있다.[44] 그러나 그렇다고 해서 조선 건국자의 90퍼센트가 급제자는 아니었다.

전체적으로 조정에서 과거 급제의 중요성을 자신 있게 증명할 수 있는 수많은 중·하위 관원에 관련된 전기 자료는 충분치 않다. 그러나 고위 관원, 특히 재추급에 관련된 정보는 상대적으로 풍부하다. 재추는 새 왕조의 집권층을 형성했기 때문에 그들 중에서 과거 급제자의 비율을 파악하는 것은 모든 관원 중에서 급제자의 비율을 조사하는 것보다 과거제도가 산출한 정치적 중요성을 파악하는 데 좀더 효과적이다.

필자는 실록과 고려 후기 방목의 전기 정보를 이용해 1392~1405년 동안 배출된 207명의 재추 중에서 91명의 입사 경로를 알아냈다. 그들 중 9명은 음서 수혜자였고 82명은 급제자였다. 이처럼 입사 경로를 확인할 수 있는 조선 전기의 재추 중 90퍼센트는 과거 급제자였다.

그러나 이런 수치는 오해의 소지가 있다. 조선 전기 재추에 관련된 사항은 고려왕조 마지막 30년의 방목에서 더 잘 찾을 수 있는데, 그것은—그 이전의 방목과는 달리—완벽해 보인다. 과거 급제의 전형적 나이를 25세로 가정하면, 조선이 건국되었을 때 55세이거나 그보다 어린 사람은 1362년이나 그 뒤 과거에 합격해 방목에 기재되었다고 볼 수 있다. 조선 전기의 재추 중 40퍼센트(207명 중 82명)만이 과거에 급제했다는 사실은 급제자가 조선 전기 재추의 절반이 안 되었음을 알려준다. 이런 비율은 재추의 60퍼센트 정도가 급제자였고 가장 주요한 가문 출신의 44퍼센트가 급제자였던 고려 조정과는 비슷하지만, 조선왕조 전체와 비교해 훨씬 낮은 것이다.

과거에 급제한 조선 전기 관원의 다수는 과거에 응시했을 때 이미 관직 생활을 하고 있었다. 예컨대 청주 출신의 한상경韓尙敬은 1382년 (우왕8) 과거에 응시했을 때 사섬서司贍署의 7품 관원이었고 공암 출신의 허해許晐는 같은 해 과거에 응시했을 때 7품의 의영고義盈庫 직장直長이었다.[45] 다수는 급제했을 때 무반직을 갖고 있었다. 그런 사례에는 공암 출신의 허시許時로 1362년(공민왕 11)에 급제했을 때 별장(정7품)이었고,[46] 1382년에 급제한 초계 출신의 정준鄭崚도 그랬다.[47] 평양 출신의 조박과 경주 출신의 이당李堂은 1382년 이전에 별장別將이었고, 한산 출신의 이종선李種善은 낭장郎將(정6품)이었으며, 남양 출신의 홍상빈洪尙賓은 산원散員(정8품)이었다.[48] 특히 기존 문반 가문의 자제들은 아주 어린 나이에 음직을 처음 받는 것이 관행이었기 때문에 이런 사람들이 모두 주요 가문 출신으로 무공을 통해 처음 입사했다고 생각되지는 않는다. 고려 시대 음서 제도에 관련된 박용운의 연구는 음서가 고려 후기에 자주 널리 사용되었을 뿐만 아니라 음서로 처음 주어지는 관직도 시간이 흐르면서 변화했다는 사실을 보여주었다. 고려 전기에 음서는 대부분 서리직에 국한되었지만, 후기에는 무반 하위직이 많았다.[49] 그러므로 조선 전기 재추에서는 9명밖에 음서 수혜자를 확인할 수 없었지만, 조선 전기 1·2품 관원의 다수는 사실상 음서를 거쳐 처음 관직을 얻은 것이 확실해 보인다. 이처럼 음서에 크게 의존한 것은 고려와 조선 전기 사이에 커다란 연속성이 존재한다는 또 다른 증거다.

요컨대 문반이 지배한 고려 조정의 구조는 조선이 건국된 뒤에도 기본적으로 바뀌지 않고 유지되었으며, 새로운 지배 가문이 무반에서 기원했어도 문반 관서는 중요한 정치적 역할을 계속 수행했다. 조선 전기 조정의 사회적 구성은 1392년 이후 주요 가문이 조정의 상층부에 영향력을 크게 강화한 것을 빼면 고려의 그것과 비슷했다. 조선 전기의 가장 주요한 가문은 대부분 고려의 양반 가문에서 기원했으며, 안동 권씨·황려 민씨·파평 윤씨·문화 유씨 같은 고려의 주요 가문은 새 왕조에서 가장 주요한 가문이었다. '신흥 사대부'라는 틀에 맞을 수 있는 일부 신흥 가문이 조선 전기 주요 가문 중에 보이지만, 그들은 기존의 관원 가문보다 영향력이 적었으며, 14세기 중반 이후 중앙 관원층에 처음 등장한 가문은 1392~1405년 동안 확인된 모든 관원과 재추의 10퍼센트 이하였다. 고려 후기의 주요 가문 중 소수만이 1392년 조선 건국 이후 중앙 조정에서 축출되었다. 조선 전기 재추의 압도적 다수는 문반 출신이었지만, 무반들도 중요한 역할을 했다. 조선 전기 관원이 입사한 수단은 고려 시대와 거의 비슷했다.

조선 전기 중앙 관원층에 대한 조사는 고려에서 조선으로 왕조가 교체되는 동안 사회적 혁명이 전혀 없었다는 사실을 분명히 보여준다. 반대로 왕조 교체의 가장 주목할 만한 사회적 측면은, 구조와 구성 모두에서, 중앙 관원의 연속성이었다.

양반 가문의 내부 구조

　　조선 전기 관원에 대한 앞서의 분석은 주로 가문의 본관에 기초한 것이었다. 그 뒤 조선의 가문은 많은 지파를 가진 복잡한 독립체였는데, 탁월한 사회적·정치적 배경을 가진 일부와 그 밖의 한미하고 특별하지 않은 수많은 계파가 섞여 있었다. 고려 후기부터 조선 전기의 가문은 그 뒤의 가문과 다르게 조직되었고 완전히 이어지지는 않았지만, 상위 가문 출신으로 파악할 수 있는 인물 중 다수는 서로 멀리만 연관되었으며, 대부분은 아니더라도 일부는 늦게 중앙 조정에 등장한 가문 지파 출신이었을 가능성이 크다.[50]

　　한국 가문의 족보 중 압도적 다수는 그들이 15～16세기에 처음 분화되기 시작했음을 보여주지만, 문화 유씨 같은 일부 가문은 고려 후기에 나뉘었다.[51] 안동 권씨·경주 김씨·경주 최씨처럼 정치적으로 두드러진 가문에서 보았듯이, 일반적으로 고려의 가문은 수도에 자리 잡은 중앙 관원 계열과 지방을 거점으로 삼은 향리 지파로 나뉘었다. 조선 전기 주요 가문 출신의 다수는 향리 출신이었다는 최근의 결론은 가문만을 분석해 제시한 연속성에 심각한 의문을 제기한다.

조선 전기 주요 가문의 세계

　　38개의 가장 주요한 가문의 개별적 세계世系에 관련된 검토는 길고 지루하며, 어쩌면 필요치 않을 수도 있다. 왕실을 제외하고 〈표 3.7〉에 나열된 첫 10개 가문은 공민왕 이전부터 1392년에 왕조가 멸망하기까지 고려 후기에 중앙 관원을 배출한 결과 〈표 3.8〉에도 나온다. 결정적인 질문은 이 10개 가문 출신의 조선 전기 관원은 고려 후기 주요 관원의 직계 후손인가, 아니면 좀더 넓은 친족 집단인 본관 성씨의 다른 지파 출신인가 하는 것이다. 이런 10개 가문은 황려 민씨·안동 권씨·파평 윤씨·문화 유씨·안동 김씨·전주 최씨·죽산 박씨·경주 이씨·평양 조씨·청주 한씨다.

― 황려 민씨

황려 민씨는 고려―조선 교체기에 가장 강력한 양반 가문 중 하나였다. 〈표 3.7〉은 그 가문이 조선 전기에 재추 7명을 포함해 12명의 중앙 관원을 배출했음을 보여준다. 황려 민씨의 족보는 조선 전기 민씨의 세계를 보여준다. 모두 고려 전기 찬성사(정2품) 민영모閔令謨(1112~1193)로 거슬러 올라가지만[52] 조선 전기 구성원은 2개의 주요 지파에 소속되었다. 자주 중국에 다녀왔고 원의 한림원에서 관직을 받기도 한 민지(1248~1326)는 고려 조정에서 최고의 관직인 정승(정1품)까지 올랐다.[53] 민상정閔祥正은 찬성사(정2품)를 지냈고 1352년(공민왕 1)에 사망했다.[54] 민종유閔宗儒(1245~1324)도 찬성사(정2품)에 올랐고, 그 아들 민적閔頔(1269~1335)은 밀직사密直司에서 종2품 관직을 지냈으며, 민사평閔思平(1295~1359)은 공민왕 때 중서문하시랑평장사(정2품)에 올랐다.[55]

고려 후기 민씨 가문의 후손들은 조선 전기에도 고위 관직을 계속 역임했다. 1397년(태조 6) 의정부 정승에 오른[56] 민여익閔汝翼은 개국 공신이었다.[57] 민제閔霽는 1400년에 판의정부사(정1품)가 되었고, 민

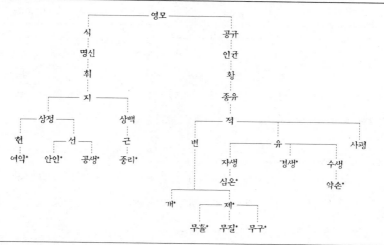

* 조선시대의 관원
전거 :「여흥 민씨 세보」,「고려사」열전, 묘지명, 다른 가문의 족보 등을 참조해 수정했음.

무구와 민무질閔無疾은 태종이 책봉한 좌명공신이었다.[59] 황려 민씨
는 조선 건국 이후 기존의 고려 양반 가문이 최고 관직을 차지한 대표
적 사례다.

- 안동 권씨

고려 후기에서 조선 전기의 최고 가문 중 하나인 안동 권씨는 조선
건국부터 1405년(태종 5) 12월까지 재추 5명을 포함해 12명의 관원이
실록에 기록되었다. 안동 권씨의 족보에 따르면 조선 전기의 구성원
은 두 지파에 소속되었다. A지파는 12세기 후반에서 13세기 초반 향
리의 9대손인 권중시權仲時에서 뻗어 나왔고, B지파는 권중시의 손자

안동 권씨 세계도

A 지파	B 지파

```
                        ─── 중시 ───
                   수평              수홍
                    │                │
                    위              자여
                    │                │
                    단                적
                    │                │
  재(왕후) ─── 부 ─── 겸            한공
         ┌──┴──┐        │
         호     준     중화*
         │      │
        희*    염
    ┌──┬─┴─┬──┐   ┌──┬──┬──┬──┐
   근* 화* 충* 우* 용 균* 호  수
                   │       ┌─┴─┐
                  정주    홍* 담* 보* 훈*
                   │
                  희달*
```

B 지파
```
 ?
 │
 ?
 │
양준
 │
 정
 │
 혁
 │
용일
 │
최정
 │
 잔*
```

* 조선시대의 관원
전거 : 『안동 권씨 성화보』.

와 같은 시기의 향리였던 권양준權良俊에서 발원했다. 조선 전기 인물 12명 중 11명은 권중시 계열이었고, 그 직계 조상에 권단(1311년 사망. 정2품 찬성사)과 권부(1262~1346. 정1품 영도첨절제사領都僉節制使)처럼 고려 후기의 유명한 관원이 있었다.[60] 그 지파는 무신란 이후 중앙 조정에 처음 등장했다는 측면에서 권중시의 후손은 '신흥 사대부'의 좋은 사례가 된다고 주장할 수도 있다. 안동 권씨의 높아진 위상을 대표하는 인물로는 권부의 아들로 충선왕의 총애를 받아 부마가 되어 왕실의 성인 왕씨를 하사받은 왕후王煦(1296~1349. 원래 이름은 권재權載)이며, 권겸權謙은 원 황실의 공주와 결혼하고 기철奇轍과 연합해 공민왕의 반원 개혁에 반대했다.[61] 이 지파에 소속된 11명의 조선 전기 관원은 고려 후기 주요한 중앙 양반 가문의 후손이라는 것은 분명하다.

그렇다면 다른 지파 출신인 조선 전기의 권진權軫은 어떤가? 그의 선조는 『고려사』에 보이지 않는데, 선대가 그리 현달하지 않았음을 알려준다. 이것은 족보에서 증명되는데, 권진의 아버지 권희정權稀正은 종6품의 간관이었고 권용일權用一은 관직이나 작위가 없었으며, 권혁權奕은 급제자였고 권정權精과 권양준은 향리로 기록되어 있다. 이것은 권진이 최근 향리에서 기원한 '신흥 사대부'의 기준에 적합함을 보여준다.

권진은 조선의 건국과 초기의 안정에 자신의 동족보다 좀더 중요한 역할을 했는가? 그는 조선의 첫 세 왕대 동안 재추에 오르지 못했으며, 그때 선정된 공신에도 책봉되지 못했다. 반면 권중시 계열의 5명은 재추에 올랐는데, 권중화權仲和는 1394년(태조 3)에 영삼사사領三司事(정2품)였고[62] 권화權和는 1396년에 삼사의 종2품 관원이었으며,[63] 권근은 중요한 학자이자 1399년(정종 1) 정당문학(정2품)에 올랐고,[64] 권홍權弘은 1404년에 승추부承樞府의 2품 관원이었으며,[65] 권희權僖는 1400년에 판삼사사(종1품)로 은퇴했다.[66] 중앙 관원 지파에서는 권양준 계열이 훨씬 인원도 많았고 중요성도 컸다.

– 파평 윤씨

조선 전기에 파평 윤씨는 1품 관원 2명을 포함해 9명의 관원을 배출했다. 그 족보에 따르면 조선 전기 파평 윤씨 출신의 주요 인물은 모두 고려 전기의 유명한 관원인 윤관의 직계 후손이자 문하시중으로 은퇴한 윤보尹輔(1329년 사망)의 후손이다. 윤관 이후 그의 조상들은 그의 아버지 윤복원尹復元을 빼고는 모두 『고려사』에서 찾을 수 있지만, 윤

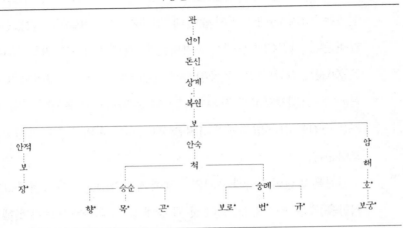

* 조선시대의 관원
전거 : 『파평 윤씨 세보』, 『고려사』 열전과 묘지명을 토대로 수정 · 보충했음.

복원도 이색의 『목은집』에는 정9품의 녹사를 지낸 것으로 기록되어 있다.[67] 고려 후기의 또 다른 저명한 인물은 1349년(충정왕 1)에 찬성사를 역임한 윤안숙尹安淑과[68] 1363년(공민왕 12)에 3품 관원을 지낸 윤해尹侅다.[69]

고려의 이런 주요 양반 가문은 조선 건국에 핵심적인 역할을 수행했다. 1392년에 사망한 윤승순尹承順은 1389년(공양왕 1)에 창왕이 공양왕에게 양위하는 데 주역을 맡았으며,[70] 판삼사사 윤호尹虎는 개국 공신이었다.[71] 조선 전기 파평 윤씨 출신은 대부분 문반이었지만, 대장군(종3품) 윤곤尹坤과[72] 장군(정4품) 윤보로尹普老처럼[73] 중요한 무신도 있었다. 파평 윤씨는 고려 전기 이후 중앙 관원을 계속 배출해온 조선 전기 주요 가문의 하나였다.

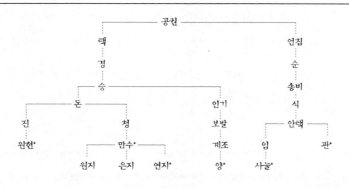

* 조선시대의 관원
전거 : Kawashima, "Clan Structure and Political Power in Yi Dynasty Korea," 23~27쪽.

- 문화 유씨

고려 후기의 또 다른 주요 가문인 문화 유씨는 조선 전기에 재추 4명을 포함해 8명의 관원을 배출했다. 그 족보에 따르면 조선 전기 관원은 2개의 주요한 지파에 소속되었다. 그러나 황려 민씨처럼, 두 지파의 시조는 12세기의 유명한 신하이자 서예가인 유공권柳公權의 직계 후손이었다. 유경柳璥은 13세기의 주요한 신하로 최씨 정권을 전복시킨 주동자 중 한 사람이었다. 유승柳陞과 유돈柳墩도 14세기 전반 재추에 올랐다.[74] 족보에 따르면 유순柳淳과 그의 직계 후손은 모두 중앙 관직을 가진 것으로 되어 있지만, 『태조실록』에 유관이 등장하기 전까지는 그 지파의 어떤 인물도 왕조 기록에서 찾을 수 없다.[75] 이것은 유순의 지파가 유경보다 현달하지 못했음을 알려주지만, 유관과 유사

179

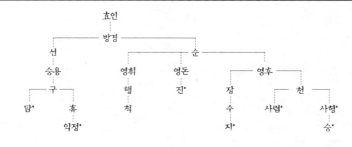

* 조선시대의 관원
전거 : 박용운, 『고려시대 음서제와 과거제 연구』, 81~81쪽을 재구성, 『안동김씨 대동보』, 『고려사』 열전, 묘지
명을 토대로 보충했음

눌이 '신흥 사대부'였다는 의미는 아니다. 그들의 선조는 향리가 아니
라 주요한 중앙 양반 가문 중에서 비중이 조금 낮은 지파였다.

문화 유씨에서는 조선 전기에 1393년(태조 2) 문하시랑 찬성사(종1
품)를 지낸 유만수,[76] 1393년에 중추원의 종2품 관원을 지낸 유원지柳
原之,[77] 1397년(태조 6)에 상의중추원사商議中樞院事(종2품)를 지낸 유량
柳亮,[78] 1398년에 종2품 관원이 된 유관[79] 등 4명의 재추가 나왔다. 유
량은 태종 때 좌명공신에도 책봉되었다.[80]

– 안동 김씨

조선 중·후기까지도 가장 유명한 양반 가문의 하나로 계속 지위를
유지한 안동 김씨는 조선 전기 중앙 조정에 재추 4명을 포함해 8명의
관원을 배출했다. 그 8명을 모두 배출한 지파는 고려 중기 병부상서
김효인金孝印에서 시작되었다. 그들의 족보에 따르면 조선 전기의 안
동 김씨 출신은 모두 유명한 문신이자 무신인 김방경金方慶의 아들 김

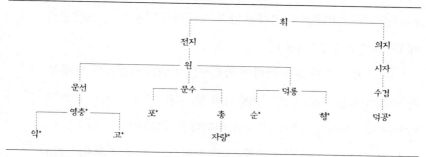

선金愃이나 김순金恂의 후손이었다. 김승용金承用은 1328년(충숙왕 15)에 중추원의 재추가 되었고,[81] 김순의 세 아들—김영후金永煦 · 김영돈金永敦 · 김영휘金永暉—은 모두 1340년대에 문하시중이 되었다.[82] 안동 김씨의 이 지파는 고려 후기 가장 주요한 양반 가문의 하나였다.

안동 김씨는 조선 전기에도 두드러졌다. 김진金縝은 1393년에 늦은 나이로 상락군上洛君에 책봉되었고[83] 찬성사 김사렴金士廉은 개국공신이었으며,[84] 김승金陞은 1398년 재추에 올랐고 김사형은 1401년 문하시중에 제수되었다.[86] 안동 김씨는 왕조 교체에도 전혀 위상을 잃지 않았다.

— 죽산 박씨

죽산 박씨는 고려 후기에 2개의 주요한 양반 지파를 배출했다. 하나는 12세기 전반에 처음 등장해 무신 집권기 동안 번창했는데 박영후朴永侯에서 시작되어 박인석朴仁碩 · 박문성朴文成 · 박소 · 박홍 같은 유명

인물을 배출했으며 14세기 전반에 쇠퇴했다.[87] 박휘朴暉부터 내려오
는 다른 지파는 비슷한 시기에 중앙 조정에 처음 진출했고, 조선 전기
에 관원 8명과 재추 3명을 배출했다.

이 지파에 관련된 죽산 박씨의 족보에는 박휘가 박영후의 직계 후
손으로 되어 있지만, 따르기 어렵다고 생각된다. 『고려사』에 따르면
박휘는 1274년(원종 15)에 3품 관원이었다.[88] 그의 아들 박전지朴全之
는 1321년(충숙왕 8)에 찬성사(정2품)로 은퇴했고,[89] 그의 손자 박원朴
遠은 1327년(충숙왕 14) 재추와 공신에 책봉되었으며,[90] 증손자 박덕
룡朴德龍은 공민왕 때 중간 품계의 대간이었다.[91] 죽산 박씨의 이 지파
가 처음에 어떻게 기원했든지, 13세기 후반 그 구성원들은 고려 후기
의 주요 양반 가문으로 확고히 자리 잡았다.

죽산 박씨 출신은 14세기 후반부터 15세기 초반에도 두각을 나타
냈다. 박원의 손자로 정3품 관원을 지낸 박총朴叢은 1388년에 이성계
가 권력을 장악하는 데 협력해 공신으로 책봉되었지만 1390년(공양왕
2)에 사망했기 때문에 조선 전기 조정에서는 나타나지 않는다.[92] 그러
나 박휘 계열의 8명은 조선 전기에 관직을 가졌는데, 1393년에 중추
원의 2품 관원이 된 박영충朴永忠,[93] 1398년에 종2품 관원으로 은퇴한
박형,[94] 1398년 재추에 오른 박포 등이 포함되었다. 박총이 이성계를
도왔다는 사실은 죽산 박씨가 새 체제의 적극적인 후원자였음을 알려
준다.

경주 이씨 세계도

A 지파	B 지파

```
A 지파                              B 지파
                        ┌──────── 핵 ────────┐
숙진                   진                      세기
예                   제현                       천
손보          ┌──────┴──────┐        ┌────────┴────────┐
길상        창로         달존       달충              경종
존오        본*          학림    ┌───┼───┐            육
내*                       담    송   존*  수*     ┌────┴────┐
                              성상*            정견*      종보*
```

* 조선시대의 관원

전거 : 『경주 이씨 세보』, 『고려사』 열전, 묘지명, 문집을 토대로 확정 · 보충했음.

— 경주 이씨

고려 후기의 유력한 양반 가문의 하나인 경주 이씨도 조선 전기에 재추 1명을 포함해 8명의 관원을 배출했다. 그들은 두 지파에서 비롯되었는데, 모두 13세기 후반 왕조 역사에 나온다. 『고려사』에 처음 등장하는 A지파의 인물은 이숙진李淑眞으로 1270년에 문하성의 종4품 관원을 지냈다.[96] 그의 아들 이예李芮는 충혜왕忠惠王(재위 1330~1332, 복위 1339~1344) 때 원의 문하성에서 근무했으며 조익청曺益淸 · 기철과 함께 고려를 원의 번국藩國으로 만드는 데 앞장섰다.[97] 이손보李孫寶는 14세기 전반 중급의 대간이었고,[98] 이존오李存吾는 공민왕 때 중급 관원으로 근무했다.[99] B지파의 시조인 이핵李核은 왕조 역사에는 나오지 않지만, 이색[100]은 그가 2품 관직을 지냈다고 말했다.[101] 역사에 처음 등장하는 이 지파의 인물인 이진李瑱(1244~1321)은 충숙왕忠肅王(재위 1313~1330, 복위 1332~1339) 때 중서문하시랑평장사(정2품)

을 포함해 여러 고위 관직을 거쳤으며,[102] 그의 아들로 저명한 학자이 자 관원인 이제현은 충선왕의 깊은 신임을 받았고 원에서 여러 해를 보냈다. 이정李頲은 1345년(충목왕 1) 참리에 임명되었고,[103] 이달충李 達衷(1385년 사망)은 공민왕 때 중급 관원이었다.[104]

조선이 개창되었을 때 경주 이씨는 재추로 종2품의 대제학인 남재 밖에 없었는데[105], 그는 태종 때 좌명공신으로 책봉되었다.[106] 그러나 이씨는 중요한 중간 품계의 대간을 여럿 배출했는데, 이수李壽(1393 년)[107] · 이정견李廷堅(1396년)[108] · 이승상李昇商(1399년)[109] 등이었다. 일부 역사학자들은 이제현이 전형적인 '신흥 사대부'였다고 주장한 바 있다. 그러나 원 조정 및 고려 왕실과 밀접한 관계를 맺었고 고려 후 기에 다수의 관원을 배출한 이 가문이 고려 후기의 유력한 양반 가문 과 어떻게 다른지 이해하기 어렵다. 경주 이씨는 고려 시대를 거치면 서 향리 출신의 가문이 신흥 양반 가문으로 전환한 대표적 사례로 생 각된다. 그 구성원은 조선이 건국된 뒤에도 상당한 권력과 권위를 계 속 누렸다.

– 평양 조씨

평양 조씨는 조선 전기에 5명의 재추를 포함해 7명의 관원을 배출 했다. 조선 전기에 평양 조씨 출신 관원은 모두 조인규의 후손이었는 데, 그는—널리 알려졌듯이—13세기 후반 원 간섭기에 명성과 권력 을 얻었다. 조인규 이전 이 가문의 역사는 분명치 않고 적어도 한 학자 는 조인규가 평민 출신이었다고 믿지만, 14세기 전반 그들은 고려 중 앙 양반층의 확고한 일원이었다는 것은 의심의 여지가 없다.[110]

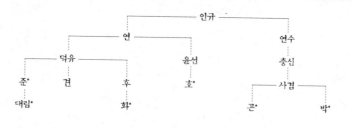

* 조선시대의 관원
전거 : 『평양 조씨 세보』, 『고려사』 열전과 묘지명을 토대로 수정·보충했음.

조연趙璉은 1344년(충혜왕 5)에 정3품 관원이 되었고[111] 조연수趙延壽는 정3품의 중서문하시랑평장사가 되었다가 14세기 전반에 유배되었으며,[112] 조충신趙忠臣은 1354년(공민왕 3)에 상원군에 책봉되었고,[113] 조사겸趙思謙은 1376년(우왕 2)에 정3품의 판사判事에 임명되었으며,[114] 조덕유趙德裕도 정3품 관직에 올랐다.[115] 평양 조씨는 조인규 때부터 왕조가 멸망할 때까지 고려의 주요한 양반 가문이었다.

평양 조씨가 조선 전기에 중요한 역할을 했다는 것은 의심의 여지가 없다. 조준은 과전법 개혁의 설계자로 유명하고, 그와 조박·조견趙狷은 개국공신이었다.[116] 조준은 1392~1400년 동안 문하시중이었고, 조박은 1398년에 정2품의 의정부 관원이 되었으며,[117] 조화趙禾는 1398년에 2품의 중추원 학사學士였다.[118] 파평 윤씨처럼 조씨는 정4품의 장군 조곤趙琨이라는 무반이 있었다.[119] 평양 조씨의 영향은 조선 전기에 적지 않은 인원을 근거로 추정할 수 있는 것보다 훨씬 컸다.

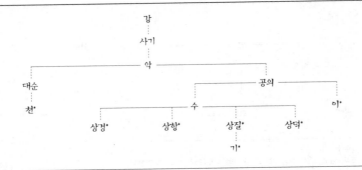

* 조선시대의 관원
전거 : 「청주 한씨 세보」, 「고려사」 열전과 묘지명을 토대로 수정·보충했음.

─청주 한씨

15세기에 가장 중요한 양반 가문의 하나로 성장한 청주 한씨는 1392~1400년 동안 4명의 1·2품 관원을 포함해 7명의 관원을 배출했다. 청주 한씨 출신으로 처음 역사에 등장한 인물은 한강韓康(1303년 사망)인데, 정2품의 중서문하시랑평장사까지 오른 뒤 은퇴했다.[120] 고려 후기에 두드러진 다른 인물로는 1330년(충숙왕 17)에 시중이 된 한악韓渥,[121] 14세기 중반 찬성사였던 한대순韓大淳,[122] 예부판서로 근무하다가 경력 말미에 청성군淸城君에 책봉된 한수韓脩 등이 포함되어 있다.[124] 청주 한씨의 이 지파는 고려 후기에 완전히 발달한 양반 가문의 일원이었다.

─전주 최씨

전주 최씨는 조선 전기에 1명의 재추를 포함해 7명의 관원을 배출

A지파	B지파
균	순작
보순	숭
윤칭	남부
서	전
비일	정신
성지	득평
문도	재
사겸	유경
을의	사의*　사당*　사의*　사규*
선*　광*	

* 조선시대의 관원
전거 : 『고려사』 열전, 문집, 묘지명의 정보를 토대로 구성했음.

했다. 이들은 전주 최씨의 족보에서 자세히 보이듯이 두 지파에서 왔다. 전주 최씨는 무반과 문반을 모두 포함하는 고려 후기 양반 가문의 흥미로운 사례를 제공한다. A지파는 인종 때 급제해 중간 관원까지 승진했고 무신란 직후 일어난 조위총趙位寵의 난을 진압하는 데 중요한 역할을 한 최균崔均의 후손이다. 그의 아들 최보순崔甫淳 또한 과거에 급제해 13세기 중반 정2품의 찬성사에 임명되었으며, 손자 최윤칭崔允偁은 하위 관원을 지냈다.[130] 『고려사』에는 최윤칭의 후손에 관련된 사항은 나와 있지 않다. 『고려사』 「최성지崔誠之 열전」에는 그가 14세기 전반의 유명한 재추로 최보순의 4대손이고 아버지는 최비일崔毗—이라는 것만 언급했다.[131] 박용운은 방목과 문집을 이용해서 최비

187

일의 아버지는 최서崔瑞로 중간 품계의 문관이었다는 사실을 밝혀냈다. 『익재난고益齋亂藁』에 실려 있는 이제현이 쓴 묘지명에서는 최서를 이 최윤칭의 아들로 기록했다.[132] 그 뒤 이 지파 출신으로 고려의 유명한 신하에는 최성지의 아들로 1345년(충목왕 1)에 시중을 지낸 최문도崔文度가 있으며,[133] 최문도의 손자 최을의崔乙儀는 1385년에 문하성의 정2품 관원을 지냈다.[134] 최을의의 아들 최선崔詵과 최굉崔宏은 조선 전기에 중간 관원을 지냈다.[135]

전주 최씨의 B지파는 『만성대동보萬姓大同譜』에 무반 계열로 나타나지만, 최득평崔得枰이 1314년(충숙왕 1) 중간 품계의 문반으로 나타나기 전까지 전주 최씨의 족보에서는 아무도 찾을 수 없다.[136] 그러나 최득평을 포함한 모든 사람은 이색의 『목은집』에 실린 묘지명에 열거되어 있다. 이 묘지명은 최순작崔純爵부터 최정신崔正臣에 이르는 모든 사람이 중·상위 무반직을 지냈으며, 최득평은 선부選部 전서典書를 겸임한 대장군이었음을 보여준다.[137] 최득평의 아들 최재崔梓는 충숙왕 때 과거에 급제했으며 여러 중급 문반직을 거쳐 14세기 후반 우왕으로부터 완산군完山君에 책봉되었다.[138] 최재의 아들 최유경崔有慶은 여러 재추직을 겸임하면서 태종이 군권을 장악하는 데 중요한 도움을 주었다.[139] 이런 공로의 결과로 추측되는데, 최유경의 네 아들은 모두 조선 전기에 문반직을 지냈다.

전주 최씨의 A지파는 고려 전기부터 조선 전기까지 중앙 관원이 끊이지 않았지만, B지파에서는 고려 후기에 무반에서 문반으로 전환한 사례도 나타난다.

조선 전기의 가장 주요한 10개 가문의 가계에 대한 이런 검토는 새 왕조에서 활동한 이 가문들 출신 86명 중 1명만을 제외하고 모든 사람이 고려 후기 중요한 양반의 직계 후손이었음을 보여준다. 이 가문의 조선 전기 구성원은 전형적으로 고려 시대에 중요한 한 관원의 후손이었으며, 안동 권씨·경주 이씨·전주 최씨에만 가깝게 연관되지 않은 두 지파가 있었다. 모두 1351년에 공민왕이 즉위하기 훨씬 이전부터 중앙 조정에서 확고한 위치를 차지했고, 적어도 네 가문—황려 민씨·파평 윤씨·전주 최씨·문화 유씨—은 무신란 이전부터 지속적으로 관직에 나아간 조상이 있었다는 특징을 가졌다. 조선왕조가 시작될 무렵 가장 주요한 가문이 고려의 주요 양반 가문에서 기원했다는 사실은 매우 분명하다.

주요 가문의 혼인 관계

중앙 관원의 이런 세습적 계보가 가진 배타적 본질은 그들의 혼인 유형에서 좀더 잘 증명된다. 안산 김씨·경원 이씨·정안 임씨 같은 가문에서 보이듯이 고려왕조 전체에 걸쳐 왕실과의 통혼은 권력과 권위를 실제적으로 보장했다. 조선 전기 상위 10개 가문 중 6개는 13세기 후반부터 14세기 동안 고려 왕실과 혼인 관계를 맺었다. 경주 이씨와 평양 조씨는 각 3회씩 고려 왕실과 혼인했으며, 파평 윤씨와 안동 권씨는 각 2회, 죽산 박씨와 전주 최씨는 각 1회였다. 더욱이 안동 출신의 권겸은 딸을 원 황실에 시집보내기도 했으며,[140] 평양 조씨는 딸을 원의 고위 관원과 혼인시켰다.[141]

고려 전기의 주요한 중앙 관원 가문이 사회와 정치의 상위에서 자신들의 위치를 안전하게 해줄 수 있는 동맹을 구축하는 데 혼인을 이

<표 3.11> 13세기 후반—14세기 상위 10개 가문의 혼인 관계

	문화 유씨	파평 윤씨	평양 조씨	안동 권씨	경주 이씨	황려 민씨	청주 한씨	전주 최씨	안동 김씨	죽산 박씨
문화 유씨	–	2	2	4	4	5	1	0	2	2
파평 윤씨	1	–	3	1	3	5	5	1	0	1
평양 조씨	2	3	–	1	3	1	2	1	2	3
안동 권씨	4	1	1	1	5	2	1	1	3	1
경주 이씨	4	3	3	5	–	2	4	2	3	2
황려 민씨	5	5	1	2	2	–	2	3	3	2
청주 한씨	1	5	2	1	4	2	–	2	2	1
전주 최씨	0	1	1	1	2	3	2	–	2	1
안동 김씨	2	0	2	3	3	3	2	2	–	2
죽산 박씨	2	1	3	1	2	2	1	1	2	–
	21	21	18	20	28	25	20	13	19	15

전거 : 족보와 묘지명.

용한 사실은 앞서 보았다. 그렇다면 조선 전기의 상위 10개 가문은 서로 그리고 고려 후기의 주요 중앙 관원 가문과 어떤 종류의 혼인 관계를 맺었는가? 〈표 3.11〉은 13세기 후반부터 14세기에 이 10개 가문이 서로 맺은 혼인 횟수를 보여준다. 이런 양반 가문은 때로 5회에 이를 정도로 긴밀히 서로 혼인했음을 알 수 있다. 이것은 고려 전기에 경원 이씨와 다른 주요 가문이 보여준 교혼의 유형과 비슷하며, 왕실과의 혼인 관계를 더하면, 이런 가문이 소속된 사회적 계층은 매우 긴밀히 유지되었음을 보여준다.

이런 가능성은 이 10개 가문이 14~15세기의 다른 주요 지배층과 맺은 혼인 관계를 검토하면 더욱 분명해진다. 예컨대 파평 윤씨는 성주 이씨·남양 홍씨와 각 3회, 광산 김씨·창녕 성씨·순흥 안씨·언양 김씨와는 각 2회의 혼인 관계를 맺었다. 평양 조씨는 광산 김씨와 3회,

교하 노씨·안동 김씨·한산 이씨·남양 홍씨와는 각 2회 혼인했다. 그렇다면 일반적으로 '신흥 사대부'로 간주되는 가문의 혼인 관계는 어떤가? 만약 그들이 참으로 새롭고 차별적인 사회계층을 형성했다면, 비슷한 배경을 가진 가문들과 널리 혼인했을 것이라고 합리적으로 추측할 수 있다. 가장 주요한 '신흥 사대부' 가문 중 한산 이씨와 창녕 성씨는 이런 예상과는 다른 측면을 보여준다. 14세기 후반부터 15세기 전반 한산 이씨의 혼인 대상에는 안동 권씨(3회)[142]·광산 김씨·경주 김씨·경주 이씨·원주 원씨 같은 주요한 기존 양반 가문이 포함되었다. 창녕 성씨는 광산 김씨·순흥 안씨·문화 유씨와 각 1회, 파평 윤씨·성주 이씨·안동 권씨와 각 2회 혼인했다. 이 두 신흥 가문과 기존 중앙 관원 가문 사이에 나타난 이런 광범한 교혼은 지방에서 기원해 성공적으로 입지를 구축한 가문이 항상 해왔던 대로 한산 이씨와 창녕 성씨도 다른 중앙 가문과 교혼을 통해 중앙에 정착했다는 사실을 알려준다.

이성계의 동북면 군사 연합의 혼인 관계는 어떠했는가? 그들도 주요 가문에 참여하려고 했는가, 아니면 대체로 독자적인 사회집단으로 남아 있었는가? 이방간이 평양 출신의 조박에게 딸을 시집보내고,[143] 한양 출신의 조온趙溫이 파평 출신의 윤곤에게 딸을 시집보내는[144] 14세기 후반까지 동북면 군사 집단과 주요한 중앙 가문 사이의 혼인을 보여주는 증거는 없다. 두 가문이 그 이전에 교혼하지 않았다는 사실은 신흥 세력으로서 동북면 군사 연합이 고려 후기의 중앙 정치와 사회에서 가졌던 위상을 반영한다.

이런 상황은 1393년 이성계의 아버지 묘지명에 기록된 전주 이씨의 혼인 관계에 잘 묘사되어 있다.[145] 이성계 이전의 3대는 동북면 출신의 여성과 결혼했는데, 이성계의 증조부 이행리李行里는 안변 최씨, 조부 이춘李椿은 문천 박씨, 아버지 이자춘李子春은 영흥 최씨와 혼인했다. 이성계의 첫 부인은 안변 한씨였으며, 처남 조인벽趙仁璧은 동북면에 기반을 둔 한양 조씨였다. 전주 이씨가 기존 양반 가문과 혼인하기 시작한 것은 이성계의 자녀 세대였다. 이성계의 딸은 성주 출신의 이제와 혼인했고, 아들들은 고려 왕실은 물론 경주 김씨·황려 민씨(2회)·창원 최씨 출신의 여성과 혼인했다. 정종은 남양 홍씨(2회)·전주 최씨 같은 주요 가문의 사위를 맞았으며, 그의 딸들은 경주 김씨·경주 이씨·평양 조씨의 아들들과 결혼했다. 태종도 같은 유형을 따라서, 그 자손은 광산 김씨·안동 권씨·평양 조씨 같은 가문과 혼인했다.[146] 이처럼 주요 양반 가문과의 넓은 교혼은, 한산 이씨·창녕 성씨와 비슷하게, 이성계와 그의 동북면 군사 연합이 고려의 양반 가문을 전복시키기보다는 거기에 합류했음을 보여준다.

고려 중앙 양반에서 기원한 조선 전기의 가장 주요한 10개 가문은 조선 전기 전체를 대표한다고 판단된다. 1351년 이전에 흥기한 다른 주요 가문들—예컨대 해주 최씨·광산 김씨·성주 이씨 등—또한 고려 전·중기까지 거슬러 올라갈 수 있는 계보를 갖고 있으며, 다른 상위 가문과 긴밀하게 혼인했다. 고려의 기존 중앙 관원 가문은 15세기에 들어와서도 대부분 온전했으며 조선왕조가 개창할 무렵 중앙 관원의 핵심을 형성했다.

15세기 중반의 주요 양반 가문들

주요 관원 가문들은 왕조 교체와 새 왕조의 첫 10년 동안 발생한 정치적 격변을 거치면서도 유지되었지만, 조선이 권력을 안정시키고 태종이 제도 개혁으로 조정을 재편한 직후부터 약화되거나 멸망하기 시작했다고 볼 수 있을 것인가. 이런 가능성을 검토하기 위해서 필자는 1405년(태종 5)에 태종의 제도 개혁이 끝난 25년 뒤와 50년 뒤의 3년씩 두 번에 걸쳐 관원에 관련된 자료를 모아 분석했다.

15세기 중반의 관원층

1405년 이후 25년이 흐르고 나서 첫 3년의 기간인 1430~1432년은 세종(1419~1450) 중반 무렵으로 새 왕조가 여러 방면에서 자신감과 활력을 갖고 전진하던 시간이었지만, 그 다음의 3년인 1455~1457년은 세조(재위 1455~1468)가 조카 단종(재위 1452~1455)에게서 왕위를 찬탈한 정치적 혼란의 기간이었다.

세종이 즉위했을 때 새로운 제도적 구조는 15년 가깝게 안정되어왔으며 재추의 숫자도 크게 줄었다. 정책의 심의에는 의정부의 의정 3명(정1품), 찬성 2명(종1품), 참찬 2명(정2품)만이 참여했다. 조선 전기에 주요 관원의 두 번째 집합은 2품의 육조판서로 의정부를 거치지 않고 국왕에게 직접 사안을 아뢸 수 있었으며, 도당을 겸임한 대신의 직접적인 감독을 받던 고려의 동일한 직책보다 훨씬 큰 권한을 부여받았다. 중추원의 영사, 돈녕부의 영사 3명, 한성 판윤을 포함한 그 밖의 1

품부터 정2품 관원 18명은 1품부터 정2품의 재추직을 구성했는데, 고려 전기의 재추직과 비슷한 숫자였다.

〈표 3.12〉와 〈표 3.13〉은 줄어든 재추의 숫자에 기초해 표본으로 삼은 세종과 세조의 치세에 나타난 관원의 가문 구조를 보여준다. 거기에 따르면 중앙 관원의 가문 구조는 앞서 살펴본 고려 후기 및 조선 개창기와 큰 연속성을 갖고 있었다. 전체적으로 중앙 관원을 배출한 가문은 100여 개로 매우 폭넓은 대표성이 있었지만, 불균형적으로 많은 고위 관원을 배출한 가문은 비교적 소수였다. 〈표 3.12〉·〈표 3.13〉과 고려(〈표 2.1〉·〈표 2.5〉) 및 조선 개창기(〈표 3.3〉)에 나타난 같은 사항의 주요한 차이는 주요 가문 출신 관원의 비율이 늘어났다는 사실[49퍼센트(1392~1400)에서 62퍼센트(1430~1432)와 65퍼센트(1455~1457)]과 전체적으로 가장 주요한 가문 출신의 관원이 좀더 많아졌다는 측면이었다[23퍼센트(1392~1400)에서 35퍼센트(1430~1432)와 37퍼센트(1455~1457)]. 이런 차이는 15세기에 들어오면서 가문의 배경을 알려주는 정보가 많아졌기 때문이며, 관원의 전체적인 구조에서 어떤 주요한 전환을 보여주지는 않는다고 생각된다.

그렇다면 15세기 중반에 관원을 구성한 부류는 어떤 집단인가? 고려의 기존 양반 가문이 계속 번창했는가, 아니면 그들은 새 가문으로 대체되었는가? 〈표 3.14〉는 1430~1432년과 1455~1457년의 가장 주요한 가문을 배열한 것이다. 고려 후기 22개의 주요한 중앙 양반 가문 중 17개가 〈표 3.14〉의 43개 가문 중에 나타난다. 거기에는 청주 출신의 한명회韓明澮, 안동 출신의 권람權擥, 문화 출신의 유성원柳誠源 같은 유명한 정치가도 포함되어 있다. 전체적으로 안동 권씨와 파평 윤

〈표 3.12〉 1430~1432년 중앙 관원층의 가문 구조

이름을 알 수 있는 모든 관원	293명
출신 가문을 알 수 있는 관원	182명(62퍼센트)
이름을 알 수 있는 모든 재추	48명
출신 가문을 알 수 있는 재추	40명(83퍼센트)
전체 가문	90개
1명의 관원만 배출한 가문	50개(56퍼센트)
가장 주요한 가문*	30개
가장 주요한 가문 출신의 관원	114명(39퍼센트)
가장 주요한 가문 출신의 재추	33명(69퍼센트)

* 3명 이상의 관원 또는 1명의 재추나 고위 관원을 포함해 2명의 관원을 배출한 가문.

씨가 이끈 이런 기존 가문은 조선이 건국된 반세기 뒤에도 중앙 조정
을 계속 지배했다. 사라진 5개 가문은 옛 고려의 왕실과 공암 허씨·언
양 김씨·경주 최씨·평강 채씨다. 개성 왕씨의 몰락은 놀라울 것이 없
으며, 앞서 보았듯이 언양 김씨와 평강 채씨는 고려가 멸망하기 훨씬
전부터 이미 쇠퇴하고 있었다. 영향력은 뚜렷이 감소했지만, 경주 최
씨와 공암 허씨도 조선 전기 조정에서 완전히 사라지지 않아서 1430
~1432년과 1455~1457년에 관원 1명씩을 배출했다.

　〈표 3.14〉의 43개 가문 중 17개가 고려의 주요한 기존 양반 가문이
라면 나머지 26개는 어떤가? 그 중 11개는 조금 약화되었지만 그래도
아직 확고한 고려 후기의 관원 가문으로 볼 수 있다.[147] 고려 중앙 양
반층의 구성원에 나타나지 않는 것은 15개 가문만 남는다. 이것은 조
선 건국 즈음의 어떤 시점에 신흥 가문의 구성원들이 중앙 관원으로

〈표 3.13〉 1455~1457년 중앙 관원층의 가문 구조

이름을 알 수 있는 모든 관원	377명
출신 가문을 알 수 있는 관원	246명(65퍼센트)
이름을 알 수 있는 모든 재추	46명
출신 가문을 알 수 있는 재추	44명(96퍼센트)
전체 가문	108개
1명의 관원만 배출한 가문	62개(57퍼센트)
가장 주요한 가문*	32개
가장 주요한 가문 출신의 관원	141명(37퍼센트)
가장 주요한 가문 출신의 재추	39명(85퍼센트)

* 3명 이상의 관원 또는 1명의 재추나 고위 관원을 포함해 2명의 관원을 배출한 가문.

성장하기 시작했다는 사실을 알려준다.

　이런 가능성을 가장 공정하게 검토하기 위해 필자는 〈표 3.14〉에서 고려의 마지막 40년 동안 중앙 조정에 실제로 처음 등장한 9개 가문을 15세기 중반의 신흥 가문으로 간주하고,[148] 조선 건국 이후에야 중앙 조정에서 확인할 수 있는 6개 가문을 거기에 더했다.[149] 이런 15개 신흥 가문(모든 주요 가문 중 36퍼센트)에서 1430~1432년 동안 17명의 관원(주요 가문 출신 관원의 12퍼센트)과 8명의 재추(주요 가문 출신 재추의 21퍼센트)가 배출되었고, 1455~1457년 동안 관원 31명(주요 가문 출신 관원의 28퍼센트)과 재추 11명(주요 가문 출신 재추의 28퍼센트)이 나왔다. 조선 개창 이후 중앙 조정에서 확인되는 진정한 신흥 가문 6개(가장 주요한 가문 중 14퍼센트)에서는 1430~1432년 동안 관원 12명(주요 가문 출신의 신진 관원 중 11퍼센트)과 재추 4명(주요 가문 출신 관원

〈표 3.14〉 1430~1432년과 1455~1477년 가장 주요한 가문들

1430~1432		1455~1457	
가문	관원-재추	가문	관원-재추
안동 권씨*	8-3	안동 권씨*	13-3
파평 윤씨*	7-2	파평 윤씨*	11-3
전주 이씨	7-2	한산 이씨	8-4
문화 유씨*	7-1	창녕 성씨	8-3
창녕 성씨	5-1	남양 홍씨*	8-1
진주 강씨	5-1	청주 한씨*	6-3
전의 이씨	5-0	성주 이씨*	6-1
성주 이씨*	4-1	광주 이씨	6-1
한산 이씨	4-1	진주 강씨	5-1
전주 최씨*	4-1	문화 유씨*	5-0
황려 민씨*	4-1	황려 민씨*	4-1
순흥 안씨*	4-1	순천 박씨	4-1
양주 조씨	4-1	광산 김씨*	4-0
밀양 박씨	4-0	순흥 안씨*	4-0
진주 하씨	3-3	양성 이씨	4-0
영일 정씨	3-2	하동 정씨	3-2
하동 정씨	3-1	동래 정씨	3-2
청주 한씨*	3-1	경주 이씨*	3-1
하양 허씨	3-1	연안 김씨	3-1
평산 신씨	3-1	영일 정씨*	3-1
평양 조씨*	3-1	김해 김씨	3-1
진주 정씨	3-0	안동 김씨*	3-0
단양 우씨	3-0	경주 김씨	3-0
한양 조씨	3-0	창녕 조씨	3-0
회덕 황씨	2-2	능성 구씨	3-0
황려 이씨	2-1	연안 이씨	3-0
동래 정씨	2-1	전주 이씨	2-2
연안 김씨	2-1	진주 하씨	2-2
원주 원씨	2-1	개성 이씨	2-2
연안 이씨	2-1	장수 황씨	2-1
		원주 원씨*	2-1
		양주 조씨	2-1
합계 : 30	114-33	32	141-39

* 고려 후기의 주요한 양반 가문.

의 12퍼센트)이 배출되었고, 1455~1457년 동안 관원 6명(주요 가문 출신 관원의 4퍼센트)과 재추 4명(주요 가문 출신 재추의 10퍼센트)이 나왔다. 1430~1432년과 1455~1457년 모두 신흥 가문들은 이전 시기와 마찬가지로 전체 관원과 고위 관원 모두 적은 수치를 나타냈다.

물론 가문의 수치에 초점을 맞춘 결과, 수적으로 적은 가문 출신으로 과거를 통해 입사해 세습적 특권이나 가문적 연결이 아니라 재능과 성실로 최고의 지위에 오른 중요한 개인의 의미를 모호하게 만든다고 지적할 수도 있다. 조선 전기에 그런 인물이 상당수라는 사실은 주요 양반 가문이 대표한 강한 귀족적 성향의 저변에서 이제 능력을 기반으로 등장한 '사대부'를 위한 길이 열렸다는 것을 보여준다. 고려가 멸망할 무렵 동안 과거에 급제해 15세기 전반에 중요한 정치적·학문적 역할을 한 하양 출신의 허조許稠, 신창 출신의 맹사성孟思誠, 밀양 출신의 변계량卞季良, 진주 출신의 하륜, 장수 출신의 황희黃喜 같은 인물이 이 범주에 들어갈 수 있다. [150]

그러나 허조의 묘지명은 그의 직계 부계 선조들은 모두 고려 후기에 관직을 가졌음을 보여준다. 그의 아버지 허귀룡許貴龍은 중간 품계의 간관이었고, 조부 허윤창許允昌은 대관臺官이었으며, 증조부는 중간 정도의 문관이었고 고조부는 대장군이었다. 그의 모계 선조에는 성주 출신의 이직李稷과 순흥 출신의 안향 같은 고려 후기의 주요 가문 출신이 포함되었다. 아울러 허조는 과거에 급제하기 전에 음서로 입사했다. [151] 이것은 허조가 조금 덜 현달하기는 하지만 그래도 고려 후기의 기존 양반 계열에 소속되었음을 보여준다.

맹사성의 배경에 관련된 정보는 적지만, 그의 아버지 맹희도孟希道

는 고려 후기 하급 문반이었고 그의 어머니는 창원 출신의 유명한 최영의 손녀였다.[152] 변계량의 출신에 관련된 정보도 제한적이다. 그의 직계 선조에는 관원이 없으며, 변계량의 성취 때문으로 생각되는데 모두 사후에 추증된 관직만을 받은 것으로 나온다. 그러나 변계량도 고려 후기의 유력한 양반 가문과 연결되어 있었는데, 그의 어머니는 창녕 출신인 조석曺碩의 딸이었다.[153]

하륜의 묘지명에 따르면 그의 아버지·조부·증조부는 모두 고려의 중·하급 관원이었고, 그의 어머니는 진주 강씨 출신으로 명예직을 가진 관원의 딸이었다.[154] 아울러 실록에 실린 그의 졸기에는 그의 부인이 성주 출신 이인미李仁美의 딸로 기록되어 있다.[115] 하륜의 배경은 그도 신흥 세력이 아니라 중앙 양반이었음을 알려준다.

유명한 학자이자 관원인 황희의 아버지는 고려 후기의 중급 관원이었지만, 조부나 증조부는 관직을 갖지 못했다. 황희의 어머니도 비교적 한미한 가문인 용궁 김씨 출신이었다. 황희의 경력과 알려진 가문 배경은 그가 주로 능력을 기반으로 출세한 비교적 신흥 세력이었음을 보여준다. 그러나 여기서도 주의할 사항이 있다. 그의 묘지명에는 그가 고려의 수도 출신이며 음서를 통해 복안궁녹사福安宮錄事로 처음 입사했다고 되어 있다.[156]

이 5명의 배경은 그들이 고려의 기존 양반 가문과 긴밀한 관련이 있거나, 황희의 경우처럼 음서의 귀속적 특권의 혜택을 받았음을 보여준다. 이것은 고려─조선 교체기 동안 진정으로 '새로운' 인물이 과거 제도를 이용해 중앙 조정에서 자리를 얻었을 가능성을 완전히 배제하지 않지만, 기존의 양반 가문과 연관되지 않고는 권위와 권력을 가진 자리에 오르는 것이 매우 어려웠음을 뚜렷이 보여준다.

조선이 개창되었을 때 매우 강력했던 일부 가문—황려 민씨와 평양 조씨 등—은 세종 무렵 권력을 상당히 잃은 것으로 나타난다. 평양 조씨의 몰락에 어떤 요인이 작용했는지는 분명치 않지만, 황려 민씨의 운명은 태종이 민무구와 민무휼閔無恤을 숙청하면서 쇠락했다. 민씨는 왕조가 건국되었을 때 가장 주요한 양반 가문이었을 뿐만 아니라 외척이었다. 태종이 민씨를 숙청한 것은 고려를 장악한 외척의 부활을 막으려는 결심에서 기인했다. 태종의 숙청으로 민씨가 완전히 몰락하지 않았다는 것은 중요한데, 그들은 이미 세조 때 복귀했고 그 뒤 중앙 양반의 상층에서 지위를 되찾았다. 여기서 언급할 만한 또 다른 가문은 고려-조선 교체기에 심각한 타격을 받았지만 주요한 정치 세력으로 다시 등장한 한산 이씨인데, 이색이 그 출신이었다. 그러나 한산 이씨의 재기는 그렇게 극적이지는 않았다. 이색 자신은 1395년(태조 4)에 수도로 돌아와 한산군의 작호를 다시 받았다.[157] 그의 자녀와 증손자녀들은 1400년 태종이 즉위했을 때 이미 관직에 복귀했다.[158]

황려 민씨·한산 이씨 등에서 보이듯이 스스로 재기할 수 있었던 주요 양반 가문의 능력은 전통적 지배층의 흥미로운 특징이다. 양반이 서로 유지한 긴밀한 혼인 관계는 하나의 요인이었지만, 양반이 보기에 세습된 사회적 신분은 주요 가문의 구성원이 저지른 어떤 정치적 죄악보다 훨씬 중요했다.

15세기 중반의 과거제도

전통적인 견해에 따르면 고려와 조선의 주요한 차이는 새 왕조가 과거제도를 통한 등용을 중시했다는 것이다. 분명히 조선 중기 무렵 실제로 모든 고위 관원은 급제자였지만, 조선 전기 고위 관원의 입사 수단에 관련된 김영모의 자료는 의정부의 정1품 관원 중 66퍼센트만 이 과거 급제자였다는 것을 보여주는데, 새 왕조가 등용 정책을 급격 하게 바꾸었다는 견해에 의문을 제기한다.[159]

15세기 중반 과거가 재추의 입사 수단으로 사용된 상황을 분석하면 이런 의문은 더욱 커진다. 1360년(공민왕 9) 이후는 급제자의 명단이 거의 완벽하게 남아 있다. 그 이전과는 달리 이것을 바탕으로 15세기 중반 관원의 급제 여부를 거의 정확하게 파악할 수 있다. 1430~1432 년 동안 33명의 재추 중 19명(58퍼센트)이 급제자였고, 1455~1457년 동안 39명의 재추 중 20명(51퍼센트)이 그랬다. 이것은 조선 후기에는 90퍼센트 이상이라는 김영모의 보고보다 훨씬 적으며, 앞서 추산한 조선 개창 당시 40퍼센트였다는 비율에 좀더 가깝다. 이런 수치로 볼 때 조선의 건국을 과거제도의 발전에서 전환점으로 보기보다는 점진 적인 이행기의 한 국면으로 간주하는 것이 낫다고 생각된다.

세종과 세조 때의 상위 가문에게 과거제도는 얼마나 중요했는가? 이 대답은 복합적이다. 15세기 중반 기존의 관원 가문 중 일부는 과거 제도를 비중 있게 이용했다. 안동 권씨의 경우 1430~1432년과 1455 ~1457년 동안 관원 14명 중 12명이 급제자였고, 순흥 안씨와 황려 민 씨는 8명 중 5명이었다. 반면 기존 양반 가문의 일부는 음서 같은 거의 완전히 다른 수단에 의존했다. 남양 홍씨는 1430~1432년과 1455~ 1457년 동안 배출한 관원 9명 중 2명만이 급제자였고, 성주 이씨와 청 주 한씨는 각 1명밖에 되지 않았다. 한산 이씨와 창녕 성씨처럼 비교적 신흥 가문조차도 과거제도에 큰 무게를 두지 않았다. 한산 이씨 출신 관원 11명 중 3명만이 과거 출신이었고, 창녕 성씨는 12명 중 3명이었다. 많은 가문이 15세기 중반 조선의 사회·정치적 질서의 상층에서 자신의 지위를 유지하는 데 전통적 특권에 의존한 것이 분명하다.

그러나 15세기 중반 조정에 처음 진출한 가문 중 소수는 과거제도로 대표되는 새로운 사회·정치적 구조로 가는 경로를 앞장서 실천함으로써 능력을 중시하는 부류가 도래했음을 보여주었다고 생각되기도 한다. 여기서도 증거는 다시 한 번 복합적이다. 신흥 가문의 일부는 거의 전적으로 과거제도에 의존한 것으로 보인다. 진주 하씨(하륜이 그 가문 출신이다)의 경우 관원 4명 중 3명이 급제자였고, 양주 조씨와 광주 이씨는 6명 중 5명, 순천 박씨는 4명 중 4명, 능성 구씨는 3명 중 3명이 그랬다. 반면 1430~1432년과 1455~1457년 동안 한양 조씨 출신의 관원과 1455~1457년 동안 회덕 황씨 출신의 재추나 장수 황씨 출신의 관원은 아무도 과거에 급제하지 못했으며, 영일 정씨 출신 관

〈표 3.15〉 1392~1592년 과거 급제자를 배출한 가문

가문	급제자(명)
안동 김씨	112
전주 이씨	103
광산 김씨	78
파평 윤씨	70
진주 강씨	69
안동 권씨	65
남양 홍씨	63
황려 민씨	55
경주 이씨	54

전거 : 클라크, "Choson's Founding Fathers", 39쪽에 인용된 에드워드 와그너의 자료.

원 6명 중 1명만이 급제했다.(160) 그렇다면 15세기 중반 조정에 처음 진출한 가문이 능력을 좀더 중시하는 제도를 선도했다고 말하기는 어려워진다.

조선의 첫 200년 동안 대과 급제자의 가문을 모은 에드워드 와그너의 연구는 여기서 유익하다. 〈표 3.15〉의 정보는 급제자의 직계 혈통에 관련된 좀더 자세한 조사가 이뤄지기 전까지 고려의 기존 양반 가문들이 과거제도를 계속 지배해왔다는 것을 뚜렷이 보여준다. 이것은 두 가지 사실을 알려준다. 첫째, 진주 하씨와 광주 이씨처럼 조선 건국 이후 과거제도를 거쳐 흥기한 가문은 과거제도가 발전하는 데 촉매로 기능했지만, 새로운 사회·정치적 질서를 선도하지는 않았다. 둘째, 16세기에 관원으로 성공하는 데 필요한 전제 조건으로서 과거제도가 흥기한 것은 조선왕조가 고려에서 물려받은 매우 귀속적인 사회·정치적 질서를 전복시키지 않았다는 측면이다.

주요 중앙 양반 가문

전통적 해석의 핵심 중 하나는 고려의 옛 귀족은 중앙에 기반을 두었고 조선의 '신흥 사대부'는 지방에 기반을 두었다는 것이다.(161) 송준호宋俊浩가 지적했듯이, 조선 후기의 양반은 전국에 널리 퍼져 그곳에서 대대로 거주했다(세거世居).(162) 고려−조선 교체기의 가장 주요한 양반 중 일부는 지방에 영구적인 거처가 계속 있었고, 적어도 그 지역과 긴밀한 관계를 유지했다는 증거가 있다.

고려 후기부터 조선 전기에 관직에서 은퇴한 뒤 지방으로 돌아간 사례는 여럿이다. 그중 하나는 1380년(우왕 6)에 시중을 지낸 윤환尹桓

이다.[163] 『고려사』에 실린 그의 전기에 따르면, 윤환은 5명의 국왕을 섬긴 부유한 인물이었고 세 국왕 아래서 재추를 지냈으며 조상의 근거지인 칠원으로 돌아갈 수 있도록 요청했다. 그곳에 도착했을 때 그는 그 지역이 극심한 가뭄에 시달리고 있다는 것을 알았다. 백성들을 구휼하기 위해서 그는 갖고 있던 모든 채무 문서를 태워버렸다.[164] 이것은 윤환이 그 가문의 지방적 거점으로 돌아갔음을 보여줄 뿐만 아니라 그곳에 상당한 경제적 기반이 있었음을 보여준다. 조상의 근거지와 긴밀한 관계를 가진 고려 후기 양반 가문의 또 다른 사례는 성주 이씨인데, 그 구성원들은 관원으로 여러 세대에 걸쳐 근무한 뒤에도 계속 성주에 묻혔다.[165]

조상의 거점이 아닌 지역 기반으로 돌아간 중앙 관원의 사례도 있다. 예컨대 1404년에 이거이李居易와 부마인 그의 아들 이저李佇를 비롯한 전주 이씨 출신은 고향인 진천으로 유배되었다.[166] 그들의 선조가 진천에 얼마나 오래 거주했는지는 밝혀져 있지 않다. 또 다른 사례는 이성계인데, 그는 1391년에 "전리田里로 돌아가 여생을 보내기로" 결심했다면서 황해도 평산으로 은퇴하겠다고 주청했다.[167] '전리'라는 표현은 고향을 의미하는 것으로 역사학자들이 자주 사용하지만, 널리 알려졌듯이 이성계의 고향은 황해도가 아니라 지금의 함경도다. 이성계는 국왕의 하사나 다른 방법으로 은퇴하거나 적어도 은퇴하겠다고 요청할 수 있다고 판단한 영지를 평산에 얻었던 것 같다.

이런 사례들은 중앙 관원이 연고가 있고 관직을 떠난 뒤에 돌아갈 수 있는 조상의 거점이나 그런 거점과는 다른 고향, 관직 복무나 다른 수단으로 획득한 영지나 그 밖의 토지 같은 다양한 지역적 기반을 보여준다. 이런 증거는 조선을 건국한 인물들은 지방에 거점을 둔 세력이었다는 주장을 강화하는 것으로 판단된다.

영속적인 거주를 보여주는 하나의 가능성 있는 지표는 묘소의 위치다. 사람들은 자신이 고향이라고 생각하는 곳에 묻히려는 자연스러운 경향이 있으며, 더욱이 14~15세기의 한국처럼 유교적 사회에서 조상 숭배의 의례는 사망한 조상이 살았다고 추정되는 곳과 매우 가까운 지역에 묘소를 모시는 것이었다. 고려 지배층의 묘소에 관련된 김용선金龍善의 최근 연구는 묘지명의 자료를 이용해 거주를 알려주는 지표로서 매장지를 분석했는데, 고위 관원들은, 특히 성주 이씨가 전형적이었는데, 고려 시대 전체에 걸쳐, 특히 왕조 말엽에 수도가 아닌 지역에 묻히는 경향이 늘어났다는 사실을 발견했고, 이것은 고려 후기 지방에 기반을 둔 새로운 세력이 흥기했다는 추가적 증거를 제공하는 것이라고 결론지었다.[168]

그러나 김용선의 연구조차도 고려 후기 관원의 절대 다수는 수도 주위에 묻혔다는 것을 보여준다는 사실을 주목해야 한다. 고려—조선 교체기의 주요 양반 가문들은 수도에 영속적인 가정을 유지했다는 것을 보여주는 또 다른 확실한 증거가 있다. 1393년에 조선 태조가 새 수도의 부지를 물색하려고 순행할 때 중추원의 한 관원은 현비顯妃(조선 태조의 계비 신덕왕후 강씨—옮긴이)가 병이 났고 도적이 평주平州(평산平山)과 봉주에 나타났다는 도당의 보고를 전했다. 자신을 수도로 돌아오게 하려는 계책임을 눈치챈 태조는 "천도는 세가대족世家大族이 모두 싫어하므로 이것을 구실로 삼아 중지시키려는 의도다. 재상들은 오랫동안 송경松京(개경)에 살아왔기 때문에 다른 곳으로 옮기려고 하지 않으니, 그들이 어찌 천도를 바라겠는가"라고 말했다.[169] 일화이기는 하지만, 이런 기록은 새 왕조가 수립된 직후 도당을 장악하고 있던 주요 가문들은 여전히 수도에 기반을 둔 세력이었음을 알려준다.

고려-조선 교체기의 주요 양반 가문이 그들의 영속적인 거주지를 어디에 유지했는가 하는 문제에 좀더 결정적인 대답을 제공하려는 목적에서 필자는 1392~1405년 동안 가장 주요한 10개 가문의 족보에서 묘소에 관련된 자료를 모아 분석했다. 필자는 고려 후기 관원 58명과 조선 전기 관원 39명의 묘소를 확인할 수 있었다. 고려 후기 관원 58명 중 45명은 우봉 · 장단 · 풍덕 같은 지역을 선호해 수도 주위에 묻혔고, 수도 주위에 묻히지 않은 13명 중 8명은 본관 지역(안동 · 문화 · 파주 · 여주), 3명은 한양 주위, 2명은 청주에 묻혔다. 조선 전기 관원 39명 중 29명은 한양 일대에 묻혔는데, 교하 · 고양 · 광주 · 용인 등이 선호되었다. 4명은 개경 근처에 묻혔는데, 이것은 옛 고려 수도와의 일정한 지역적 연결을 보여주며, 나머지 6명은 남쪽의 남원부터 북쪽의 평산에 이르는 다양한 지역에 안장되었다. 고려 후기와 조선 전기의 가장 유력한 양반은 수도 주위에 계속 항구적으로 거주한 것으로 나타난다.

그렇다면 그 뒤 양반은 어떻게 전국으로 확산되었는가? 후지야 가와시마藤也川島는 고려 시대부터 조선 시대에 걸친 문화 유씨의 묘지 분포를 분석해 확실한 증거를 제시했다. 가와시마는 고려 후기에서 조선 전기 동안 문화 유씨는 모두 수도 주변에 묻혔으며, 상당수가 처음 지방에 매장된 것은 15세기 후반이었는데, 자신들의 수조지가 있던 지역으로 옮겨간 것으로 추정했다.[170] 묘지 분포의 비슷한 유형은

고려 후기에서 조선 전기 청주 한씨·원주 원씨 같은 양반 가문에서도 발견할 수 있다.[171]

조선의 어떤 시기를 막론하고 고위 관직을 가진 양반의 다수가 주로 지방에서 계속 거주했다는 것은 의심스럽다. 그럼에도 조선의 중앙 관원이 지방에 기반을 둔 세력으로 주로 이루어졌다면, 그 증거는 그것이 고려-조선의 왕조 교체기가 아니라 조선 중·후기의 상황이라는 것을 알려준다.

그렇다면 어떤 이유에서든 수도를 떠나 지방에 영속적인 거주지를 확립한 중앙 관원은 어떠한가? 그들은 관직에서 물러나자 지위를 잃고 수도를 떠났는가? 전통 한국처럼 세습적 권리와 특권이 강한 사회에서 그런 일은 일어나지 않았을 것으로 여겨진다. 고려 후기에서 조선 전기의 한량閑良(지방에 기반을 둔 전직 중앙 관원과 중앙 관원의 자제 중에 지방에 거주한 부류)에 관련된 한영우韓永愚의 연구는 그들이 수도에 거주하든지 지방에 거주하든지 상관없이 그들의 품계는 인정되었기 때문에 지배층의 일원으로 간주되었다는 사실을 보여주었다.[172] 한영우의 결론은, 지방 양반에 관련된 실록의 기록과 맞물려 전직 관원은 지방으로 돌아간 뒤에도 양반의 지위를 유지했음을 보여준다. 그러나 이들을 고려 전·중기의 향리와 혼동해서는 안 된다. 고려의 향리는 반半자치적인 지방 통치자로서 그 지위에서 권력과 권위를 가져왔지만, 고려 후기에서 조선 전기의 지방에 기반을 둔 전직 관원은 전직 중앙 관원이나 그런 사람들의 후손이라는 배경—요컨대 양반이라는 그들의 지위—에서 권력과 권위를 가져왔다.

조 선 전 기 양 반 의 경 제 적 재 원

조선 전기의 토지 소유 방식에 관련된 체계적 논의나 기초적 서술에 관련된 자료는 없다. 따라서 실록과 문헌 자료에서 모을 수 있는 어떤 파편적 정보에라도 의존할 수밖에 없다. 수집한 자료는 드물다. 그러나 발견된 자료는 새 왕조의 수립으로 고려 후기 귀족의 거대한 농장이 파괴되었다는 전통적 가정을 부정한다. 반면 대토지 소유의 지속은 조선 전기의 두드러진 특징이었음을 알려준다.[173]

일부 자료는 조선 전기 중앙 관원의 토지 소유를 언급하고 있다. 1398년 이방간의 난에 가담한 의령 출신의 남재는 과주果州에 있는 가족의 농장으로 도망쳐 어머니를 만나다가 체포되었다.[174] 남재는 개국공신으로 이성계에게서 토지를 분급받았다—그 토지는 과주에 있었을 것으로 추정된다. 그러나 그것이 과전법을 위해 전체가 할당된 것으로 추정되는 경기도에 위치한 까닭은 무엇인가— 그리고 고려 시대의 대토지를 가리키는 농장으로 지칭된 까닭은 무엇인가?

실록에는 1399년에 청주 출신의 곽추가 평주에 있는 농장으로 유배되었다는 기록도 있다.[175] 새 왕조가 건국된 지 7년밖에 되지 않은 때의 일이었다. 양반이 거대한 농장을 지속적으로 소유했다는 사실을 알려주는 또 다른 증거는 1393년 5월의 실록 기사인데, 박영충이 죽산에 있는 자신의 농장에 숨겨놓은 양인 4명을 그곳의 감무가 찾아내 군대에 보내자 그에게 보복한 사건이다.[176] 박영충은 1393년 7월 공신에 책봉되었지만, 이 사건은 그 전에 일어났으므로 그때 받은 토지는 이 농장을 형성하지 않았다고 보아야 할 것이다. 박영충은 과전법 개혁이 실시된 지 2년 뒤에 그의 본관 지역에 농장을 가졌다.

그러나 고려 후기에서 조선 전기로 접어들어서도 농장이 존속되었음을 보여주는 또 다른 증거는 경기도 파평에 있던 순흥 안씨의 토지의 사례다. 15세기 후반 성현은 14세기 중반의 고위 관원이었던 안목 安牧이 "파주坡州의 황무지를 개간해 넓은 밭을 만들고 큰 집을 지어 살았다. 그 손자 때에 이르러 크게 번창해 안팎으로 차지한 땅이 수만 경頃이나 되고 노비도 100여 호나 되었으며 고목 1천 여 그루가 10리에 걸쳐 그늘을 드리웠다. 지금도 나머지 땅을 차지해 살고 있는 사람이 100여 명인데, 모두 그 자손"이라고 기록했다.[177]

이런 사례는 고려 후기 고위 관원의 조선 전기 후손이 소유한 토지가 수도 부근에 위치하면서 경제적 기반을 제공했다는 사실을 보여준다. 이런 증거는 단편적이기는 하지만, 왕조 교체가 고려 시대에 발전한 토지 소유 방식을 중요하게 바꾸지 않았음을 보여준다.

조선 전기의 양반이 소유한 토지를 경작한 노동력은 노비와 소작농이었다. 일부 학자는 관원이 자신의 토지를 경작하는 데 소작농과 노비를 모두 이용했다고 주장했지만,[178] 스도 요시유키와 이성무 등은 조선 전기의 관원은 주로 노비를 이용했다고 파악했다.[179]

노비가 중앙 양반에게 중요했음을 보여주는 주목할 만한 증거가 있다. 공신에게 노비를 줄 때는 언제나 토지도 함께 분급했는데, 1392년 9월에 국왕은 배극렴·조준에게 각 토지 220결과 노비 30구, 김사형·정도전·남은에게 각 토지 200결과 노비 25구, 이제·이화·정희계·이지란李之蘭·장사길張思吉·조인옥·남재·정탁·조박에게는 각 토지 170결과 노비 20구, 정총·오몽을吳蒙乙·김인찬金仁贊에게 각 토지 150결과 노비 15구, 그리고 2등 공신에게는 각 토지 100결과 노비 10구를 하사했다.[180] 1398년에 다시 1등 공신은 토지 200결과 노비 25구, 2등 공신은 토지 150결과 노비 15구, 나머지는 토지 100결과 노비 10구를 받았다.[181] 국왕은 토지와 함께 일할 노동력도 지급했는데, 소작을 막아 인적 자원을 최대한 통제하려는 의도였다고 생각된다.

토지와 노비를 함께 주었다는 것은 관원이 토지를 경작하는 데 노비에게 어느 정도 의존했음을 보여준다. 양반에게 노비가 중요했음을 보여주는 또 다른 매우 본질적인 증거가 있다. 1402년(태종 2)에 하륜은 "우리나라 사람들은 노비를 손발처럼 아낀다"고 말했고, 1452년(문종 2)에 양성지梁誠之는 "우리나라의 노비 제도는 오래되어 관원들은 그들에게 노동을 의지하고 있다. 토지가 생계 수단이라면 노비는 손발이다"라고 썼다.[182]

양적인 증거에 가장 가까운 사실은 왕실이 노비 소유를 제한하려고 했다는 것이다. 1414년(태종 14)에 태종은 1품 관원은 노비 130명, 2품 관원은 100명, 3품 관원은 90명, 4품 관원은 80명, 5·6품 관원은 60명, 7품 이하 관원은 30명으로 노비 숫자를 제한하려고 했다. 이것이 저항에 부딪치자 이듬해 그는 제한을 높여 1·2품 관원은 노비 130명, 3~6품 관원은 100명, 7품 이하는 80명을 허락했다. 이런 시도는 신하들의 반대에 부딪쳐 좌절되었다.[183] 이것이 많은 신하들이 태종의 제한보다 많은 노비를 소유했거나 소유하고 싶어했다는 의미인지는 확실치 않지만, 제시된 한계만으로도 관원들은 대량의 노비를 소유하고 있던 것이다. 물론 이런 노비들에는 농사를 짓는 부류는 물론 가내 노동을 담당하는 노비도 포함되었지만, 100명의 노비는 남북전쟁 이전 미국 남부 대부분의 농장보다 많은 숫자다.[184]

지방에 거주하는 양반은 중앙 관원과 비슷한 경제적 기반을 누린 것으로 보인다. 영남 사림파에 대한 이수건의 연구는 지방에 기반을 둔 양반들은 상당한 토지 재산뿐만 아니라 많은 노비도 가졌음을 보여준다.[185]

지배층이 노비에게 의존했다는 이런 사실은 조선 전기가 노비 사회였다는 의미인가? 제임스 팔레는 고려의 노비 제도에 대한 연구에서 노비 사회를 확인하는 데 널리 사용되는 두 가지 기준을 언급했다.[186] 하나는 사회의 전체 인구 중 일정 비율—대체로 30퍼센트—이 노비였는가 하는 것이다. 조선 전기의 경우 노비나 전체 인구의 숫자와 관련된 믿을 만한 자료는 없다. 다른 기준은 정치적·경제적 지배층이 노비 노동에 의존했는가 하는 것이다. 고려 후기부터 조선 전기에 노비 문제가 중요했고 토지와 함께 노비를 분급했으며 중앙 관원이 일반적으로 100명 이상의 노비를 소유한 것이 분명하다는 사실은, 노비는 관원의 '손발'이라는 발언은 말할 필요도 없이, 모두 조선 전기의 지배층이 생활에서 노비 노동에 크게 의존했음을 보여준다.

그러나 노비가 양반이 소유한 모든 토지를 경작하는 데 충분한 노동력을 제공했는지는 분명치 않다. 결의 실제 면적은 토지의 비옥도에 따라 달라지지만, 천관우千寬宇의 추정에 따르면 1등급의 1결은 대략 1,844평과 같다.[187] 1평은 대략 36평방피트와 비슷하므로 1등급의 1결은 6만 6,384평방피트와 비슷하거나 1.5에이커보다 조금 많다.[188] 이런 수치가 맞는다면, 예컨대 조준은 공신 책봉으로 1등급 토지 330에이커와 거기서 일할 노비 30구를 받은 것이 된다. 14~15세기에 그런 토지의 종류와 거기서 재배된 곡물, 경작 방식은 더 많이 알 때까지 추측할 수밖에 없지만, 공신이 분급받은 토지를 경작하는 데 10에이커당 노비 1명으로 충분했을 것 같지는 않다. 따라서 국가는 양반이 농민을 지배하는 것을 막으려고 노력했음에도(5장 참조) 적어도 양반 지주가 그들의 토지를 경작할 추가적인 노동력이 필요했다는 결과로 볼 때, 조선 전기의 토지제도에는 노비와 소작농이 모두 늘어날 수 있는 일정한 가능성이 내재해 있었다고 말할 수 있다.

중앙 양반 가문은 자신이 소유한 토지와 국가에서 받은 공신전功臣田·과전 외에도 다른 부의 재원을 가졌는가? 고려 후기 명에 사신으로 갔던 일부 인물들이 사적인 무역 활동을 했다는 사실은 앞서 보았다. 조선이 건국된 뒤인 1395년에 이거인李居仁과 정남진鄭南晉은 중국에 사신으로 갔다가 무역한 혐의로 탄핵받았다. 비단을 몰래 거래했다고 고발된 이거인은 파직되었다.[189] 일부 관원들이 그런 무역에 연관되었지만, 기회는 아주 소수에게만 드물게 국한되었고 발각되면 처벌로 이어졌다. 밀수는 관원에게 큰 경제적 도움은 거의 주지 못했다. 다른 형태의 상업과 관련해서 이성계 일파는 1391년에 보았듯이 상업 활동을 제한하는 강력한 조처를 시행했는데, 그때 안노생安魯生은 중국과의 교역을 중지시키는 명령을 받고 서북면 찰방별감察訪別監에 임명되었다. 그는 10여 명의 상인 우두머리를 참수해 교역을 중단시켰다.[190] 상업에 매우 적대적인 정치 환경이었고 상업이 전반적으로 발전하지 않았다는 측면을 고려할 때, 상업 활동은 새 왕조의 중앙 관원에게 중요한 재원이 되었다고는 생각되지 않는다. 조선 전기에 부의 주요한 원천은 토지였다.

그러나 조선 전기의 모든 중앙 관원이 부유했다고 추정하는 것은 위험하다. 1397년에 일어난 한 사건은 매우 현달한 일부 가문의 일원이라도 제한된 자산만을 가졌음을 보여준다. 정도전의 지시로 대간은 권근(본관 안동)이 명에 사신으로 갔을 때 명 황제에게 거짓말을 했다고 비판하면서, 그가 중국에 있을 때 소유한 황금(사실 그것은 태조가 그에게 몰래 준 것이었다)은 그가 배반했다는 증거라고 주장했다. 태조는 "권근이 황제에게서 황금을 받았는지 어떻게 아느냐"고 물었다. 정도전은 대답했다. "신은 권근이 황금을 사용했다고 들었습니다. 황제에게서 받지 않았다면 그렇게 가난한 학자가 어떻게 황금을 가질 수 있었겠습니까?" 태조가 웃으면서 말했다. "가난한 학자라도 황금을 가질 수 있는 다른 방법은 없는 것인가?"[191] 물론 이 일화는 조선 전기 조정에서 벌어진 경쟁을 보여주는 흥미로운 사례지만, 명문인 안동 권씨의 자손이자 고위 관원인 권근이 매우 소박한 처지에 있었다는 사실도 보여준다. 권근만 가난했던 것은 분명히 아니지만, 그를 포함해 비슷한 처지에 있던 사람들이 국가에서 받은 보상은 생계에 매우 중요했다고 판단된다.

부유한 지주와 덜 풍족한 부류가 혼재한 것은 고려 후기에 만연했던 상황과 비슷하다. 왕조 교체의 결과 양반의 경제적 기반에 커다란 변화는 없었으며, 노비와 소작농이 경작한 대토지 소유는 전체적으로 양반층의 경제적 기반에서 지속적인 특징이 되어왔다는 것은 분명하다고 생각된다.

결론

조선 전기 지배층의 구성과 사회적 기원, 경제적 기반에 관련된 이런 검토는 고려와 조선 시대 사이에 상당한 연속성이 있다는 것을 보여주었다. 조선 전기의 가장 주요한 가문의 압도적 다수는 고려의 저명한 중앙 양반의 후손이었으며, 노비와 소작농이 경작한 대토지를 계속 소유했다. 조선 건국에 중요하게 참여했다고 판단할 수 있는 새로운 사회집단은 이성계가 이끈 동북면의 군사 연합이었다. 그러나 이성계 일파는 새로운 사회·정치적 질서를 수립하려고 시도하지 않았고, 그 대신 대토지를 축적하면서 정치적 연합과 혼인 관계를 통해 양반과 자신들을 통합시켰다.

주요 양반 가문들은 11세기 고려부터 15세기 조선까지 주목할 만한 연속성을 보여주었다. 세기를 거듭하면서 기존의 중앙 양반 구성원에 합류와 배제가 있었지만, 파평 윤씨·문화 유씨·황려 민씨 같은 가문의 핵심은 처음부터 끝까지 지속되었다. 이런 주요 가문은 1170년의 무신란, 원의 침입, 왕조 교체에도 불구하고 지속되었고 번창하기까지 했다. 고려 중기의 무신 집정과 조선의 새로운 통치자들이 이 집단과 교류한 것—그들을 후하게 보상하고 고위 관원에 승진시키며 혼인 상대로 삼은 것—은 압도적인 무력을 소유하고 국왕을 폐위시킬 수도 있었지만 주요 양반의 협력과 도움 없이는 나라를 통치할 수 없었다는 전근대 한국 사회에 대한 최소한의 진실을 보여준다.

양반 가문의 지속적인 중요성은 한국과 중국의 역사적 경험의 주요한 차이점을 형성한다. 역사학자들은 나이토 코난內藤湖南이 처음 제시한 위진남북조와 당의 귀족 지배층은 송의 신흥 신사층紳士層으로 교체되었다는 견해를 오랫동안 유지했다.[192] 이런 견해의 핵심은 그 뒤의 연구에서도 크게 수정되지 않았다. 예컨대 패트리샤 에브리 Patricia Ebrey는 박릉博陵 최씨에 대한 연구에서 10세기 유력 귀족 가문이 몰락한 사례를 제시했다.[193] 데이비드 존슨은 북송 고위 관원의 가문 배경을 주로 검토한 결과를 토대로 중앙의 정치적·사회적 지배층의 사회적 구성에는 커다란 불연속이 있었다고 주장했다.[194] 피터 볼은 이런 견해를 수정해 당의 주요 가문의 귀족적 기반은 당말·오대五代의 혼란기에 무너졌지만, 당의 관원을 배출한 가문이 대부분인 사는 북송에서 비귀족적 사대부로 다시 등장했다고 주장했다.[195] 이런 학자들은 당의 주요 가문의 본질에 관련된 이해나 송의 사대부의 기원과 구성에 대한 해석에서는 조금씩 다르지만, 뚜렷한 사회적 개체로서 주요 가문이 당 멸망까지 살아남지 않았다는 데 모두 동의한다. 따라서 중국에서 주요 가문은 당말·오대의 혼란기 동안 독립적인 신분 집단으로서 자신들의 권력과 의식意識을 대부분 잃었으며, 북송에서 등장한 사대부라는 새로운 계층은 그 이전의 지배층과는 질적으로 달랐던 것이다. 그러나 한국의 지배층은 그런 전면적인 변화를 겪지 않았다. 무신 집권기와 원 간섭기, 그리고 고려—조선의 왕조 교체기 내내 그들은 개별적 가문과 집합적 사회 개체 모두에서 자신들의 뛰어난 선조를 강하게 인식하고 있었다.

한국에서 양반이라는 용어는 스스로를 그렇게 부른 고려 후기와 조선 전기의 지배층에게 특히 적합한데, 그런 표현은 (1) 중앙 조정의

문·무반의 관원을 말하고 (2) 중앙 관원이 자신들을 조정의 구성원으로, 그리고 더욱 중요한 결정적 특징은 중앙 관원을 배출한 조상의 전통을 가진 사회 세력으로 인식했음을 보여준다. 한국의 거족鉅族을 모은 성현 같은 15세기의 인물은 한국 사회에서 양반 가문의 중요성을 확실히 인식하고 있었다는 좋은 사례다.[196] 그러나 그런 인식은 15세기 중반의 고위 관원인 양성지의 언급에서 가장 분명하게 표현되었다고 생각된다.

> 중국은 당요唐堯부터 대명大明에 이르기까지 모두 23대지만 우리나라는 단군부터 지금까지 7대밖에 되지 않는다. 이것은 다름이 아니라 우리 동방에는 대가세족大家世族이 서로 의지하면서 돕기 때문이다. 대가세족이 있기 때문에 간웅姦雄이 나타나도 틈을 엿볼 수 없어 내란이 일어나지 않는다.[197]

물론 "사士는 스스로 지속되는 사회집단으로 자신을 뚜렷이 인식했으며, 때로는…… 당의 친족 제도를 하늘의 도리에 부합하는 것으로 회고하면서 다시 한 번 대대로 조정에서 재상을 배출할 것으로 기대했다"고 언급한 정이천程伊川 같은 중국 송대의 사상가 중에서도 비슷한 발언을 찾을 수 있다.[198] 그러나 차이는 정이천은 중국의 과거를 회고한 반면 성현과 양성지는 한국의 견고한 현실을 말했다는 것이다.

4장
고려 후기의 제도적 위기

1392년 한국의 왕조 교체는 폭넓은 역사적 중요성이 전혀 없는 단순한 '궁중 반란'이었는가. 고려 후기와 조선 전기 지배층의 사회적 구성에 근본적인 변화의 증거가 없다는 측면은 그렇게 보일 수도 있지만, 고려-조선의 교체를 설명하는 다른 방법을 찾는다면 개혁자들은 중흥을 이루려고 노력했음을 알 수 있다.[1] 중흥이라는 표현과 관련해서는 체제 개혁의 문제—특히 정치적 혁신, 재정의 재건, 신분제도의 유지를 포함해서—가 주요한 논쟁의 대상이 된다. 이런 관심은 조선 전기에 씌어진 『고려사』 「백관지」·「선거지」·「식화지」의 서문에 반영되었는데, 모두 고려 후기의 제도적 부패를 개탄했다.[2] 이런 개탄은 왕조의 몰락을 나타내지만, 제도적 문제들은 이전에 잘 기능했던 제도가 악화된 결과라기보다는 고려 전기의 사회·정치적 기반에 내재한 좀더 근본적인 문제, 특히 고려 전기 사회의 미흡한 분화가 중앙집권화된 정치조직을 제한한 결과로 생각된다. 이것이 어떻게 지방 향리에게 지방행정을 맡김으로써 왕조가 자원에 접근하는 것을 제한한 관행과 지방 유력층이 중앙 관직에 접근하는 것을 보장하고 새로운 중앙 관원 귀족의 흥기를 촉진한 세습적 특권에 만연되었는지는 이미 살펴보았다. 그 결과는 국왕과 중앙 귀족, 지방 지배층 사이의 장기적인 투쟁이었다. 13~14세기의 갈등은 정치권력, 자원에 대한 통제, 그리고 신분제도의 세 영역에서 일어났다.

정치적으로 귀속적 특권의 전통은 중앙집권적 관료 제도를 통제한 중국의 모형을 도입하려는 고려 전기 국왕들의 시도를 억제하고, 궁극적으로는 앞서 보았듯이, 중앙의 관료적 귀족을 창출함으로써 12세기 무렵 정무 관서를 통제하려는 국왕과 경쟁할 수 있도록 했다. 이런 갈등은 1258년(고종 45)에 최씨 무신 정권이 전복된 뒤 더욱 강화된 형태로 다시 시작되었고, 왕조를 정치적으로 마비시켰다.

재정적으로 국왕은 가용 인적 자원을 강력하게 통제하지 못했기 때문에 결국 그것이 귀족의 통제에 들어가는 것을 막을 수 없었다. 이것의 주요한 직접적 원인은 중앙 양반 가문이 소유한 농장이 성장했기 때문이지만, 중요한 근본적 조건은 국가가 중앙화·서열화된 이상적인 중국의 지방행정과 지방자치의 한국적 전통을 타협시킨 것이었는데, 그 결과 국가는 지방에서 자신의 이익을 대변하고 조세를 걷는 데 세습적 향리에게 크게 의존하게 되었다. 이런 체제에서 일단 국가는 자원에 일정하게 접근할 수 있었지만, 13~14세기에 외국의 침략이 일어나고 중앙의 경제적 이익이 전국을 침탈해 지방의 사회질서가 무너진 뒤 이 체제는 시행할 수 없는 것으로 증명되었다.

사회적으로 10세기에 국왕이 자신을 지지하는 지방 호족층의 이탈을 막기 위해 양보함으로써 호족의 향리 후손은 계속 세습적 지배층으로 인정되어 조정의 관직에 나아갈 수 있는 제도적 권리를 얻게 되었다. 이것은 중앙 양반과 지방 향리의 갈등을 불러왔는데, 지방 사회 질서가 크게 무너져 기반을 상실한 결과 기회와 안전을 찾아 지방 향리가 대거 수도로 유입된 고려 후기에 격화되었다.

보편적인 정치권력을 상당 부분 유지하고 다량의 국가 자원을 계속 통제할 수 없게 된 고려 후기의 국왕들은 귀속적 특권의 전통에서 발원한 문제를 철저히 개혁할 수 없었다. 그들은 수많은 처방을 동원했지만, 왕조의 제도적 기반을 더욱 약화시킬 뿐이었다. 14세기 후반에 원의 지배력이 무너지고 왜구의 침입이 일어나면서 왕조의 문제는 위기의 수준으로 옮겨갔다.

권력 투쟁

언뜻 보기에 궁지에 몰린 것 같았던 왕조는 13세기에 원과 평화가 형성된 뒤 어느 정도 회복된 것처럼 보였다. 외부적으로 원의 동북아시아 지배는 한국을 침략의 위협에서 보호했다. 내부적으로 최씨 무신 정권은 전복되었고, 고려 왕실은 원과 통혼해 원 황제의 후원을 받았다. 그러나 원의 후견은 완전한 정치적 안정을 보장하지 않았다. 고려 왕실은 원 황실과 특별한 관계를 맺었지만 고려 국왕들은 황제에게 폐위되는 것을 막거나 원의 간섭에서 보호하지 못했으며, 고려 국왕들은 원의 수도인 대도大都로 자주 소환되었고 일부는 폐위되기도 했다.[3] 아울러 고려 국왕과 결혼한 원의 공주는 자주 정치에 개입했고 그 지위를 이용해 거대한 부를 축적했다. 충선왕과 충목왕忠穆王(재위 1344~1348)이 추진한 간헐적인 개혁은 격렬한 정쟁을 유발한 것을 제외하고는 거의 성공하지 못했다.

1360년대 원 제국의 갑작스러운 몰락은 한국에 거대한 정치적 불안정을 조성했다. 외부적으로 동북아시아에서 원의 지배력이 감소하면서 1359년(공민왕 8)과 1362년에 홍건적의 침입과 그 세기 후반에 걸친 왜구의 가혹한 침략이 발생했다. 내부적으로 이제 외부의 지원을 상실한 고려 국왕들은 점점 더 반발하는 신하들을 직접 상대해야 했다. 고립되고 권력과 존경을 모두 상실한 마지막 네 국왕들은 일관된 지도력을 행사할 수 없었다. 왕조는 공양왕(재위 1389~1392)이 자신의 신하에게 양위함으로써 수치스러운 종말을 맞게 되었다.

고려 후기 정치제도의 구조

1258년(고종 45) 3월에 마지막 무신 집정인 최의崔竩가 일군의 관원들에게 축출됨으로써 무신 집권 시대는 막을 내렸지만, 최씨 세력은 원의 침략에 완고히 저항하다가 엄청난 희생을 가져왔다. 최씨가 축출된 뒤 20년은 새로 군사적 독재자가 되려는 부류와 문신 사이의 투쟁으로 특징지어진 왕조의 정치제도에 관련된 이행기였다.

최의를 제거한 직후 재추는 정치 사안의 처리를 주도했다. 예컨대 그들은 1258년 7월에 표면적으로는 왕자가 원에 입조하려다가 피해를 입을 것 같다는 이유로 왕자가 아파서 사행을 갈 수 없다는 전갈을 가지고 원에 파견되었다.[4] 재추는 1259년 6월에 고종이 붕어한 뒤 다시 정치적 영향력을 행사해 대장군 김준金俊(김인준金仁俊)을 국왕의 총신에서 제외했으며,[5] 1260년 7월에도 원의 사신을 억류하는 문제를 논의하기 위해 모였다.[6]

그러나 재추의 권력이 명백히 부활했음에도 김준은 조정을 장악하기 시작했다. 1264년(원종 5) 무렵 그는 교정별감敎定別監으로 자신을 지명해 다시 조정을 무력적으로 통제했다. 그러나 무신 지배가 재개된 한계는 이듬해 집정인 김준이 스스로 시중에 오르는 전례 없는 행동을 하면서 다시 드러났다. 이것은 그가 조정을 장악하고 있음을 보여주지만, 최씨 시대 이후 정치권력을 행사하려면 문반임을 과시하는 요소가 필요하다는 것을 알게 되었다는 증거이기도 하다. 아무튼 김준의 시대가 주목받은 기간은 짧았다. 1267년(원종 8) 9월에 그는 지방 무반직을 받았고, 거부하자 유배 보내져 그 뒤에 처형되었다.[7] 문하시중으로서 그의 지위는 경원 출신의 문신 이장용李藏用이 계승했다.

김준이 처형된 지 7개월 만에 또 다른 무신인 임연林衍이 권력을 장악했다. 1269년 6월에 임연은 재추를 소집해 문하시중 이장용을 무능하다는 이유로 제거했다. 재추의 지지를 얻는 데 실패하자 임연은 독자적으로 행동하기로 결정하고 안경공安慶公 창淐—의 집으로 관원을 소집해 고종의 후계자인 원종을 폐위하고 창을 옹립했다. 다음 달 임연은 스스로 교정별감에 올랐다. 이런 행동은 원의 의심을 불러와 원은 11월에 원종의 복위를 요구하는 칙령을 보내왔다. 임연은 자신의 집으로 재추를 소환해 원의 칙령에 응답하는 방안에 조언을 구했다. 재추의 대답은 기록되어 있지 않지만, 임연은 그때 원의 사신을 만났고 그 뒤 "창의 폐위와 원종의 복위를 논의하기 위해 재추와 만날 수밖에 없었다."[8] 그 직후 임연은 유배되었다가 처형되었다. 1270년(원종 11) 3월에 임연의 아들 임유무林惟茂는 아버지의 뒤를 이어 교정별감에 지명되었지만 두 달 만에 처형됨으로써 고려의 무신 집권 시대는 막을 내렸다.

이런 일련의 사건은 최씨 정권이 몰락한 직후 조정의 무신과 문신의 권력균형이 이동했음을 보여준다. 무신 집정이 되려는 야망에 다시 등장한 재추가 큰 걸림돌이 된 것은 상당히 분명하다. 그 중요성은 무신이 지배한 사적 기구가 폐지된 것을 "조정과 나라의 큰 기쁨"이라고 서술한 1270년 5월의 『고려사』 기록에 나타나 있다.[9]

1259년(고종 46)에 고려 조정은 원의 지배에 복종했지만, 원은 송을 정복하는 데 집중하고 있었기 때문에 고려를 감독하는 정규적인 제도를 마련할 여유가 없었다. 그들은 1280년(충렬왕 6)에야 일본 침략을 준비하기 위한 정동행성征東行省을 설치했다. 1294년(충렬왕 20) 원은 일본 원정을 포기했지만, 정동행성은 한국에서 그들의 이익을 대변하는 기구로 남았다. 정동행성이 당시 조정에 직접 개입했다는 증거는 없지만, 그것은 특히 설치된 직후 고려의 국내 문제에 개입했다. 그러나 정동행성은 고려의 국왕이 수장을 맡고 그 신하들이—특히 그 후반기에—대거 참여한 것을 볼 때 대체로 고려가 스스로 문제를 처리하도록 허용했다고 보인다. 정동행성의 가장 중요한 임무는 고려가 원에 복속되어 있다는 제도적 상징인 원의 사신을 맞이하고 보내는 것이었다.[10]

원이 고려에 설치한 또 다른 주요한 제도는 전국의 전략적 거점에 만호와 천호를 두어 지방 군사행정을 관할케 한 제도였다. 원 간섭기 초반 만호·천호의 전부 또는 대부분은 몽골인이었지만, 만호의 주요 임무가 원에 대한 복속을 강화하는 것에서 왜구 등의 외침에서 고려를 방어하는 것으로 변화하면서 그 관직에는 관행적으로 한국인이 임명되었다.

원은 자국에 대한 복속을 반영하도록 그 정치제도를 개편하라고 고려 조정에 압력을 행사하기도 했다. 그 결과 조정의 일부 최고 관직과 관서가 혁파되고 새로 이름이 붙여졌다. 원은 황제의 독점적인 권한이라는 이유에서 고려 국왕이 정1품의 삼사三師·삼공三公을 임명하는 것을 더 이상 허락하지 않았다. 또한 원은 공식적으로 상서성을 혁파하고 그 기능을 중서문하성으로 이관시켰다. 동시에 중서문하성은 첨의부僉議府로 이름이 바뀌었고, 3품 이상 관원이 수장을 맡은 그 밖의 모든 관서—중추원·삼사·국자감·어사대를 포함한—도 고려의 하락된 지위를 반영하도록 이름이 개편되었다.

이런 개편이 급진적으로 보이지는 않는다. 삼사·삼공의 혁파는 조정의 운영에 거의 영향을 주지 않았다. 상서성의 폐지는 좀더 중요하다고 판단되는데, 10세기 후반 무렵 그것은 사실상 중서문하성의 통제 아래 들어갔으며 그 재신은 삼사의 수장을 겸임했다. 실제로 상서성을 혁파하고 첨의부로 그 기능을 이관한 것은 몇 세기 동안 축적된 상황을 공식화한 것에 지나지 않았다.

고려 후기 정치권력 구조의 도해는 상위에서 국왕이 신하의 행동을 지휘하고 모든 사안의 최종적 권한을 행사했다는 것을 보여준다. 국왕은 1279년(충렬왕 5)에 설치된 도당의 보좌를 받았다. 그 구성원은 두 가지 역할을 맡았는데, 주요 사안을 협의하고 국왕에게 추천하는 위원의 역할과 관원들이 국왕의 결정을 수행하는지 감독하는 장관의 역할이었다. 도당은 정책 입안을 담당하면서 고려 후기에 최고 정무 기구로 떠올랐다. 고려 전기의 재추가 대부분 국왕이 소집한 사실상의 협의 기구였던데 견주어, 고려 후기의 도당은 특정한 임무를 갖고 1·2품의 제한된 관원으로 구성된 공식 기구였다.

국왕과 신하의 적절한 거리는 문서를 출납하는 중추원 관원이 유지했다. 이 관원들은 국왕과 신하의 모든 공식적 의견 교환을 담당했고, 그들의 중요성은 상대적으로 높은 3품의 품계에 반영되었으며, 의견의 자유로운 흐름을 보장하고 개인이나 파벌이 국왕에게 부당한 영향을 행사하는 것을 막았다.

다른 중요한 두 관서도 언급할 필요가 있는데, 한림원 관원은 국왕에게 조언자와 개인적 비서로 기능했으며, 대간이라고 합칭된 중서문하성의 중급 관원과 어사대 관원은 개인들의 행동과 정책 결정을 함께 비준하고 국왕과 최고 관원에 대한 간쟁을 자주 제기했다. 끝으로 정책의 실제 집행은 특정한 책임 영역을 가진 육부와 그 밖의 관서가 맡았다.

이것은 고려 후기 양반이 제도가 기능해야 한다고 생각한 방식을 서술한 것이다. 실제로 정치권력은 국왕과 궁중 내부 세력이 양반이 지배하는 조정을 회피하려고 시도하면서 정규적인 제도적 구조를 거치기보다는 그 주변에서 유동하는 경우가 많았다.

원 간섭기의 정치권력

고려 후기의 국왕들은 정규적인 권력 구조의 정점에 있었지만, 조정에 실질적인 영향력을 행사하지는 못했다. 왕권은 무신 집권기 동안 상당히 권위를 잃었으며; 국왕은 원 황실의 후원을 받으며 통치했지만 원이 그들을 자주 소환한 결과 그 위상은 전혀 신장되지 않았다. 더욱이 국왕은 자신의 의지대로 동원할 수 있는 주요한 국가적 무력을 갖지 못했다. 고려 전기의 2군 6위는 당시 이름만 남았고 그 장교직은 한직으로 치부되었기 때문에 고려 후기 내내 왕조는 홍건적과 왜구의 침입 같은 위기를 막을 군사를 그때마다 편성해야 했다.[11] 왕조가 무력해진 근본 원인은 국가의 인적·물적 자원 대부분에 관련된 통제력을 잃은 데 있었다.

다음의 다른 두 요인은 고려 후기 왕권의 약화를 가져왔다. 하나는 고려 후기 국왕의 대부분이 어렸다는 것이었는데, 마지막 국왕 9명 중 6명은 10대나 그 이하에 즉위했고 2명〔충목왕과 창왕(재위 1388~1389)〕은 8세의 어린 나이에 즉위했으며 다른 2명(충혜왕과 우왕)은 10

세였다. 다른 요인은 관련 증거가 많이 남아 있는데, 일부 국왕이 국정에 태만한 경향이었다. 충렬왕·충선왕·충숙왕 등은 나라의 감독을 개경의 신하들에게 맡겨놓은 채 원의 수도에서 대부분의 시간을 보냈으며, 충혜왕과 우왕 등은 지루한 국무보다는 사냥과 주색의 쾌락을 선호했다. 고려 후기의 가장 정력적인 국왕인 공민왕조차도 사망한 왕비를 기리는 대규모의 사찰을 계획하고 세우는 데 치세 후반의 대부분을 바쳤다. 고려 후기의 국왕들은 효과적인 권력을 행사하는 데 필요한 권위와 자원, 그리고 많은 경우 개인적 헌신이 부족했다.

원과 결탁한 중앙 귀족 가문이 고려 후기에 실제적인 정치권력을 행사했다는 견해가 우세하다. 확실히 중앙 양반은 많은 이점을 갖고 있었다. 그들은 커다란 사회적 특권을 누렸고 정무 관서에 세습적으로 진출하는 전통을 가졌다. 그들 대부분은 거대한 토지와 많은 노비를 보유하고 있었다. 아울러 1365년(공민왕 14) 초반 2명의 고위 관원이 수도의 교외에서 사냥하는 데 사병을 동원해 무력을 과시한 사례를 서술한 『고려사절요』의 기록에서 보이듯이 일부 양반들은 사병을 양성했다.[12] 그 자료에 그런 사병의 기원과 규모는 언급되어 있지 않지만, 그들은 국왕에 맞서 양반의 권력을 크게 상승시켰다고 추정할 수 있다. 양반은 조정을 지배할 수 있는 좋은 위치에 있었던 것이다.

전통적 해석에 따르면 귀족 권력이 최고로 발현된 제도는 도당이었는데, 실제로 거기서 주요 가문은 모든 문제를 논의했고 합의된 결정을 읽은 뒤 국왕에게 올리면 거의 그대로 추인되었다.

도당이 고위 관원으로 구성되었다는 것은 많은 자료에서 명확히 입증된다. 13세기 말엽 삼사의 장관처럼 그 밖의 2품 관원을 포함하는 것으로 확대되었지만, 처음에 참여 자격은 재추(중서문하성과 중추원의 1·2품 관원)로 국한되었다.[13] 도당이 합의의 원칙에 따라 운영되었다는 것은 의심의 여지가 없다. 1342년(충혜왕 후3)에 이제현은 도당의 절차를 간략히 요약했다. "녹사錄事가 회의 사항을 그들에게 보고하면 자기의 생각에 따라 그 가부를 말한다. 녹사가 그 사이를 오가면서 그 의논을 일치시킨 뒤에 시행하니, 이것을 의합議合이라고 한다."[14]

도당이 형사사건·인사 문제·국방 사안·외교 관계는 물론 재정과 조세 같은 정책 사안을 포함한 넓은 범위의 문제를 다룬 것은 분명하다. 도당은 행정의 중심이기도 했는데, 지방 군현의 수령은 물론 중앙 조정의 하위 관서와 직접 자주 연락했다. 이런 증거는 『고려사』와 『고려사절요』의 기록에서 발견되는 도당에 관련된 서술과 도당의 행동에 대한 사례를 포함해 많은 자료에 나와 있다.[15]

도당은 고려 후기의 정치적 실세 기관이었지만, 그 활동의 거의 모든 사례는 왕조의 마지막 20년에 나타났다. 이런 발견에 따라 필자는 근본으로 돌아가 고려 후기 전체에 걸쳐 도당 활동의 실제 기록을 추적했다. 〈표 4.1〉의 자료는 1279년(충렬왕 5)에 도당이 설립되었을 때부터 1351년 공민왕이 즉위할 때까지 『고려사』(본기·지·열전을 포함해서)에 도당(도평의사사로도 불렸다)이 언급된 횟수를 보여준다. 이 자료에 따르면 원의 영향력이 정점에 도달했던 시기에 도당의 활동은 매우 적었다. 도당에 관련된 11회의 기록 중 4회는 그것이 설립된 지 4년 안에 나타났다. 1279년 도당이 원에 파견한 사행을 위해 역참을 세울 것을 논의한 사례와[16] 1283년(충렬왕 9) 학생에게 군역을 부과하는

4장 고려 후기의 제도적 위기

<표 4.1> 1279~1351년 도당 활동의 추이

시기	1279~1283년	1298년	1299~1343년	1344~1347년	1348~1351년
『고려사』 기록 횟수	4	2	2	3	0

것을 중지하는 법령을 도당이 발표한 기록에서 보이듯이[17] 그 기간에 그것은 주요한 정책 입안과 행정 기구로 활동했다. 15년 동안 기록이 나타나지 않다가 충선왕의 첫 번째 짧은 치세 동안인 1298년(충렬왕 24)에 나온 두 기록은 도당의 활발한 활동을 보여주지는 않지만, 주요한 국무에 관련된 도당의 회의에 나이 많은 재추가 매일 참여하는 것을 국왕이 면제했다는 기록에서 그 기구의 활동을 알려준다.[18] 1299(충렬왕 25)~1343년(충혜왕 후4)에는 2개의 기록밖에 없는데, 모두 고려를 원의 속국으로 만들자는 제안에 도당이 반대한 내용이다.[19] 이것은 도당이 그 기간에 국가의 특별한 위기에 능동적으로 대응했지만, 조정의 일상적인 업무에는 관여하지 않았음을 보여준다. 나머지 세 기록은 일부 친원 세력의 이익이 공격받던 개혁 시기인 충목왕 때의 것이다. 요컨대 1283~1351년 동안 도당은, 특별한 상황 아래서 잠시 활발하게 활동한 것을 빼면, 거의 대부분 조용했다. 이런 측면을 고려할 때 그것은 중앙 양반 가문(또는 그 밖의 누구라도)이 국정을 장악할 수 있는 수단이 되지는 않았다고 생각된다.

그렇다면 기록에 나오지 않은 기간에 도당은 전혀 소집되지 않았는가? 도당이 계속 회합했다는 증거는 그 기구가 역사에 나오지 않는 한 기간에 도당 구성원의 행동을 서술한 1342년(충혜왕 후3) 이제현의 언급에서 찾을 수 있다. "지금은 첨의와 밀직을 증원하고 상의商議하는 관원도 쓸데없이 늘어났다…… 그들은 여럿이 떼 지어 드나들고 큰 소리로 떠들고 웃기도 하면서 부부간의 사사로운 일이나 시정의 쌀값·소금값의 이익에 이르기까지 말하지 않는 것이 없다."[20]

물론 이제현은 도당 구성원의 확대와 특히 그들의 부적절한 행동에 불만을 갖고 있었다. 대체로 도당 구성원의 확대는 귀족 권력의 중심으로서 그 중요성을 보여주는 증거로 간주된다. 그러나 도당이 실제로 정치권력의 중심이었다면 그 구성원의 방종은 어떻게 설명해야 하는가? 도당의 침체를 고려하는 시각에서 보면, 그 구성원은 증가했지만 그들이 국정에 더욱 무관심해진 것은 그 권력이 아니라 무기력의 증거로 볼 수 있다. 도당에 오른 것은 명예로 보일 수 있지만, 그것은 대부분 실질적 권력이 전혀 없는 명예였다.

도당이 실제적인 권한을 행사하지 못한 까닭은 무엇인가? 하나의 가능한 대답은 도당이 사안을 처리한 절차의 본질에 있다. 도당이 운용한 합의의 원칙은 그 효율성을 저해했지만, 좀더 효과적으로 국정을 시행하는 방법을 찾는 동기가 될 수 있었다. 이것에 관련된 초기의 증거는 1278년(충렬왕 4)의 『고려사절요』 기록에 보이는데, 거기서는 "옛 제도에 모든 국가의 일은 재추가 회의해 승선承宣을 통해 국왕에게 아뢴 뒤 왕명을 받들어 시행했다. 김주정金周鼎은 '지금 재추가 너무 많아 정무를 논의하기에 적당치 않다'고 건의했다"고 기록했다.[21] 추가적 증거는 1298년(충렬왕 24) 충선왕이 발표한 법령에서 찾을 수 있다. "재집宰執의 숫자가 옛 제도보다 두 배나 많아 의견이 일치되지 않아 모든 일이 지연되니 그 인원을 줄여야 한다."[22] 충선왕은 도당을 다시 활성화하려고 했지만 그의 노력은 소용이 없었다. 그는 몇 달 뒤 폐위되었다. 도당 구성원은 곧 28명으로 되돌아갔고 중앙 무대에서 다시 한 번 사라졌다.[23] 본원적으로 도당 운영이 불편하다는 까닭이 측면으로 밀려난 한 원인이었을 가능성이 있다.

역사 편찬자들이 재추라는 용어를 도당과 단순히 혼용했거나 재추가 도당 바깥에서 정책을 결정했을 가능성을 배제할 수는 없다. 그러나 그랬을 것 같지는 않다. 1279년(충렬왕 5)에 도당이 설치된 뒤 재추는 의례儀禮를 빼고는 역사에 거의 등장하지 않는다.

도당이나 다른 장소에서 재추가 정치권력의 중심이 아니었다면, 실권은 한림원이나 대간 또는 어사대 같은 관서에 있었을 가능성을 고려해 보아야 한다. 그러나 그런 사실을 보여주는 증거는 거의 없다. 1298년에 충선왕은 한림원을 주요한 권력 중심으로 만들려고 시도했지만 수포로 돌아갔으며, 그 관서가 중요한 정치권력을 행사했음을 보여주는 다른 증거는 없다. 박용운은 대간이 원 간섭기에 더욱 활발해졌다고 주장했지만, 그들이나 다른 정규 관서가 고위 정책 결정에 일상적으로 참여한 것을 보여주는 증거 역시 없다.[24]

원 간섭기 동안 권력 중심이 될 수 있는 가능성을 가진 관서는 정동행성이었다. 그러나 고병익高柄翊은 정동행성이 고려 국왕이 수장을 맡았고 대부분 고려 관원으로 구성되었으며, 설치된 직후 몇 년을 빼고는 고려의 내정에 거의 간섭하지 않았음을 보여주었다. 고병익에 따르면 정동행성의 주요 임무는 원과 고려 조정 사이의 연락을 담당하고 고려가 원에 복속되었다는 상징으로 기능한 것이었다.[25] 실제로 정동행성이 일상적인 정치적 결정에 참여한 것을 보여주는 사례는 거의 없다. 특별한 상황을 제외하고, 여러 증거는 고려 후기에 정치권력이 양반이 지배한 조정과 정동행성 모두에 있지 않았음을 보여준다. 따라서 권력의 거점은 다른 데서 찾아야 한다.

아이젠슈타트는 역사상 관료 사회의 지도자들은 다양한 다른 사회 집단 출신인 궁중의 심복이나 관원을 이용해 귀족 또는 관료 집단의 견고한 권력을 극복하려고 자주 시도했다고 지적했다.[26] 고려 후기의 국왕들은 양반이 지배한 조정에 맞서 바로 그런 관행을 따른 것으로 보인다.

역사를 자세히 살펴보면 원 간섭기 동안 궁중 내부는 상당한 정치적 영향력을 행사한 것으로 드러난다. 궁중 내부의 인물들은 국왕의 원 출신 왕비 주위에 집중되었는데, 왕비는 그들의 개인적 가신과 환관, 그리고 비양반 출신의 인물들에게 큰 권력을 부여하고 궁중과 조정의 핵심 관서로 승진시켰다. 그 결과 고려의 문반 중심의 정치제도는 무너지고 신분제도는 약화되었다.

궁중 내부와 궁중 가신이 정치를 통제한 것은 충렬왕의 치세 동안 정착되었다. 충렬왕은 자신이 왕비의 지배를 받았기 때문인지, 원의 후원을 이용해 양반 권력을 약화시키려는 의도였는지 분명치 않지만 왕비와 궁중 가신의 권력 행사를 적극적으로 촉진한 것으로 판단된다. 아무튼 그가 재위한 기간에는 원 황실의 공주인 왕비가 정치를 주도하고 그를 따르는 외국 신하·환관·총신, 그리고 원과 특별한 관계에 있던 일부 양반까지 아우르는 다양한 특정 집단이 권력을 장악하게 되었다.

충렬왕의 왕비이자 쿠빌라이 칸의 딸인 제국齊國공주는 궁궐과 사찰을 건축하고 사냥매를 원에 공급하기 위해 응방鷹坊을 설치하는 등의 다양한 사안에서 재추와 자주 갈등을 일으켰고, 그들의 의견을 묵살하면서 고려 조정에 거대한 영향력을 행사했다.[27] 충선왕의 왕비 계국薊國공주는 남편의 행동과 정책에 분노해 1298년(충렬왕 24) 충선왕이 원에 소환되는 데 중심적 역할을 했다.[28] 충혜왕의 원 출신 왕비인 덕령德寧공주는 1340년대 중반 개혁의 시도를 좌절시키고 1348년(충목왕 4)에 그녀의 아들 충목왕이 붕어하자 권력의 중개인으로 떠올랐다.[29]

원 간섭기 동안 국왕과 그 왕비는 조정을 운영하는 데 여러 세력에 의지했다. 그런 세력 중 하나는 외국인이었다. 인당印璫 · 장순룡張舜龍 같은 원과 중앙아시아인들은 원 출신 왕비의 가신으로 고려에 와서 궁중의 후원을 받아 최고 관직에 올랐으며, 고려의 양반 관원들과 자주 갈등을 일으켰다.[30]

또 다른 궁중 내부의 세력은 환관이었다. 환관은 후한後漢 이후 중국 정치에서 중요한 역할을 맡았지만, 원 간섭기 이전에는 한국사의 중심 무대에서 거의 보이지 않았다.[31]

『고려사』에는 1277년(충렬왕 3)에 김자정金子廷이 종친 장군從親將軍에 임명된 것이 정규 관서에 임명된 첫 번째 환관의 사례라고 기록되어 있다.[32] 다른 환관들도 그 뒤를 따라 곧 관원에 임명되었는데, 1288년(충렬왕 14)에 장군이 된 최세연崔世延[33]과 원 황실의 총신으로 고려로 돌아온 뒤인 1297년(충렬왕 23)에 작호를 받고 공신에 책봉된 이숙李淑 등이 있었다.[34] 『고려사』 「최세연 열전」은 충렬왕 때 총애를 받은 환관의 역할에 관련된 일정한 정보를 제공한다.

최세연은 그 부인의 질투에 화가 나서 스스로 거세해 환관이 되었다. 환관 도성기陶成器는 그때 충렬왕과 공주에게 총애를 받고 있었는데, 최세연은 그에게 붙어 궁궐로 들어갈 수 있었다. 그는 도성기보다 더욱 총애를 받아 몇 년도 되지 않아 도성기와 함께 장군에 임명되었다. 두 사람은 권세를 믿고 방종했다. …… 최세연은 권력을 멋대로 휘두르며 일을 처리했고 뇌물을 많이 받았다. 신하의 승진과 좌천은 대부분 그가 결정했다. 종친과 재상이라도 감히 그의 뜻을 거스르지 못했다.[35]

『고려사』는 비양반 출신으로 궁중과의 연결을 통해 권력자로 성장한 다른 사람들도 특별히 언급했는데, 충혜왕의 특별한 총애를 받은 상인 손기孫琦[36]와 천계 출신으로 덕령공주의 후견인이었던 배전裴佺·강윤충康允忠 등이다.[37]

끝으로 언급할 세력은 원과 특별한 관계를 가진 양반들인데, 안동 출신의 권겸, 행주 출신의 기자오奇子敖, 교하 출신의 노책盧頙 등이다. 그중 대표적 인물이 행주 기씨인데, 그 딸 중 한 사람은 순치제順治帝 (재위 1333~1367)의 비가 되었다. 몇 사람이 원 황제에게서 왕으로 책봉된 기씨는 황실과의 연관을 활용해 고려 국왕과 맞먹는 부와 권위를 쌓을 수 있었다.[38] 권겸·노책의 인척과 함께 기씨는 전형적인 권문세족으로 보일 수 있다. 그러나 그 가문들이 양반 중에서 미미한 부류였다는 것은 지적해야 한다. 1348년에 충목왕이 붕어하자 덕령공주가 기철·권겸에게 조정의 통제권을 맡긴 것에서 볼 수 있듯이, 다른 원의 총신들처럼 그들의 권력은 주로 궁중 내부와의 긴밀한 관계에서 나왔다.[39]

외국 신하, 환관, 비양반 출신의 인물, 그리고 황실의 후견인에게 의존한 것이 고려 후기에 궁중 내부가 양반이 지배한 조정을 통제한 유일한 수단은 아니었다. 그 시기의 정치는 궁중 총신에게 권력을 집중시키려는 목적의 여러 제도 개혁으로도 특징지어진다.

그런 특징의 하나는 인사 행정이다. 무신 집권기의 정방은 원종의 치세 동안 궁중에 자리 잡은 관서로 전환되어 그 뒤 국왕과 그 왕비가 궁중과 정규 조정에 총신을 임명하는 데 이용되었다.[40] 물론 이것은 모든 인사가 이부와 병부를 거쳐 이뤄지고 대간의 비준을 받아야 한다는 원칙을 심각하게 위반한 것이었다. 폐지하려는 시도가 몇 차례 있었지만 정방은 원 간섭기 내내 유지되었다.[41]

국왕이 새로운 제도를 만든 하나의 영역은 정책 입안이었다. 『고려사절요』에 따르면 1278년(충렬왕 4) 10월에 충렬왕은 재추를 대신해 국무를 의논하는 필도치必闍赤('문신'이라는 뜻의 몽골어)라는 새 관서를 만들었다. 필도치는 '별청재추別廳宰樞'의 별칭으로 궁중에서 회합했는데, 충렬왕의 총애를 받은 광산 김씨 출신의 김주정(1291년 사망),[42] 원종 때 충렬왕이 왕자로서 원 조정에 갔을 때 수행한 설공검薛公儉,[43] 충렬왕의 오랜 총신이었던 이지저李之氐,[44] 이지저를 통해 충렬왕의 총애를 받은 염승익廉承益 같은 궁중의 총신으로 구성되었다. 김주정의 열전은 그를 비롯한 동료 별청재추는 궁중에서 정기적으로 만났다고 기록했다.[45] 동시에 충렬왕은 신문색申聞色이라는 기구도 설치했는데, 중추원의 3품 관원이 맡아왔던 문서 출납을 담당한 내료內僚2)로 구성되었다.[46]

필도치는 1279년(충렬왕 5)에 도당으로 대체되었지만, 『고려사절요』에서는 1304년(충렬왕 30)에 충렬왕이 다시 사안을 논의하기 위해 5명을 궁궐로 불렀다고 기록했는데, 이 집단 또한 별청재추였다.[47] 필도치와 신문색의 존속과는 상관없이, 궁중 내부에서 정책 논의와 문서 출납을 통제하는 데 필요한 중요한 방안들이 마련되었다.

1304년 이후에는 별정재추에 대한 언급이 없다. 그러나 자료를 자세히 읽어보면 국왕은 총애하던 소수의 인물에게 정치적 실권을 계속 부여한 것으로 나타난다. 예컨대『고려사절요』에는 원의 간섭을 받았을 때 충선왕은 국무와 재정을 포함한 모든 문제를 근신近臣들에게 맡겼다고 기록되어 있다.[48]『고려사절요』에는 충숙왕이 몇 년 동안 정무를 돌보지 않았으며, 국왕 대신 소수의 총신들이 국가의 권력을 독점했다는 기록도 있다.[49] 이들이 별청재추처럼 비공식적으로 활동했는지 제도적 형식 안에서 기능했는지 분명치 않지만, 소수의 총애하는 신하에게 권력을 부여함으로써 조정을 우회하려는 노력은 국왕이 소수의 개인적인 총신으로 구성된 독립적 정무 관서를 만들어 양반이 지배하던 도당의 제약을 극복하려고 시도한 원 간섭기 내내 지속된 것이 분명하다.

외국인·환관·천계 출신을 고위 관직에 임명하고 정방과 별청재추 같은 특별 관서가 존재한 것은 대체로 고려 후기 귀족 제도가 부패한 증거로 인용된다. 그러나 여기서 살펴본 증거에 따르면 원 간섭기에 이런 관서가 설치되고 새로운 사회 세력이 흥기한 것은 왕권을 지배하려고 노력하던 부패한 양반의 결탁이 아니라 양반의 권력을 극복하려고 궁중이 노력한 결과였다. 환관과 천계 출신의 등장은 양반 권위의 귀속적 기반을 약화시키는 것이었기 때문에 양반이 그들과 결탁했다는 것은 매우 이해하기 어렵다.

원 간섭기 이후의 정치권력

14세기 중반 이후 원의 권력이 약화되면서 고려왕조는 원 출신 왕비와 그 총신의 영향력을 떨쳐버릴 수 있는 기회를 갖게 되었다. 공민왕은 원의 영향에서 고려를 벗어나게 하려는 중요한 정치적 개혁을 단행했지만, 국왕의 체제적 기반은 너무 약했고 궁중 내부의 정치적 장악력은 너무 강했다. 원의 덕령공주는 공민왕 초반에도 영향력을 유지했지만, 1350년대 중반 국왕의 한국인 인척이 등장해 원 출신 왕비를 대체했다.

공민왕의 어머니는 남양 홍씨 출신으로 공민왕 초기 일정한 권력을 행사했다. 예컨대 그녀는 1352년(공민왕 1) 조상 숭배 의례와 관련해 도당의 의견을 묵살했다.[50] 그러나 그녀와 그 인척이 실제로 번창하기 시작한 것은 1350년대 중반 친원 세력을 숙청한 직후부터였다. 모후의 조카로 1357년(공민왕 6) 수상이 된 홍언박이 이끈 남양 홍씨는 공민왕이 재위하는 동안 15명의 관원과 적어도 8명의 재추를 배출한 가장 주요한 가문이었다.[51] 남양 홍씨가 행사한 영향력의 본질과 범위는 『고려사』 「홍언박 열전」에서 어느 정도 알 수 있다.

국왕은 강화江華로 천도하고 싶어 개태사開泰寺의 태조 진전太祖眞殿에서 점을 치게 하니 백성들이 동요했다. 태후홍씨는 홍언박의 고모였는데, 홍언박을 불러 책망했다. "너는 명문의 외척으로 총재冢宰를 맡아 나라의 신망이 모두 쏠려 있다. 지금 국왕께서 천도하고자 하나 백성들은 모두 바라지 않는데, 너는 어째서 간언해 중지시키지 않는가." 홍언박이 그런 의견을 국왕께 아뢰자 국왕은 "나는 천도를 결정하려는 것이 아니라 길흉을 알고 싶었을 뿐이다. 점괘는 과연 불길하게 나왔다"고 말했다.[52]

여기서 우리는 주요 양반 가문 출신의 외척은 국왕에게 영향을 미칠 수 있다는 사실 뿐만 아니라 국왕은 자신의 계획에 남양 홍씨가 공개적으로 반대하자 명백히 주저했다는 것을 볼 수 있다. 남양 홍씨는 공민왕 중반에 권력을 잃었지만, 태후와 그 지지자들은 그 뒤 다시 등장해 중요한 역할을 했다. 이처럼 공민왕의 치세는 정치권력이 원과 연결된 궁중 세력에서 고려 출신 왕비와 그 친척에게로 옮겨간 기간으로 특징지을 수 있다. 남양 홍씨의 흥기는, 그들 또한 궁중 내부에 기반을 둔 파벌이라는 측면에서 양반 권력의 재등장으로 보일 수도 있지만, 전체적으로 양반층에게 환영받는 발전은 될 수 없었다.

공민왕을 계승한 우왕은 다른 후보를 지지한 태후 홍씨를 물리친 이인임의 후견을 받아 10세에 즉위했다. 우왕은 왕실 태생이 아니라는 의혹 속에서 즉위했다. 어린 나이와 함께 그런 측면은 외부 세력의 지배에 그를 특히 무력하게 만들었다. 이인임과 그 동조자들이 우왕의 거의 모든 치세 내내 궁중을 지배했다는 것이 일반적인 견해다.

그러나 이런 해석은 이인임의 영향력을 지나치게 중시한 것으로 보인다. 이인임은 1374년에 우왕을 즉위시킴으로써 태후 홍씨에게 승리를 거두었지만, 그녀의 권력이 무너졌다는 의미는 아니었다. 반대로 그녀는 우왕 초반에도 자신의 지지자들을 조정에 두었다. 그중에는 궁중의 사무를 담당하면서 상당한 정치적 영향력을 행사한 그녀의 인척 김속명金續命이 있었는데, 1377년(우왕 3)에 그가 이인임 일파에게 유배되자 태후는 오른팔을 잃었다고 말했다.[53] 남양 홍씨의 영향력은 급격히 약화되었지만 이인임은 다른 양반과 권력을 분점했는데, 최영과 그 지지자들이 가장 대표적이며 거기에는 홍건적과 왜구를 격퇴해 명성을 얻은 변안렬邊安烈과 이성계 같은 무장도 있었다. 실제로 1388년(우왕 14) 1월 마침내 이인임 일파를 제거한 사람은 최영이었는데, 6개월 뒤 그 자신도 이성계에게 숙청되었다.[54] 그러므로 우왕대의 정국은 이인임이 전면적으로 지배한 것이 아니라, 마지못해서기는 했지만 이인임과 다른 세력, 처음에는 궁중 내부에 기반을 가진 남양 홍씨와 나중에는 주로 무신의 지원을 받은 최영이 권력을 분할한 구도였다. 공민왕의 치세는 친원 세력의 통제에서 궁중 내부의 통제로 전환되었다는 특징을 가진 반면, 우왕 때는 궁중 내부가 국왕을 지배한 구도에서 다양한 양반 당파가 투쟁을 벌이는 국면으로 이행한 것이었다.

이런 권력관계의 전환 속에서 원 간섭기 이후 국왕들은 환관과 그 밖의 낮은 사회 신분 출신을 등용해 양반 권력과 균형을 맞추려고 노력했다. 『고려사』는 공민왕의 치세 동안 환관의 권력이 너무 커서 비행을 저지르다가 잡혀도 처벌받지 않았다고 기록했다.[55] 공민왕의 특별한 측근 중 한 사람인 김사행金師幸은 권력과 탐욕으로 많은 양반의 적이 되었다. 김사행은 공민왕이 붕어한 직후 수도에서 추방되어 노비가 되었다.[56] 배전과 강윤충 같은 천계 출신의 인물은 공민왕 초반에 높은 직책에 올랐으며, 공민왕의 악명 높은 섭정인 신돈辛旽은 어머니가 노비였다. 배전과 강윤충 등은 공민왕 초반에도 덕령공주의 영향력이 지속되고 있었음을 보여주지만, 김사행이나 신돈과 남양 홍씨의 밀접한 관계를 알려주는 증거는 없다. 이것은 공민왕이 이런 비양반 출신을 이용해 남양 홍씨를 비롯한 양반의 권력을 약화시키려고 노력했음을 보여준다.

자신의 의견을 주장할 수 있을 정도로 성장한 우왕 또한 환관을 이용해 양반 권력에 맞서려고 했다. 예컨대 1382년(우왕 8) 8월에 그는 두 환관에게 수도 방어의 지휘를 맡겼다.[57] 아울러 임견미를 싫어하던 우왕은 1384년(우왕 10) 9월에 그를 은퇴시켰으며, 이인임과 그 일파가 저항하자 한 환관을 정2품 관직에 임명해 그에게 도당 운영을 맡겼다.[58] 물론 우왕의 치세를 철저히 논의하려면 그의 악명 높은 낭비와 '거리의 무뢰배'로 묘사되었지만 1388년 초반 이인임이 사망한 뒤 고위 관원에 올라 우왕의 가장 가까운 조언자로 남은 이광보李光甫를 언급해야 한다.[59]

그러므로 환관과 천계 출신을 등용한 주체는 왕비가 아니라 이제 국왕이었지만, 원 간섭기 동안 양반 관원을 억제하려는 목적에서 그런 인물을 발탁한 시도는 원 간섭기 이후에도 분명히 계속되었다. 그러나 환관과 비양반 출신 사회 세력을 등용한 것은 원 간섭기에만 지속된 현상은 아니었다. 원 간섭기의 궁중 정치에 연관된 제도 개혁 또한 지속적으로 나타난 중앙 정치의 특징이었다.

정방은 1350년대 개혁 성향을 가진 인물들의 주요한 개혁 목표였지만, 공민왕 초반까지도 중요한 권력 기구로 남아 있었다. 그것은 1356년(공민왕 5)에 혁파되었지만, 공민왕의 실질적인 섭정인 신돈이 1365년(공민왕 14)에 권력을 장악한 직후 복구되었는데 자신의 지지자들을 조정에 채우려는 의도가 분명했다. 정방은 우왕의 치세 내내 운영되었다. 『고려사』에는 우왕이 즉위한 1374년에 그것의 폐지를 요청하는 상소가 올라왔지만, 어떤 인물이 그 제안의 실행을 막았다고 기록되어 있다.[60] 그가 누구인지 밝혀져 있지는 않지만, 아무튼 정방은 이인임과 그 일파가 자신의 지지 세력을 등용하고 승진시키는 수단으로 사용되었다. 이인임이 그렇게 하려고 노력한 것은 왕조 역사에 기록된 발언에서 증명된다.

> 홍중선洪仲宣이 도성에서 유배되었다. 이인임과 임견미는 홍중선과 함께 정방에 재직했지만, 홍중선과 권력이 나뉘는 것을 싫어해 그를 명의 사신으로 지명했다. 홍중선이 즉시 떠나지 않자, 평소 그와 원한이 있었고 이인임에게 아첨하려던 간관 서균형徐均衡 등은 홍중선을 탄핵해 유배 보냈다.[61]

홍중선은 홍언박의 조카이자 태후 홍씨의 친척이었다. 그가 정방에서 쫓겨난 것은 남양 홍씨의 권력이 더욱 약화되고 이인임에게 인사권이 더욱 집중되었다는 사실을 뜻했다. 1383년(우왕 9) 3월의 기록은 다음과 같다.

> 문하시중 홍영통洪永通이 은퇴하기를 주청하니 조민수曺敏修를 시중으로, 임견미를 수시중으로 삼고, 도길부都吉敷 · 우현보禹玄寶 · 이존성李存性과 함께 정방을 맡게 했다. 선례에 따르면 시중이 인사 행정을 맡았지만 홍영통과 조민수는 시중이 되었어도 그러지 못했는데, 임견미가 권세를

독점했기 때문이었다.[62]

이 기록은 이인임 일파가 고위 관원—수상까지도—에 그들 일파의 외부 인물을 받아들일 수밖에 없었지만, 적어도 인사 결정과 관련해서는 외부 출신의 권력 행사를 제한할 수 있었음을 보여준다. 그러므로 원 간섭기에 국왕이 총신을 요직에 두는 데 이용했던 정방은 특정 당파의 이익을 대변하는 기구로 변질된 것이었다.

독립적인 정무 관서를 궁중에 따로 설치한 관행은 원 간섭기 이후에도 지속되었다. 『고려사절요』는 1365년 5월에 공민왕이 승려 신돈에게 정권을 넘겨준 직후 유탁柳濯과 이인임은 도당에서 정책을 심의하고, 김난金蘭·임군보任君輔·목인길睦仁吉은 궁중에서 사무를 관장하도록 지시받았다고 기록했다. 수상 경복흥慶復興은 정무에 참여할 수 없었다.[63]

여기서 다시 한 번 궁중에 기반을 둔 부류—이때는 공민왕과 신돈—는 정규 관원과 경복흥이 명목상의 수장이었던 도당을 억제하려는 목적에서 특정한 관원 집단을 소집하려고 시도했음을 볼 수 있다. 이런 관행은 '내재추內宰樞'라는 이름 아래 신돈이 섭정하던 기간 동안 일반적인 특징이 되었다.

우왕 초기 몇 년 동안 내재추에 관련된 언급은 없지만, 1370년대 후반에 이인임 일파는 이 제도를 다시 가동했다. 내재추에 관련된 특정한 언급은 1379년(우왕 5)에 나오는데, 그때 2명의 고위 관원은 궁궐로 가서 우왕의 유모 장씨에게 내재추 임견미와 도길부를 축출하도록 우왕에게 요청케 했다. 그러자 우왕은 임견미와 도길부를 그들의 집에 유폐시켰다. 그들은 이인임과 최영에게 탄원했고, 이인임과 최영이 개입해 그들의 직책을 복구하고 장씨를 유배시켰다.[64]

내재추에 관련된 좀더 구체적인 언급은 『고려사』 「임견미 열전」에 들어 있다. "우왕은 처음으로 내재추를 뽑아 왕명 출납을 맡겼는데, 임견미와 홍영통·조민수가 임명되었다. 그들은 항상 궁중에 있으면서 크고 작은 일을 모두 자신에게 보고한 뒤에 시행케 했다."[65]

이런 간결한 언급은 여러 사실을 보여준다. 첫째, 『고려사』에 날짜는 나와 있지 않지만 홍영통과 조민수가 포함되었다는 사실은 그 일이 1380년대 초반에 일어났다는 것을 알려준다. 둘째, 이 기록은 내재추가 국무를 논의했다고 서술하지는 않았지만, 왕명 출납을 맡았다고 강조한 측면은 궁중에 기반을 둔 독립적 관서가 정규 관서의 정치 참여를 제한하는 것과 정규적인 왕명 출납 과정을 이탈하는 것을 양반들이 우려하고 있었음을 다시 한 번 보여준다. 셋째, 앞서 보았듯이 이인임 일파 이외의 인물이 내재추에 포함된 것을 알 수 있다.

『고려사』의 기록을 그대로 받아들인다면, 조민수와 홍영통은 우왕이 임명했다. 우왕은 1379년(우왕 5) 이인임과 최영이 임견미와 도길부의 파직을 철회시키도록 했을 때 15세밖에 되지 않았지만, 앞서 환관의 등용과 관련해서 언급했듯이 이제는 19세로 자신의 의견을 주장하려고 분명히 노력하고 있었다. 물론 이 경우 그는 궁중 내부의 세력이 아니라 특정한 양반에게 권력을 주었다. 그가 이인임 일파 바깥에서 양반을 선택한 것은 서로 대립하는 양반 세력을 이용하려고 시도했다는 증거로 판단된다.

그러나 왕권을 확립하려는 확고한 열망에도 불구하고 우왕은 재위 마지막 몇 년 동안 사냥·주색에 탐닉하면서 국왕의 의무를 저버린 채 정무를 일부 총신에게 맡겼다.[66] 이런 상황은 『고려사』 「염흥방 열전」의 다음 기록에 전형적으로 나와 있다. "우왕은 정무를 돌보지 않았다. 염흥방과 그 동생 염정수廉廷秀·우현보가 권력을 농단했다. 정무는 국왕에게 보고하지 않고 모두 그들이 결정해 시행되었다."[67]

『고려사』에는 이 기록의 날짜가 나와 있지 않지만, 염씨 형제의 두드러진 위상은 그것이 우왕 치세의 마지막 해였음을 알려준다.[68] 염씨 형제와 우현보는 이인임의 측근이었는데, 이것은 이인임 일파가 조민수와 홍영통을 몰아내고 내재추를 다시 확고하게 통제했음을 보여준다. 이런 상황은 1388년 전반에 최영이 이인임과 결별해 그를 숙청할 때까지 지속되었다.[69]

따라서 정방과 내재추 같은 궁중 기구는 원 간섭기 이후에도 여전히 신돈 같은 국왕의 총신과 이인임 같은 양반 당파 모두에 의해서 양반이 장악한 조정을 우회하는 도구로 이용했다는 것은 분명하다고 생각된다. 궁중과 신하의 갈등은 원 간섭기 이후에도 중요한 주제로 남아 있었지만 원 간섭기에 갈등은 주로 궁중 기반 세력과 양반 관원 사이에 일어났으며, 왕실이 이전에 이용했던 것과 동일한 특별 기구를 통해 조정을 장악하려는 홍씨나 이인임 같은 당파가 흥기하면서 상황은 더욱 복잡해지고 불안정해졌다. 양반 권력은 분명히 다시 강화되었지만, 일반 신하들은 의미 있는 정치적 참여에서 여전히 배제되었다.

개혁의 시도

관원의 권력을 줄이려는 어떤 시도도 양반의 반대를 불러올 것이 분명했지만, 궁중과 그 지지자들이 채택한 수단은 특히 해로웠다. 첫째, 정방 같은 특별 기구에 의존한 것은 당시 세습적으로 조정에서 근무해온 전통을 다시 정립하고 있던 양반 지배층의 정치적 영향력을 위협했다. 둘째, 전통적으로 받아들여지지 않던 사회적 기원을 가진 인물—노비·상인·환관 같은—을 등용한 것은 주요 양반 가문이 정점에 있던 귀속적 사회 위계를 약화시킬 위험이 있었다. 궁중 내부, 그리고 나중에는 이인임 일파의 정치 장악에 불만을 품은 양반들은 몇 가지 방법으로 그것을 표명했다. 받아들여지기 어려운 사회적 출신 인물이 조정 관직을 갖는 것의 부당성과 왕비 및 행주 기씨처럼 왕실과 연결된 강력한 가문이 토지와 노비를 축적하는 것에 관련된 불만은 역사에 자주 나타난다. 또한 양반이 궁중 정치의 제도적 구조에 불만을 품었다는 기록도 있다. 그러나 양반의 실망을 보여주는 가장 명백한 자료는 이제현의 발언일 것이다. "유경과 김인준은 최의를 처형하고 국왕에게 권력을 반환했지만, 정방은 혁파되지 않았다. 국왕의 주요한 임무는 권력 있는 신하의 손에 넘어갔다. 개탄스러운 일이다."[70]

인사 행정을 '국왕의 주요한 임무'라고 표현한 이제현의 발언은 국왕이 인사 행정에 대한 전권을 행사해야 한다는 희망의 일부를 표현한 것이라기보다는 정규 조정에서 인사를 결정한 뒤 국왕에게 올려 승인을 받는 이상적 제도를 언급한 것으로 보아야 한다. 이제현의 태도는 널리 공유된 것으로 보이는데, 원 간섭기와 원 간섭기 이후 모두에서 궁중 내부와 총신이 조정의 권한을 우회하려는 시도를 막으려는 주요한 노력이 몇 차례 전개되었다.

특히 불공정한 등용과 궁중 총신의 방종 같은 몇 가지 기본적인 제도적 문제를 다룬 첫 번째 시도는 1298년(충렬왕 24)에 충선왕이 잠깐 재위한 동안 나타났다. 충선왕은 궁중 총신을 직접 공격하기 시작했다. 1297년(충렬왕 23) 5월 원에서 돌아왔을 때 충선왕은 왕자였지만, 충렬왕과 그의 원 출신 왕비인 제국공주의 특별한 총애를 받던 환관 최세연을 체포해 처형했다. 충선왕은 즉위한 뒤 남양 출신의 홍자번이 왕조의 재정적 곤경을 완화하는 변화를 요구하면서 2년 전에 올린 18조의 상소에 대부분 기초한 개혁안을 즉시 시행했다.[71] 그러나 충선왕의 개혁안은 재정 혁신에 국한되지 않고 정무 집행과 관련해서도 주요한 변화를 가져왔다. 그는 정방을 혁파하고 인사권을 한림원에 다시 맡기면서 사림원詞林院으로 이름을 바꾸고 경주 출신의 이진과 죽산 출신의 박전지 같은 중앙 양반 가문 출신의 인물을 배치했다.[72] 인사권을 궁중에서 박탈해 문반 관서로 넘기고 홍자번·이진·박전지에게 중심 역할을 맡긴 것은 충선왕이 추진한 정치제도 개혁의 한 목표가 정치권력을 정규 조정으로 돌리려는 것이었음을 알려준다. 〈표 4.1〉에서 나타났듯이 도당의 활동이 이때 시작된 것으로 보인다는 사실은 중요하게 언급할 필요가 있다.

그러나 충선왕의 첫 번째 치세는 짧았다. 양반 권력의 부활이 자신의 특권을 줄일 것으로 우려한 충선왕의 원 출신 왕비는 고려 출신 왕비인 평양 조씨와 분쟁을 일으켰다. 논란이 계속되자 충선왕은 겨우 8개월 동안 재위한 뒤 원으로 소환되었다.[73] 그의 소환은 이런 개혁 노력의 종말을 의미했다. 뒤에 충선왕은 1308~1313년 동안 다시 재위했지만, 개혁 의지를 상실하고 재위 기간의 대부분을 원의 수도에서 보냈다. 그를 계승한 충숙왕과 충혜왕 때는 개혁의 진지한 시도가 전혀 없었으며, 그동안 도당은 다시 한 번 침체에 빠졌다.

변칙적인 인사와 궁중 총신의 문제를 다루려는 그 다음의 진지한 시도는 1344년에 충목왕이 8세의 어린 나이로 즉위하면서 시작되었다. 충선왕의 개혁처럼 그 개혁은 본관이 경주인 이제현이 정방의 혁파를 포함한 몇 가지 정치 개혁을 요구하는 중요한 상소를 올리면서 시작되었다. 충목왕이 즉위한 지 두 달도 안 되어 이제현과 그를 따르는 개혁자들은 궁중에 기반을 둔 인사 기구를 사실상 혁파했다. 이 개혁은 곧 정방이 부활되면서 좌절되었는데, 태후였던 덕령공주의 압력에 따른 결과가 분명해 보인다.[74] 양반 개혁자들은 힘을 결집해 다시 한 번 공격했다. 1347년(충목왕 3) 초반 그들은 정치도감整治都監을 설립하고 안동 출신의 김영돈, 광산 출신의 김광철金光轍, 안동 출신의 권위, 순흥 출신의 안축安軸 같은 기존의 주요 양반 가문 출신을 그 최고 관원에 임명했다. 정치도감은 주로 지방 질서를 복원하는 데 초점을 맞춘 광범한 임무를 가졌지만, 양반의 정적을 숙청하는 기구로 기능하기도 했다. 개혁자들의 주요한 표적은 노비 출신 환관인 전영보全英甫처럼 궁중의 후원을 받아 출세한 천계 출신 인물이었지만, 개혁자들이 원 황비의 동생으로 황실의 총애를 받은 기삼만奇三萬 같은 인물에 초점을 맞추기 시작하자 원이 개입해 설립된 지 겨우 두 달 만에 정치도감의 활동을 중지시켜버렸다.[75]

도당이 수십 년 동안 사라진 뒤 이 시기에 다시 등장한 사실에 주목할 필요가 있다. 그것을 보여주는 자료는 몇 가지 영역에 걸쳐 있는데, 1344년(충혜왕5)에 한 관원이 형벌 문제와 관련해 도당에 상소를 올렸고,[76] 안찰사에게 지방관의 활동을 도당에 보고하라고 지시했으며,[77] 다시 1345년에 이제현은 왕자의 교육에 관련된 중요한 문제를 다룬 상소를 도당에 올렸다.[78] 이런 개혁과 도당이 다시 활성화된 현상의 본질은 이런 활동의 중심 목표가 양반이 지배하는 조정에 정치 권력을 복구하는 것이었음을 알려준다. 그러나 한번 개혁이 좌절되자 도당은 다시 침체되었고, 권력은 궁중에 기반을 둔 세력과 원 황실의 총신에게 돌아갔다.

공민왕의 치세는 한국사에서 가장 격동적인 시대의 하나였다. 왕조는 왜구와 홍건적, 원의 반란자 나하추, 그리고 원 자체로부터 끊임없는 외침에 시달렸고, 원은 1364년(공민왕 13)에 1만 명의 군사로 서북면을 침략해 자신이 후원하는 인물을 고려 왕위에 앉히려고 시도했지만 실패했다. 아울러 1368년(공민왕 17)에 원이 명에게 축출된 것은 사대의 대상을 교체해 명에게 충성을 확신시켜야 한다는 민감한 외교적 문제를 고려에 안겨주었다. 내부적으로 공민왕은 여러 반란(1352년 조일신趙日新의 난 등)과 살해 시도(1363년 김용金鏞 등)와 마주쳤으며 마침내 1374년에 환관과 결탁한 궁중 측근에게 최후를 맞았다.

그러나 모든 일탈에도 불구하고 공민왕의 치세는 개혁의 시도로 주목받았다. 궁중 권력의 남용을 억제하고 조정에 권력을 회복시키려는 중요한 시도는 1351년에 공민왕이 즉위한 직후부터 전개되었다. 충목왕의 개혁 때처럼 이제현은 공민왕이 즉위한 직후 섭정승攝政丞에 임명되어 다시 주도적인 역할을 맡았다. 이제현의 첫 시책 중 하나는 덕령공주의 후견인 배전과 교하 출신의 노영서盧英瑞를 포함한 여러 궁중 측근을 투옥하거나 유배 보낸 것이었다.[79] 몇 달 뒤 정방은 폐지되고, 그 임무는 원래 그 일을 맡았던 이부와 병부로 되돌아갔다. 그러나 이런 유망한 시작에도 불구하고 정방은 곧 복구되었고 배전은 사면되었다.[81] 친원 궁중 세력은 다시 한 번 양반 개혁자들을 좌절시켰다.

좀더 포괄적인 개혁은 1356년(공민왕 5)에 시작되었다. 원의 가시적인 몰락과 이제현의 후원에 고무되었다고 판단되는데, 공민왕은 행주 기씨 일족과 권겸·노책 등의 강력한 친원 세력을 숙청함으로써 이번의 개혁을 시작했다. 그리고 나서 그는 원 지배의 가장 뚜렷한 상징인 정동행성을 폐지하고, 신하들에게 원 풍습을 따르는 것을 중단하라고 명령했으며, 원 간섭 이전의 옛 제도에 따라 조정을 다시 조직했다. 그는 정방도 혁파했다. 공민왕이 이제현처럼 저명한 양반의 후원—아마도 좀더 정확히는 재촉—을 받아 정치행정을 정상화하고 권력을 조정으로 복원시키려고 노력한 것은 명백해 보인다.

그러나 1356년에 추진한 공민왕의 개혁은 몇 가지 요소의 제한을 받았다. 물론 한 가지 문제는 원이 그 개혁을 불만스러워했다는 것이다. 공민왕의 독립 시도를 못마땅하게 여긴 원은 침략하겠다고 위협했다. 공민왕은 물러날 수밖에 없었고, 1361년(공민왕 10)에 정동행성이 복구되고 1362년에는 원에 복속을 나타내는 관제의 명칭으로 되돌아갔다. 그러나 그가 추진한 개혁이 한계에 부딪친 더욱 중요한 까닭은 왕권의 제도적 기반이 허약하다는 것이었다. 고려 왕실은 여전히 권위가 부족했다—실제로 공민왕의 반원적 태도는 왕권의 권위를 회복하려는 계산된 노력이었다. 공민왕은 아직도 상비군을 갖지 못했고, 전왕들보다 국가의 자원을 강력하게 통제하지도 못했으며, 당시는 고려 출신이었지만 강력한 외척의 제약을 받았다. 개혁의 주요한 지지자인 이제현이 1357년(공민왕 6)에 74세의 고령을 이유로 은퇴하면서 문제는 더욱 복잡해졌다.

그러나 1360년대에 들어서면서 변화의 기운이 감돌았다. 남양 홍씨의 권력 장악은 1362년(공민왕 11)에 홍언박이 사망하면서 약화되었다. 게다가 그 10년의 중반 무렵 원의 몰락은 더욱 뚜렷해졌다. 진정한 개혁의 기회는 마침내 다가온 것 같았다. 그러나 공민왕은 개혁을 위한 싸움을 스스로 이끌기보다는 1365년(공민왕 14) 2월 자신이 사랑한 왕비인 원 출신의 노국공주가 사망하자 슬픔에 빠져 정부의 통치를 승려 신돈에게 넘기기로 결정하고, 1365년 5월 그를 국사國師에 임명해 조정의 회의에 참석하도록 명령했다.[82] 6개월 만에 신돈은 영도첨의사사領都僉議使事에 임명되어 사실상 공민왕의 섭정이 되었으며, 공민왕은 정치에 적극 참여하지 않고 물러나 사망한 왕비를 기리는 사찰을 계획하고 짓는 데 시간을 바쳤다.

공민왕이 신돈에게 국정을 맡긴 동기는 『고려사』 「신돈 열전」에 서술되어 있다.

국왕은 오랫동안 재위했지만 재상들은 대부분 뜻에 맞지 않았다. 그는 "세신대족世臣大族은 서로 당파를 맺어 보호하며, 초야의 신진은 교만한 마음과 가식적인 행동으로 이름을 얻어 현달하게 되면 자신의 문지門地가 한미한 것을 부끄러워해 대족과 혼인해 그 처음의 뜻을 모두 버린다. 유생은 유약해 강건剛健하지 않고 문생門生·좌주座主·동년同年이라고 부르면서 서로 당파를 형성해 뜻을 맞추니, 이 세 부류는 모두 등용하기에 충분치 않다"고 생각했다. 국왕은 세상과 떨어져 홀로 선 사람을 얻어 그를 크

4장 고려 후기의 제도적 위기

게 등용해 누적된 폐단을 개혁하려고 생각했다.⁽⁸³⁾

이제현의 영향 아래 조정의 권력을 복원하려고 노력한 공민왕 초기의 개혁 시도와는 달리 1365년의 개혁은 양반이 지배한 조정을 회복시키고 궁중의 권력을 빼앗으려는 노력이었다. 최고의 권력을 얻은 뒤 신돈은 먼저 일련의 숙청을 시작했다. 그 표적에는 남양 홍씨 출신이 포함되었는데, 신돈의 집권기 동안 실제로 권력에서 배제되었고 그 기간에 단 1명만이 관직에 나아갔다.⁽⁸⁴⁾ 외척을 억제한 신돈은 다음으로 야심적인 개혁안에 착수했다. 1366년(공민왕 15)에 그는 전민변정도감田民辨整都監을 설치하고 자신이 수장이 되어 토지의 등급과 백성의 신분을 결정해 자원에 대한 왕조의 통제를 다시 확고히 하려고 노력했다. 또한 그는 국가의 교육제도를 다시 활성화해 양반이 지배하던 사학私學의 권력을 약화시키려고 노력했다.

끝으로 그리고 아마도 가장 강력하다고 생각되는데, 신돈은 강력한 양반 가문으로부터 조정을 분리시키려는 계획 아래 개경을 떠나 평양으로 수도를 옮기자고 건의했다.⁽⁸⁵⁾

신돈의 천도 건의는 자신과 국왕이 직면한 가장 큰 문제, 즉 자신들은 강력한 제도적 기반이 없는 고립된 존재라는 그의 인식에 반영되었다. 이런 허약함 때문에 신돈은 정방과 내재추를 복구하게 된 것이었다. 이것은 그의 과도한 숙청과 함께 양반의 강력한 반대를 불러왔다. 많은 양반은 생명과 재산의 희생을 무릅쓰고 신돈을 탄핵했다. 1371년(공민왕 20)에 신돈은 결국 권력에서 축출되어 처형되었다.

신돈이 숙청되자 양반들은 자신의 권력을 다시 주장하기 시작했다.

신돈이 사망한 직후 올라온 한 상소에서 내재추의 혁파를 주장한 데서 볼 수 있듯이 그들이 추진한 개혁 목록의 첫 번째는 내재추였다.

> 재신宰臣과 추밀樞密은 도당에 모여 음양陰陽을 섭리하고 인물을 선발합니다. 회의할 일이 있으면 모두 궁궐에 모여 국왕에게 아뢴 뒤 시행하고, 수시로 입궐해 국왕을 만나 위복威福을 독점하지만 동료들은 그 절차를 전혀 모릅니다. 조정과 재야에 있는 사람들이 모두 그 집으로 몰려드니 참람하고 교만한 마음이 이 때문에 생겨납니다. 나라의 제도에는 지신사知申事 1명과 승선承宣 4명은 모두 품계가 3품을 넘지 않지만, 날마다 입직入直해 의례를 집전하고 상소를 보고하며 왕명을 출납하면서 조금도 자신의 의견은 아뢰지 않습니다. 그들을 '용의 목구멍[龍喉]'이라고 하고 '내상內相'이라고도 합니다. "선왕의 법을 따랐지만 잘못된 경우는 없었다"는 말이 있으니, 임금과 신하가 모두 평안한 요체는 내재추를 완전히 없애는 것입니다.[86]

이 상소는 특히 소수가 권력을 독점하고 왕명을 출납하는 임무에서 해당 관원의 역할을 박탈한 것과 관련해서, 궁중 총신들이 정규 제도의 경로를 거치지 않는 것에 대한 양반의 우려를 다시 한 번 보여준다.

조정에 정치권력을 복원하려는 이런 노력은 그러나 정방을 폐지하는 데 실패하고 1370년대 후반 이인임이 내재추를 다시 설치함으로써 우왕이 즉위한 뒤 제한되었다. 그 뒤 우왕의 재위 기간에 제도 개혁에 관련된 집중적인 노력은 없었다. 이인임 일파가 개혁에 전혀 관심이 없었는지, 아니면 자신들이 개혁을 추진할 수 있기에 충분히 강력

<표 4.2> 1351~1388년 도당 활동의 추이

시기	1351~1355	1356~1358	1359~1365	1366~1370	1371~1377	1378~1382	1383~1385	1386~1388
횟수	1	5	2	0	21	2	7	2

한 권력을 잡았다고 느끼지 않았는지는 확실치 않지만, 아무튼 깊이 뿌리내린 왕조의 정치적 문제는 우왕의 치세 14년을 거치면서 더욱 심각해졌다.

마지막으로 원 간섭기 이후 나타난 중요한 정치적 특징은 도당이 점차 다시 활성화되었다는 것이다. 〈표 4.2〉는 1351(공민왕 0)~1388년(우왕14) 동안 나타난 도당의 활동인데, 원 간섭기 이후 매우 간헐적이고 불규칙하게 활동했음을 보여준다. 1351년의 기록은 앞서 언급한 공민왕이 궁중 총신을 제거하고 정방을 혁파하려고 처음 시도했을 때 조상을 숭배하는 사안에 도당이 관여한 것이었다. 그런 시도가 실패한 뒤 도당은 1356~1358년 공민왕의 두 번째 개혁이 전개되는 동안 다시 침묵에 빠져들었지만, 1356년 안찰사의 활동을 감독하도록 한 법령[87]과 1357년 북방 국경 지역의 군사 문제에 관련된 상소에서 보이듯이[88] 1358년에 그것은 다시 정치권력의 활발한 중심으로 등장했다. 그 개혁이 실패한 뒤 도당은 1362년 홍건적의 침입을 다룬 국면과 1365년 앞서 언급한 신돈 치하의 발언을 제외하고는 자료에서 다시 사라졌다.[89]

도당은 신돈이 집권하는 동안 침묵을 지켰지만, 신돈이 제거되자 다시 한 번 중요한 권력의 중심으로 떠올랐다. 1371년(공민왕20) 12월의 한 법령은 다음과 같이 언급했다. "모든 관원의 임무는 도당이 결정한다. 최근 여러 관사가 독자적으로 국무를 처리한 뒤 지방에 지시를 하달하고 있다. …… 이 때문에 백성들이 큰 고통을 받고 있다. 앞으로 모든 일은 도당의 명령에 따라 처리해야 한다."[90]

다음 몇 년은 내재추가 자료에 나오지 않는 기간인데, 도당은 의례의 시행,[91] 야전군에게 물자를 공급하는 둔전屯田의 설치,[92] 인사 문제,[93] 역참 제도의 재구축,[94] 공민왕의 후계자 결정,[95] 처벌,[96] 국방 문제 등을 포함한 넓은 범위의 사안에 관여했다. 1371(공민왕 20)~1377년(우왕 3) 동안 도당의 활발한 활동은 이인임과 남양 홍씨가 권력균형을 이룬 결과 어느 한쪽의 의지를 일방적으로 강요할 수 없었다는 측면을 반영한 것으로 보인다. 이것의 추가적 증거는 1377년에 태후가 자신의 주요한 후원자인 김속명을 잃은 뒤 도당의 활동이 급격히 저하되고 이인임 일파가 내재추를 다시 설치했다는 것이다.

도당 활동이 폭증한 그 다음 기간은 우왕이 이인임에 맞서 자신의 의견을 주장하려고 시도하고 환관을 이용해 도당을 감독하던 1380년 대 중반이었다. 1383(우왕 9)~1385년(우왕 11) 동안 나온 기록 7개 중 4개는 환관이 도당에게 보고하거나 설명하는 것이며, 1385년에 나온 마지막 기록은 도당은 활동하지 못하고 현안은 산적했으니 우왕에게 정무를 감독하라고 환관이 주청한 것이다.[98] 그러나 우왕이 다시 사냥과 음주로 시간을 보내기 시작하고 이인임 일파가 내재추에 대한 통제를 다시 확립하자, 도당은 또 한 번 망각 속으로 빠져들었다.

그러므로 침체와 활발이 교차한 도당의 이런 활동에는 어떤 유형이 있는 것으로 보인다. 도당은 어떤 특정 집단이 지배력을 확립하거나 국왕들이, 그 자신의 의지이거나 개혁적 성향의 양반 부류의 주청에 따른 것이거나, 개혁안을 관철하려고 시도했을 때 가장 활발했으며, 국왕이 궁중 내부나 이인임 일파 같은 특정 이익집단의 지배 아래 있을 때는 가장 침체되었다.

　도당의 문제를 좀더 자세히 묘사한 기록은 1389년(공양왕 1)에 한 관찰자가 발언한 것이다.

　　불행히 1374년(우왕 0) 이후 간신들이 정권을 농단해 토지와 가옥을 뇌물로 바치면 그 사람의 인품과 능력은 따지지 않고 중서문하성과 중추원에 발탁했다. 뇌물은 많이 들어왔지만 관직은 적었기 때문에 마침내 상의하는 관원의 숫자가 70~80명에 이르게 되었다. 중서문하성과 중추원의 재상들은 합좌合坐한다는 이름은 있었지만, 이리저리 몰려다닐 뿐 국정에 참여하지 못하는 사람이 많았다.[99]

　이것은 이제현이 도당을 비판한 지 57년 뒤에 씌어졌지만, 작성자는 과도한 인원과 방자한 행동이라는 동일한 주제를 말하고 있다. 그러나 1389년의 상황은 1342년보다 악화되었다. 도당에 참여한 많은 사람은 뇌물로 그 자리를 얻었으며, 거의 80명이 늘었다.

　이런 상황에서 도당이 효과적으로 기능하기는 매우 어려웠다. 이런 측면을 잘 보여주는 사례는 1384년(우왕 10)에 최영이 사무를 감독하라는 우왕의 명령을 받고 도당에 가서 토지 겸병을 금지하도록 그 구성원들에게 강력히 주장했지만 합의를 얻지 못한 것이다.[100] 궁중 내부와 특정 이익집단이 왕조의 정규 정치 기구를 대체한 수십 년 동안 그들은 부패했으며 효율적인 통치는 시행되지 않았다.

요컨대 최씨 무신 정권이 무너진 뒤 양반은 정치권력을 문반으로 다시 귀속시키려고 시도했다고 생각된다. 물론 그들은 외국 신하·환관·노비 같은 비양반 출신에게 권력을 부여하려는 국왕의 시도에 맞서 투쟁했다. 그들의 관심은 궁중에 기반을 둔 정방을 폐지하고 왕명 출납의 핵심적 기능을 적절한 기관에 맡김으로써 정치 과정을 정상화하고 도당의 권력을 회복시키려는 제도 개혁의 시도에서 주로 표출되었다. 그러나 양반은 원 간섭기에는 원과 연결된 궁중 세력에, 그리고 우왕의 치세에는 강력한 당파에 계속 좌절당했다. 그 결과 고려 후기의 정치사는 본질적으로 조정과 정무 관서를 양반이 장악하는 것을 막으려던 궁중과, 궁중에 기초한 집단이나 특정한 당파로부터 정치권력을 빼앗아 그것을 자신들이 포진한 조정으로 복귀시키려고 노력한 양반의 갈등이었다. 이런 투쟁에 집착하고 어느 한쪽이 결정적인 승리를 거두는 데 실패한 결과 왕조의 정치제도는 계속 침식되었고 다른 영역의 핵심적인 개혁도 지연되었다.

자원의 장악을 둘러싼 투쟁

　왕조 후반 동안 고려는 가용 자원에 접근하는 데 심각한 곤란을 겪었다. 이것의 가장 직접적이고 명백한 원인은 13세기 중반 원과 14세기 후반 홍건적·왜구의 외침에 따른 파괴였다. 조금 덜 명확하지만 동일한 중요성은 중앙에 기반을 둔 부류가 자신의 경제적 지위를 높이려는 목적에서 전국을 침탈한 것이었다. 이것은 대토지를 합병하고 공전을 사전으로 전환한 두 가지 형태로 나타났다.

　왕조가 자원에 접근할 수 없게 된 중요한 근본적 원인은 향리에게 집중된 전통적 지방 질서가 붕괴한 것이었다. 향리의 지방 지배는 국왕이 사용할 수 있는 자원의 분량을 제한했지만, 향리는 조세를 걷고 귀족의 통제를 받지 않는 토지와 백성에게서 노동력을 동원할 수 있었다. 그들의 지속적인 존재는 국가의 재정을 풍족하게 만드는 데 중요한 요인이었지만, 외침과 중앙 양반 가문의 전국적인 경제적 침탈은 지방의 사회질서와 향리의 기반을 무너뜨렸다. 중앙에서 지방을 강력하게 통제하지 못했기 때문에 국가는 자원을 다시 통제할 수 있는 다른 제도적 방법이 없었다.

외침

　외침은 두 차례에 걸쳐 일어났다. 첫 번째는 13세기 중반 원의 침입이었다. 두 번째는 한 세기 뒤 원의 지배가 무너지고 나서 홍건적과 왜구가 침략한 것이었다.

원은 1231(고종 18)~1259년(고종 46) 동안 7회 침입했는데, 4년 동안 지속된 원정도 있었다. 고려 백성들은 살던 마을을 떠나 섬과 산성으로 피난했다. 침입자는 국토를 초토화하는 것으로 대응했다. 예컨대 1254년에 원은 거쳐간 모든 산야와 마을을 불태웠으며 20만 6,800명의 포로를 본국으로 끌고 갔다.[101] 오랜 전란은 특히 원의 유린이 가장 심각했던 북부와 서부의 지방 사회를 완전히 파괴했다.

원의 침략 기간 직후 왕조의 재정 상황은 1271년(원종 12)에 녹과전의 설치를 논의하는 『고려사』의 기록에서 어느 정도 알 수 있다. "요즘 전란이 일어나 창고가 비어 관원들에게 녹봉을 줄 수 없기 때문에 그들을 격려할 방법이 없습니다. 경기의 8개 현에서 품계에 따라 녹과전을 지급하소서."[102] 이 기록은 전란 직후 국가가 운영할 수 있는 재원의 부족으로 곤란을 겪었다는 사실을 잘 보여준다. 그들의 충성을 보장하려는 목적이 가장 컸다고 생각되는데 국가는 관원의 복지에 높은 우선순위를 두었다. 새로운 제도는 경기 외부에 사전의 수조권을 분급하려는 수단이었지만 전시과의 대안은 아니었으며, 전시과는 계속 시행되었다.[103] 그보다는 그 이름이 보여주듯이, 새로운 제도는 국가가 더 이상 지급할 수 없었던 녹봉을 보충하는 한 방법으로 인식되었다. 경기의 토지 대부분은 사유지와 사적 수조지 모두 이미 유력한 양반의 지배 아래 들어갔기 때문에 새로운 제도에 따라 실제로 분배된 토지는 그동안 일어난 수십 년의 전란 동안 버려졌던 '간지墾地'에 주로 국한되었다.[104]

그러나 왕조에 자원이 완전히 없던 것은 아니었다. 농업적으로 풍족한 삼남 지방은 반도의 북부와 중부보다 원의 침략기에 피해를 덜 겪었으며 전란 기간 내내 바다를 거쳐 조세 곡물을 고려의 수도인 강화도에 공급했다.[105] 따라서 전란이 끝날 무렵 왕조는 조세수입의 한 가지 중요한 원천이 있었던 것이다. 아울러 전란이 끝나고 회복되면서 조세 기반은 일정하게 확대되었다. 1280년(충렬왕 6) 무렵 국가는 녹봉을 다시 지급할 수 있었으며, 1321년(충숙왕 8)에 어떤 관원들에게는 녹봉을 올려주기도 했다.[107]

고려는 평화 이후 외침을 겪은 뒤 원과 90년 동안 휴지기를 누렸다. 그러나 고려왕조의 재정적 어려움은 계속되었다. 14세기 전반 조세는 다시 줄어들었고 국가의 재정은 심각하게 감소했다. 그 첫 번째 증거는 1331년(충혜왕 1)에 발생했는데, 그동안 왕실 측근에게 지급되었던 경기의 토지가 몰수되어 녹과전으로 사용된 것이다.[108] 1343년(충혜왕 후4)에는 두 가지 토지가 추가로 몰수되어 상황은 더욱 악화되었는데, 하나는 왕실 창고에 지급했고 다른 하나는 국방 지출에 관련된 창고를 채웠다.[109]

상황은 14세기 후반 새로운 침입으로 더욱 악화되었다. 1359년(공민왕 8)과 1362년에 한국의 북부 지방과 중부 지방은 홍건적의 침입으로 초토화되었다. 더욱 심각한 타격은 왜구의 침입이었다. 왜구는 13세기 전반부터 한국을 주기적으로 습격하다가 1350년(충정왕 2) 이후 본격적으로 침범했다. 마을 사람들이 약탈을 피해 집을 버리고 섬으로 도망치면서 한국 해안의 넓은 부분, 특히 남부 지방은 초토화되었다.

1358년(공민왕 7) 무렵 왕조에는 모든 관원에게 봉급을 줄 수 있는 자금이 충분치 않았다. 『고려사』에서는 "1358년에 녹봉을 지급할 때

9품 관원에게는 줄 것이 없었다"고 썼다.[110] 가용 자금이 부족해지면 서 왜구에 대한 국가의 야전 방어력이 크게 약화되었다는 일반적인 언급 속에서, 녹봉 부족은 1359년과 1379년(우왕 5), 1381년(우왕 7)에 도 다시 언급되었다. 재정 상황은 1391년(공양왕 3)에 상위 3품 관원까 지만 녹봉을 줄 수 있었고 녹봉을 받는 관원들조차도 12세기 인종 때 최고 품계 관원이 받은 330석 중에서 작은 분량에 불과한[111] 쌀 1석만 을 받음으로써 최악에 이르렀다.[112]

14세기 후반 지방 사회를 휩쓴 파괴의 정도는 왕조 역사에 실린 당 시의 발언에서 어느 정도 알 수 있다. 1377년(우왕 3) 『고려사』의 기록 에 따르면, 삼남 지방에 살고 있는 퇴직 관원의 자제들의 목록을 작성 하기 위해 신하가 파견되었는데, 그들은 그곳 상황이 너무 나빠 백성 들이 자식을 팔기까지 한다는 사실을 알게 되었다.[113] 1392년의 또 다 른 상소는 신분이 낮은 부류는 거처를 잃고 떠돌면서 도둑질하고 다 른 사람의 가축을 도살한다고 지적하면서 지방관청은 유민을 등록해 그들을 안주시키고 농사를 짓게 하라고 제안했다.[114]

이런 두 가지 사례는 14세기 후반 지방 사회의 심각한 문제를 알려 주지만, 더욱 암울한 상황은 1391년 당시 현안에 관련된 한 상소에서 묘사되었다. "1350년(충정왕 2)에 왜구가 침략하기 시작한 이래 우리 군현은 황폐해졌고 지금 일부는 사람이 살지 않고 있습니다."[115] 14 세기 후반 무렵 지방 사회는 무질서의 상태에 있었으며, 원이 침략하 는 동안 강화도의 조정을 후원한 농업적으로 부유한 삼남 지방도 그 랬다. 엎친 데 덮친 격으로 왜구는 조정으로 올라가는 조세 운반선도 자주 약탈했다. 역사에 언급된 녹봉 부족의 주요한 요인은 조세 운반선을 왜구가 약탈한 데서 기인했다.[116] 이런 상황은 국가가 필요한 수입을 박탈했을 뿐만 아니라 특히 자신의 생계를 국가에 의지하고 있던 관원에게 큰 불행을 가져왔다.

중앙 세력의 지방 수탈

외국의 침략은 1260~1270년대와 왕조의 마지막 수십 년 동안 직면했던 직접적인 재정 부족을 설명하는 데 도움을 준다. 그러나 그것은 국가가 전란의 파괴에서 회복할 수 없었던 까닭을 이해하는 데 열쇠를 제공하지 않으며, 외국의 침략이 없었던 기간에 왕조의 재정 상황이 더욱 악화된 원인도 설명하지 않는다. 그 원인을 파악하려면 중앙에 기반을 둔 부류의 경제적 이익에 따라 전국이 침탈되었다는 내부적 요인으로 눈을 돌려야 한다. 이런 팽창의 가장 명백한 형태는 농장이었다. 농장 소유주들은 다른 사람(대부분 농민)이 소유한 토지를 전용하거나 국가의 특정 활동을 보조하려는 목적으로 확보해 두었던 소·부곡·향의 일부를 인수해 토지를 집적했다.[117]

농장의 확산은 대부분 양반의 탐욕 때문이었지만, 궁중과 그 측근이 가장 심각한 남용자였다는 사실을 간과해서는 안 된다. 예컨대 제국공주는 다른 사람의 농장과 노비를 탈취해 사적으로 점유한 대표적 인물이었는데, 『고려사』에서는 충렬왕 때 "공주의 외국 신하와 궁중 측근들은 좋은 땅을 광범하게 점유해 산과 강을 경계로 삼았으며, 대부분 왕실로부터 하사받은 농장에서 세금을 내지 않았다"고 기록했다.[118]

농장의 등장과 확산이 조세수입의 직접적인 감소와 다른 강제 징수로 귀결된 것은 의심의 여지가 없다. 고려에서 농민은 세 종류의 강제 징수의 대상이었는데, 공전은 국가에 직접 내고 사전은 수조권자에게 내는 전세(조租), 요역(용傭), 가호에 부과되는 특산물인 공납(조調)이 있었다. 토지는 법률적으로 면세되지 않았지만, 그 소유주는 세금을 탈루하거나 소작인이 국가에 바쳐야 하는 요역과 공납을 가로챌 방법을 자주 찾아냈다. 그런 증거는 궁중 측근에 관련된 이전의 기록뿐만 아니라 1278년(충렬왕 4) 농민에게 소작을 강요한 권력자에 관련된 비판을 언급한 『고려사』의 기록에도 나온다. "처간處干은 다른 사람의 토지를 경작해 그 주인에게 전세를 납부하고 국가에 요역과 공납을 내니 곧 전호佃戶다. 이때 권귀權貴들이 백성들을 많이 점유하고 그들을 처간이라고 부르면서 세 가지 세금을 포탈하니 그 폐해가 극심했다."[119]

토지 소유주가 전세와 그 밖의 세금을 탈루한 또 다른 증거는 그들이 "공전을 널리 점유하고 많은 농민 가호를 숨기고 있다"고 개탄한 1318년(충숙왕 5)의 『고려사』의 기록에서도 찾을 수 있다.[120] 농민 가호는 조세를 수취하고 요역을 편성하는 관원에게서 '숨겨져' 있었던 것이다. 토지 소유주가 조세를 포탈할 수 있었던 능력이 고려 후기 재정 악화의 중요한 요인인 농장의 확산을 유발시켰다는 것은 분명하다.

그러나 농장의 집적은 중앙 양반이 자신의 경제적 지위를 높이는 유일한 방법은 아니었다. 14세기 무렵 원래 변방의 방어 기지에 식량을 공급하기 위한 둔전으로 할당되었던 양계 지방의 토지까지 수조지가 확산되었을 정도로 고려 후기에 사전 수조지로 할당된 토지는 크게 증가했다.[121] 이런 성장의 주요 원인은 신하들에게서 충성을 매수하려는 국왕의 필요에서였다고 추정하는 견해도 있다. 아무튼 고려 후기에 수조지가 이렇게 확산된 것은 국가가 운영 자금으로 사용할 수 있는 가용 자원의 분량이 줄었다는 의미였다.

그러나 수조지의 팽창은 공전의 세수가 단순히 감소했다는 의미 이상이었다. 고려 후기에 2명 이상의 양반 관원이 동일한 토지에 수조권을 요구하는 것은 일반적인 관행이었다. 이런 관원들을 모두 봉양해야 하는 막대한 부담 때문에 많은 농민이 자신의 토지를 버리고 떠돌게 되었으며, 지방 사회질서는 더욱 걷잡을 수 없이 무너졌다.

지방 상황의 악화는 14세기 전·후반 여러 인물이 언급했다. 1330년(충숙왕 17)에 안축은 중동부 지방을 여행하면서 도원역桃源驛의 거리가 잡초로 무성하고 거주민의 절반이 떠났다고 언급했다.[122] 이곡李穀도 14세기 전반에 쓴 글에서 경산京山에 소속된 현인 금주의 많은 집이 무너진 상황을 묘사하면서 농민들이 떠나면서 버려졌다고 보고했다.[123] 중앙 관원이 경제적으로 침탈하면서 지방이 황폐화된 상황은 1351년(충정왕 3) 중부의 양구군楊口郡을 여행하면서 남긴 원천석元天錫의 발언에서 가장 잘 나타난다.

(8월) 15일에 방산方山을 떠나 양구군에 도착했는데, 향리와 백성의 집이 무너져 있고 밥 짓는 연기가 피어오르지 않았다. 지나가면서 까닭을 물으니 이렇게 대답했다. "이 읍은 낭천군狼川郡이 다스리는 곳인데, 예로부터 땅이 좁고 척박해 사람과 물산이 많지 않았습니다. 요즘 권세가들이 그 땅을 빼앗고 그 백성을 수탈해 조세가 지

극히 많아져 송곳을 꽂을 만한 땅이라도 빈 곳이 없습니다. 겨울마다 세금을 걷는 무리들이 끊임없이 문 앞을 채워 한 가지라도 납부하지 못하면 손발을 높이 묶고 매를 때려 살과 뼈가 으스러집니다. 주민들이 견디지 못하고 도망쳤기 때문에 이렇게 된 것입니다."[124]

이렇게 보고된 지방 혼란의 사례가 중앙 조정이 지방관을 파견하지 않은 속군이나 속현이었다는 측면은 중요하다. 이것은 제한된 인원이 넓은 지역을 책임져야 한다는 이중적 부담을 갖고 군현을 통제하던 지방 수령이 외딴 하위 군현에서 지방 사회를 수탈하던 권력에 대항할 수 없었으며, 이런 지방을 책임진 향리는 부재했거나 강력한 중앙 세력이 농민을 침탈하는 것을 막을 수 없었다는 사실을 알려준다.

외침과 중앙의 수탈이 지방의 사회·정치적 질서를 파괴한 영향은 14세기 후반의 열악한 기상 환경으로 더욱 커졌다. 1365년(공민왕 14), 1368년, 1372년, 1374년(공민왕 23), 1376년(우왕 2), 1377년에 심각한 가뭄이 일어났다.[125] 재정적으로 곤궁한 국가는 피해자를 구휼할 자원이 거의 없었기 때문에 그것은 인구에 더욱 커다란 악영향을 주었다. 지방 백성이 외침과 중앙의 경제적 이익의 침탈, 그리고 자연재해로 고통받는 상황에서 왕조 말엽 전국의 인구가 감소한 사실은 이상할 것이 없다.

재정 문제를 해결하려는 시도

지방 질서를 회복하고 자원에 접근하는 방법을 다시 획득하려는 왕조의 시도 중 하나는 고려의 마지막 130년 동안 일곱 차례 설치된 전민변정도감을 운영한 것이었다. 그 관서는 강력한 권력 집단이 장악해온 납세지와 백성을 복구하려는 목적에서 국가가 설립한 것이었다.[126] 공민왕 때 신돈의 사례에서 보이듯이, 그 관서는 일정한 성공을 거두기도 했다. 부당하게 노비가 되었다가 자유를 얻은 사람들은 신돈을 성인으로 숭앙하기까지 했다.[127] 그럼에도 부유한 양반의 저항과 탈세는 자원에 대한 국가의 통제를 다시 확립하려는 그런 노력의 효과를 크게 제한했다.

또 다른 제한적 요소는 그 관서가 추진한 개혁의 범위가 좁다는 것이었다. 최근의 연구들은 그 관서가 주요한 관원의 실각과 동시에 설치된 경우가 많았다고 지적했다. 예컨대 1269년(원종 10)에 그 도감은 김인준이 갖고 있던 토지와 백성을 처리하는 임무를 맡았고,[128] 1381년(우왕 7)에는 신돈의 지지자를 숙청하는 데 이용되었다.[129] 『고려사』「백관지」에서는 1388년(우왕 14)의 도감은 임견미가 소유한 토지와 백성을 처분했다고 직접적으로 말했다.[130]

그 도감의 실제 임무가 늘 간결하게 규정된 것은 아니지만, 적어도 네 가지 경우에서 그 도감의 한 가지 목적은 원래 주인[本主]에게 토지와 백성을 되돌리는 것이라고 기록되어 있다. 그중 하나는 1301년(충렬왕 27)의 사례인데, 그때 그 도감은 원이 해방시킨 노비를 본주에게 되돌려주는 임무를 맡았다.[131] 그 다음은 1352년(공민왕 1)의 사례인데 공민왕은 여러 품목 중에서 토지와 노비를 본주에게 돌려주도록 지시한 규정을 공포했다.[132] 1366년에 다시 그 도감은 빼앗긴 토지와 백성을 그 본주에게 되돌려 주는 것을 여러 임무 중 하나로 수행했다.[133] 끝으로 임견미가 소유한 토지와 노비를 처분하는 임무를 맡은

1388년의 도감도 그들을 본주에게 돌려주었다.[134]

'본주'는 지방의 향리와 농민이며, 이런 토지와 노비의 반환은 자원을 조세 장부에 복구하는 것이었다고 판단된다. 그러나 고려 후기부터 조선 전기까지 토지와 노비의 소유권을 둘러싸고 지속적으로 전개된 중앙 관원 사이의 장기적이고 치열한 소송의 역사는 '본주'가 김인준과 임견미 같은 강력한 권력자에게 토지와 노비를 빼앗긴 중앙 양반이 많았음을 알려준다.[135] 요컨대 그 도감은 양반의 사회경제적 기반을 유지하는 것 못지않게 지방의 사회질서를 복구하고 재정을 개혁하는 기능을 한 것이었다.

왕조는 일정한 분급지를 조세 장부로 되돌리고 그것의 수취와 조세의 운송을 조금 개선하려는 간헐적인 시도도 전개했다. 예컨대 14세기 중·후반 국가는 지금은 폐허가 된 이전의 사찰에 주었던 토지를 환수하고, 전에는 강력했지만 지금은 약화되거나 몰락한 가문에 소속된 토지를 점유함으로써 조세수입을 늘리려고 몇 차례 시도했다. 예컨대 1343년(충혜왕 후4)에 국가는 지금은 폐허가 된 사찰과 이전 왕대의 공신에게 지급된 토지를 환수해 왕실 창고를 채웠다.[136] 1356년(공민왕 5)에 국가는 폐허가 된 사찰의 토지에서 전세를 걷어 국방 지출에 충당했으며,[137] 1388년(우왕 14)에는 이전 국왕들이 사찰에 기부했던 토지를 국유지로 복구시켰다.[138] 토지 분급의 특혜를 철회하고 그 토지를 조세 장부에 복구하려는 시도 외에 왕조의 재정 상황을 개선하려는 유일한 다른 시도는 1384년(우왕 10)에 추징색追徵色을 파견해 공납을 내지 않은 군현에서 공납을 걷은 것과 1372년(공민왕 21)에 왜구의 노략을 피하기 위해 조세수입을 육로로 운반하자는 건의 같은 제

한적인 방법이었다.[(140)]

　재정 문제를 해결하는 급진적 방법을 시행하는 데 국가가 실패한 이면의 한 가지 요인은 견고한 양반에 맞서 스스로 효과적으로 추진할 수 있는 국왕의 능력이 부족했기 때문이었다. 이것은 1387년(우왕 13) 『고려사』의 한 부분에 기록되어 있다. "우왕은 도당에 여러 창고 · 궁사宮司의 토지와 백성을 탈점한 사람의 이름을 보고하라고 지시했지만, 도당은 스스로 혐의를 느껴 따르지 않았다."[(141)]

　또 다른 원인은 무신란 이전에 발달한 불규칙한 재정 제도였다. 왕조는 초기부터 일반적인 조세수입보다는 사적인 장莊 · 처處를 점유해 왕실과 외척에게 지급했지만, 스도 요시유키가 보여주었듯이 고려 후기의 국왕과 왕비들은 왕실이 직접 관할하는 토지를 지방에 확보하고 다른 사람이 가진 토지와 노비를 점유함으로써 왕실의 사적인 토지 소유를 급격히 확대했다.[(142)] 고려 후기의 관서들은 왕실의 선도에 따라 사적인 토지를 집적해 지출과 녹봉에 사용했다.[(143)] 왕실과 주요 국가 관서가 독립적인 수입 원천을 확보하는 이런 경향은 깊어지는 재정적 곤경에서 나타난 수많은 부정적 효과로부터 그들을 보호했지만, 실제로는 가용 자원을 창출하고 유지하는 노력의 후퇴를 나타낸 것이었다. 사적으로 점유한 자원에 왕실이 의존한 것은 주요한 재정 개혁의 추진력을 약화시킨 것이 분명했다.

　그러나 최종적으로 분석할 때 재정 기반을 약화시킨 세력에 국가가 대항하지 못한 가장 중요한 근본 원인은 전통적으로 중앙이 지방행정을 강력하게 통제하지 못한 데 있었다. 고려 후기에 지방 상황이 심각하게 악화되었지만 중앙에서 지방을 좀더 효율적으로 통제하려는 시도는 나타나지 않았다.

『고려사』「지리지」에는 1177(명종 7)~1388년(우왕 14) 동안 겨우 12개의 군·현·속현이 설립된 것으로 나온다. 1232(고종 19)~1384년(우왕 10) 동안 군 1개, 현 5개, 속현 6개에 불규칙한 간격으로 한두 군데씩 중앙관이 파견되었다. 숫자도 적고 어떤 유형도 없다는 것은 이런 새로운 배치가 군현에 대한 중앙의 통제를 강화하려는 노력의 일환이라기보다는 특정한 지방 상황에 대응한 것이었음을 알려준다.

지방에 대한 중앙의 통제력을 강화하려는 노력이 1176년(명종 6) 이후 나타나지 않은 까닭을 알려주는 자료는 없다. 아마도 무신 집권기의 다양한 반란과 장기적인 원의 침입, 그리고 왜구의 침략으로 지방이 유린된 것이 그 원인이라고 생각된다. 그러나 예종과 인종 같은 선왕들은 불안정한 지방 상황을 이용해 새로운 지역에 중앙관을 파견했으며, 1270년 원에 항복한 뒤 상황이 일단 안정되자 13세기 후반부터 14세기 초반의 고려 국왕들은 적어도 14세기 후반에 왜구의 침략이 다시 강화되기 전까지 비슷하게 행동했다. 지방관이 새로 설치되지 않은 또 다른 가능한 원인은 무신란 이후 대규모의 사유지가 급속히 확산된 것이었다. 유력 인물들은 자신이 토지를 가진 지방에 군현이 설치되는 것에 당연히 저항했다고 생각된다.

무신란 이후 새로운 군현을 설치하는 데 왕조가 실패한 배후의 추가적 요인 중 하나는 원의 만호장 제도를 모방한 지방 군사행정을 시행한 것이었다. 13세기 후반 국토 전체의 다양한 지역에 순군만호부巡軍萬戶府의 통제 아래 토지와 노비에 대한 법률 집행과 소송 처리를 포함한 매우 다양한 행정 임무를 가진 만호장과 천호장이 설치되었다.

그러나 1310년(충선왕 2) 무렵 그들의 권위는 정치적 기능으로 제한되었다. 만호장이 문반적 권한을 잃게 된 까닭은 분명치 않다. 그것은 앞선 평화로운 반세기 동안 질서가 약간 복구되었기 때문으로 생각된다. 문반과 무반 권력을 폭넓게 결합함으로써 만호장이 중앙 체제에 도전할 수 있는 지방 거점을 형성할 수 있다는 우려도 있었다. 그러나 확실한 사실은 만호장의 문반 권력을 축소한 뒤 왕조는 지방 행정제도를 개편하려는 새로운 노력을 전개하지 않았다는 것이다.

1298년 충선왕의 개혁과 1344년 충목왕의 개혁은 부패한 지방 세력을 척결하고 현존하는 군현을 이용해 효율적으로 통치하는 데 중점을 두어 지방 문제를 다루려고 시도했다.[145] 그러나 두 시기 모두 그런 개혁은 몇 달 지속되지 못했으며, 중앙관의 직접적인 감독을 받는 군현의 숫자를 늘리자는 건의도 나타나지 않았다.

지방 질서를 복구하려는 계획의 진정한 핵심은 그 조상의 지역에 향리를 다시 설치하는 것으로 모아졌다. 물론 향리는 지방의 사회·정치적 질서의 핵심으로, 왕조가 질서를 유지하고 조세·요역·공납을 걷는 데 의지한 집단이었다. 경산의 속현인 금주의 상황에 관련된 이곡의 언급은 이런 측면과 관련해 유익하다. 이곡은 금주에 무너진 집이 그렇게 많은 까닭을 수령에게서 듣고 이렇게 기록했다. "이전에 그곳은 사람들이 유망流亡한 뒤 돌아오지 않았다. 그런데 이번에 와서 보니 맞이하는 향리가 있고 응접하는 장소도 있었다. 그렇게 된 까닭을 물으니 자신의 이름은 진신로陳臣老고 직책은 호장인데 폐허를 복구했기 때문이라고 대답했다."[146]

향리를 그 고향에 계속 두려고 왕조가 노력한 사실은 자료에 거듭 나온다. 예컨대 1298년(충렬왕 24)에 6품 이하의 무반 품계를 가진 모든 전직 향리는 고향으로 돌아가 지방 관원의 임무를 다시 수행하라는 명령을 받았다.[147] 1312년(충선왕 4)에 향리의 아들들은 무반의 초입사직을 받는 것이 금지되었다.[148] 1325년(충숙왕 12)에 국왕은 많은 향리들이 지방에서 임무를 포기한다고 지적하면서 과거에 급제하지 못한 향리 출신의 모든 하위 관원들은 원래 임무로 돌아가라고 명령했다.[149] 향리를 안정시키려는 또 다른 시도는 1375년(우왕 1)에 나왔는데, 조정에서 출신 지역이 아닌 곳에서 향시鄕試를 치른 사람은 회시會試에 나아갈 수 없도록 금지한 것이었다.[150]

중앙에서 임명된 수령이 향리가 지방 사회를 소생시키는 사실을 본 것에 관련된 이곡의 언급 같은 증거와 함께 이런 역사 기록을 볼 때, 지방 사회의 붕괴를 막아 재정 상황을 회복하려는 정책의 핵심은 향리를 그 출신 지역에 긴박시켜 전통적 지방 질서를 복구시키게 하려는 것이 분명했다.

국왕이 향리를 지방으로 돌려보내는 명령을 자주 내려야 한다는 사실은 지방 지배층을 그 조상 지역에 묶어놓는 데 국가가 성공하지 못했음을 알려준다. 일부 향리는 세련된 문화와 승진의 기회 때문에 중앙에서 사는 데 매력을 느낀 것이 분명했다. 그러나 향리는 더 심각하지는 않더라도 비슷한 상황을 고향에서 맞닥뜨렸다. 그들이 이전에 다스린 백성은 흩어졌고 풍족하게 누렸던 토지는 버려져 잡초로 뒤덮였다.

요컨대 귀속적 전통에 따라 향리에게 특권적 지위를 보장해온 많은 지방의 사회적 위계질서는 더 이상 존재하지 않았다. 향리에게 집중

된 지방 질서가 붕괴됨으로써 국가는 전국의 많은 영역에서 질서를
유지하고 조세를 걷는 것이 불가능하지는 않더라도 어렵게 되었다.

신분제도를 유지하려는 투쟁

이성무가 보여주었듯이, 고려 후기 사회·정치사의 두드러진 특징은 중앙 양반층의 확대였다.[151] 무신 집권기 이전 중앙에 기반을 둔 가문이 확산되고 향리 출신이 지속적으로 등용됨으로써 중앙 관원층이 팽창하고 치열한 경쟁 압력이 발생된 것은 이미 언급했다. 왕실이 양반을 억제하기 위해 외국인과 비양반 출신을 등용함으로써 심화된 이런 흐름은 고려 후기에 가속화되었다.

중앙 양반층의 자격을 요구할 수 있는 부류가 폭발적으로 증가한 것은 일부 지역에 해로운 영향을 주었다. 관원 신분을 가진 인물이 늘어났다는 것은 녹봉과 사전 수조지의 요구가 더 커져 왕조의 재정적 곤란을 악화시킨다는 의미였다. 동시에 그것은 관직과 정치권력을 둘러싼 치열한 경쟁을 가져왔으며, 왕조 후반기를 휩쓴 정치적 불안정의 원인이 되었다. 그러나 중앙 관원층의 성장으로 야기된 가장 큰 문제는 사회적 위계질서, 특히 기존 양반 가문의 지배적 지위에 대한 위협이었다고 생각된다. 고려 후기 중앙 관원층이 팽창한 가장 큰 요인의 하나는 향리가 중앙으로 유입된 것이었다.

문제의 기원

고려 후기에 중앙 관원층을 팽창시킨 여러 요인은 기존의 중앙 가문이 스스로 재생산하고, 과거를 거쳐 새로운 인물이 지속적으로 등용되었으며, 무공으로 승진의 기회를 얻은 것 등이었다. 그러나 이 모든 요인 중에서 가장 근본적인 것은 향리에게 관직을 가질 수 있는 사회적 자격을 보장한 지역적 신분제에서 발원한 고려의 귀속적 특권의 전통이었다.

우선 중앙 양반 가문의 규모가 자연적으로 커진 문제부터 검토해보자. 앞서 보았듯이 중앙에 기반을 둔 가문은 음서, 교육적 특권, 혼인 관계를 이용해 대대로 관원을 배출할 수 있었다. 고려 후기에 유아 사망률이 현저히 감소함으로써 중앙 가문은 스스로 재생산하는 데 좀더 많이 성공하게 되었다. 이태진李泰鎭은 묘지명의 분석을 토대로 왕조 후기에 유아 사망률이 급격히 줄었다고 지적하면서 약품을 좀더 효과적이며 폭넓게 사용했기 때문으로 파악했다. 이런 발견을 토대로 이태진은 고려 후기에 전체적으로 인구가 증가했다고 주장했다.[152] 그러나 필자는 그랬다고 확신하지는 않는다. 한 가지 까닭은 인구 수치를 비교할 수 있는 통계적 근거가 전혀 없기 때문이다. 다른 하나는 이태진이 검토한 대상이 새로운 약품을 사용할 수 있는 유일한 사회 구성원인 중앙 지배층이기 때문이다. 그럼에도 양반 자손의 더 높은 생존율이 중앙 지배층의 확대로 귀결되었을 것은 타당하다. 또 다른 가능성 있는 요인은 관원들이 복수의 결혼으로 더 많은 자녀를 낳는 경향이 늘어났다는 것이다. 지금 이용할 수 있는 자료가 제한되었기 때문에 양반층의 가정 규모 증가에 관련된 실제적 영향을 측정하기는 어렵지만, 그런 증가가 일어난 것은 거의 확실하다.

중앙 관원층이 팽창한 또 다른 중요한 요인은 과거제도를 이용해 향리 출신의 인물을 계속 등용했다는 것이다. 허흥식許興植은 무신 집권기와 그 이후 모두 제술과와 명경과를 거쳐 진출한 향리가 계속 증가했음을 보여주었다.[153] 2장에서 논의했듯이, 적어도 성주 출신의 이조년李兆年과 한산 출신의 이곡 같은 고려 후기 과거 급제자들은 새로운 중앙 가문으로 정착했다. 잡과는 사회적 이동의 또 다른 경로가 되었다.[154] 서리·산관·의관 같은 기술 관직은 고려 제도에서 문반의 일부로 간주되었기 때문에, 서리나 향리 배경을 가진 하위층이 기술관으로 조정에 입사해 요직으로 승진하는 것은 이례적인 일이 아니었다. 예컨대 안향의 아버지 안부安孚는 의관으로 중앙에 진출한 뒤 정규 관원으로 승진해 중추원의 정3품 관원으로 은퇴했다.[155] 이용할 수 있는 자료를 가지고 고려 후기에 정규 문·무과든 잡과든 얼마나 많은 향리가 급제했는지 파악하기는 어렵지만, 정규 과거를 통과한 향리 출신이 두드러지게 감소한 왕조 말엽까지는 지방 지배층이 과거제도를 거쳐 중앙으로 꾸준히 진출한 것은 명백하다.[156]

그러나 과거에 급제하는 것이 향리가 중앙으로 진출할 수 있는 유일한 길은 아니었다. 무너진 지방 사회를 탈출한 그 밖의 많은 지방 지배층은 기회를 찾아 개경으로 왔다. 13세기 후반부터 14세기 전반 동안 중앙에서 향리에게 제기한 몇 가지 불만이 역사에 기록되어 있는데, 1278년(충렬왕 4) 여러 지방 출신의 향리가 그 출신을 숨기고 중앙의 권력자에게 투탁하고 있다고 고발한 기록 같은 것이다.[157] 1325년(충숙왕 12)에 충숙왕은 "우리나라의 향리는 과거에 급제하지 않고는 향역鄉役을 벗어나 벼슬할 수 없다. 요즘 향역에서 도망쳐 권력자에게 붙어 중앙 관직을 멋대로 받는 향리가 많다"고 말했다.[158] 이처럼 지방에서 이탈한 향리들이 중앙에서 문제를 일으키는 부류로 인식된 것은 분명하다.

향리가 정치적으로 성장한 또 다른 중요한 수단은 남다른 공훈을 세운 사람과 정규 관직을 갖지 못한 일부 사회적 지배층에게 명예직을 주는 왕조의 전통이었다. 이성무가 지적했듯이 이 제도—고위 관원(4품 이상)에게는 검교직檢校職을 주고 그 아래 관원에게는 동정직同正職을 주었다—는 중국 당의 관행과 비슷했다.[159] 그러나 고려에서 이 제도는 10세기 후반 많은 지방 호족에게 명예직을 주어 당시 재편된 지방 제도에 대한 저항을 줄이고 지방 지배층을 새로운 정치제도 안으로 포섭하려는 성종의 시책에서 기원했다.[160]

그 뒤 이런 명예직은 향리와 관직을 갖지 못한 중앙 관원 가문의 자제들에게 첫 음서로 자주 주어졌다. 그런 관직은 실제 임무를 갖지 않았지만, 공식적인 품계가 부여되고 품계에 따라 녹봉과 수조지(또는 둘 중 하나)가 지급되었다.[161] 또한 지명자는 일정한 기간이 지나면[162] 정규 관직으로 승진할 수 있었다.[163] 요컨대 이런 명예직을 받는 것은 그 수여자가 중앙 관원층의 구성원으로서 지위를 상징적이면서도 확고하게 인정받을 수 있었으며, 향리 출신도 과거에 급제하지 않고 중앙 관직을 가질 수 있는 길을 만들었다.

이런 명예직과 관련된 권리와 특권은 고려 중기에 축소되기 시작했는데, 임명자가 늘어나 국가 재정이 고갈되고 명예직 수여자가 정규 관직의 경쟁 압력을 가져왔기 때문으로 생각된다. 11세기 후반 명예직 수여자는 개정된 전시과 제도에서 제외되었으며, 12세기 후반 새로운 조건이 첨부되면서 명예직 수여자는 정규 관직으로 옮겨가기가 더욱 어려워졌다.[164]

그러나 고려 후기에 심각한 국방 위기가 나타나면서 국왕이 공로를 세운 향리를 포상하는 데 그 방법을 선택한 결과 명예직은 다시 한 번 중앙으로 진출하는 주요한 경로가 되었다. 이것의 좋은 보기는 1260년대 진도와 제주도의 반원 반란군을 진압하기 위한 김방경의 원정에서 무재武才와 용기를 처음 인정받은 향리 한희유韓希愈였다. 한희유는 마침내 고위 관원이 되어 1306년(충렬왕 32)에 원 수도로 사행을 가다가 사망했다.[165]

이런 경로는 14세기 후반에 홍건적과 왜구의 침입으로 더욱 중요해졌다. 야전군을 포기한 왕조는 군역을 지는 사람에게 중앙 조정의 3품 또는 그 이하의 첨설직添設職을 보상으로 주는 방안을 도입했다. 고려 후기의 이런 명예직은 수조지나 녹봉과 함께 주어지지는 않았지만, 첨설직 임명자들이 품계를 받았다는 사실은 그들도 중앙 관원층의 자격을 요구할 수 있다는 의미였다. 이런 정책은 공민왕이 1355년(공민왕 4) 무반에 450개 이상의 첨설직을 나눠주면서 시작되었다.[166] 그 뒤 그런 관직은 공민왕과 우왕대에 걸쳐 몇 차례 하사되었는데, 1364년(공민왕 13) 최고 3품까지 문반 첨설직을 지급한 것과 1376년(우왕 2) 우왕이 "종2품부터 7·8품까지 셀 수 없이 많은 군사들에게 첨설직을 하사했다"는 것이 그런 사례다. 1377년 5월에 왜구가 강화도를 공격했을 때 우왕은 모든 병력을 옮겨 수도를 지키면서 '용감한 군사'들에게 첨설직을 하사했다.[167] 이런 관직을 받은 사람들은 대부분 향리 출신이거나 중앙 양반의 자제로 아직 출사하지 못한 부류였는데, 상인·공인·노비처럼 전통적으로 받아들여질 수 없는 사회적 기원을 가진 일부 사람들도 우왕 마지막 해에 첨설직을 받았다.[168] 1379년 대간의 상소에서 오랫동안 첨설직 관원이었던 사람들이 정규 관직을 받고 일부 첨설직 관원은 자신의 이름과 정규 관원의 이름이 비슷한 것을 이용해 정규 관직에 임명되었다고 비판한 사례에서 증명되듯이, 14세기 후반의 명예직 임명은 수여자들이 전통적 제한을 피해 정규 관직을 얻었기 때문에 특히 걱정스러웠다.[169]

이태진은 공민왕과 우왕 때 첨설직을 받은 부류의 상당한 비율이 향리 출신이었다는 것을 보여주었다.[170] 그러나 이태진의 연구는 지방으로 돌아간 첨설직 수여자의 신분과 활동에 주로 초점을 맞추었으며 중앙에 남아 관원이 된 부류는 다루지 않았다. 향리 출신이 자신의 명예직을 이용해 정규 중앙 관원이 된 확실한 증거는 14세기 후반 경기도 일대의 몇 가지 호적을 모은 '국보 호적'에서 찾을 수 있다. 그 호적을 분석한 허흥식은 25개 가호 중 12개는 최근 향리 출신이 가장이었다는 사실을 발견했다. 그 가장 중 8명의 아버지와 조부는 무반 검교직이나 동정직을 가졌는데, 공민왕이나 우왕이 하사했을 그런 명예직은 향리 가호가 중앙으로 진출하는 수단이었음을 보여준다. 향리 출신의 가장 중 3분의 2는 그 소유자에게 정규 관원이 누리던 여러 특권(요역과 군역의 면제 같은)을 부여한 반半관원의 신분인 학생으로 표시되었는데, 허흥식은 조선 시대의 유학幼學과 같다고 보았다. 나머지 4명 중 1명은 7품 문반 동정직이었고, 1명은 전직 무반, 2명은 현직 정규 무반이었다.[171]

국보 호적의 나머지 13개 가호는 다양하게 구성되었다. 4개 가호는 명예직 소유자의 3대 후손으로 향리와의 관련은 언급되지 않았는데, 정규 관직을 얻는 데 성공하지 못했지만 명예직 임명자로 양반의 신분은 유지할 수 있었던 중앙 양반 가문의 계열이었다고 판단된다. 다른 8개 가호는 현직·명예직 관원, 학생을 포함한 다양한 배경의 직계 후손을 가졌는데, 6개 사례에서 가장은 1명 이상의 서庶 출신 조상을 가졌다. 서라고 표시된 인물의 존재는 흥미로운 해석의 주제다. 허흥 식은 그들이 일반 양인이라고 믿었다. 이것은 최영호·한영우 같은 학자들의 주장을 뒷받침하는데, 그들은 조선 전기는 비교적 개방된 사회로 양반과 양인 사이에 법률적이거나 공식적인 차별은 없었으며 양인은 능력과 장점을 토대로 상승할 수 있었다고 믿었다.[172] 이런 양인은 첨설직에 임명되어 승진함으로써(우왕대 후반 명예직의 무분별한 지급에서 예상되었듯이) 고려 후기에 상당한 사회적 상승을 이뤘다. 그러나 첨설직 수여자들은 서 부류에서 중요하지는 않았으며, 6개의 서 출신의 30명 중에서 명예직 소유자는 1명밖에 없었다. 더욱이 송준호가 지적했듯이 서라는 표현은 사회계층을 나타내는 지표가 아니라 양인과 관직을 갖지 못한 관원 가문의 구성원을 관직자와 구별하는 용어일 뿐이었다.[173] 이런 측면은 호적에 서라고 표시된 부류가 실제로 중앙 관원층의 부수적 구성원이었을 가능성을 높인다.

양인 농민이 관직을 가져도 불만은 제기되지 않았다. 농민의 관직 취득에 반대가 없었다는 사실은 고려 후기에 양인 농민이 조정에 참여하는 데 법률적 또는 사실상 사회적 제한이 없었다는 측면을 간접적으로 입증하는 증거로 보일 수도 있다. 그러나 필자는 양인 농민이 관직에 진출했다는 견해를 뒷받침하는 어떤 증거도 찾을 수 없었다. 왕조 역사나 묘지명·문집·고문서 같은 주요 자료에 관원의 출신을 나타내는 농·민·농민·백성 같은 표현이 사용된 사례가 없다는 사실은 농민의 상승 이동을 의미할 수도 있다. 자료와 현재 연구 수준의 제한을 고려하면 고려-조선 교체기 동안 농민이 상승 이동했을 가능성도 배제할 수 없다. 그러나 조세와 요역의 목적을 위해 농민을 토지에 계속 긴박시키는 것이 좀더 큰 현안이었다고 생각된다.

향리에 대한 잦은 불만과 반감은 고려 후기의 기존 중앙 양반이 지방 지배층의 상승 이동에서 가장 큰 위협을 느꼈음을 보여준다. 왕조 말기 향리에게 제기된 전형적인 불만은 향리 출신이 수도에 남아 있는 것을 비판한 1389년(공양왕 1)의 상소다. "최근 기강이 무너져 향리가 군공을 칭탁해 관직을 외람되이 받거나 잡과에 응시해 자신의 직역을 회피하려고 계획하거나 권력자에게 붙어 품계를 지나치게 올리는 사례가 셀 수 없습니다."[174]

향리에 대한 적대감의 근본 원인은 그들이 주요한 중앙 양반 가문에 경쟁의 위협이 되기 때문이었다. 과거제도를 통한 향리의 상승 이동이라는 오랜 전통이 있었을 뿐만 아니라 왕조 말엽 명예직이 광범하게 수여된 것은 지방 출신이 중앙으로 진출하는 전례 없는 기회를 제공했다. 이런 신흥 세력의 다수는 정규 관직을 얻을 수 있었고, 자신과 그 후손은 수조지와 녹봉, 요역과 군역의 면제, 그리고 품계가 높을 경우 아들과 손자에게 주어지는 음서를 포함해 기존 양반이 누린 것과 동일한 권리와 특권을 얻을 수 있었다. 그러나 이런 향리는 내재적 발전론의 지지자들이 상정한 '신흥 사대부'와는 본질적으로 달랐는데, 그들은 과거를 거쳐서가 아니라 군공을 세우거나 중앙의 유력자와 결탁해 중앙으로 진출했기 때문이었다.

고려 후기에 기존의 중앙 양반이 중앙의 사회와 정치를 지배한 상황을 위협한 또 다른 부류는 왕실의 후원으로 관직을 얻은 장인匠人 ·

상인과 비천한 출신 인물이었다.[175] 그러나 이런 부류는 소수였고 궁극적으로 관원층의 자격을 달라는 요구는 전혀 제기하지 않았다. 반면 향리는 대거 중앙으로 진출했을 뿐만 아니라 지배층에 소속될 수 있는 그들의 기본적인 사회적 자격은 왕조의 전통적인 지역적 신분제에 따라 보장되었다. 이처럼 기존 양반 가문에 가장 큰 위협을 제기한 부류는 향리 출신의 인물들이었다.

신분제도를 유지하려는 노력

고려 후기의 사회적 혼란은 뿌리 깊은 제도적 원인이 있었지만 왕조는 대대적인 재편을 통해 문제를 해결하려고 시도하지 않았다. 그 대신 단편적인 개혁을 시행해 옛 체제를 유지하려고 노력했다.

향리가 유발한 문제는 세 방향에서 시작되었다. 하나는 그들을 출신 지역에 묶어놓는 법안을 제정하는 것으로 지방 질서를 복구하는 핵심으로 간주되었다. 그러나 수도에 향리가 아직 남아 있다는 고려 후기 관원의 잦은 불만은 향리를 지방에 긴박시키기 어려웠다는 당시의 정황을 알려준다. 수도 개경은 몇 가지 이유에서 이전보다 훨씬 더 매력적인 곳이 되었다고 상정할 수 있다. 왕조가 관원에게 녹봉을 주기조차 어렵다는 것을 알게 된 상황에서 중앙 조정에서 근무하는 것이 더욱 큰 수익을 가져다주었다고 주장할 수는 없다. 원 황실과 그 국제적인 문화와 접촉하는 거점으로서 개경의 위치는 어떤 부류에게는 매력적이었겠지만, 개경은 항상 중국과 외부 세계로 나아가는 관문이었다. 고려 후기에 향리가 중앙으로 몰려든 주요 원인은 지방 상황의 악화였다고 생각된다. 농장의 팽창과 외침의 유린 때문에 지방 지배층을 뒷받침했던 전통적인 기반시설은 반도의 많은 부분에서 더 이상 남아 있지 않았다. 고향으로 돌아온 향리는 이전에 다스렸던 마을에서 사람은 사라졌고 수확을 거뒀던 토지는 잡초만 무성한 것을 발견했다.

향리가 중앙에 자리 잡는 것을 제한하려고 고려가 시도한 두 번째 방법은 등용 제도였다. 13세기 후반에 향리 1명당 중앙 관직을 가질 수 있는 아들의 숫자를 3명 중 1명으로 제한하는 법안이 제정되었다.[176] 이런 제한이 얼마나 효과가 있었는지 알 수 없지만, 3명 중 1명으로 제한하는 동일한 제도는 우왕의 치세 동안 명경과와 잡과에도 적용되었으며, 고려의 마지막 국왕인 공양왕 때도 그랬다.[177] 이런 제한 때문이거나 지방 사회의 광범한 붕괴 때문이거나 향리 출신 급제자의 숫자는 14세기 후반에 줄어들었다. 향리를 출신 지역에 긴박시키고 그들이 수도로 진출하는 것을 제한하려는 노력은 그 징후에 대한 공격이지 향리가 왕조 지배층의 일부였다는 원칙에서 기인한 근본적 원인에 대한 공격은 아니었다.

끝으로, 고려 후기에는 주요 양반 가문을 유지시키는 정책이 추진되었다. 우선 중앙 양반이 등용 제도에서 누리던 이점을 축소하려는 시도는 없었다. 반대로 고려 후기 중앙 관원의 어린 후손에게 관직을 주는 관행(약관蔭官)은 기존 양반을 더욱 견고하게 만들었다. 또한 충선왕이 왕실과 혼인할 사회적 자격이 있는 재상지종의 목록을 공포한 것은 왕실의 딸을 위한 족내혼의 오랜 관행을 버리라는 원의 압력 때문에 나온 조처였지만, 주요 양반 가문의 높은 지위를 분명히 표명한 것이었다. 기존 관인층을 강화하려는 다른 노력에는 공신 후손의 영속화를 보장하려는 조치도 포함되었다. 예컨대 1310년(충선왕 2)에 충선왕은 공신의 후손에게 공신전을 다시 지급하고 정규 관직을 주라고 명령했다.[178] 1352년(공민왕 1)에 공민왕은 공신 후손을 등록하고 아직 생존해 있는 사람은 후하게 보상하라고 지시했다.[179] 유력한 세습적 중앙 양반의 지속은, 관원층의 규모가 크게 성장하는 과정에서도 고려 후기의 지속적인 관심사였다.

향리가 중앙 양반을 위협한 배후의 주요 원인은 왕조의 사회·정치 제도, 특히 지역적 신분제였다. 중앙 권력이 약하고 전국 대부분이 반자치적인 지방 호족의 통제 아래 있던 10세기에 시행된 이런 제도는 관직 취득에서 권위를 가져온 중앙 양반 지배층과 자치적인 지방 통치자로서 조상의 역사에 뿌리내린 권위를 가진 지방 향리 지배층이라는 두 층위의 사회·정치적 지배층을 형성하고 유지시켰다. 실제로 10세기의 국왕들은 조정 관원의 지위를 상승시키려는 정책을 추구하면서도 지방 지배층인 향리에게 과거 응시를 보장하고 중앙의 명예직을 주어 왕조의 지배층으로 만들어 지속적인 상승 이동을 보장했다고 인정된다. 그 결과 기존의 중앙 양반 가문과 신흥 세력은 정치권력을 둘러싸고 끊임없는 경쟁을 벌였으며, 예컨대 12세기 전반 한안인 일파를 둘러싸고 일어난 사건에서 보이듯이 공개적인 정치 투쟁으로 분출되기도 했다. 그러나 고려 후기 지방 상황의 악화와 14세기 후반 왜구와 홍건적의 침입은 향리를 대거 중앙으로 유입시켰다. 이런 과정은 왕조가 자원에 접근하는 것을 더욱 제한했을 뿐만 아니라 한국의 사회·정치적 질서의 정점에 있던 주요 양반 가문—이미 비양반 출신의 사회적 배경을 가진 궁중 측근으로부터 도전을 받고 있던—의 지위도 위협했다.

결 론

고려 후기는 2개의 주요한 문제에 부딪쳤다. 하나는 왕권의 약화였는데, 국가 자원의 많은 부분을 효과적으로 통제하지 못했고 최씨 무신 집정과 원의 지배로 권위가 상실되었다. 다른 하나는 자아를 인식하는 중앙 관료적 귀족이 체제 안에서 흥기한 것이었는데, 그들이 지향한 기본적 제도의 구조는 여전히 신라—고려 교체기에 지방 호족이 가졌던 것이었다.

『고려사』는 1258년(고종 45)에 최씨 무신 정권이 전복되면서 국왕의 정치적 권위가 복구되었다고 서술했지만, 실제로 왕권의 제도적 기반은 결코 그렇게 강하지 않았으며 12~13세기 동안 심각하게 약화되었다. 전통적인 해석에서는 고려 왕권이 약화된 까닭을 중앙 귀족의 흥기와 1170년의 무신란 때문으로 설명했지만, 기본적인 내재적 원인은 고려 사회의 낮은 수준의 분화였다고 생각된다.

고려 전기의 국왕들은 주요한 사회집단과는 독립적인 관료 행정을 창출하려고 했지만, 조정의 품계를 채우기 위해 등용한 인물들은 대부분 귀속적 성격이 강한 지방 호족 출신이었다. 그 결과는 새로운 중앙 관료적 귀족—양반—의 창출이었고, 그들은 정무 기구를 포함한 상당한 정치권력을 스스로 계속 장악했다. 그 결과 고려 후기에 만연한 문제들을 해결할 수 있는 방법은 양반의 권력을 줄이고 자신의 권력을 회복하는 국왕의 능력에 전적으로 달려 있었다. 국왕은 주로 궁중 내부의 관원과 개인적 측근에게 권력을 주거나 내재추 같은 예외적인 제도 장치를 만들어 정규 조정에서 양반이 지배하던 기구를 우회하려고 시도함으로써 그런 목표를 이루려고 시도했다.

양반을 우회하려고 시도했지만 고려 후기의 국왕들은 의미 있는 개혁을 추진할 수 없었다. 그들은 무신 집정과 원에 지배된 결과 권위의 상실을 포함한 여러 요인 때문에 약화되었다. 그러나 왕권이 약화된 좀더 근본적 이유는 국왕이 국가의 자원에 접근할 수 없었다는 데 있었다. 그 원인 또한 낮은 수준의 사회적 분화에서 찾을 수 있다. 고려의 경제는 비교적 발달하지 않았으며 대량의 가용 자원을 산출할 수 있는 상당한 규모의 공인과 상인이 없었다. 이것은 국가 자원의 대부분이 토지와 백성이라는 의미였다. 이런 자원에 접근할 수 있는 국왕의 능력은 전국 대부분의 실제적인 통치자였던 지방 호족에게 제공된 특권 때문에 처음부터 축소되었다. 자원에 대한 국왕의 접근은 12세기부터 중앙에 기반을 둔 가문 사이에서 대규모의 농장이 흥기하면서 훨씬 더 제한되었다. 만성적인 재정 악화의 상황은 양반이 지속적으로 자원을 착취하고 군비로 비축해놓은 가용 자원을 사용하게 만든 외국 침략자가 지방을 초토화하면서 왕조 말엽의 위기로 바뀌었다.

그러나 고려 후기에 국왕만이 심각한 문제에 부딪친 것은 아니었다. 중앙 양반은 스스로의 힘으로 신분제도의 정점에 자리 잡았지만, 그들의 특권적 지위는 두 가지 새로운 변화의 위협을 받았다. 하나는 국왕이 외국 신하·환관·노비 같은 비양반 출신의 인물에게 권력을 위임한 것인데, 신분제도에 기반을 둔 귀속적 원리를 약화시킬 가능성이 큰 전환적 사건이었다. 다른 하나는 기반을 잃은 향리가 중앙으로 유입됨으로써 중앙 관원층이 팽창한 것이었다.

이런 변화는 모두 고려 사회의 사회적 분화가 비교적 낮은 것에 기인한 현상이었다. 중요한 상인이나 다른 도시적 존재의 결여는 국왕이 양반의 권력을 상쇄하는 데 이용할 수 있는 다른 강력한 사회집단이 없다는 의미였기 때문에 그들은 외국 신하·노비·환관—사회적 권력 기반을 갖지 못한 부류—에게 의존할 수밖에 없었다. 이런 정책은 국왕이 원의 후원을 받아 통치할 동안은 효과가 있었지만, 14세기 중반 원의 패권이 몰락하면서 국왕은 모든 외부적 지원을 잃게 되었다. 공민왕과 우왕은 환관과 신돈 같은 비양반 출신의 인물에게 계속 의지했지만, 국왕과 그들의 총신은 양반 권력을 견제할 수 있는 통합적인 사회적 기반을 갖지 못한 고립된 존재였다.

향리 문제는 고려 전기의 안정에 내재되어 있었다. 지방 호족의 이탈을 막기 위해 고려 전기의 국왕들은 그들과 그 향리 자손에게 왕조의 사회·정치적 지배층의 자격을 사실상 보장하는 과거 응시와 명예직과 칭호의 하사 등을 포함한 여러 특권을 확대했다. 13~14세기에 지방에서 근거를 잃은 향리들은 수도로 대거 유입되었는데, 그때 중앙 관원층에 참여할 수 있는 자격을 세습적으로 계승할 수 있도록 승인받았다. 공민왕과 우왕은 홍건적과 왜구의 침입에 맞서 공훈을 세운 향리에게 첨설직을 수여했는데, 그것은 향리의 중앙 유입을 가속화했다. 이 지점에서 향리가 국왕이 양반에게 대항하기 위해 지원할 수 있는 대안적 사회집단이 되지 않았는지 질문할 수도 있다. 그러나 이 무렵 전국에서 향리의 권력 기반은 심각하게 무너진 상태였다. 이처럼 왕조의 제도는 향리에게 특권적 지위를 보장했지만, 그들은 중요한 사회경제적 권력 기반을 갖지 못한 뿌리 뽑힌 존재가 되고 말았다.

지방의 무질서가 확산되고 전국을 통제하는 왕조의 제도적 장치가 약화된 상황을 고려하면, 고려 후기에 지방 반란이 일어나지 않은 까닭은 무엇인가? 당이 몰락하면서 강력한 지방 세력이 흥기하고 황소黃巢처럼 많은 호응을 받은 반란이 일어나 결국 정치체제가 해체되어 몇 개의 경쟁하는 지방 국가로 나뉜 뒤 송이 재통일을 이룬 중국의 역사와 달리, 고려-조선의 교체는 이탈의 움직임이 나타나지 않았다는 특징을 가졌다. 강력한 지방 정권의 흥기는 고려 지방 관원의 낮은 품계와 적은 인원, 그리고 제한된 권한 때문에 미연에 방지되었을 개연성이 컸다. 지방 통치권의 제도적 약화는 의도적인 정책의 결과였는데, 고려 국왕들은 당이 강력한 절도사와 관련해 경험한 문제를 알고 있었을 것이 거의 확실하고 지방 통제력의 제한을 고려하면, 강력한 지방 단체의 발전을 막기 위한 수단으로 그들의 통치권을 계속 약화시키는 것은 매우 자연스러웠다. 불만을 품은 중앙 세력은 대부분 지방에 광대한 토지를 갖고 있었는데, 혼돈을 이용해 지방에 기반을 둔 대립적 정권을 형성할 수 있었다. 그러나 대부분 그들의 토지는 널리 산재한 여러 작은 구획으로 이뤄졌기 때문에 통합되고 방어하기 쉬운 권력 기반을 제공하지 못했다. 고려 후기에는 1375년(우왕 1) 제주도와 1382년(우왕 8) 영해 등에서 소수의 농민 반란이 일어났지만, 소규모였고 쉽게 진압되었다. 대규모의 농민 반란이 일어나지 않은 까닭은 추측할 수 있을 뿐이다. 왜구의 습격이 잦고 가혹했기 때문에 농민은 해안 지역에서 거주하는 것이 금지되었고, 내륙에서는 소작인이나 노비, 농민을 지배하던 양반이 백성을 통제하고 있었기 때문으로 생각된다. 끝으로 농촌 사회에서 전통적으로 최고의 지위를 차지해온 향리는 지방 반란의 자연스러운 지도자가 될 수 있었지만, 그 지방 권력의 실제적인 사회경제적 기반을 이미 잃었고, 다른 지방이나 수도로 널리 흩어져 중앙 조정에서 자신들의 관운을 안전하게 하려고 노력했다.

향리의 유동이 양반에게 준 위협은 10세기에 지배적인 사회집단이었던 지방 호족의 이익을 다양하게 수용한 제도적 구조 안에서 강력한 중앙 관료적 귀족이 흥기했다는 고려의 사회·정치적 제도의 근본적인 모순을 또렷이 드러냈다. 필요한 것은 지배적 사회집단으로서 중앙 양반이 출현했다는 현실을 반영할 수 있는 왕조 제도의 급진적인 재편이었다.

고려 후기 전체에 걸쳐 이제현 같은 개혁적 양반은 자신들에게 동조하는 국왕을 만났을 때 문반 조정의 정규 제도에 정치권력을 복구하고, 궁중 측근의 극심한 경제적 낭비를 억제하며, 향리를 지방으로 돌려보냄으로써 신분제도를 유지하려고 노력했다. 이런 개혁의 시도는 몇 가지 이유에서 쓸모없게 되었다. 확실한 이유 중 하나는 친원 세력과 이인임 일파의 저항이었다. 다른 하나는 국왕이 권위와 국가 재원의 많은 부분에 대한 통제력을 잃었기 때문에 근본적 개혁을 밀어붙일 수 없었다는 것이었다. 그러나 이제현 같은 인물이 지지한 개혁은 본질적으로 고려 제도를 영속시키려는 부수적인 조정이었다는 측면 또한 지적해야 한다. 개혁자들이 제도의 근본적인 재편을 생각하기 시작한 것은 14세기 말엽에 가까워서였는데, 한국에서 지배적 사회집단으로서 중앙 관료적 귀족이 흥기한 것을 반영하는 사실이었다.

5장
개혁과 왕조 교체

일반적으로 역사학자들은 1392년 조선왕조의 수립은 제도의 주요한 재편을 수반했다고 인식하고 있다. 한국의 주류 역사학자들을 포함한 많은 학자들은 이런 측면을 새 왕조의 건국과 함께 권력을 장악했다고 생각되는 새로운 사회집단의 경제·사회·정치적 이익이 실현된 것이라고 서술한다. 그러나 지금까지 보았듯이 고려–조선 교체의 주요한 특징은 고려의 주요 양반 가문이 중앙 조정을 계속 지배했다는 것이며, 개편된 제도가 새로운 사회계층의 관심을 대표한다고는 거의 생각되지 않는다. 다른 학자들은 개혁 운동을 정주학의 영향으로 파악한다. 14세기 후반부터 15세기 전반 유학 사상은 분명히 많은 논쟁을 불러왔지만, 당시 궁극적으로 추진된 개혁은 새 왕실과 기존의 중앙 양반 모두의 이익을 반영하는 방법으로 고려왕조에 만연한 제도적 문제를 해결하려는 것이었다.

새 왕조를 수립한 개혁 세력의 당면한 목표는 나라를 견고한 재정적 기반 위에 올려놓고, 팽창한 중앙 관원층의 규모를 줄이며, 마비된 정치제도를 자유롭게 하는 것이었다. 그러나 이런 개혁은 결과적으로 한국의 사회·정치적 제도를 크게 변화시킴으로써 반자치적인 지방 귀족에 기초해온 옛 고려의 제도는 중앙 양반을 중심으로 운영된 새로운 제도로 대체되었다.

고려-조선 교체기 동안 개혁을 성공시킨 관건은 이성계 일파의 압도적인 무력이었다. 1388년에 중앙 조정에서 지배적인 지위를 획득하자마자 이성계와 그 연합은 개혁을 주장하기 시작했다. 그러나 그들은 상당한 군사적 지원을 받은 일군의 보수적 관원의 강력한 저항에 부딪쳤으며, 반대하는 무장——상당한 사병을 보유한 최영과 조민수 같은——들을 제거한 뒤에야 자신의 개혁안을 추진할 수 있었다.

정도전은 조선 전기 제도의 '설계자'로 널리 칭송되지만, 실제로 개혁의 청사진은 1388년 여름 2개의 주요한 상소를 올린 조준이 설계했다.[2] 7월에 올린 첫 번째 상소는 현재의 재정적 곤란을 초래한 낭비를 논의하고 수조권 제도의 개혁을 요구한 긴 문서였다. 8월에 발표된 두 번째 상소는 조선 전기에 재편한 사회·정치적 제도의 주요한 개요를 담았다. 이런 상소에는 일부 사망한 관원을 추숭하고 다른 사람들은 강등하는 순수하게 정치적인 여러 제안은 물론 역마驛馬와 역참驛站 운영의 개선 같은 여러 부수적인 기술적 방안도 포함되었지만, 그 핵심은 여러 중요한 정책 계획이었다. 관심의 주요한 영역 중 하나는 지방 사회였는데, 조준은 좀더 훌륭한 자격을 갖춘 인물을 지방 수령으로 파견하고 그 품계를 올리며, 왜구의 침략으로 황폐해진 지역은 유랑민을 다시 살게 하고 가옥을 다시 짓게 하며, 그들이 수군을 후원할 경우 반대급부로 20년 동안 조세와 요역을 면제하고 양인과 노비 가호를 호적에 등록해 요역과 군역 인원의 충원을 쉽게 하며, 광대와 도살업자처럼 안정된 소득이 없는[無恒産] 사람들은 토지에 정착시켜 일반 농민처럼 농사를 짓게 하자고 건의했다. 요컨대 이런 제안들은 인적·물적 자원에 대한 국가의 통제력을 높이려는 의도였다.

조준은 전체 관직 수를 줄이자는 직접적인 제안을 포함해 중앙 관원층의 규모를 줄이고, 종2품 관원의 숫자를 제한하며, 관원의 아들이 받는 음서의 품계를 9품 무반직으로 한정하자는 몇 가지 건의를 올렸다.

조준은 중앙 정치제도의 개혁도 구상했다. 그는 강력한 관원의 비행을 국왕이 처단하라고 주청해 왕권의 권위와 권한을 복구하려고 노력했다. 또한 도당 참석자의 숫자를 줄이고 조정의 실무를 담당하는 중심 기구로 육부를 복원하며, 맡은 임무를 마치면 도감을 즉시 혁파하고 왕명 출납 절차를 원활하고 정확하게 개선하며, 하급 대간의 자격과 품계를 높일 것을 제안했다.[3]

조선왕조를 건국한 인물들이 실제로 시행한 첫 번째 주요한 변화는 국가재정의 재건이었는데, 과전법은 이성계가 즉위하기 1년 전인 1391년에 시행되었다. 이 개혁은 국가를 자원에 좀더 많이 접근하게 함으로써 국력을 강화했는데, 조준의 27개항에 걸친 상소와 비슷하게 지방행정을 재건해 전국에 대한 통제력을 강화하고, 특정한 사회집단을 배제해 관직에 대한 경쟁을 줄이며, 중앙 조정을 재편해 정치 권력의 불균형을 시정하는 세 가지 주요한 범주로 핵심적인 개혁안들을 시행할 수 있게 했다. 종합하면 서로 밀접히 연관된 이런 개혁으로 한국의 사회·정치제도는 크게 재편되었는데, 한편으로는 매우 보편적인 권력을 창출해 국왕이 가용 자원에 좀더 많이 접근할 수 있게 했지만, 다른 한편으로는 고려 시대에 사회와 정치를 지배했던 주요한 중앙 양반 가문이 최고의 지위를 가졌다는 사실을 확인시켜주었다.

재 정 개 혁

　이성계와 그 지지자들이 착수한 첫 과업은 국가의 재정 상태를 회복시키는 것이었다. 물론 이것은 그들이 제시한 개혁안의 전제 조건이었는데, 야전군에 지급할 자원과 정규적인 조정 운영에 필요한 자금 없이는 다른 기본적 개혁을 추진할 수 없기 때문이었다. 주기적으로 정치를 지배했던 고려 중기의 무신, 본질적으로 사적인 이익집단으로 기능했던 1370~1380년대의 이인임·임견미 일파 같은 집단과 이성계 일파를 구분시킨 것은 국가를 강화하겠다는 약속이었다. 새 왕조의 건설자들은 국가가 가용 자원에 접근하는 문제를 1391년에 과전법 개혁을 공포하고 새 왕조 초기에 일련의 정책을 추진하는 두 방향에서 시작했다. 그런 특별한 노력들은 본질적으로 재정 문제에 집중되었지만, 특히 지방행정과 사회 분야의 개혁과 밀접히 연관되었던 측면은 중요하게 지적할 만하다.

과전법

　1388년 7월 조준의 상소는 재정 개혁 문제를 둘러싼 장기적인 논쟁을 불러왔다. 이색과 그의 보수적 일파는 어떤 근본적 변화에도 반대했지만, 개혁적 인물들은 다양한 제안을 내놓았다. 가장 급진적인 것은 정도전의 방안이었다. 정도전은 고대 중국의 정전제에 기초해 모든 토지의 국유를 주장하고 한漢의 한전제限田制와 당의 균전제 같은 그 뒤의 제도는 사유의 조항이 있다는 이유로 거부했다. 정도전의 계획에 따르면 국가는 토지를 가장에게 나누어주고 그들은 살아 있는 동안 그 토지를 경작하지만, 수급자가 사망하면 그 토지는 국가에 반환되어 다시 분급되었다. 정도전은 사유를 배제해 탈세와 농민에 대한 사적 통제(소작 할당을 통한)를 근절함으로써 조세수입을 늘리고, 요역과 군역에 충당할 농민을 확보하려고 했다. 그러나 정도전의 방안은 거의 지지를 받지 못했는데, 사유재산의 폐지와 관인층을 후원하기 위한 독립적 조항이 없었기 때문이다.

정도전의 계획은 고대 중국을 거론한 유일한 방안이었다. 다른 상소자들은 대부분 국유의 원칙에 기초를 두고 있다고 믿은 고려 전기 제도의 복구를 주장했다. 한 상소자는 정도전과 마찬가지로 사유지를 혁파하고 국가가 개인에게 토지를 분급해야 한다고 주장했지만, 정도전과는 달리 관원과 군인을 후원하는 특별한 조항을 마련했다. 또 다른 상소자는 국가 경영과 군사 활동을 위한 재원을 공급하고 모든 관원에게 토지를 분급하기 위해 균전제의 시행을 주장했다. 다른 개혁자들은 고려 전기 제도의 복구를 주장하면서 온건하게 접근했지만, 지주의 과도한 합병과 소작인의 과도한 착취를 억제해야 한다는 주장은 물론 사유재산의 문제도 언급하지 않았다.

과전법 개혁의 기본 틀을 최종적으로 만든 것은 조준의 건의였다. 조준은 개혁이 성공하려면 그들의 지지가 필요한 양반 가문을 소외시키지 않으면서도 국가가 자원에 더 많이 접근할 수 있게 한 방안을 제출했다. 그는 여러 중국 왕조—주周(대략 기원전 1134~250)·진秦(대략 기원전 249~207)·한·당—의 토지제도의 성공과 실패를 검토하면서 논의를 시작해 자신이 고려 전기의 균전제로 파악한 비교 대상으로 논의를 돌렸다. 그는 현재의 모든 수조지를 폐지해 공전으로 전환하자고 제안했다. 그런 뒤에 관원(현직과 전직 모두)·군인, 그리고 역참에서 일하는 공천公賤 같은 노비까지 포함해서 국가에 봉사하는 모든 사람에게 새로 수조지를 분급하는 것이었다. 이런 수조지는 수급자가 살아 있는 동안만 주어졌다가 그가 사망하면 국가에 반납되었다. 그러나 그 제안에는 수도에 사는 관원들을 위한 특별 조항이 포함되었다. 그들은 경기에서 사전을 새로 받았는데, 그 일부는 세록전世祿田으로 후손에게 물려줄 수 있었다. 중앙 관원 가문의 후원을 요청한 중요성의 또 다른 특징은 농민에게 토지를 분급한다는 언급은 물론 사적 토지 소유의 폐지나 제한에 관련된 어떤 조항도 없다는 것이었다. 그러나 조준은 가장 중요하고 유일한 가용 자원인 자유로운 농민의 수확과 노동을 유지하고 전세를 수확의 10퍼센트로 고정하며, 추가적 과세를 금지해 그들의 부담을 덜어주는 데도 관심을 두었다.

여기서 14세기 후반 재정 개혁 논쟁의 본질과 관련해 잠정적인 결론을 어느 정도 도출하는 것이 안전해 보인다. 첫째, 그 제안은 역사상의 중국과 한국 제도에 대한 개혁자들의 이해에 바탕을 두었고, 특히 조준의 완전히 성공적인 계획의 경우, 기존 양반 가문의 사유지는 건드리지 않고 그대로 두었으며, 그들에게 새로운 수조지를 제공하겠다고 제안함으로써 그들의 경제적 이익을 크게 고려했다. 둘째, 그 제안은 그동안 수조지로 할당된 토지의 분량을 급격히 줄이고 전국 경작지의 대규모를 공전으로 복구했으며 농민들에게 계속 자유를 줌으로써 국가의 세수를 늘리려고 했다.

'신흥 사대부'론의 지지자들은 과전법의 제정은 "신흥 사대부가 옛 경제 질서를 무너뜨리고 새로운 질서를 수립한 것"을 나타내는 사건이라고 주장한다.[5] 이런 견해에 따르면 '중소 지주'인 '신흥 사대부'는 중앙 귀족의 대토지를 몰수하고 그들의 토지대장을 불태웠으며, 경기도를 품관들에게 사전으로 지급했고 그 나머지 전국 토지는 공전으로 전환했다. 이것은 경제적 독립체로서 고려 중앙 귀족이 무너지고 새로운 경제 질서를 선도한 '신흥 사대부'가 승리한 것을 나타낸다는 생각이다.

이런 해석은 최근 이경식李景植의 비판을 받았는데, 그는 고려 후기에는 두 가지 형태의 토지 소유—지대 수취와 소유—가 있었으며 과전법은 후자가 아닌 전자에만 관련된 것이라고 주장했다.[6] 이경식의 주장은 조선 전기까지도 농장이 지속되었다는 필자의 견해를 뒷받침한다.

실제로 과전법 조항을 차분히 검토하면 1391년의 개혁은 새로운 경제 질서를 구현한 것은 아니었다는 주장을 증명한다고 생각된다. 이전의 역사학자들은 왕토王土 이론의 영향을 받았다고 추정되는데, 사전은 개인이 소유한 토지를 뜻하고 공전은 국가가 소유한 토지를 의미한다고 믿었으며, 따라서 경기를 제외한 전국을 공전으로 전환한 것은 고려 후기 귀족의 사적인 농장을 국가가 몰수했다는 의미로 파악했다. 그러나 이제 역사학자들은 사전과 공전이라는 용어는 소유권이 아니라 국가에서 수조권을 받은 것을 의미하며, 사전은 개인에게 조세수입이 들어가고 공전은 국고로 들어간다는 견해에 모두 동의하고 있다. 이것은 1390년에 사전과 공전 대장을 태워버린 유명한 사건이 사유권의 폐지를 수반해 과전법에는 사유에 관련된 어떤 조항도 남아 있지 않게 되었다는 것은 아니라는 의미다.

과전법은 중앙 조정(과 특히 국방 운영)을 튼튼한 재정적 기반 위에 올려놓고 조정에서 근무하는 관원들의 생계를 지급한다는 두 가지 주요한 목적이 있었다. 과전법 개혁은 1390년에 실시된 전국적인 토지조사의 결과에 기초해 경기 이외의 모든 토지를 공전으로 복구시킴으로써 국가재정을 강화했다. 그 결과 가용 자원이 확충되어 국가가 풍요로워졌을 뿐만 아니라 왜구의 침략과 북방의 군사적 사태에 대비할 수 있는 국방 지출을 확대할 수 있었으며, 아마도 가장 중요하다고 생각되는데, 다른 개혁을 뒷받침하는 데 필요한 군사력을 국가에 공급할 수 있게 되었다.[7]

그러나 그 이름이 보여주듯이, 과전법은 관원의 생계와 매우 밀접하게 연관되었으며, 그런 측면에서 중앙 관원층에게 지급한 녹과전 같은 고려 후기의 시책을 계승한 것으로 보일 수도 있다. 그러나 과전법은 현직 관원에게 복무의 대가로 보상하는 제도를 뛰어넘었다. 그 수조지는 현직과 전직을 막론하고 도성에 거주하는 모든 품관에게 지급되었고, 수조지의 전부 또는 일부는 (가정 상황에 따라서) 수급자가 사망한 뒤 그의 아내와 자녀에게 세습되었으며, 만약 관원의 아내도 사망하면 그 수조지는 그의 "어리고 약한 자녀와 손자녀"에게 주도록 했다. 이처럼 과전법은 관원들에게 단순히 복무의 대가가 아니라 (1) 도성에 거주하고 (2) 자신이 중앙 조정에서 근무하거나 조상이 소속된 부류의 존속을 지원하고 보장하는 제도였다. 요컨대 그 제도는 자원에 대한 국가의 접근을 높이고 중앙 관원을 구성한 양반 가문을 후원했다.

그렇다면 전직 관원과 도성 바깥에 사는 다른 신분은 어떠했는가? 퇴직한 뒤 도성에 남아 있는 관원의 과전은 환수되어 수도에 거주하는 다른 관원에게 다시 분급되었다.[8] 지방에 기반을 둔 전직 중앙 관원과 한량으로 알려진 명예직 소유자는 과전법에서 정규적인 수조지를 받지 못했으며, 그 대신 소규모의 군전軍田을 받았다.[9] 그들은 이런 토지의 반대급부로 해마다 최소 100일간 도성에서 복무해야 했다.[10] 옛 전시과에서는 수조지를 받았던 향리도 새 제도에서는 불리한 대우를 받았다. 처음에 과전법은 그 집단에 제한된 규모의 외역전外役田을 지급했지만, 그 분급은 정규 수조지와 별개의 범주에 두었고 고려 제도에서 그들이 받았던 것보다 훨씬 작았으며 그마저도 1445년(세종 27)에 박탈되었다. 이처럼 과전법의 분급 조항은 중앙에 정착한 관원—즉 중앙 양반 가문—을 주로 후원하고 도성 바깥의 기타 사회집단은 날카롭게 차별했다.

과전법 개혁 뒤에 있는 사회적 고려 사항을 보여주는 마지막 특징은 공인·상인·무당·광대·승려의 후손에게 수조지의 분급을 금지한 조항이다.[11] 자료에서는 이 조항의 이유를 설명하지 않았지만, 그런 신분 출신으로 이미 관원이 된 부류의 지위를 약화시키고 앞으로 그런 집단의 흥기를 막으려는 의도가 분명했다. 요컨대 과전법은 국가를 건전한 재정적 기반에 올려놓고 그 관원의 생계를 유지시키려는 의도였지만, 중앙 관원 가문의 사회적 지위를 강화하고 고려 후기에 양반의 정치권력 독점을 위협했던 향리와 그 밖의 다양한 사회집단을 경쟁에서 배제하려는 목적도 있었다.

과전법 자체는 오래 지속되지 못했다. 경기에 대규모의 농장이 계속 남아 있고 다량의 공신전이 생겨나 세습할 수 있는 수조지가 필연적으로 늘어났기 때문에, 국가는 곧 새 관원들에게 경기도에서 수조지를 줄 수 없게 되었다. 태종의 치세 무렵 경기도를 벗어나 삼남 지방에 과전을 분급해야 한다는 사실이 분명해졌다. 곧 이것도 충분치 않다는 것이 밝혀져 1457년(세조 3)에 과전법은 폐지되고 직전법職田法이 시행되었다. 새 제도는 현직 관원에게만 수조지를 분급하고 옛 과전법의 세습할 수 있는 토지를 혁파했다. 이것은 물론 수조지로 할당된 토지의 분량을 크게 줄여 국가에 조금 숨 돌릴 기회를 주었지만, 이 제도조차 충분치 않은 것으로 밝혀져 1555년(명종 10)에 역시 폐지되었으며 그 뒤에는 관원에게 녹봉만 지급했다.[12]

  그러나 수조지 제도가 결국 끝나게 되었다는 사실 때문에 새 왕조의 수립과 그 뒤 추진된 다른 방면의 개혁에 관련된 과전법의 중요성을 간과해서는 안 된다. 과전법은 국가가 파산했을 때 조세 장부에 대규모의 토지를 다시 등록시킴으로써 문반 행정과 국방 운영에 새로운 자금을 유입시켰다. 또한 그것은 중앙 양반이 이성계를 지지하도록 하는 데 핵심적인 역할을 했다. 그것은 그들에게 생활을 유지할 수 있는 자금을 공급했는데, 지주에게는 의심할 필요 없이 매력적이었고 국가의 보상에 의지한 중앙 양반층의 덜 부유한 부류에게는 절대적으로 핵심적이었다. 경제적 유지만큼 중요한 것은 기존의 중앙 양반 가문에 특별한 혜택을 부여하고 수도 이외의 출신과 비양반 출신에 대한 차별을 통해 관원층의 자격을 규정한 과전법의 방식이었다. 이처럼 과전법은 조준—이성계의 인척(결혼을 통한)이자 가장 주요한 중앙 양반 가문의 후손—이 입안한 대로 새 왕실과 양반 모두의 이익을 대변하는 요소를 담았다.

자원을 창출하고 통제하려는 국가의 시도

과전법은 사유재산권의 폐지를 요구하지는 않았지만, 대토지 소유 제도의 극심한 남용을 제한하려는 일부 규정을 담고 있었다. 그런 규정에는 수조지를 분급받은 사람이 그 수조지의 경작자를 수탈하는 것을 금지하고 사전과 공전의 전용轉用을 통해 토지 소유를 확대하려는 개인을 처벌하는 것이 포함되었다.[13]

그러나 이런 조항들은 효과적이지 않았는데, 과전법이 공포된 지 겨우 15년 뒤인 1406년(태종 6)에 대토지를 집적하고 그 소작인에게서 과도한 지대地代를 받는 일부 부류 때문에 조세수입과 요역 노동력이 줄었다고 지적하는 상소가 올라왔다.[14] 이것은 가용 자원에 대한 국가의 접근을 위협했으며, 곧이어 전주가 홀로 사는 과부이거나 자식 또는 노비가 없는 경우 같은 특수한 사례를 빼고는 소작을 금지하자는 건의가 올라오자 국왕은 그것을 승인했다.[15] 그러나 이런 방안은 토지 겸병과 소작인 착취 문제를 해결하는 과전법의 원래 조항보다 전혀 성공적이지 않았다. 1415년(태종 15)에 토지를 겸병해 그것을 가난한 농민에게 대여한 부유하고 권력 있는 부류의 행동을 비판하는 또 다른 상소가 올라왔다.[16] 이것 또한 성공적이지 않았지만 소작을 금지하려는 마지막 시도였으며, 그 뒤의 제안은 법률로 입안되지는 않았으나 한전제를 도입해 대토지의 확산을 막아야 한다고 주장했다.[17]

자원에 대한 국가의 접근을 높이려는 조선 전기의 노력은 소작에 관련된 입법에 국한되지 않았다. 농민과 노비를 토지에 긴박시켜 그들에게서 세금을 징수하고 요역과 군역에 충원하려는 몇 개의 구체적인 방안이 시도되었다. 백성을 국가의 강력한 감독 아래 두려는 새로운 계획에는 두 가지 주요한 요소가 있었다. 하나는 호적 제도를 다시 활성화하는 것이었다. 태종과 세종 때 시행된 이 개혁의 핵심은 옛 호적을 파기하고 요역과 군역을 질 수 있는 성인 양인 남성의 숫자를 기록한 새 호적을 작성하는 것이었다. 그 결과 국가의 통제를 받는 성인 남성의 숫자가 급증했는데, 특히 세종의 치세 동안 이뤄진 한 조사에서는 성인 남성의 숫자가 태종 때의 두 배가 되었다.[18]

백성에 대한 통제를 확립하는 또 다른 주요한 방법은 1413년(태종 13)에 태종이 처음 시행한 호패법이었다. 이 법률은 원의 제도를 본받은 것인데, 모든 백성에게 자신의 이름·출생지·신분·거주지를 기록한 호패를 갖고 다니게 했다. 태종의 동기는 이 법안을 공포한 왕명에서 나타나는데, 거기서 그는 양인의 유망을 막고 지방의 팽창과 인구의 감소 문제를 완화하고 싶다고 말했다.[19] 양인의 반대가 주된 원인으로 자주 거론되지만, 호패법은 1416년(태종 16)에 새 호적이 완성되자마자 폐지되었다는 측면에서 태종이 그 제도를 시행한 것은 새 호적의 편찬을 쉽게 하려는 임시방편이었다.[20] 그러나 호패법은 1458년(세조 4)에 세조가 다시 시행했는데, 그는 1453년(단종 1) 함길도(고려 때는 동계東界였다)에서 유망하는 백성이 이징옥李澄玉의 반란을 지원할 것을 걱정했다.[21] 이번에 호패법은 12년 동안 유효하게 지속되었다. 호패법은 4,500개의 '부실호富實戶'를 삼남 지방에서 북방의 평안·황해·강원도로 다시 배치하려는 1460년(세조 6) 세조의 시

책에 반영됨으로써 백성에 대한 통제권을 국왕에게 부여했다.[22]

새 왕조는 이런 제도를 시행해 고려보다 인적 자원에 더 큰 통제력을 행사했다. 앞서 지적했듯이 고려 국왕들은 사용할 수 있었던 가용 자원이 제한되었기 때문에 특정한 행정적 필요에 사용하려면 소·향·부곡 같은 특수 집단에 의존했다. 고려 시대에는 거의 200개에 가까웠던 특수 집단 중에서[23] 성종(1469~1494) 때는 전국에 13개만 남았다.[24]

왕조 교체로 국가는 더 많은 가용 자원을 사용할 수 있었지만, 양반은 상당한 분량의 토지와 인적 자원을 계속 통제하고 있었다는 사실을 기억해야 한다. 대토지 소유가 지속된 근본적인 이유는 새 왕조가 주요 양반 가문의 지지를 얻어야 했기 때문이 분명했다. 조선 전기의 일부 국왕들은 고려 후기의 국왕들이 행사한 것보다 자원에 대한 훨씬 큰 통제력을 얻는 데 성공했지만, 결국 그들도 귀족이 토지와 백성을 통제하는 오랜 전통을 무너뜨릴 수는 없었다. 그 결과는 국가의 자원에 접근하려는 조선왕조와 그 양반 사이의 지속적인 투쟁이었다.[25]

신 분 제 도 의 재 정 립

　관직과 중앙 관원층의 자격을 얻는 문제의 개요는 앞 장에서 설명
했다. 여기서는 지방 사회에 강력한 중앙 통제를 확립하고(이것은 향리
의 지위와 특권을 크게 빼앗았다) 중앙 관직을 향한 경쟁을 줄이는 문제
에 가장 직접적으로 영향을 준 14세기 후반과 15세기 초반의 두 가지
양상에 초점을 맞출 것이다.

지방행정의 재편

　개혁자들의 가장 중요한 관심 중 하나는 지방 사회였다. 지방에 일
정한 질서를 구축하지 못하면 그들은 재정 개혁안을 효과적으로 시행
하고 이탈한 향리를 다시 정착시키며 양반에 대한 향리의 위협을 줄
이는 것을 기대하기 어려웠다.

　1388년에 집권한 뒤 개혁자들이 착수한 첫 번째 행동 중 하나는 지
방에 대한 중앙의 통제력을 확대한 고려 전기의 시책을 다시 추진한
것이었다. 변화는 중계적인 지방 관서를 강화하고 항구적인 중앙 관
원이 파견되지 않았던 군현에 중앙에서 파견된 수령을 배치하는 두
방면에서 이뤄졌다.

　고려 전기 안찰사 제도의 기본 특징은 원과 평화가 정착된 뒤에 온
전하게 다시 나타났다. 안찰사는 여전히 5·6품의 비교적 낮은 관원
중에서 선발되었고 6개월만 근무했으며 자신이 소속된 상설 관원이
없었다. 안찰사는 여전히 권한이 매우 적었고, 군현은 여전히 대부분

중앙(도당)에 직접 보고했다. 왕조는 14세기 초반 근무 기간을 1년으로 늘리는 것을 포함한 몇 개의 부수적인 변화를 시험했지만, 고려 전기의 제도는 1388년 여름 이성계와 그 지지자들이 우왕을 폐위시켰을 때도 여전히 존재했다.

그 다음 2년 넘게 조준은 안찰사를 1·2품 관원에서 선발된 관찰사로 대체하고 경기와 북부의 양계 지방을 포함한 전국에 관찰사의 행정권을 설치할 것을 건의하는 중계적 지방 관서 제도의 개혁에 관련된 일련의 상소를 올렸다. 조준의 건의는 모두 시행되어 1390년(공양왕 2) 각 도 관찰사에게는 직속된 경력사經歷司가 배치되고 자신이 관할하는 도의 군현에 대한 통제권이 부여되었다.[26] 이제 한국은 역사상 처음으로 문반이 통제하는 진정한 지방 관찰사 제도를 갖게 되었다.

동시에 개혁 세력은 좀더 많은 군현에 중앙 관원을 배치하려고 노력했다. 1389년(공양왕 1)에 5명의 감무가 파견되고 1390년에 25명, 1391년에 7명이 추가되었다. 이것은 1176년(명종 6) 이후 새로운 지방에 중앙 관원을 임명한 최초의 중요한 사건이었다. 그들은 속군과 속현의 총수를 161개로 줄이고 더욱 활발한 개혁을 전개할 것임을 예고했다. 중앙 관원은 조선 전기 내내 새로운 지역에 파견되었고, 그 결과 세종의 치세가 끝날 때(1450년)는 330개 군현에 수령이 파견되고 속군과 속현은 107개만 남았다.[27]

이성계 일파의 계획에서 중앙에서 임명된 지방 관원을 새로 파견한 조처의 중요성은 새로운 임명의 시점과 장소에서 나타난다. 1389년에 감무가 새로 임명된 5개 현 중 3개는 경기에 있었고 그 이전에 파견된 감무 1명은 경기도의 현에 다시 설치되었다. 이런 초기의 노력이 수조지로 할당된 지역에서 과전법이 시행된 직후에 나타났다는 사실은 개혁자들이 수조지에 중앙 관원을 파견하는 것이 재정을 복구하려는 자신의 계획이 성공하는 데 필요하다고 생각했음을 알려준다. 또한 흥미로운 사실은 1390년(공양왕 2)에 다시 지방관이 대거 임명될 때 파견된 현령 25명 중 23명은 경상도로 보내졌다는 것이다. 이것은 왜구가 남동부를 침략했기 때문으로 생각되지만, 이숭인李崇仁·정몽주·길재吉再·이색 등 경상도와 긴밀한 관련이 있는 인물이 이성계를 주도적으로 반대했다는 사실을 잠시 떠올리게 한다.[28] 동시에 새로운 만호는 이성계에게 충성을 바치는 무력으로 구성되었을 것으로 추정되는데, 경상도 영일迎日에 설치되었다.[29] 이런 시각에서 1390년에 중앙에서 관원을 임명한 것은 경상도에 기반을 둔 세력이 이성계에 반란을 일으키지 못하도록 방지하려는 목적이었다고 추측하는 것은 어렵지 않다.

그러나 중앙 관원의 파견은 지방행정을 정상화하는 첫 조처였을 뿐이다. 새 왕조는 영역이 항상 인접해 있지는 않고 주·군·현의 명칭이 그 실제 크기나 인구보다 그 지역 향리 가문의 조상적 지위와 더 많이 관련되어 있던 비합리적 조직 구성을 답습했다. 이런 불규칙한 제도는 수송과 행정의 곤란을 야기했을 뿐만 아니라, 흔적의 형태일 뿐이라도 옛 지역적 신분제를 반영하는 것이었다.

지방행정단위를 좀더 합리적으로 서열화하려는 새 왕조의 첫 번째 전면적인 시도는 조선의 3대 국왕인 태종(재위 1400~1418) 때인 1413년(태종 13)에 이뤄졌는데, 세 가지 중요한 조처로 특징지어졌다. 첫째, 지방 단위를 그 실제 크기와 중요성에 맞춰 지정했다. 중국에서 '주州'라는 용어는 주요 행정 거점에 붙여졌지만, 고려에서는 군·현을 포함해—대체로 그곳 출신 유명 인물의 특혜적 지위를 나타내는—모든 크기의 지방 단위에 주어졌다. 1413년(태종 13)의 개혁은 주요 행정 또는 군사 거점을 빼고 모든 주를 일반적인 지명으로 바꾸었다(예컨대 죽주는 죽산, 금주는 금산이 되었다). 이것은 적어도 59개의 지명에 영향을 주었으며 정규 행정 서열을 만드는 주요한 조처였다.[30]

둘째, 개혁자들은 감무의 자질과 지위를 높이려고 했다. 군·현과 감무의 위상에 대한 관심은 1359년(공민왕 8)의 상소에서 보이듯이 고려 후기 동안 지속되었다.

감무와 현령은 문관만을 임명해야 합니다. 옛 제도에서는 감무와 현령은 모두 과거에 급제한 사류士流를 등용했지만 요즘은 여러 관서의 서리胥吏로만 임명하기 때문에 탐오하고 백성을 학대합니다. 또한 품계가 7·8품이어서 관질官秩이 낮고 자질이 떨어지기 때문에 지방 유력자들은 그들을 무시하고 불법을 자행해 향읍鄕邑이 잔폐殘弊해지고 있습니다.[31]

비슷한 주제는 27개 항에 걸친 조준의 상소에서도 제기되었는데, 수준이 떨어지는 인물이 현령·감무에 임명되는 것을 비판하고 능력과 경험이 풍부한 사람만 그 자리에 제수해야 한다고 주장했으며, 그 품계는 6품으로 올릴 것을 제안했다. 조준의 건의는 받아들여졌고 감무는 6품으로 승급되었다.[32] 감무의 지위를 높이려는 노력은 조선 건국 뒤에도 계속되었는데, 1413년에 그 직함은 그 임명자의 높아진 품계를 반영해 현감으로 바뀌었다.

세 번째 조처는, 가장 어려운 부분인데, 지방 단위의 조직을 실제로 재편하는 것이었다. 여기에는 넓이와 인구에 기초해 일부의 지위를— 높이든지 낮추든지—변경하거나 폐지하고 단위를 통합하는 것이 포함되었다. 이런 시책은 전라도에서 고려 말엽에 51개의 속현이 남아 있었던 1409년(태종 9)에 속군과 속현을 폐지하고 통합하면서 시작되었다.[33] 그곳에서 성공적이었다고 판명되자 그 정책은 전국의 나머지 지역으로 확대되었다.[34]

이런 세 가지 조처는 지방에 대한 중앙의 통제를 확립하려는 노력을 향한 주요한 전진이었다. 그러나 그것이 모두 완벽하게 성공한 것은 아니었다. 첫 번째와 두 번째 조처는 그다지 어렵지 않게 시행되었지만, 지방의 반대는 많은 지역에서 조직을 폐지하거나 통합하려는 철회하도록 조정을 압박했다. 세 번째 조처는 제한적으로 성공했다는 측면은 시행 37년 뒤인 1450년(세종 32) 고위 관원의 발언에서 나타난다.

각 도의 군현은 크기도 하고 작기도 하며 강역疆域이 바르지 않아 들쭉날쭉하기 때문에 백성들이 오랫동안 피해를 보아왔습니다. 우리나라의 군현은 본래 정해진 제도가 없어 처음 세워졌을 때부터 품관과 향리가 서로 싸워 힘 있는 사람은 많이 차지하고 세력이 적은 사람은 적게 얻었습니다. 토산물이 많이 나는 땅은 다투어 먼저 점유하기 때문에 한 현의 땅이 여러 군의 경계에 걸쳐 있거나 여러 군 바깥에 완전히 고립되어 있기도 합니다. 백성들이 공부貢賦·요역·소송·운반 등으로 왕래할 때면 한 행정구

역이라도 몇 개의 군을 지나고 오랫동안 말을 타고 가야 합니다.[35]

이것은 조선 전기의 성공에도 불구하고 전국에 중앙의 직접적인 통제를 확립하려는 노력은 쉽게 관철되지 않았음을 보여준다. 1450년대 후반 강한 의지를 가진 또 다른 국왕인 세조는 지방행정 서열을 규칙화하려는 노력을 재개했다.

우리나라는 크기는 작지만 관리는 많아 백성들이 오랫동안 피해를 받았다. 나는 경기에서 몇 개 군을 병합해 백성들의 뜻을 살펴보니 아전은 싫어했지만 백성들은 매우 기뻐했다. 나는 백성들의 뜻에 따라 작은 읍을 병합하고 수령 2명을 두려고 하니 경들은 이런 뜻을 알고 사목事目을 살펴 병합하거나 나눌만한 곳을 판단해 아뢰도록 하라.[36]

세조의 개혁은 1457년(세조 3) 12월에 관련 지시와 함께 공포된 「군현병합사목郡縣併合事目」에 실린 명령이 보여주듯이, 지방 조건의 광범한 조사와 연구에 기반을 두었고 이전의 시도들보다 훨씬 더 체계적이었다. 그 지시들에는 다른 것들 중에서도 거주자의 숫자와 전세 수취, 소송, 관원들의 여행 거리를 결정하기 위해 합병할 지방을 미리 조사하고, 상황적으로 장점이 있는 곳은 2개만이 아니라 3~4개 현까지 합병할 가능성을 고려하며, 새로 통합된 단위의 지방 서리·공노비·양인 가호의 숫자와 면적, 지리적 특징을 보고하도록 했다.[37] 세조의 노력은 속현의 숫자를 좀더 감소하려는 것으로 이어져, 16세기 전반에는 72개만이 남았으며 그것들도 결국은 혁파되었다.[38]

세조의 성취는 지방행정을 재건하려는 조선 전기의 시도에서 정점을 이뤘다. 중앙에서 임명된 관원은 전국 지방행정단위에 배치되었고, 속현은 더 이상 중요하지 않게 되었으며, 지방행정은 주로 면적과 인구 규모에 기초한 정규적 서열로 편제되었다. 이런 성취는 양인 인구를 국가의 강력한 통제 아래 두었다는 측면에서 중요했지만, 전국에 중앙 조정의 존재가 확대된 것은 고려 시대에 높은 수준의 자치를 누렸던 옛 향리 가문의 지위와 권한이 그만큼 위축되었다는 의미였다.

지방행정의 개혁은 국왕과 중앙 양반 관원 모두에게 유익했다. 지방에 대한 통제 강화는 국왕과 그 대리인, 즉 조정 관원의 권력이 더욱 커졌음을 의미했다. 또한 그 결과 조세를 효과적으로 걷어 녹봉을 안정적으로 지급할 수 있게 되었다. 끝으로 지방을 더욱 견고한 통제 아래 둔 것은 유동적인 지방 향리가 기존의 중앙 양반 가문에 가한 위협을 줄이는 열쇠였다. 중앙에 기반을 둔 관원들의 관심은 지방에 대한 조정의 권력을 강화하는 데 있다는 것을 인식한 개혁자들의 능력은 이 개혁을 성공시킨 요인이었다.

지배층의 감축

현안을 다룬 1389년(공양왕 1)의 긴 상소에서 조준은 "한의 광무제光武帝는 넓은 천하와 부유한 사해四海를 소유했지만 관원의 숫자를 줄여 10명 둘 곳에 1명을 둠으로써 중흥을 이뤘습니다. 긴요하지 않은 관원과 서리는 모두 혁파해 선왕들이 하늘을 대신해 관직을 설치한 옛 법을 회복하고 조정을 혁신하는 거룩한 교화를 보이시기 바랍니다"라고 말하면서 관원의 감축을 주장했다.[39] 조준은 오랜 관심사를 표명한 것이었지만, 그 일파는 이제 권력을 잡았기 때문에 실제적인 조처가 마침내 시작되었다. 중앙 관인층의 규모를 줄이려는 노력은 특히 향리 출신의 첨설직에 초점이 맞춰졌다.

조준은 1389년 12월에 중앙 조정에서 전직 향리의 숫자를 줄이려는 시도를 시작하면서 다음과 같이 상소했다.

> 최근 기강이 해이해져 향리 중에 군공軍功을 칭탁해 외람되게 관직을 받거나 잡과를 근거로 자신의 직역을 회피하거나 권력자에게 의탁해 높은 관품을 받는 부류가 셀 수 없이 많습니다. …… 앞으로는 아들 3명 중 1명은 3·4대 동안 향역을 면제해준다고 해도 확실한 서류 없이 군공으로 향역을 면제해주거나 특별한 공훈 없이 공패功牌를 받거나 잡과 중에 성균관 전교典校·전법典法·전의典醫 출신이 아닌 사람과 첨설직 중에서 봉익奉翊·진차眞差 3품 이하는 본래의 직역을 따라 지방을 채우도록 해야 합니다. 앞으로 향리는 명경과·잡과 출신이 아니면 향역을 면제하지 않는 것을 항상된 규칙으로 삼으소서.[40]

1389년에 조준이 받은 유일한 대답은 첨설직 임명을 일부 철회하겠다는 것이었다. 공격은 1390년(공양왕 2) 1월에 재개되었는데, 어사대는 우왕이 하사했던 모든 첨설직을 박탈하라고 다시 요청했다. 그때 공양왕은 옛 법을 준수해 문·무과에 급제했거나 서리직을 거쳐 승진했거나 음서를 받은 사람을 제외하고는 모두 박탈하라고 제의한 정도전의 조언을 따랐다. 높은 품계를 가진 첨설직 관원은 어떻게 해야 하는지 국왕이 묻자 정도전은 그들을 궁성숙위부宮城宿衛部라는 특설 관서에 배속하라고 조언했다.[39] 이런 조처가 실제로 시행되었는지 확실치 않지만, 고려에 남아 있던 얼마 안 되는 기간에 첨설직 관원을 둘러싼 더 이상의 논쟁은 없었다.

향리 출신으로 첨설직을 받은 인물들에 대한 공격은 새 왕조가 건국된 직후인 1392년 9월에 재개되었다. 이성무가 논의했듯이, 과거 급제자나 특별한 공훈을 세운 사람을 빼고 3품 이하의 중앙 품계(첨설직 관원은 2품)를 가진 모든 향리 출신은 그들의 원래 지위로 돌아갔다. 추가 규제는 1395년(태조 4)에 공포되었는데 첨설직 임명을 이용해 승진하는 것을 금지했으며, 1405년(태종 5)에 태종은 마지막 첨설직을 혁파했다.[42] 이런 조처의 결과 얼마나 많은 사람이 중앙에서 쫓겨나 원래 향리 신분으로 돌아갔는지는 정확히 알 수 없지만, 그 뒤 도성에서 향리의 존재에 관련된 논쟁이 없었다는 것은 그 조처가 효과적이었음을 보여준다.

새 왕조의 건설자들은 단지 향리를 중앙에서 배제하는 것에 만족하지 않았다. 대체로 그들은 향리를 한 군현에서 다른 군현으로 이동시켰고, 그럼으로써 조상 지역에 갖고 있던 전통적인 권력 기반으로부터 그들을 단절시켰다.[43] 다음으로 새 국왕들은 '원악元惡 향리 처벌법'이라는 새로운 법률을 공포해 중앙에서 임명된 관원을 이용해 자신의 지역을 지배하고 토지를 겸병해 백성들에게 일하도록 강요하는 것 같은 향리의 비행을 처벌했다. 이런 새 법률의 목적은 고려 때 그들의 선조가 했던 방식으로 향리가 자신의 지역에서 세력을 확대하는 것을 막으려는 것이었다. 끝으로 향리 출신은 과거에 응시할 수 없게 만든 일련의 법률과 사회적 규제가 추가되었다.[44] 고려의 지방 귀족은 거의 대부분 조선의 지방 서리가 되었으며, 그 결과 기존의 중앙 양반 가문은 조정과 사회의 정점에서 자신들의 특권적 지위에 대한 강력한 위협을 제거한 것이었다.

지배층의 축소는 첨설직 관원과 향리의 배제로 끝나지 않았다. 고려 때 중앙 서리가 누렸던 수조지와 녹봉의 권리를 폐지하고 정규 관원으로 승진할 수 있는 서리의 숫자를 엄격하게 제한한 것을 포함해 정규 관원으로 올라간 중앙 서리의 숫자를 대폭 줄이는 조처가 시행되었다.[45] 고려 시대에 다양한 집단—향리를 포함해서—이 중앙 관원층으로 들어가는 경로가 되었던 중앙 서리의 품계는 조선에서 중앙 조정의 정규 경력의 경로 바깥에 놓이게 되었다.

기술관—의관·천문관·역관 같은—들도 왕조 교체 이후 새로운 규제를 받았다. 고려 시대에는 잡과를 거쳐 입사한 사람도 최고 품계에 오를 수 있었다. 그러나 조선이 개창된 뒤 기술관은 중인이라는 세습적 신분 집단을 형성했고, 그 구성원은 과거가 아닌 잡과에만 응시할 수 있었다. 잡과를 통과한 중인은 낮은 품계의 관직을 받고 사역원司譯院 같은 기술 관서에 배치되었으며, 1·2품 관직으로 올라가는 것은 금지되었다.[46]

고려–조선 교체기의 개혁자들이 특별한 관심을 가진 또 하나의 분야는, 거의 언제나 왕실의 후원을 받았는데, 용인할 수 없는 사회적 기원을 가진 인물이 고위 관원에 오르는 것이었다. 상인·공인과 천계 출신(과 그 자손들)이 과전을 받는 것을 금지하는 과전법의 조항에 이런 관심이 어떻게 반영되었는지 이미 살펴보았다. 14세기 후반부터

15세기 전반의 여러 상소는 고려 후기에 받아들일 수 없는 배경을 가진 부류의 출세를 비판하고 새 왕조에서 그런 현상은 금지해야 한다고 주장했다. 1392년 12월에 조준은 고려 후기의 사회적 혼란을 비판했다. "쓸데없는 관원이 녹봉을 축내고 총신이 국가의 직무를 더럽히며, 공장·상인·조례皀隸가 외람되게 관직을 차지하고 놀고먹는 승려가 토지를 많이 점유하며, 공로가 없는 봉군封君과 유약한 자제子弟가 직무를 태만히 합니다."[47]

1398년 11월 한 간관의 상소는 고려 후기에 공인·상인·노비가 고위 관직에 임명되었다고 지적하면서 앞으로 그들은 관직을 받을 수 없으며 그들의 공로는 물품으로 보상해야 한다고 요구했다[48]. 1400년 7월 문하부의 한 상소는 다음과 같다.

　　도성은 조정의 백관이 거처하고 예악과 문물이 있으니 사방이 본받는 곳입니다. 고려 말년에 기강이 해이해져 예제禮制가 먼저 무너지니, 부유한 상인과 공사천례公私賤隸의 무리가 살진 말을 타고 좋은 옷을 입고 조관이 다니는 길(朝路)에 섞여 다녀, 조정 백관의 위의가 비천해지고 존비귀천尊卑貴賤의 등급이 밝지 못해 아직까지도 그 폐단이 남아 있으니 참으로 안타깝습니다. …… 공상工商·천례賤隸 등은 도성 안에서 말과 소를 타지 못하게 하십시오.[49]

받아들일 수 없는 출신을 배제하려는 개혁자들의 노력이 성공했다는 것은 조선 시대에 노비·상인, 또는 그 밖의 비천한 배경을 가진 인물이 거의 완전히 관직에서 배제되었다는 사실로 증명된다.[50]

중앙 관원층의 규모를 줄이려는 조선 전기의 정책은 최종적으로 양반층 자체의 자연적인 증가 문제를 다뤘다. 이것은 후처와 첩에게서 낳은 아들들의 관직 취득을 금지하는 것이었다. 이전에는 서자에 대한 차별은 이성계의 첫 부인의 아들인 이방원李芳遠과 두 번째 부인의 아들인 이방석李芳碩의 권력투쟁에서 발생한 것으로 해석했다.[51] 그러나 최근의 연구는 서자에 대한 차별의 주된 동기는 팽창한 중앙 관원층을 줄이려는 필요였다고 주장한다.[52] 또한 고려 후기에는 고위 관원이 사회 하층에서 첩을 데려오는 것이 관행이었음을 기억해야 하는데, 이런 관점에서 보면 마르티나 도이힐러가 지적했듯이, 후처에 대한 차별도 사회계층의 범위를 유지하려는 수단으로 이해할 수 있다.[53]

이처럼 향리·중앙 서리·기술관, 그리고 양반의 서자는 고려 시대에는 모두 중앙 관원으로 나아갈 수 있었지만, 이제 정규 관원에서 제외되었다. 이로써 전·현직 관원만이 지배층의 완전한 자격을 갖춘 유일한 구성원으로 남게 되었다. 좀더 넓은 맥락에서 보면, 이것은 지배층에서 중앙 관원을 지방 세력의 상위에 두려는 고려 전기 정책의 장기적인 결과였다. 그러나 좀더 직접적으로는 그들을 사회의 나머지 집단 위로—그들을 경쟁에서 보호하면서—상승시켰다는 측면에서 기존 양반 가문의 승리였다.

여기서 다시 한 번 지방 관서의 경우처럼, 국왕과 중앙 관원 사이에는 상당한 이해의 공통성이 있었다는 것이 명백하다. 둘 다 조정에서 관직을 가질 수 있는 사람의 숫자가 줄어드는 데서 일정한 이익을 얻었다. 국왕은 대규모의 인원을 수조지와 녹봉 지급 명단에서 제외하고 다루기 쉽지 않은 신하를 배제함으로써 이익을 보았으며, 기존 양반 가문은 자신이 사회와 조정을 장악하는 데 제기되는 다양한 위협을 제거했다.

중앙 정치제도의 재편

이것은 개혁이 추진된 분야 중에서 국왕과 양반의 이해가 명백히 일치된 한 가지 측면이었다. 국왕의 특권과 양반의 권력이 직접적인 갈등을 일으키는 무대인 중앙 조정 자체를 재편하는 것은 완전히 다른 일이었다. 그럼에도 조선왕조의 설립자들은 새 왕조의 첫 15년 동안 핵심적 쟁점에 대한 일련의 타협을 통해 조정을 재편하고, 국왕과 신하의 권력균형을 더욱 확보했으며, 고려 후기의 곤란한 제도적 문제의 일부를 해결할 수 있었다.

다시 한 번, 개혁의 요청은 조준—다른 누구이겠는가?—이 제기했다. 1388년 8월에 그가 올린 27개 항의 상소는 앞서 도당의 과도한 팽창을 비판하고 조정 행정의 부패를 개탄하며 육부와 하위 관서의 권한을 복원할 것을 요청한 주요 주제와 비슷했다.[54] 조준의 건의는 즉각 시행되지는 않았지만, 그 뒤 새 왕조가 수립되는 기간에 중앙 정치제도의 개혁에 관련된 여러 의제를 마련했다.

조선 전기에 정치제도의 개혁은 무장이 새 왕조를 건국했다는 사실에서 예상할 수 있듯이, 위에서 지시된 것은 아니었으며 새 왕조와 그 관원의 투쟁과 타협을 거쳐 이뤄졌다. 그 과정은 뚜렷이 다른 두 가지 단계로 나타났다. 첫 번째는 이성계가 즉위한 1392년부터 1400년까지 지속된 교체기였는데, 그때 새 국왕은 고려 후기의 국왕들이 왕권을 강화하기 위해 이용한 예외적인 일부 제도를 계속 사용했지만, 국왕과 신하는 일정한 절차상의 쟁점을 합의하고 환관과 승려가 정치에

317

참여하는 문제를 치열하게 논의하고 있었다. 두 번째는 1400년 후반에 태종이 즉위한 뒤 시작되었는데, 중앙 정치제도의 주요한 재편을 가져왔다.

정치 개혁: 첫 번째 국면, 1392~1400년

관원 임명을 비준하는 서경署經의 권한은 새 왕조가 개창된 뒤 왕권과 신권의 갈등에서 첫 번째 주요한 쟁점 중 하나였다. 고려 시대 내내 국왕이 행사한 모든 관원의 임명은 어사대와 중서문하성에 소속된 대간의 서경을 거쳐야 했다. 이것이 왕권에 저항하고 그것을 억제하려는 신하들에게 강력한 무기였음은 강조할 필요가 없다.

새 왕조가 개창된 지 5개월 만인 1392년 12월에 대간은 고려의 서경제도를 유지해야 한다고 주장했다. 태조는 "고신告身에 서경을 거치는 고려의 제도는 불편하기 때문에 혁파했다. 지금부터 4품 이상은 왕명을 받고 5품 이하는 문하부에서 임명장을 주도록 하라. 직무에 적합지 않은 사람은 즉시 논핵하라"고 대답했다.[55] 이런 선언으로 태조는 대간에게 일정한 비판을 제기하면서, 적어도 당분간은 4품 이상의 관원 임명에 관련된 서경을 폐지했다. 임명을 막는 것보다 이미 관서에 배치된 관원을 파직하는 것이 훨씬 더 어렵기 때문에 이런 지시는 고위 관원의 임명에 관련된 신하들의 발언을 사실상 차단한 것이었다.

그러나 문제는 여기서 끝나지 않았다. 1398년 9월에 대간은 4품 이상의 모든 관원과 문하부·중추원의 1·2품 관원 중에서 서경을 거치지 않고 임명된 사람은 파직해야 한다고 주청했다.[56] 태조는 거부했지만, 1년 반 뒤 신하들은 서경권을 완전히 복구하려는 노력을 재개해 이때에는 더 큰 성공을 거뒀다. 1400년 1월에 모든 임명은 서경을 거쳐야 한다고 문하부가 주장하자 국왕은 일부 타협해서 4품 관원에 대한 서경을 허락했다. 나흘 뒤 사헌부는 모든 임명에 대한 서경을 요구했다. 국왕이 그 문제를 도당에 돌리자 도당은 동의했으며, 그 뒤 국왕은 그 의견을 따랐다.[57] 이처럼 태조는 1392년에 신하들의 권력을 상당히 줄이는 데 성공한 것으로 보였지만, 1400년에 양반 관원들은 지속적이고 집중된 노력을 통해 자신들이 잃었던 것을 모두 회복할 수 있었다.

환관의 적절한 역할에 관련된 문제는 조선 전기 국왕과 양반의 갈등에서 또 다른 핵심적 쟁점이었다. 조순曹詢과 김사행(공민왕의 총신이었던) 같은 환관은 국왕의 후원으로 고려 후기만큼이나 중요한 실권자가 되었다. 예컨대 김사행은 1394년(태조 3)에 판도평의사사사에 임명되었고, 1397년(태조 6)에는 궁궐 건축을 책임지게 되었다.[58] 1398년에 조순은 재정 출납을 담당하는 훨씬 더 중요한 임무를 맡게 되었다.[59] 태조는 신하들에 맞서 자신의 권력을 강화하는 데 환관을 이용한 일부 고려 후기 국왕들의 선례를 따른 것으로 보인다.

환관에 대한 신하들의 공격은 왕조가 개창된 직후 시작되었다. 1392년 7월에 사헌부는 상벌을 분명히 하고 간언을 들으며, 태만과 욕망을 절제하고 환관을 배제하며, 승려를 처벌하고 당당한 궁궐을 건축할 것 등을 새 국왕에게 주청하는 10개 항의 상소를 올렸다.[60] 두 달 뒤 대사헌은 다시 상소해 환관의 아첨과 모략은 위험하기 때문에 그 숫자를 줄이고 청소와 궁문宮門 경비로 역할을 국한하라고 주장했다.[61] 이때도 신하들은 환관을 축출하는 데 실패했다.

신하들은 1398년에 공격을 재개해 조순을 파직시키는 데 성공했다.[62] 다음 사건은 1399년에 일어났다. 그해 2월 문하부는 환관이 관직을 가져서는 안 된다고 주장하면서, 앞서 충정왕은 환관이 3품 이상의 관직을 갖고 조정에서 근무하는 것을 금지했지만 많은 환관들이 2품 이상에 있었다고 지적했다.[63] 이것은 충정왕이 즉위한 뒤 환관의 권력을 제한해야 한다는 신하들의 요구를 일부 따른 적도 있었지만, 신하들은 그것을 정착시킬 수 없었음을 보여준다. 이것의 추가적 증거는 1398년 12월 사헌부의 상소에서 찾을 수 있다. 그 상소에서 대사헌은 충정왕이 즉위하자 환관을 10명만 남기고 모두 지방으로 쫓아버렸지만 그들은 모두 두세 달 안에 도성으로 돌아왔다고 지적하면서 그들을 파직해야 한다고 주장했다. 대사헌이 간청했지만 국왕은 따르지 않았다.[64] 환관의 역할에 관련된 태조와 정종의 확신에도 불구하고 김사행과 조순이 사망한 뒤 환관은 다시는 중요한 정치적 역할을 하지 못했다.[65]

고려 말기 개혁 세력의 강력한 척불 운동에도 불구하고 불교에 대한 왕실의 후원은 조선왕조가 개창되었을 때도 계속 쟁점이 되었다. 불교의 영향에 대한 신하들의 우려는 승려에게 토지 분급을 금지한 과전법의 조항과 새 왕조가 건국된 직후 제출해 환관과 승려의 숙청을 요청한 사헌부의 상소를 포함해서 다양한 방식으로 표출되었다. 앞서 언급했듯이, 왕조를 개창했을 때 이성계는 불교는 확립된 전통이어서 갑자기 없애기 어렵다는 논거로 승려를 궁중에서 제거하는 데 반대했다. 잘 알려져 있듯이, 실제로 이성계는 승려 자초自超(무학無學이라고도 불린다)를 신임한 데서 증명되듯이 독실한 불자였다. 이성계는 1392년 7월에 즉위하자마자 자초를 불러들여 왕사王師로 삼았다. 이성계는 자초에게 조언을 크게 의지했으며 새 수도의 입지를 선정하는 임무도 그에게 맡겼다. 이것은 이성계와 신하들 사이에 상당한 마찰의 원인이 되었지만,[66] 신하들은 새 왕조의 건국자에게 직접 도전하려고 하지는 않았다. 1398년 8월에 이성계가 왕위에서 물러나고 자초가 왕사에서 사직하고 용문으로 은퇴하자 신하들은 공격을 재개했다. 그것은 대간이 상소를 올리는 형태로 제기되었다. "왕사는 도의 모범이 되는 사람입니다. 고려는 불교를 믿어 승려를 왕사로 삼아 옛 제도를 완전히 잃었습니다. 앞으로는 학식과 덕망이 높은 고위 관원을 왕사로 삼아 옛 폐단을 없애기 바랍니다."[67] 새 국왕 정종은 동의하면서 승려를 왕사로 모시는 오랜 전통을 폐지함으로써 사실상 불교의 정치적 영향력을 종결시켰다.[68]

이런 사안들은 조선 전기 국왕과 양반이 정치권력을 놓고 전개한 갈등의 본질에 관련된 많은 측면을 드러낸다. 첫째, 이성계는 기존 양반 관원층 중 상당 부분의 적극적인 지원과 그 나머지의 묵인으로 집권했지만, 정치권력의 행사와 관련해서 국왕과 신하는 상당한 의견 차이가 여전히 있었다는 것이다. 둘째, 새 국왕은 신하들에게 자신의 의지를 관철시키는 데 상당한 어려움을 경험했으며 신하들의 요구를 들어주는 것이 필요하다는 사실을 자주 발견했다. 셋째, 조선은 중앙 정치제도의 상당한 개혁이 아직 필요했기 때문에 국왕과 신하 사이에 발생한 긴장의 많은 부분은 옛 왕조에서 해결되지 않고 남겨진 문제 때문에 일어났다.

정치 개혁: 두 번째 국면, 1400~1405년

조선의 생존 능력에 관련된 진정한 시험은 중앙 정치제도의 의미 있는 재편을 수행하려는 노력에 달려 있었다. 그것은 1400년에 본격적으로 시작되었다. 재편은 정종 때 실제로 시작되었지만, 태종이 공식적으로 후계자에 지명된 직후에 추진되었기 때문에 태종이 처음부터 실질적인 지휘자였던 것은 의심의 여지가 없다. 대부분의 학자들은 정치제도의 이런 개편을 왕권의 강화로 평가한다. 더욱 강해진 왕권은 의심할 바 없이 태종이 추진한 개혁의 중요한 결과 중 하나였지만, 최근 정두희는 신하의 권력이 단일한 기구에서 조정 안의 여러 관서로 확산되었다는 이 개혁의 또 다른 측면을 지적했다.[69]

정치제도를 크게 재편할 필요는 고려 후기에 설치된 정규 제도 이외의 관서가 계속 유지되고 있다는 사실을 근거로 강조되었다. 이런 관서들은 고려에서 조선으로 교체되는 동안 새 국왕들에게는 유용했지만, 그 존속은 궁극적으로 새 왕조의 합법성을 침식할 위험성이 있었다. 교체기 동안 살아남은 중요한 보조적 관서는 상서사尙瑞司였다. 1388년에 위화도에서 회군한 뒤 이성계는 자신과 자신의 협력자인 문달한文達漢과 안종원安宗源을 판상서시사(이때는 상서시尙瑞寺로 불렸다)로 임명했다. 그러나 그때 개혁 세력은 조정을 완전히 장악하지 못했으며 이색과 나누어 상서사를 통제했다.[70] 1389년 12월에 이색이 숙청되자 조준이 그 자리를 차지해 상서사의 최고 직위는 이성계 일파가 독점하게 되었다.[71] 그때 개혁 세력은 사직이나 사망 같은 숙청이나 유고有故로 요직에 결원이 생기면 상서사를 이용해 자신의 세력을 임명할 수 있었던 것은 의심의 여지가 없다. 1400년에 판상서사사

5장 개혁과 왕조 교체

하륜이 천거를 독점한다는 문제를 놓고 상서사 안에서 논쟁이 벌어졌다는 실록의 기록에서 증명되듯이, 상서사는 새 왕조가 건국된 뒤에도 인사 행정에서 계속 중요한 역할을 했다.[72]

새 왕조에서도 유지된 또 다른 주요한 특별 기구는 내재추였다. 고려 후기와 관련해서 그 활동을 알려주는 자료는 거의 없는데, 회합이 궁중에서 열린 관계로 실록을 편찬하기 위해 사건을 기록하는 사관이 참여할 수 없었기 때문으로 생각된다. 조선 전기의 내재추는 조준·정도전 같은 이성계의 핵심 인물로 구성되어 초창기의 왕조 정책을 형성하는 데 주요한 역할을 했을 가능성이 크다고 생각된다. 내재추는 1400년 8월에 문하부의 주청으로 폐지되었다. 이것이 조준이 다른 신하의 무고로 누명을 쓰고 잠시 하옥되었을 때 일어났다는 사실은 흥미롭게 지적할 만하다.[73]

정치권력의 흐름을 안정시키고 새 왕조의 중앙 정치제도를 재편하는 잠재적으로 불안한 문제를 시작하기에 앞서 태종은 군사에 대한 왕조의 통제를 먼저 굳건히 해야 했다. 이런 변화는 이성계의 지휘를 받는 병력의 핵심으로 조직되어 새 왕실과 그 지지자들이 배치된 삼군부를 통해 이뤄졌다. 〈표 5.1〉은 삼군부의 절제사節制使을 역임한 인물을 열거했다. 삼군부의 최고직에 임명된 15명 중 10명은 동북면 군사 연합 출신이었고, 그 10명 중 6명은 전주 이씨 출신이었다. 나머지 5명 중 2명인 이제와 조준은 이성계의 집안과 혼인했다. 전체적으로는 동북면 군사 집단과 특수하게는 이성계의 친족이 삼군부를 장악했다는 사실은 그 관서와 그 휘하의 군사가 새 왕실이 보유한 군사력의 주요 부분을 형성했음을 알려준다.

<표 5.1> 1393~1398년 삼군부의 관원

날짜	이름	본관
1393년 10월	이방과	전주*
1393년 10월	이방번	전주*
1393년 10월	이제	성주
1394년 1월	정도전	봉화
1395년 4월	최유경	전주
1397년 12월	조준	평양
1398년 9월	조영무	한양*
1398년 9월	이화	전주*
1398년 9월	장사길	안동*
1398년 9월	이지란	여진*
1398년 9월	조온	한양*
1398년 9월	김노	연안
1398년 9월	이방의	전주*
1398년 9월	이방간	전주*
1398년 9월	이방원	전주*

* 동북면 군사 연합.

　삼군부는 새 왕조의 중요한 권력 중심이었지만, 동북면 군사 연합 외부에 상당한 사병이 수많은 개인의 지휘 아래 존재했으며 그들 중 다수는 이성계의 고려 전복을 지지했지만 아직도 자신의 특권을 빈틈 없이 지키고 있었기 때문에 그것은 과도적 관서에 지나지 않았다.

　1398년 8월에 이방원(이성계의 5남이자 나중의 태종)은 이숙번 등의 사병을 동원해 세자 이방석의 지지자들을 죽였는데, 그들도 사병을 갖고 있었다. 세자의 지지자 중 한 사람인 남은은 대간의 탄핵을 받았 다. "반역자 남은은 권력을 남용해 가족과 추종자들에게 병권을 주고 그들을 여러 관직에 임명했다."[74] 두 번째 반란은 1400년 2월에 일어 났는데, 이방원에게 피해당할 것을 두려워한 이성계의 4남 이방간은 자신의 사병을 동원했다. 이방원은 즉각 대응해 자신의 군사를 출동시켜 이방간을 사로잡아 유배 보냈다.

반란이 일어난 뒤 사병에 대한 통제는 강화되었다. 1399년 11월에 사헌부는 새 왕조가 안정되고 국경이 안전해졌으므로 사병을 혁파해야 한다는 상소를 올렸고,[75] 그 결과 지방의 사병 지휘관을 왕실의 믿을 만한 인물과 공신 중에서 선발해 대체하게 되었다. 제2차 왕자의 난 직후에 이방원은 세자로 책봉되어 모든 군사력의 통제권을 장악했다.[76] 두 달 뒤인 1400년 4월에 권근과 김약채金若采는 1399년의 조처로 외척과 공신이 사병을 갖게 된 것을 비판하면서 모든 군사력에 대한 지휘권은 삼군부에 집중되어야 한다고 주장했다. 이방원에게 통제되었던 정종은 동의했다.[77] 이로써 조선에서 사병은 사라졌다.

그러나 왕실이 거느리던 군사를 왕조의 제도적 틀 안으로 포함시키는 작업이 남아 있었다. 이것은 삼군부 관원이 문반직을 겸임하는 것을 금지하면서 시작되었다. 이런 조처의 전조는 1394년에 군권은 왕실에 있어야 하고 정권은 신하에게 있어야 한다면서 조준·정도전·남은이 군권과 정권을 모두 장악하고 있다고 비판한 변중량卞仲良의 상소였다. 태조는 변중량의 탄핵을 따르지 않았지만, 그의 추론—그 세 사람은 한 가족 같으며 자신과 동일한 생각이라는—은 변중량의 주장에 깔린 기본 논리를 받아들였다는 측면을 보여준다.[78] 그 직후인 1401년 7월에 삼군부는 승추부承樞府로 이름이 바뀌었는데, 그것은 당시 혁파된 옛 중추부의 국방 협의 기능을 맡기 위해 새로 창설된 문반 관서였다.[79] 승추부의 품계 구조는 알 수 없지만, 그 일부 관직명은 예전 고려의 중추부와 거의 같았다는 사실은 승추부가 대체로 동일한 원칙에 따라 편성되었음을 알려준다. 아무튼 과도적 관서였던 승추부는 1405년 병조에 흡수되었다. 이로써 삼군부는 정규 제도의 구조 안에 완전히 통합되었다.[80]

모든 군권이 국왕에게 통합된 직후 정치권력의 중심인 조정 문반의 재편이 뒤따랐다. 도당은 1400년에 혁파되었고, 그 심의 기능은 새 관서인 의정부로 이관되었다. 『경국대전』에 따르면 의정부는 정1품의 영의정을 수장으로 정1품 좌·우의정, 종1품 좌·우찬성, 정2품 좌·우참찬(이상 2명씩)과 여러 중·하급 관원으로 구성되었다. 1400년에 권근이 지적한 대로 40명이 넘던 도당 구성원이 이렇게 급감한 것은 태종이 정책 현안을 심의하는 양반의 숫자를 줄임으로써 정무 관서를 좀더 많이 통제하려고 했다는 측면을 보여준다.

실록에 따르면 문하부는 1401년에 폐지되었다. 옛 문하부의 행정 기능은 새로운 의정부로 이관되었고 간관은 새로 설치된 사간원으로 옮겼다.[81] 그러나 실록에는 1404년 전반까지 옛 문하부의 최고 관원이 계속 임명되는 것으로 나온다.[82] 이 3년 동안 옛 관서와 새 관서의 명칭이 혼합된 관직에 잦은 임명이 이뤄졌다. 예컨대 옛 참지정사參知政事의 수정으로 보이는 참지의정부사에 임명된 사례와 옛 지문하성사의 변형으로 보이는 지의정부사에 제수된 사례가 몇 번씩 보인다. 이런 혼합된 명칭은 의정부가 그 기능을 단계적으로 흡수하는 동안 옛 문하부가 유지되었음을 보여준다. 이것은 태종이 자신의 개혁에 대한 신하들의 저항을 약화시키려는 제도적 이행이나 전술일 뿐이었다. 아무튼 새 조정의 구조는 정책 현안을 협의하는 관원의 숫자를 급격히 줄이고 한때 유일한 지위를 가졌던 문하부의 행정 및 그 밖의 권

5장 개혁과 왕조 교체

력을 확산시켰으며 1404년에 완전히 정착되었다. 이것은 왕권과 신권의 균형을 국왕 쪽으로 상당히 이동시켰다는 특징을 가졌다.

또한 태종의 개혁은 정규 제도 이외의 정무 관서가 지속되고 있는 문제도 다뤘다. 상서사는 이조의 산하 기관으로 격하되어 임명을 확인하는 국왕의 옥새를 다루는 기능으로 국한되었다.[83] 태종이 정치 재편을 시작한 직후 내재추도 물론 혁파되었다. 새 의정부는 옛 내재추를 공식화한 것이라고 주장할 수도 있지만, 거기에는 중요한 차이점이 있다. 하나는 내재추는 궁궐에서 소집된 특수 기구였지만, 의정부는 정규 조정 관서로 그 논의는 실록 편찬을 위해 기록되었다는 것이다. 다른 하나는 내재추는 왕명 출납을 담당했지만, 태종은 그 기능을 적절한 관서에 다시 돌리고 의정부와 독립된 관서에 그것을 다시 배치했다는 것이다. 따라서 태종의 개혁은 왕권과 신권의 불균형 문제를 다뤘을 뿐만 아니라 옛 고려 국왕들이 특수 기구를 사용해 야기된 국왕과 신하의 갈등을 없애는 방식으로 그런 일을 했다고 말할 수 있다.

태종의 중앙 정치제도 개편에서 중요하지만 대체로 간과되는 또 다른 측면은 신하들의 권한을 분산시켰다는 것이다. 앞서 보았듯이 고려에서 모든 중요한 신하들의 권력은 사실상 중서문하성과 중추원의 1·2품 재추가 독점했다. 그들은 도당에서 주요한 정책 현안을 심의하고 결정했을 뿐만 아니라 육부의 판사를 겸임함으로써 정책의 실제 집행도 관장했다. 아울러 그들은 간쟁을 맡은 중서문하성의 중급 관원과 왕명 출납의 중요한 기능을 가진 중추원의 3품 관원을 직접 감독했고, 사헌부 같은 그 밖의 핵심 관서의 수장을 겸임해 그것을 통제했다. 이처럼 재추에 정치권력이 집중된 결과 신하들은 국왕을 지배할 수 있었고 1·2품 관원은 크게 증가했으며, 중앙 관인층의 증가는 경쟁 압력을 강화시켰다. 태종은 중앙 정치제도를 재편하면서 고위 관원을 해당 관서 이외의 수장으로 겸임시키는 관행을 크게 줄이고 신하 권력의 새로운 독립적 거점을 다수 만들어 그런 문제들을 처리했으며, 그 결과 권력을 분산하고 야심 있는 사람들에게 새로운 기회를 주었다.[84]

1400년에 태종이 중앙 정치제도를 처음 재편하기 시작했을 때 육조는 더 이상 판사가 장관을 겸임하지는 않았지만, 의정부 아래 직속되었다. 그러나 심의권과 행정권을 모두 주면 의정부가 왕권을 능가할 것을 우려한 태종은 1414년에 육조가 의정부를 거치지 않고 국왕에게 직접 보고할 수 있도록 제도를 고쳤다. 의정부는 세종 때 잠깐 육조에 대한 통제를 회복했지만 1455년(세조 1)에 세조는 그것을 다시 박탈했다.[85]

육조에 대한 의정부의 통제가 이처럼 반복적으로 위축되고 회복된 것은 국왕과 양반의 권력투쟁이 조선 건국 뒤에도 한국 정치사의 지속적인 한 특징이었음을 보여준다. 그럼에도 태종과 세조처럼 강력한 의지를 가진 국왕이 의정부에서 권력을 박탈할 수 있었다는 사실은 조선의 국왕들이 고려의 국왕들보다 상당히 큰 권력을 행사했다는 증거다.

육조를 의정부에서 독립시키려는 태종의 계획은 그 장관의 지위도 격상시켰다. 고려 시대의 육부 상서가 그다지 두드러지지 않은 정3품 관직이었던 데 견주어, 조선의 육조판서는 정2품 관원이었고 거기에 임명된 인물—특히 이조판서—은 의정부와 맞먹는 명망을 누렸다.[86] 이처럼 육조의 독립은 의정부 권한의 약화뿐만 아니라 실제적인 정치권력을 행사하는 관직도 확대되었다는 사실을 나타냈다.

태종이 구상한 새로운 정치제도 또한 정3품 대사간이 수장을 맡은 새롭고 독립적인 사간원 안에 간쟁 기능을 다시 부여해 의정부의 권한을 약화시켰다. 이런 이동은 간쟁 기능에 의정부가 간섭할 가능성을 크게 줄였지만, 조정에서 권위 있는 새로운 권력 거점이 창출되었음을 상징하는 간관의 품계는 올리지 못했다. 사헌부의 수장을 겸임시키는 옛 관행도 중단됨으로써 그 관서의 독립성은 고려 때보다 더욱 커졌다. 동시에 장관은 정3품에서 종2품으로 승급되었다. 이처럼 사간원과 마찬가지로 사헌부도 새 왕조에서 신권臣權의 중요한 거점으로 떠올랐다.

끝으로 태종은 왕명을 출납하는 번거로운 문제도 건드렸다는 것을 언급해야 한다. 고려에서는 상소를 올리고 국왕의 명령을 전달하는 책임을 맡은 관원을 재추가 관리했지만, 후기에는 내재추가 그 기능을 담당했다. 태종은 이런 책임을 새롭고 독립적인 승정원에 부여했다. 이 관서에는 고려와 마찬가지로 정3품 관원이 임명되었지만, 의정부와 독립적으로 이 관서가 설립된 것은 의정과 그 밖의 고위 관원이 국왕에게 들어가고 나오는 정보의 자유로운 흐름을 방해할 수 없도록 보장하려는 의도였다.

이처럼 의정부에서 신권을 분산시킨 것은 국왕과 양반의 권력균형을 맞추려는 의도가 분명했는데, 조선의 국왕들은 이런 조처로 고려의 재추가 누렸던 정책 결정과 행정 기능의 결합을 효과적으로 파괴하고, 적어도 이론적으로는 고려 국왕들은 생각할 수 없었던 방식으로 다양한 관서들이 서로 대항하도록 조종할 수 있게 되었다. 정두희는 신권을 여러 독립된 관서로 이렇게 분산시킨 것은 언로의 개방을 강조하는 유교 이념의 영향 때문이라고 주장했다.[87] 정두희의 지적은 특히 국왕에게 직계할 수 있는 육조의 권한이라는 문제와 관련해서, 사간원과 사헌부의 역할과 문서 출납을 담당하는 독립된 관서의 설치에 관련된 중요성을 잘 지적했다고 보인다.

그러나 조선 전기에 신권을 분산시켜야 했던 추가적 이유는 중앙 관원층의 성장으로 야기된 권력 분배의 요구에 응답할 필요 때문이었다고 생각된다. 품계의 전반적인 상승은 고려-조선 교체기에 일어났다. 물론 1·2품 관직을 배정한 것은 고려의 마지막 50년 동안 주로 변칙적인 수단으로 크게 늘었지만, 고려의 제도에는 원래 정1품 관직이 없었고 보통 1·2품 관직 16개 중에서 종1품 관직 3개(그중 하나만 임명되었다), 정2품 관직 6개(그중 2개는 명예직이었다), 종2품 관직 9개만 채워졌다. 반면 조선의 제도에서는 고려 후기에 생겨난 비정규적인 1·2품 관직의 숫자는 급격히 줄었지만, 정1품 관직 4개(겸임직과 명예직은 포함하지 않았다), 종1품 관직 4개, 정2품 관직 11개, 종2품 관직 10개 등 모두 29개의 정규 1·2품 관직으로 고위 품계의 관직은 아직도 상당히 더 많았다. 이런 증가는 권력과 지위를 좀더 크게 분배하도록 요구하는 압력에 대한 자연스러운 응답이었다. 더욱이 의정부 바깥에 독립적인 거점을 설치한 것은 실권을 행사하려는 사람들이 의정부에 참여하는 것의 대안을 찾을 수 있었기 때문에 권력을 좀더 많이 분배해달라는 요구에 응답한 것으로 보일 수도 있었다.

에드워드 와그너가 보여주었듯이, 이런 전략은 처음에 15세기 후반 무렵까지 상당히 좋은 효과를 거둬 새로운 독립 관서들—특히 사헌부와 사간원—에 임명된 관원은 그 관서를 의정부와 경쟁하는 정무기구로 발전시켰다.[88] 이념적 헌신과 개인적 반감을 포함한 그 밖의 쟁점들은 15세기 후반부터 16세기 전반의 정치적 불안을 야기한 것이 분명했지만, 중요한 요소는 최고 수준의 정치에 참여할 권리가 성취만큼이나 생득에 따라 주어지는 한국 지배층의 권력 분점의 전통이었다고 믿지 않을 수 없다.

결 론

조선 건국에 수반된 개혁은 주요한 중앙 양반 가문의 실제적인 경제·사회·정치적 이익을 반영한 것이 분명했다. 이것은 특히 재정과 사회 개혁 분야에서 그랬는데, 그 분야에서 수도에 계속 거주한 양반들은 과전법에서 특별한 혜택을 받고 다른 사회집단을 권력 경쟁에서 제외시킴으로써 이익을 보았다. 양반에게 돌아간 혜택이 정치 개혁 분야에서는 그렇게 뚜렷하지는 않았지만, 전형적으로 조준 같은 좀더 분별 있는 신하들은 국왕과 양반 사이의 심각하게 편중된 권력균형을 어느 정도 바로잡지 않는다면, 자신들과 그 가문에 훌륭하게 봉사해온 제도가 더 이상 기능하지 못할 것이라는 사실을 명확히 알고 있었다. 아울러 몇 개의 다른 관서로 신권을 상당히 분산한 것은 조정에 의미 있는 참여 기회를 더 많이 제공하고, 적어도 간헐적으로는 권력에 대한 가공할 만한 경쟁을 약화시킴으로써 중앙 양반 가문의 이익에 봉사했다.

15세기 전반에 나타난 새로운 제도적 구조는 고려의 사회·정치적 제도와 질적으로 달랐다. 정치적으로 새 왕조는 단일한 재추에 집중된 제도를 버리고 다른 관서와 독립적으로 정책을 결정하는 의정부를 새로 설치했다. 요컨대 정치적 역할의 차이는 정무 기구—의정부와 대간—를 행정 관서로부터 분리시켰다. 아이젠슈타트의 분석에 따르면 이것은 조선의 제도에서 정치적 기능이 좀더 분화되었으며 고려보다 좀더 관료적이었음을 알려준다.

재정적으로 새 왕조는 수조지 제도를 개혁하고 양인 인구를 더욱 강력히 통제하는 다양한 조처를 시행해 고려 시대보다 좀더 많은 가용 자원을 창출할 수 있었다. 이것은 국왕의 권력을 강화하고 중앙 체제를 견고한 기반 위에 놓는 그 밖의 개혁을 가능하게 만들었다. 그러나 동시에 지배적인 사회집단인 양반이 여전히 광대한 토지와 인적 자원을 장악하고 있다는 사실을 간과해서는 안 된다.

사회적으로 새 왕조는 조정에서 관직을 가질 수 있는 사람들의 숫자를 상당히 줄이는 방법으로 지배층의 참여 자격을 다시 정의했다. 이것은 비천한 사회 배경—상인·노비·환관 같은—출신의 인물들이 정치권력을 행사할 수 있는 관직 진출을 금지했다. 그 결과 지방 유력층과 그 향리 후손의 사회·정치적 특권을 보호한 옛 지역적 신분제가 폐기되고 중앙 양반의 이익을 보호하는 새 제도가 수립되었다. 양반은 국가의 관원이라는 그 지위에서 자신의 권력과 권위를 가져왔다는 측면에서, 이런 변화는 한국 사회가 더욱 관료화되었다는 것을 암시했다. 그러나 양반은 거대한 자원에 대한 명령권을 가진 세습적 신분 집단이며, 특정한 정치적 역할을 수행한 중인中人 같은 또 다른 세습적 신분 집단이 있었다는 사실도 기억해야 한다. 이처럼 정치제도는 더욱 관료화되었지만, 조선 전기의 국왕들은 여전히 정치적 역할과 사회적 역할의 분화를 더욱 진전시킬 수 없었다.

조선왕조의 제도는 원·명과도 달랐다. 언뜻 보기에 조선의 중앙 정치제도는 원의 중서성과 어사대 중심의 통치 체제와 매우 비슷했지만, 중앙의 중서성과 어사대는 수도 지역만을 관장하고 그것의 '복제된' 기구나 그 지부가 제국의 기타 지역을 다스린 원의 탈중앙화된 정치제도와 고도로 중앙화된 조선의 제도는 달랐다.[89] 물론 원은 몽골인이 원주민인 한족과 그 밖의 인종 집단을 지배한 정복 왕조였지만, 조선왕조는 사회의 상층부에 상당한 연속성이 있었다는 큰 사회적 차이를 갖고 있었다.

이것과 비슷하게 조선과 명도 유사성보다는 차이점이 더 많았다. 태종은 의정부에서 독립적인 육조를 만드는 데 명 태조에게서 영향을 받았지만, 정치 구조에서 비슷한 측면은 거기까지였다. 1380년에 명의 개창자는 중서성과 승상丞相의 관서를 폐지하고 행정을 직접 관장했다. 그 뒤 명 황제들은 자신들에게 조언할 신하와 학자로 구성된 특별 관서를 설치했지만, 그런 기구들은 옛 비서성이나 조선의 의정부와는 전혀 달랐으며, 명 황제들은 한국에서는 거의 상상할 수 없는 독재적인 방식으로 통치했다. 또한 조선에서는 환관이 조정에서 축출된 것과 반대로 명에서 환관은 황제 문서를 출납하는 중요한 역할을 맡았을 뿐만 아니라 광범하고 다양한 정규 관직과 특별 관직을 가졌다.[90] 사회적으로 명과 조선 모두 세습적인 직업 집단을 형성하고 유지하려고 했지만, 명에서는 노비 제도가 폐지된 반면 조선 전기에 그것은 국가 운영과 관인층의 생활에 매우 중요했다. 그러나 명과 조선의 가장 큰 사회적 차이는 명 태조가 폭넓은 사회집단—중국 남부의 학자층은 물론 홍건적과 그 밖의 반란군, 군사 지휘관, 향촌 지도자를 포함한—에서 지지자를 발굴해 사실상 새로운 지배층을 형성한 데 견주어 조선 전기의 국왕들은 매우 귀족적인 양반층에서 지지자를 등용했다는 것이다.[91]

조선 제도의 독특성은 한국의 상대적으로 작은 규모(이 때문에 조선은 원처럼 탈중앙화된 제도를 발전시키지 않았다)와 동아시아의 국제 질서에서 중국에 종속되어 있었다는 위상(이것은 한국에서 신하들이 국왕의 독재적 경향을 억제하는 잠재적 무기가 되었다) 같은 요인 때문으로 생각된다.[92] 그러나 궁극적으로 필자는 한국의 상대적으로 낮은 사회적 분화와 귀속적 특권의 필연적인 중요성에 초점을 맞춰야 한다고 생각한다.

고려 전기에는 대부분의 국가 자원이 지방 주요 가문의 세습적인 통제 아래 있었고 왕조의 지방행정은 주군과 주현, 속군과 속현, 향·소·부곡으로 이뤄진 고도로 서열화된 체계였던 것과 달리 조선 전기에는 토지와 인적 자원 모두 국가의 통제력이 훨씬 커졌으며 중앙의 직접적인 감독 아래 지방행정을 두는 좀더 정규적인 제도라는 특징이 있었다. 따라서 고려와 비교해서 조선은 더 많은 가용 자원을 가진 더 분화된 사회였다.

그러나 중국과 비교할 때 조선왕조는 저조하게 분화된 상태로 남아 있었다. 송·명대의 중국은 상당한 신사紳士와 상인층을 배출한 농업·상업의 발전 과정을 거쳤지만, 15세기 한국에서 그런 발전은 일어나지 않았다. 한국의 경제는 농업 경제에 머물러 있었고 사회적 분화의 수준은, 고려 전기보다는 좀더 나아졌지만, 상대적으로 낮은 수준에 머물러 있었다. 상인이나 그 밖의 도시적 부류도 거의 없었다. 고려 전기에 광종은 적어도 군사 지휘자와 귀족의 중앙 연합에 대항해 지지를 호소할 수 있는 유력한 지방 호족을 갖고 있었지만, 왕조 말엽 지방 호족의 향리 가문은 그 권력 기반을 크게 잃어 잠재적인 연합 세력으로 기능하기는 거의 어려웠다. 이처럼 새 국왕은 양반을 제외하고는 왕조를 지탱할 주요한 사회집단을 찾는 데 아무 대안이 없었다. 이런 측면에서 보면, 1392년의 왕조 교체에 따른 제도 개혁은 새로운 지배층의 요구를 수용한 혁명적 변화라기보다는 앞선 몇 세기 동안 점진적으로 발달해온 관료적 귀족의 중앙 양반층이 가진 이익을 보호하기 위해 제도를 재편한 것이었다.

6장
개혁의 이념

고려–조선의 왕조 교체에서 나타난 주요 특징은 새롭고 활발한 유
학 담론이 일어난 것이었다. 이것의 설명은 새로운 '사대부'층의 이념
으로 보든지, 아니면 그 자체로 1392년 조선왕조의 건국 배후의 추진
력을 구성한 것으로 보든지, 신유학으로도 자주 불리는 정주학의 도
입과 확산에 거의 전적으로 초점을 맞추고 있다. 어떤 경우든 주된 초
점은 유·불이 혼합되어 있고 사장詞章을 추구하며 당풍唐風의 문학으
로부터 형이상학적 사고를 중시해 유교경전을 연구하고 불교와 당풍
의 사장학에 반대하는 역동적이고 새로운 유학으로 이동하는 것에 맞
춰졌다. 이런 변화를 선도한 송대의 정이程頤(1033~1107)와 주희朱熹
(1130~1200)의 이름을 딴 새로운 정주학—송학·성리학·주자학·도
학 같은 다양한 이름으로도 알려졌다—은 원대에 국가의 공식 학문으
로 채택되었으며 13세기 후반 한국에 소개되었다.
  고려 후기부터 조선 전기의 사상사에서 가장 널리 채택된 견해는
정주학이 조선왕조의 건국으로 권력을 잡은 중소 지주 출신의 '신흥

사대부'층의 이념으로 지배적인 위상을 갖게 되었다는 것이다. 그러나 앞서 보았듯이 '신흥 사대부'—그런 집단이 존재했다고 해도—는 새 왕조 건국의 주요한 세력이 아니었으며, 따라서 정주학이 1392년에 그 계층을 대표하는 이념으로 승리했다고 보기는 매우 어렵다. 그 주장에는 내부적 모순도 있다. 신유학자인 '신흥 사대부'가 조선을 건국했다고 해도, 이색과 정몽주를 포함한 14세기 후반의 가장 저명한 정주학자 일부는 고려를 전복시키는 데 단호히 반대했다. 더욱이 '신흥 사대부'론의 지지자들은 정주학이 고려 후기의 친불적이며 귀족적인 대지주의 계층 이익에 맞선 중소 지주를 대변했다고 주장하지만, 정주학이나 불교가 어떻게 경제적 문제와 연결되었는지는 아직 설명하지 못하고 있다. 그런 이념적 상부 구조가 기초한다고 상정되는 생산수단(토지)과 생산(노비와 소작)은 토지 소유의 규모에 상관없이 모든 지주에게 기본적으로 동일하기 때문에 실제로 이런 구분이 만들어진 근거는 이해하기 어렵다.[1]

고려 후기에서 조선 전기 사상사의 다른 주요 해석은 13세기 후반 정주학이 수입된 직접적인 결과로 조선이 건국되었다는 것이다. 이 견해에 따르면 14세기 관원층에 정주학이 확산됨으로써 사회문제를 불교의 타락과 부패 때문으로 돌리는 비판이 제기되었다. 고려왕조는 불교와 오랫동안 밀접한 관계가 있었고, 한국 사회를 재생시키려면 고려를 전복시켜야 한다고—유학을 추종하는 관원들의 마음속에—생각하게 만들어 필요한 개혁을 수행할 의지나 능력이 없었다. 이런 해석을 주도한 학자는 김충렬인데, 불교와 정주학의 사상적 갈등을 고려-조선의 왕조 교체에서 핵심적 문제로 강조했다. 김충렬은 정주학이 고려 후기에 "종교·정치·사회·학문·문화·교육, 그리고 외교까지 주도권을 행사하기 시작했으며, 도를 보호하는 유학으로 스스로를 천명하면서 모든 이질적인 체제는 물론 자신의 주도권 행사를 저해하는 모든 것을 주저 없이 공격한 복잡하고 포괄적인 철학 체계"라고 주장했다.[2]

마르티나 도이힐러도 "조선왕조의 수립은 새 왕조에 확고한 유교적 기반을 제공한 사회·정치적 방안을 제시함으로써 처음부터 자신의 존재를 증명한 도덕적이며 지적인 모험이었다"고 주장하면서 정주학의 역할을 강조했다.[3] 그러나 도이힐러는 14세기 후반부터 15세기에 소수의 선도적 사대부들은 고려 사회의 폐단을 고칠 수 있는 사회·정치적 개혁의 모범인 중국의 과거過去에 접근할 수 있는 방법을 정주학에서 찾았다고 주장하면서 유학 운동의 실용적 측면을 강조했다.[4]

한국에서 새 왕조가 수립되는 데 정주학이 한 역할은 다른 곳에서 비슷한 사례를 찾아보기 어렵다고 생각된다. 윌리엄 시어도어 드 배리William Theodore de Bary는 중국에서 신유학의 역사적 역할을 논의하면서 혁명의 동력으로서 그 한계를 지적하며 그것은 이미 중앙에 확고한 위치를 차지한 문반 행정의 필요에 부응하는 데 가장 적합했다고 주장했다. 계속해서 드 배리는 "조선왕조의 사례는 신유학이 새로운 체제의 창출과 그 제도의 형성에 커다란 역할을 한 독특한 사례였다"고 말했다.[5] 이것은 14세기 한국에서 정주학이 어떻게 '혁명적인' 이념을 형성하게 되었는지 설명해야 한다는 문제를 던져준다.

유학이 14세기 후반의 정치에서 중요한 역할을 했고 조선 전기의 사회·정치적 개혁에 영감을 주었으며 그 틀을 형성하는 데 많은 영향을 주었다는 것은 이론의 여지가 없다. 그럼에도 조선 중기에 정론화된 신유학의 기원을 구축하는 데 크게 공헌한 정주학에 초점을 맞춘다면 조선 전기 유학의 독특한 행동주의를 설명하는 데 도움을 주는 고려 후기에서 조선 전기의 사상적 동향의 또 다른 중요한 측면에서 관심을 멀어지게 만든다.

고려와 조선 시대의 근본적인 사회적·이념적 변화에 대한 이런 해석들은 중국사의 견해와 비슷하다고 생각된다. 당–송 교체에 관련된 전통적 해석은 시를 중시하고 유·불 융합적인 당의 지적 전통이 불교를 적대시하고 시를 비판하며 고전 연구와 도덕적 자기 수양을 찬양한 새로운 정주학으로 대체되면서, 당의 귀족적 사회·정치 질서에서 송의 지방 신사 중심의 사회로 전환했다는 사회적 변화를 강조했다.[6] 한국의 역사학자들은 당–송 교체를 하나의 선례로 거의 언급하지 않았지만, 그 유사성은 그저 우연의 일치라고 하기에는 너무 뚜렷하다.

그러나 당–송의 사회적·사상적 전환에 관련된 좀더 최근의 해석은 더욱 복잡한 측면을 보여준다. 예컨대 호이트 틸먼Hoyt Tillman은 송의 주희와 그 뒤의 중국 사상사를 단선적 발전으로 파악한 견해에 의문을 제기하면서 정주학은 남송의 도학으로 폭넓게 정의되는 사상의 한 구성 요소일 뿐이었다고 파악했다.[7] 사회적 변화와 사상적 변화의 연관에 대한 중요한 연구에서 피터 볼은 중국의 지배층(士)은 당의 귀족에서 북송의 중앙 사대부, 남송의 지방 신사로 변화했다고 주장했다. 이것은 문화를 유지하고 유교·도교·불교를 조화시키는 열쇠로, 문장文章의 연습에 초점을 맞춘 당의 문화 중심적 접근으로부터 사회를 변화시키는 데 정부의 역할을 강조하고 고문古文의 가치를 중시한 북송의 행동주의적 운동과 개인의 자기 수양과 도덕을 가장 강조한 도학으로 사상적 지향을 옮긴 것과 동시에 나타났다. 그 결과 "정부와 정부를 통해서 영향받을 수 있는 사회변혁 사상에서 관심이 멀어졌으며" 문학적 노력의 역할을 경시하게 되었다.[8] 이런 연구들은 정주학의 승리라는 철학적 필연성의 가정에 의문을 제기하면서 한유韓愈부터 주돈이周敦頤·정이를 거쳐 주희에 이르기까지 신유학의 기원을 단선적으로 파악하는 대신, 송대의 사상적 동향에 관련된 훨씬 다양하고 복잡한 측면을 보여준다.

고려−조선 교체기의 지적 풍경 또한 상당히 복잡했음을 보여주는 증거가 있다. 도이힐러가 지적했듯이, 조선 전기 관원의 다수는 정주학의 사회·정치적 견해에 전적으로 동조하지는 않았다.[9] 지도적인 개혁자의 생각조차도 정주학의 교리 안으로 축소시킬 수 없었는데, 조선 전기의 중요한 정치가들은 대부분 도덕을 배양하고 드러내는 수단으로 시의 가치를 강조하는 등의 견해는 정주학의 핵심적 교리와 충돌한다는 생각을 지지했기 때문이다. 다른 역사학자들도 조선 전기 사상의 복잡성을 지적했다. 한영우는 조선 전기 관인층의 사회사상에 관련된 연구에서 정도전·양성지 같은 조선 전기의 주요 관원은 정주학자였지만 조선 중기의 교조적 성리학자들보다 더 높은 현실성과 민족주의적 자치를 표방했다고 주장했다.[10] 한영우는 사상적 다양성을 정주학의 전통 안에 포함했지만, 이태진은 조선 전기의 사상은 역사와 지리의 편찬과 다양한 문체의 수용을 강조했다는 측면에서 북송의 그것과 비슷한 넓은 의미의 '유서학類書學'을 형성했다고 주장했다.[11]

이런 여러 해석이 보여주듯이, 고려와 조선 전기의 사상은 빈사 상태의 호불적 유학과 사장을 중시한 고려의 사상을 역동적이고 새로운 정주학이 왕조 교체기에 대체했다고 파악한 전통적 해석보다 훨씬 더 복잡했다. 고려의 문학은 침체되기는커녕 사장과 고문의 경쟁이라는 역동적인 긴장에서 영향을 받은 활력 넘치는 전통을 갖고 있었으며, 그 영향은 사회와 정치 영역의 변화와 밀접히 관련되어 있었다. 고려 문학의 활력과 고려 후기부터 조선 전기의 상당한 사회·정치적 연속성은 옛 고려의 지적 전통이 왕조 교체 뒤에도 계속 중요한 역할을 했음을 의미했다. 이것은 강력하고 추진력 있는 중앙집권 국가를 강조한 고문학과 관련해 특히 그랬다.

사상의 복잡성

최근 여러 학자들은 고려 사상사가 침체되고 당의 호불적 유교를 모방했다는 전통적 견해에 의문을 제기하기 시작했다. 이런 학자들은 11세기 후반부터 12세기 전반에 경세학과 고전 연구를 지향한 좀더 실용적인 유학이 일어난 사실에 주목했다. 그들은 당시 등장한 사학私學의 이름—사서四書의 하나로 주희가 강조한 『중용中庸』에서 가져온 대중大中·성명誠明 같은—을 증거로 제시하면서 이런 새로운 흐름은 한국에서 유사하면서도 독립적인 초기 성리학의 발전을 나타내는 것이라고 주장했다. 그러나 이런 새로운 흐름은 무신란 이후 사장의 부활과 함께 중단된 것으로 평가되었다.[12]

초기 한국의 철학적 발전이 정이와 주희가 추구했던 그것과 비슷한 경로를 따랐을 가능성을 배제할 수는 없지만, 이런 주장의 실증적 기반은 매우 취약하다. 11세기 후반부터 12세기 전반 한국의 사상가들이 어떤 종류의 사상을 추구했는지 확실히 알려주는 문헌은 남아 있지 않다. 유일한 증거는 앞서 언급한 사학의 이름과 경연에서 『중용』이 가끔 사용되었다는 것이다.[13] 이런 해석과 관련된 좀더 심각한 문제는 그것이 무신란으로 조금 늦춰졌을 뿐 신유학의 필연적인 철학적 승리를 가정하고 있으며, 이런 새로운 사상적 발전을 조선왕조 성리학의 선구로 축소하고 있다는 것이다.

그러나 이런 목적론적 해석틀에서 일단 벗어나 틸먼과 볼이 중국과 관련해 제시한 것과 비슷한 다양한 형태의 사상을 찾는 시각에서 고려의 사상을 재검토하면, 고려 사상사는 고문학의 경향을 상당히 포함한 복잡하고 풍부한 전통으로 파악할 수 있다.

고려 전기부터 중기의 사장과 고문

고려 시대 중앙 관원의 지배적인 지적 전통은 당에서 유행한 사장이었다는 데 학자들은 거의 대부분 동의한다. 이병도李丙燾는 그것과 관련해 유교와 불교가 공존하면서 전자는 행정 기술과 사장을 맡고, 후자는 사회의 철학적 기초를 제공했다고 평가했다. 이병도는 "이 당시의 유학은 고전이나 이론보다는 시와 문학적 기술을 지향하는 강한 경향이 있었다"고 말했다.[14] 그 뒤 다른 학자들은 이런 견해를 약간 수정했지만, 오랫동안 동일한 일반적 구조 안에서 머물렀다. 예컨대 박성환은 고려의 유학을 10세기 최승로부터 14세기 이색까지 지속된 관학적官學的 경세학으로 규정할 수 있는 유·불 이원론으로 특징지었다.[15]

고려 사상사를 연구하는 데 주요한 문제는 자료의 부족이다. 고려 전기부터 전해지는 문헌은 없다. 최자崔滋의 『보한집補閑集』과 『동문선東文選』 같은 후대의 비평집과 선집에 남아 있는 시편 몇 개가 전부다. 따라서 고려 전기의 사상사에 접근하려면 당시와 후대의 기록 및 과거·교육제도의 변화에 대한 검토를 포함한 다른 형태의 증거로 관심을 돌려야 한다.

10~11세기부터 남아 있는 소중한 문학 작품은 거의 없지만, 과거 제도에 관련된 자료와 최자·이색·서거정[16] 같은 후대 인물의 발언으로 볼 때 지배적인 분야는 당풍의 시와 산문·변려문이었음이 분명

하다. 여기에는 불교(자기 수양을 위한)와 유교(국가 경영과 사회 유지를 위한)의 공존과 상호보완적 관계를 강조한 혼합적인 사상적 관점이 뒤따랐다.[17]

이런 지적 풍조는 스스로 유명한 시를 지었고 선종과 도교에도 관심이 있던 12세기 전반 예종 때 정점에 이르렀다. 자신이 지원하는 박호 같은 학자를 통해 예종은 복합적 학문 계획을 추진했지만, 자신이 선호하는 곽여郭輿·이자현李資玄 같은 은자隱者로 구성된 부류를 열심히 찾았다는 비판을 받았다.[18]

그러나 당풍이 유행했지만, 일정한 문학 집단 중에서 반발이 일어나기도 했다. 이런 반발은 당 후기와 마찬가지로 고문에서 나타났는데, 첫 인물은 김황원金黃元(1045~1117)이었다. 변려문이 학생들을 그르칠 수 있다는 그의 반대를 꺼린 고위 관원들이 그를 학사學士에서 쫓아낸 적이 있다는 것을 빼면, 그의 경력은 거의 알려져 있지 않다.[19] 그러나 명문 해주 최씨 출신의 최약崔瀹을 비롯한 그 밖의 고문 옹호자들은 예종이 "벌레를 조각하는"(당풍의 화려한 문체를 비판하는 고문 옹호자와 그 뒤의 정주학자들이 자주 사용한 표현이다) 데 빠져 있고 '경박한 문사'와 계속 어울린다고 비판하기 시작했다.[20] 최약과 그 동지들은 예종 때 출세하지 못했지만, 인종 때 수상을 지냈고 당시 가장 영향력 있는 학자였을 김부식 같은 뛰어난 인물의 노력으로 고문은 그 뒤 수십 년 동안 계속 세력을 넓혔다. 1044년(정종 10)에 송의 과거제도를 개혁하려다가 실패한 고문주의자 범중엄范仲淹의 영향을 받아 1139년(인종 17)에 고려의 과거제도를 수정하자는 건의가 올라왔다. 현존 제도는 응시자의 시작詩作 능력을 가장 우선적으로 평가하지만, 이 건의에서는 초장·중장에서 논책論策을 시험하고 합격한 사람은 최종 등수를 정하는 종장에서 시부의 작성을 시험하도록 주청했다.[21] 이 제안이 당시 시행되었는지는 분명치 않지만, 『고려사』에서는 15년 뒤 초장에서는 논책을, 중장에서는 경의經義를, 종장에서는 시부를 시험하도록 과거제도가 수정되었다고 기록했다.[22] 고전과 실제적인 정책 문제에 관련된 지식을 중시한 고문 운동은 분명히 탄력을 얻었다. 외부적으로 12세기 중반에 고려의 지적 문화는 철학적 융합과 시적 화려함을 가진 옛 당풍이 무대에서 사라지던 당 후기와 북송의 일반적인 유형과 동일한 경로를 따랐다. 한국에서 고문에 대한 관심은 유력 문반 가문이 중앙에서 위치를 확립한 뒤에 나타났으며 그 가문의 주요 구성원이 그것을 옹호했다는 사실은 중요하게 지적할 만하다. 강력하고 적극적인 국가를 강조한 최약·김부식 등이 고문에 매력을 느낀 것은 자연스러웠다고 생각된다.

고문 운동은 곧 반전을 경험했다. 무신란 이후 숙청의 결과가 분명하다고 생각되는데, 12세기 말엽 고문을 추종하던 사람들은 사실상 수도에서 사라졌으며, 당풍의 문학이 강력하게 회복되었다. 임춘林椿(1200년 무렵 활동)과 이인로李仁老(1152~1220) 같은 죽림고회竹林高會 구성원으로 대표되는 문사들은 다시 한 번 불교와 유교의 완전한 통합을 적극적으로 주장하면서 예전의 장식적이고 모방적인 문체로 시를 썼으며 과거의 영광스러운 시대인 예종 때로 돌아가려고 했다. 시기는 분명치 않지만, 그 뒤 시작詩作에 다시 우선순위를 부여하도록 과거제도가 개정되었다.[23]

한국의 문사들이 무신 집권기에 처음으로 북송의 위대한 고문 지지자였던 소식蘇軾(소동파蘇東坡)을 존경하고 그의 문체를 추종하기 시작했다는 사실에 주목하면, 당풍의 부흥이라는 견해를 수긍할 수 있다. 이것은 보기보다 그렇게 모순적이지 않은데, 무신 집권기에 문사들이 추종한 것은 소식의 고문 형식의 산문이 아니라 시였기 때문이다. 또한 소식은 유교·도교·불교의 근본적인 통일성을 찾으려고 노력했다는 측면에서 북송의 고문 문학자들 중에서 독특한 존재였다는 사실도 주목해야 한다.[24]

그러나 고문학은 무신 집권기 동안 완전히 사라지지 않았다. 박인석朴仁碩(1143~1212) 같은 소수의 사대부는 무신란 이후 은거해 고려의 정치·사회적 생활의 외곽에서 근근이 살면서 고문의 명맥을 이었다.[25] 고문은 수십 년 동안 주변에서 살아남은 뒤 마침내 13세기 중반 중앙 조정의 주요 신하들 사이에서 다시 등장했다. 원의 침입이 일어나고 개인적 권위와 그 전임자들의 권력을 갖지 못한 최항崔沆이 권력을 장악하자 조정의 많은 신하가 무신 통치를 종결시키는 데 참여하기 시작했다.[26] 이런 정치 상황의 변화는 무신 시대 후반의 저명한 학자이자 관원이었던 해주 출신의 최자(1260년 사망)에서 보이듯이 학문적 태도의 변화로도 옮겨갔다.

최자는 위대한 한국 유학의 전통을 계승한 인물로 자부했다. 1254년(고종 41)에 쓴 『보한집』 서문에서 최자는 한국의 유학적 전통을 958년(광종 9)에 광종이 과거를 시행한 것으로 거슬러 올라갔다. 그러고 나서 그는 그때부터 당시까지 자신이 저명한 유학자로 생각한 인물을 열거했는데, "문헌공 최충은 유교를 진흥시켜 우리 도가 문종 때 번창했다"고 지적하면서 다른 사람들 중에서도 고문 지지자인 최약의 공헌을 특기했다.[27] 물론 최자는 최충과 최약의 직계 후손이었다.

한유·유종원柳宗元·구양수歐陽脩·소식 같은 중국 고문 운동의 주
도자를 매우 숭배한 최자는 예종 때의 문학 풍토를 비판적 시각으로
회고했다.[28] 또한 그는 '장구章句'를 중시한 동시대 인물에 비판적 태
도를 나타냈는데, 그 표현은 문학의 형식에만 관심을 가진 사람들을
경멸하는 데 사용된 표현이었다.[29] 최자는 『보한집』 서문의 첫 문장
에서 고문에 대한 자신의 기본 태도를 천명했다.

> 글〔文〕은 도道로 나아가는 문門이므로 도에 맞지 않는 말은 쓰지 않는다.
> …… 글은 사람의 마음을 감동시키고 일깨우며 은미한 뜻을 밝혀 마침내
> 올바른 데로 돌아가게 한다. 유자는 다른 사람을 모방해 글을 꾸미고 자신
> 의 작품을 자랑하는 것을 절대 하지 않는다.[30]

여기서 최자는 문학의 본질 및 기능과 관련해 문학은 덕성을 닦고
발현하기 위한 "도를 전달하는 도구"가 되어야 한다는 한유와 그 밖의
중국 고문 지지자들의 주장에 공감하고 있다는 것을 알 수 있다. 이것
은 최자의 태도가 그의 동료 중에서 전형적이었다거나 고문학이 13세
기 중반 지배적인 위치를 차지하게 되었다는 말이 아니다. 부령扶寧 출
신의 김구金坵(1211~1278) 같은 최자의 동료 중 많은 사람은 장식적인
시와 변려문으로 명성을 얻었다.[31]

최자는 여전히 문학적 재능을 강조했지만, 12세기 전반 거란의 침
입에 맞서 승리를 거둔 강감찬姜邯贊[32]과 경원 이씨 가문의 영광스러
운 정치적 경력을 묘사한 것처럼[33] 자신의 문집 주요 부분에서 이전

에 문신이 이룬 정치적·군사적 성취에 관련된 논의와 자신의 문학에 대한 관심을 균형 있게 서술했다. 최자는 여러 사례 중에서 12세기 평양에서 일어난 반란을 진압하는 데 성공한 김부식의 사례를 인용하면서 군사 작전의 야전 지휘권도 유학자인 수상에게 주어야 한다고 주장하기도 했다.[34]

또한 최자는 고려 전기의 척불을 언급하면서 유학자의 비판을 소개하기도 했다.

> 태조가 혼란을 극복하고 나라를 개창할 때 음양과 불교에 관심을 두자 참모 최응崔凝이 간언했다. "전傳에서는 '혼란스러울 때는 문文을 닦아 인심을 얻어야 한다'고 말했습니다. 국왕은 전쟁을 치르면서도 반드시 문덕文德을 닦아야 하는데, 불교와 음양에 의지해 천하를 얻은 사례는 들어보지 못했습니다." 태조가 대답했다. "짐이 그 말을 어찌 모르겠는가. 그러나 우리나라는 산수가 영험하고 기이하며 백성들은 거칠고 궁벽한 곳까지 거주하고 있다. 본래 성향이 불교와 신이神異를 좋아해 거기서 복리福利를 얻으려고 한다. 지금 전란이 그치지 않고 안위가 결정되지 않아 한시도 마음을 놓을 수가 없으니, 오직 불교와 신이의 도움과 산수의 영험한 응답을 받아 조금이라도 효험이 있기를 생각할 뿐이다. 어찌 이것이 나라를 다스리고 백성을 얻는 큰 방법이겠는가. 전란이 안정되고 평화가 찾아오면 반드시 풍속을 바꾸고 아름답게 교화할 수 있을 것이다."[35]

최자는 불교를 직접적으로 반대하지는 않았지만, 최응의 척불론을 다시 거론하고 태조가 나라를 다스리는 방법으로서 불교를 신뢰하지 않았다고 서술한 부분은 무신 집정들이 불교에 경도된 것을 일정하게 비판한 것이었으며 그 뒤 유학자들이 불교를 공격하는 전조가 되었다.[36]

이처럼 최자는 고문을 숭상하는 고려 유학의 전통을 계승한 인물로 자부했을 뿐만 아니라 그것은 앞으로 전개될 경향을 보여주는 전조이기도 했다. 무신 통치가 종식될 것을 분명히 예상한 그는 문신 권력을 복원하는 기초 작업이자 14세기 후반에 척불론이 일어나는 선도적 역할을 담당했다.

학자들의 고문학 흐름은 무신 정권이 몰락한 뒤에도 계속되었다. 1280년(충렬왕 6)에 충렬왕은 "지금 유사儒士들은 과거에 나오는 글만 익힐 뿐 경전과 역사서에 널리 통달한 사람이 없다. 경전 하나와 역사서 하나에 통달한 사람에게 국자감에서 가르치게 하라"고 지시했다.[37] 『고려사』에는 이 명령이 나온 배후의 이유는 설명하지 않았지만, 사장에 대한 충렬왕의 비판과 유교경전에 대한 강조가 정주학이 한국에 소개되기 몇 년 전에 나타났다는 사실은 중요하다.

앞서 말한 증거에 따르면 정주학이 소개되기 전, 고려의 학문적 전통은 더 이상 당 문학만을 추종했다고 볼 수 없다는 것은 상당히 명확하다고 생각된다. 12세기 이후 고문의 중요한 계열이 형성되었는데, 그것의 가장 강력한 지지자는 해주 최씨와 경주 김씨 같은 유력한 문반 가문 출신이었다.

왕조 교체기의 고문과 정주학

왕조 교체의 사상적 배경에 관련된 전통적 해석은 거의 대부분 고려 후기 정주학의 흥기, 그리고 그것과 불교와의 갈등에 맞춰져 있다. 그러나 정도전은 이제현·이곡·이인복을 포함해 14세기에는 몇 명의 두드러진 고문학 지지자가 있었다고 말했다.[38] 정도전의 발언은 약간 혼란스러운데, 그들은 대체로 고려 후기 정주학의 확산과 연결되었기 때문이다.

이제현을 살펴보자. 14세기 전반 내내 고위 관직에 있던 그는 개혁을 주도적으로 지지한 인물 중 한 사람이었다. 이제현은 역사학자이자 뛰어난 경세학자이기도 했다. 여러 역사학자는 이제현이 오래 원에 체류했고 중국의 주도적인 정주학자와 교유했다는 측면을 중시해 그가 한국에서 정주학이 흥기하는 데 주요한 역할을 했다고 파악했다.[39]

이제현 사상의 어떤 측면은 정주학의 강한 영향을 보여준다. 자신의 주목할 만한 시적 성취에도 불구하고 그는 사장에 일정한 적대감을 나타냈다. 이제현은 충선왕에게 국왕이 유학을 진흥하는 방안을 제정한다면 참된 유자는 승려에게서 시를 배우려고 진정한 학문(實學)을 버리지 않을 것이라고 말한 사례도 있었다.[40] 정주학의 영향을 보여주는 다른 증거는 1344년(충혜왕 5)에 이제현이 "현명한 유자 두세 명을 가려 『효경』·『논어』·『맹자』·『대학』·『중용』을 강의하게 해 격물格物·치지致知·성의誠意·정심正心의 도를 익히도록" 국왕에게 주청한 사례에서 찾을 수 있다.[41] 여기서 이제현이 강조한 정주학의 요소는 사서四書와 사물에 대한 탐색과 지식의 확대를 통한 자기 수양의 방법이었음을 분명히 알 수 있다. 또한 이제현은 불교를 비판하는 데 정주학의 사상을 동원했다. 그가 학생들이 승려에게서 시 배우는 것을 비판했다는 사실은 앞서 보았다. 이제현은 『익재난고』에서 좀더 분명한 척불론을 밝혔는데, 부처의 길[釋道]은 유교의 이[理]처럼 질서가 정연하지 않다고 말했다.[42] 이처럼 이제현은 정주학을 설명하는 글은 남기지 않았지만, 그 학파의 사상과 가치를 옹호했다.

그러나 문제는 그렇게 간단치 않다. 정주학의 자기 수양 방법을 제외하고 이런 측면, 특히 이제현이 경세학을 강조한 것은 고문학의 범주에도 포함되는 것이다. 더욱이 불교를 비판하는 데 유학의 이[理] 개념을 사용한 데서 보이듯이 신유학의 형이상학적 원리를 이제현이 잘 알고 있었음은 분명하지만, 『고려사』에 실린 그의 열전에는 그가 성리학을 좋아하지 않았다고 기록되어 있다.[43] 이제현이 개혁의 주된 기구로 중앙 조정을 강조하고, 특히 정도전이 한국 고문 전통에서 이제현의 기여를 칭찬한 것에 비추어, 이제현이 표방한 유학의 종류는 정주학만큼이나 고문과도 밀접한 관련이 있다고 생각된다.

정도전이 고려에서 고문학의 선도적인 주창자로 언급한 인물은 모두 14세기 중반에 경력의 정점에 도달했다. 이곡은 1351년(충정왕 3)에 사망했고, 이제현은 1357년(공민왕 6)에 현직에서 물러났으며, 1360년대 후반 신돈에 의해 관직에서 쫓겨났던 인물 중 한 명인 이인복은 1374년(공민왕 23)에 세상을 떠났다. 따라서 고려의 고문 전통과 원에서 수입된 새로운 정주학의 요소를 결합한 인물들의 사상은 14세기 말엽 정주학이 만개하는 과정을 예비한 과도적 국면을 나타냈다고 볼 수 있다.

그러나 고려 말기와 조선 전기에 들어서까지도 고문의 영향에 대한 저항이 지속되었음을 보여주는 증거가 있다. 그것은 문학에 대한 태도에서 표현되었다. 예컨대 권근은 이색을 한국에서 이학의 창시자로 언급하면서 '심성'의 수양을 위해 사장을 거부했다고 칭송했다.[44] 그러나 정주학자로서 강력한 지위와 높은 문학적 명성을 얻었음에도 이색은 유학의 원리는 문학을 통해서 마음속에 해석되기 때문에[45] 문학은 자기 수양에 기본이라는 소식의 주장을 반복하면서 "시의 도는 국왕의 도덕적 교화의 중심이다. 사람의 마음은 그 안에서 드러난다. 시는 인간의 본성과 감정을 나타낸다"고 말했다.[46]

　물론 이색은 고려를 전복시키려는 이성계에 반대한 선도적 인물로서 조선이 개창된 뒤에는 관직에 나아가지 않았다. 따라서 그의 생각은 새 왕조에 봉사한 인물들의 전형이 아닐 수도 있다. 그러나 적어도 명목상으로는 성리학자였던 인물들을 포함해서 조선 전기의 중요한 신하들은 고문학의 영향을 반영한 문학적 기술에 관련된 생각을 계속 표명했다. 권근·정몽주와 함께 이색 문하에서 배운 조선 전기의 저명한 학자이자 관원인 하륜은 15세기 전반에 다음과 같이 썼다.

　　시는 천리天理와 인륜人倫에서 발원해 정교政教와 풍속風俗까지 이른다. 위로는 종묘와 조정의 악가樂歌에 도달하고 아래로는 백성들이 사는 거리의 노래에 이르니, 착한 마음을 감발感發시켜 나태한 뜻을 징계하고 깨우치는 방법이 모두 그 안에 들어 있다.[47]

　여기서 우리는 새 왕조 초기 주요한 정치적·사상적 인물의 생각이 문학을 도의 수단으로 주장한 고문의 영향을 받아 정주학이 천리를 중시하는 쪽으로 명백히 경도되었음을 볼 수 있다. 이 발언에서 얻을 수 있는 인상은 14세기 후반부터 15세기 전반의 선도적인 사상적 지도자의 생각은 순수하거나 정통적인 정주학이 아니라 고문과 정주학의 결합이라는 것이다.

고문과 정주학의 이런 혼합은 대체로 중앙에 기반을 둔 사장의 옹호자와 지방에 기반을 둔 정통적 정주학의 지지자 사이의 투쟁으로 파악한 15세기 후반 훈구파와 사림파의 발언에서 모두 나타난다. 사림파의 종장으로 일컬어지는 김종직金宗直(1431~1492)은 다음과 같이 개탄했다.

경술經術하는 선비는 문장文章에 약하고 문장 하는 선비는 경술에 어둡다고 세상 사람들은 말하지만, 나는 그렇게 생각하지 않는다. 문장은 경술에서 나오는 것이니, 경술은 바로 문장의 뿌리다. 초목草木에 비유하면, 뿌리 없이 가지가 뻗고 잎이 무성하며 꽃과 열매가 번성할 이치가 있는가. 시서詩書와 육예六藝는 모두 경술이고 시서 육예의 글은 바로 그 문장이니, 참으로 그 글을 바탕으로 그 이치를 궁구해서 정밀하게 살피고 깊이 완미玩味해 이치와 문장이 내 가슴 속에서 융합되면, 그것이 발산해 언어와 사부詞賦가 되는 것은 뛰어나려고 하지 않아도 저절로 그렇게 된다. 예부터 문장으로 한 시대에 이름을 날리고 후대까지 전해진 사람은 이와 같았다.

그러나 사람들은 지금 이른바 경술은 구두句讀나 훈고訓詁를 익히는 데 지나지 않고 이른바 문장은 표현을 다듬어 기교를 부리는 것에 지나지 않는 것으로 본다. 그러나 구두와 훈고로 어찌 천하의 이치를 담은 문장을 논의할 수 있으며, 표현을 다듬어 기교를 부린 문장으로 어찌 성리·도덕의 학문에 참여할 수 있겠는가. 그래서 경술과 문장을 별개의 이치로 나누

어 서로 통용할 수 없다고 의심하고 있으니, 참으로 천박한 소견이다.[48]

장식적인 문학과 훈고에 대한 김종직의 비판은 옛 당풍을 공격한 것이 분명하다.[49] 일반적으로 김종직은 한국에서 정통적인 정주학의 발전에 기여하고 성리학에 대해 언급한 주요 인물로 간주되지만, 여기서 그의 논증은 고전 연구와 문학적 노력을 구분한 정주학보다는 통치와 공적 가치를 형성하는 데 문학이 중요한 역할을 한다는 고문학의 시각에 좀더 영향을 받은 것으로 보인다. 김종직을 고문학 사상가로 보는 판단은 1464년(세조 10)에 그가 세조에게 올린 상소 중 시서 이외의 여러 학문은 유학자에게 도움이 되지 않는다는 발언에서 강화된다.[50]

조동일趙東一은 김종직의 사림파에 대립되는 훈구파의 문학적 견해가 장식적 측면을 강조했으며 "문학은 도를 전달해야 하고 고문만이 진정한 가치가 있다는 주장을 부정했다"고 파악했다.[51] 이것은 훈구파의 학문과 옛 당의 사장 전통이 강한 친연성을 갖고 있다는 주장이다.

그러나 상황은 그렇게 간단하지 않다. 훈구파의 주요한 일원으로 사림파의 비판을 많이 받았던 양성지(1412~1482)의 경우를 검토해보자. 1472년(성종 3)에 양성지는 문과 초장의 강경講經에서 한유·유종원·소식의 작품을 시험하는 대신 사마광司馬光의 『자치통감資治通鑑』, 김부식의 『삼국사기』, 『고려사』 같은 역사서에 관련된 시험으로 대체하도록 개정하자고 주청하는 상소를 올렸다.[52] 또한 『눌재집訥齋集』에 실린 양성지의 글은 정주학과 일시적인 친밀감 그 이상을 보여주는데, 16세기 전반에 김안국은 그를 "경건하게 생활하면서 이치를 탐구한(居敬窮理)" 정주학의 위대한 신봉자로 칭송했다.[53]

물론 이것은 사림파와 훈구파의 본질적인 사상적 차이의 범위에 관련된 근본적인 문제를 제기하지만,[54] 이 책의 논의와 좀더 관련된 측면은 적어도 15세기 후반까지 훈구파와 사림파를 아우른 저명한 한국의 유학자들은 도를 전달하는 도구로서 문학의 중요성과 관련해 고문의 인식과 정주학의 요소를 결합시키는 사상적 태도를 계속 나타냈다는 것이다.

조선 전기에 남은 당풍의 흔적

고문과 정주학의 혼합이 우세했다고 해서 조선이 건국된 뒤 옛 당풍이 완전히 사라졌다고 해석해서는 안 된다. 사장의 경향은 15세기에 들어와서도 잘 지속되었다는 충분한 증거가 있다. 널리 알려졌듯이 장식적인 문학 형태가 존속되었다는 사실은 새 왕실뿐만 아니라 새 왕조의 조정에 출사한 많은 양반이 계속 불교를 믿고 그 의례를 실천했다는 사실과 밀접히 관련되었다.

불교 배척은 한유와 고문 운동이 흥기한 시대 이후 중국 유학 사상의 특징이었지만, 한국처럼 격렬한 수준까지 이르지는 않았다. 척불 운동은 14세기 후반 한국 정치의 주요한 주제였다. 정도전 같은 사대부는 철학과 윤리적 측면 모두에서 불교를 비판했으며, 새 왕조는 불교와 그것에 관련된 제도를 금지하는 정책을 추구했다. 그 결과 많은 역사학자들은 조선 전기의 사상적·문화적 정책을 '척불 숭유斥佛崇儒'라는 용어로 서술하고 있다.

척불의 열정에도 불구하고 왕조 교체로 불교가 즉각 폐지된 것은 아니었다. 태조·세종·세조를 포함한 조선 전기의 몇몇 국왕은 독실한 불교 신자였으며, 14세기 후반의 다양한 불교 논쟁은 15세기에도 지속되었다. 역사학자들은 이것을 오래전부터 인정해왔지만, 조선 전기의 억불 정책은 불교에 대한 심각한 철학적 반대라기보다는 국가의 재정적 관심이 좀더 많이 반영된 시책이었음을 입증한 이상백과 한우근 같은 학자들의 초기 연구에도 불구하고,[55] 대체로 그 논쟁을 유교를 숭상한 양반과 불교를 신봉한 왕실 사이의 갈등으로 보고 있다.[56] 조선 전기의 불교 논쟁은 이념적 쟁점일 뿐만 아니라 복잡하고 근본적인 사회문제였다.

조선 건국 이후 불교의 부활이라는 문제를 의미 있게 다루려면, 고려 후기 불교의 위상을 명확히 이해해야 한다. 고려를 불교 사회로 보는 전통적 견해의 지지자들은 팔관회[57]와 연등회 같은 불교 의례의 중요성, 고려 왕실과 불교의 친밀한 관계를 증거로 든다. 이런 견해는 수십 년 동안 널리 받아들여졌지만, 고려 후기의 불교와 사회·정치적 지배층의 연관에 대한 자세한 연구의 뒷받침을 받지 못했다. 최근 허흥식 같은 학자는 불교의 교리와 가정의례가 고려의 전반적인 가정과 사회의 조직을 가르치고 지탱한 방식에 관련된 내실 있는 연구를 제시했지만, 이런 노력도 고려 후기 불교와 주요 관원 가문 사이의 관계를 명확하게 밝히지는 못했다.[58]

좀더 최근의 연구는 불교와 고려 후기 양반의 제도적 관련을 분명히 밝혔으며 불교가 어떻게 고려 양반의 정치·사회·종교 생활 안으로 완전히 통합되었는지 보여주었다. 정치에서는 연등회 같은 불교

의례에 참여하고 이색, 그리고 심지어 정도전 같은 고려 후기의 저명한 유학자들도 사찰 건축을 후원하고 입적한 승려의 비문을 작성하는 활동으로 불교와 밀접히 연관되었다. 1명 이상의 아들을 승려로 출가시켰으며, 세속을 지향하는 아들은 뛰어난 시작詩作 능력이 있다고 소문난 승려들 아래서 과거 공부를 시키는 것도, 안동 출신의 권부 같은 저명한 유학자를 포함해 중앙 양반의 일반적인 사회적 관행이었다. 부처의 축복을 받으려는 바람에서 사찰에 노비를 희사하거나 여러 물품에 새겨진 명문에 담긴 믿음의 발언에서 볼 수 있듯이, 불교 신앙 또한 양반 사이에 널리 퍼져 있었다.(59) 이처럼 불교는 고려 후기 양반의 일상생활에 깊이 뿌리내렸다.

고려 후기의 양반이 조선 전기에도 대부분 생존했다는 사실을 고려할 때, 불교가 조선 전기 지배층의 삶에 중요한 부분으로 남아 있었다는 것은 놀라운 사실이 아니다. 많은 역사학자들은 태조와 세종의 개인적 불교 숭배를 지적했지만 세조의 공개적인 친불 정책은 언급하지 않았다. 16세기 전반 사화의 서곡이 된 정치적·사상적 긴장에 관련된 에드워드 와그너의 연구는 불교에 대한 왕실의 헌신이 조선이 개창된 뒤 거의 100년이 된 시점인 적어도 15세기 말엽까지도 중요한 문제로 남아 있었음을 보여주었다.(60) 그러나 한우근韓㳓劤이 주장했듯이,(61) 중앙 양반층이 여전히 불교 신앙과 관습을 추종했다는 사실을 보여주는 증거가 있다.(62)

불교가 새 왕조에서 정치적 영향력을 행사할 수 있는 잠재력을 상당히 잃은 것은 의심의 여지가 없다. 그 상징은 고려 시대에 널리 시행된 승려의 왕사 자격이 박탈되었다는 것이었다. 태조는 조구祖丘를 국사로, 자초를 왕사로 임명했지만, 그들이 각각 1395년과 1405년(태종 5)에 입적함으로써 한국에서 승려가 왕사의 자격을 갖는 것은 끝났다.[63]

그러나 태조가 퇴장하고 난 뒤 불교가 왕실의 우호를 모두 잃은 것은 아니었다. 대부분 태종을 열성적인 억불숭유의 국왕으로 보지만, 이상백은 태종이 척불 정책을 추진한 동기는 이념만큼이나 재정에 있었고, 사실상 태종은 중년 이후 불교에서 종교적 위안을 찾았다는 사실을 보여주었다.[64] 잘 알려졌듯이 세종과 세조는 열성적인 불교 신자였다. 그러나 그들은 태종과는 달리 승려를 궁궐로 초청해 높은 명예를 하사하는 공식적인 정치적 표현으로 신앙을 표시했다. 예컨대 승려 신미信眉는 1449년(세종 31) 세종이 병에 걸리자 궁궐로 초청되어 불교 의례를 집전했다.[65] 이듬해에 신미는 '선교종도총섭禪敎宗都總攝'과 '혜각존자慧覺尊者'라는 이례적인 직함을 받았다.[66] '존자'는 앞서 고려가 원에 복속되었음을 나타내기 위해 '국사' 대신 사용된 직함이었다. 조선왕조가 명보다 낮은 지위라는 것을 보여주기 위해 관서와 제도의 이름을 다시 붙이던 이때 그 직함이 다시 등장한 것은 일시적이지만, 승려를 왕사로 임명한 옛 제도가 다시 시행되었음을 보여준다. 두 달 뒤 신미의 직함은 '혜각존자'에서 '혜각종사宗師'로 바뀌었다.[67] 신미가 얼마나 큰 정치적 영향력을 행사했는지 알 수 없지만, 그의 동생 김수온金守溫은 신미가 국왕과 맺은 특별한 관계 때문에 특혜를 받았다고 역사에 기록되어 있다.[68] 증거는 불교가 왕조 교체 이후 반세기 넘게 놀랄 만한 왕실의 총애와 적어도 정치적 영향력의 부분적인 잠재력을 여전히 갖고 있었음을 잘 보여준다.

고위 관원이 불교 기념비를 작성한 것도 새 왕조에서 지속되었다. 조선 전기의 문집에는 고려 후기보다 불교 기념비문이 훨씬 적게 수록되어 있지만, 그런 글은 계속 나왔다. 마이클 칼튼Michael Kalton은 유명한 유학자인 권근이 조선 개창 이후에도 많은 불교 관련 기념문과 기도문을 썼다고 지적했다.[69] 불교 기념비문을 많이 쓴 또 다른 조선 전기의 관원은 15세기 중반에 고위 관직을 지낸 김수온이다. 그의 『식우집拭疣集』에는 적어도 15개의 불교 관련 비문이 실려 있는데, 대부분 사찰의 건축이나 중창을 위한 왕실의 지원을 서술했다.

아들을 출가시키는 고려 양반의 풍습 또한 조선 전기까지 이어졌다. 『안동 권씨 성화보成化譜』와 문집, 그리고 실록 같은 자료에는 고위 관원의 형제로서 유명한 승려가 된 사람이 여럿 밝혀져 있다. 아마도 조선 전기의 가장 저명한 유학자인 권근은 이사라는 형이 있었는데 승통僧統이었으며,[70] 왕조 교체에서 중요한 정치적 역할을 한 유학자 윤소종尹紹宗도 승려가 된 형제가 있었다.[71] 권근과 윤소종의 형제 모두 고려가 멸망하기 전에 승려가 된 것이 분명하지만, 조선 건국 이후에 승려가 된 것이 거의 분명한 사례도 있다. 예컨대 1450년(세종 32)에 왕자를 위한 불교 의례를 집전하기 위해 수도로 온 승려 축소竺昭는 대사헌 안완경安完慶(본관 광주)의 형이었다.[72] 축소와 안완경의 나이는 모두 알려지지 않았지만, 안완경은 왕조 교체가 이뤄진 31년 뒤인 1423년(세종 5)에 대과에 급제했다. 이처럼 축소나 안완경이 1392년 이전에 태어났다고 해도 두 사람 모두 조선이 건국된 뒤 성년이 된 것은 분명하다. 세종과 세조를 섬겨 큰 명망을 얻은 승려인 신미가 언제 태어났는지 분명치 않지만, 그의 동생 김수온은 조선이 건국된 지 17

년 뒤인 1409년에 태어난 것으로 볼 때 신미가 1392년 이전에 태어났거나 출가했을 가능성은 희박하다. 이처럼 태종 치하에서 철학적 신념이 바뀌고 불교의 제도적 권력이 축소됨으로써 일부 양반 가정은 자손을 출가시키는 풍속을 포기했지만, 다른 가정은 15세기까지도 그 전통을 잘 계승했다.

불교 신앙이 조선 전기 양반 사이에 널리 퍼졌다는 또 다른 증거가 있다. 실록에서는 조선 건국 1년 뒤인 1393년 7월 "왕사 자초를 광명사廣明寺에 있게 하니 매일 도성의 남녀 100여 명이 와서 설법해주기를 요청했다"고 기록했다.[73] 수십 년 뒤에 쓴 『용재총화慵齋叢話』에서 성현(1439~1504)은 사대부들이 세속적 축복을 얻기 위해 불교의 제례인 재齋에 참여한다고 썼다.[74] 성현은 성균관 학생들이 승려의 사리를 신성시하는 데 사림들이 반대하지 않는다고 개탄하기도 했다.[75]

물론 불교 신앙과 실천이 조선 전기까지 지속되자 척불 운동은 계속 일어났다. 태조·정종·태종의 치세는 척불 운동으로 유명한데, 1406년 태종의 조처로 정점에 도달했고 조선 전기 내내 계속되었다. 예컨대 1424년(세종 6)에 성균관 학생들은 불교의 대표적인 잘못을 지적하며 불교 사찰을 철폐하고 불교 의례를 중단할 것을 요청했다.[76] 그런 척불 운동은 세종 후반기에 좀더 자주 일어났는데, 1446년(세종 28)에 의정부는 궁궐에서 불교 의례를 올리는 것의 부당함을 지적했고, 1448년에 성균관 학생들은 내불당의 건립에 반대하며 학업을 중단했다.[78] 그러나 이런 공격은 양반의 종교적 신앙과 실천을 겨냥한 것이 아니라 불교와 조정 사이의 관계에 초점을 맞춘 것이었다. 이런 동일한 주제가 고려 후기의 척불 논쟁을 지배했다는 사실은 불교의 정치적 영향에 대한 우려가 주요한 관건이었음을 보여준다.

그러나 이런 공격도 지속적으로 반불적 태도를 가진 사람들이 시작했다고 추정할 수 없다. 예컨대 권근의 태도는 격렬한 척불과 불교의 가치를 적극적으로 수긍하는 태도 사이를 오갔다. 마이클 칼튼은 권근의 일관되지 못한 태도와 명백히 제한적인 불교 수용의 까닭을 불교가 여전히 한국에서 널리 받아들여지던 14세기 후반부터 15세기 전반의 문화적 환경과 형이 높은 지위의 승려였던 그의 가정적 환경 때문으로 파악했다.[79] 이처럼 언뜻 보기에 유교와 불교는 뚜렷이 구분되지만, 자세히 살펴보면 정치적·사회적 고려가 이념적 자세의 전환을 좌우한 매우 불투명하고 복잡한 상황이었다.

불교 실천과 신앙의 부활은 당의 문학적 전통이 지속된 것과 연관되었다는 증거가 있다. 옛 고려 양반들이 자녀를 승려 문하에서 교육시킨 풍습은 조선 전기까지도 계속되었다. 예컨대 권근은 아들들을 승려에게서 교육시켰고,[80] 이성무는 "태종은 세자 양녕讓寧을 옛 고려의 전통에 따라 깊은 산속에 은거한 덕망 있는 승려 문하에서 가르쳤다"고 알려주었다.[81] 한국사에서 가장 독재적 성향의 국왕 중 한 사람인 태종은 종교적 복종보다는 자신의 후계자를 중앙 신하들의 영향에서 벗어나게 하려는 의도에서 동기를 얻었다. 그가 세자를 보내고 싶어했던 사람이 승려였다는 사실은 매우 중요하다. 이런 풍습이 지속되었음을 보여주는 또 다른 증거는 4반세기가 더 지난 1438년(세종 20)에 흥천사興天寺와 흥덕사興德寺에서 학생을 가르치는 것을 중단하라고 명령한 것이다.[82] 그 지시에서는 누가 거기서 공부했는지 말하지 않았지만, 두 사찰은 도성 안에 위치했기 때문에 중앙 양반의 자제였을 것이 거의 분명하다.

자료에는 그런 젊은이들이 무엇을 승려에게서 배웠는지 정확히 나와 있지 않지만, 시작 기법이었을 것으로 추정된다. 그 증거는 1443년(세종 21) 4월에 세종이 8세기의 유명한 당 시인인 두보杜甫 시의 주석을 편찬해 전국에 배포하라고 집현전에 명령한 것에서 찾을 수 있다.[83] 며칠 뒤 회암사檜嚴寺(옛 고려 수도 근처에 있었다) 주지 만우卍雨를 흥천사(새 도성 안에 있었다)로 옮기게 하고 3품에 해당하는 녹봉을 주었다. 이것은 시에 뛰어난 만우에게 두보 시의 주석을 편찬할 때 자문을 구하려는 취지에서 이뤄진 조처였다.[84]

조선 전기에 시 작가이자 교사로서 승려의 역할은 시 창작을 통해 서로 다른 가르침을 통합하려는 옛 당의 혼합적 문체가 다시 나타난 현상과 관련되었다. 앞서 언급한 김수온은 가장 명확한 사례다. 김수온은 1441년(세종 23) 대과에 급제하고 성균관에서 여러 문한직을 거친 뒤 성종 때 정1품 관직에 올랐고 영산군永山君(영산부원군)에 책봉되었다. 김수온은 유교 고전을 배웠으며 정주학의 이理 개념을 피상적 수준 이상으로 알고 있었지만,[85] 독실한 불교 신자이기도 했다. 그의 복합적인 지적 태도는 아래의 발언에서 드러난다.

예부터 제왕은 천하 국가를 다스릴 때 유교의 인의仁義를 숭상해 아름다운 치도治道를 이루지 않은 사람이 없었고, 불교의 청정淸淨을 바탕으로 치도의 근본을 깨끗하게 하지 않은 사람이 없었습니다. ……『서경』을 상고하면 제왕의 통치를 배울 수 있습니다. 하물며 불교는 삼교三敎의 으뜸이고 만덕萬德의 주인이니 더 말할 것이

있겠습니까.[(86)]

　물론 김수온은 조선 전기 양반의 주요 부분의 태도를 대표하지 않
는 예외적인 사례일 수도 있다. 그러나 양반 사이에 불교 신앙이 널리
퍼져 있었고 승려가 지속적으로 교육적·정치적 중요성을 가졌다는
증거의 맥락 안에서 고려하면, 김수온 같은 사람이 높은 지위까지 출
세했다는 것은 옛 당풍의 혼합주의와 사장이 약간 축소되었다고 해
도, 적어도 15세기 후반까지는 조선의 학문에서 중요한 부분으로 남
아 있었음을 보여준다.

과 거 제 도 를 둘 러 싼 갈 등

12세기에 고문학이 흥기한 뒤 과거제도를 개정하려는 시도가 전개된 과정은 앞서 살펴보았다. 피터 볼은 송대에 세 집단—법가적 유학자(왕안석王安石·사마광), 문학적 유학자(구양수·소식), 도덕적 유학자(정주학파)—사이에 사상적 패권을 잡으려는 정치적 투쟁은 주로 과거의 내용을 둘러싼 갈등으로 나타났다고 주장했다.[87] 그런 갈등은 고려 후기부터 조선 전기의 주요한 특징이기도 했다. 그러나 한국에서 주요한 갈등은 고문·정주학파와 당 문학자 사이에서 전개되었다.

고려 후기의 과거

과거제도를 둘러싼 갈등은 14세기 전반 당풍의 지배에 반발이 일어나면서 시작되었다. 이것은 1320년(충숙왕7) 이제현의 과거제도 개혁에서 천명되었는데, 『고려사』에는 "시부詩賦를 폐지하고 대책對策을 시행했다"고 간단히 서술되었다.[88] 이런 변화는 안향이 한국에 정주학을 소개했다고 추정된 시점부터 거의 35년 뒤에 나타났으며, 원에서 주희의 사서 주석에 기초해 과거제도를 확립한 지 7년 만에 일어났다. 이런 상황은 정주학의 영향이 작동하고 있었다는 것을 보여주지만, 주희의 주석이나 원의 제도를 이 개혁과 연관해 언급한 자료는 없다. 아울러 이제현의 핵심적 역할, 대책의 강조, 사서 시험의 부재는 이것이 본질적으로 고문에서 영향을 받은 개혁이었음을 보여준다.

논쟁을 언급한 자료는 없지만, 이런 변화에 문학자들이 상당히 저항한 것은 확실하다고 생각된다. 그런 정황은 7년 뒤 4운韻으로 된 율시律詩 100수를 암송하고 『소학小學』의 5성聲 자운字韻에 능통한 사람은 과거에 응시하도록 허락하는 개정에서 유추할 수 있다.[89] 대책에 주된 초점을 맞춘 제도에 율시와 정주학파가 매우 강조한 『소학』이 추가된 것은 옛 당풍과 일부 양반층에 확산되던 정주학 사이의 타협을 보여준다.

그런 뚜렷한 소득에도 불구하고, 한국에서 당풍의 옹호자들은 이제현이 수상으로서 개혁을 적극적으로 추진해 1344년(충혜왕 5)에 과거제도가 다시 개정된 결과 더욱 입지를 잃었다. 이제현의 제자인 박충좌朴忠佐와 그의 친척 이천李倩이 시행한 새 제도에서 응시자는 초장에서 육경과 사서의 시험을 치르고, 중장에서 고문 형식으로 부賦를 지으며, 종장에서 대책을 제출했다. 이 개혁에서 앞으로 응시자는 우선 율시를 암송해야 한다는 조항이 폐지되었는지 알 수 없지만—그랬을 것으로 추정된다—새 규정은 고문과 정주학의 절충을 반영하고 있다.

고문과 정주학의 지지자들은 1344년의 투쟁에서 승리했지만, 그 갈등은 아직 끝나지 않았다. 오히려 과거제도에서 문학의 위상과 형태를 둘러싼 갈등은 이제 시작된 것이었다. 문장가들은 1362년(공민왕 11)에 반격을 시작했는데, 그때 유명한 남양 홍씨 출신의 홍언박은 시부의 시험을 복구했다.[90] 1367년(공민왕 16)에 또 다른 상소에서는 정주학에 기초한 원의 과거제도의 도입을 주청했다. 이 제안은 2년 뒤에 시행되었는데, 그때 왕조는 원의 제도를 실시하면서 이인복(고문 옹호자)과 이색(강력한 고문적 경향을 가진 정주학의 대표적 지지자)이 시험관으로 참여했다. 그러나 겨우 7년 뒤인 1376년(우왕 2)에 왕조는 결정을 뒤집었고, 홍언박의 조카 홍중선이 감독관으로 참여해 다시 한 번 시부의 시험을 치렀다. 1386년(우왕 12)에 이색이 수석 시험관으로 참석해 대책을 중시하는 제도로 되돌아갔다가 1388년 이성계 일파가 1369년 원에 기초한 제도를 복원하면서 마지막으로 개정되었다.[91]

이런 갈등의 격렬함은 이색과 가까운 동료인 이숭인의 발언에서 어느 정도 느낄 수 있다. 1386년은 이색이 과거의 시험 과목을 시부에서 대책으로 바꾼 해이기도 한데, 몇 년 동안 유배되었다가 돌아온 이숭인은 개탄했다.

> 예전에 정몽주·최표崔彪·박의중朴宜中과 함께 성균관의 교관으로 있을 때 학생이 많이 모여들었다. …… 3년 동안 시골에서 지낸 뒤 다시 성균관에 들어가 최표·박의중과 함께 교관이 되었다. …… 나는 성균관으로 갔지만 학생이 아무도 없었다. 이런 사실을 박의중에게 알리자 그는 학생들이 모두 경학을 버리고 사장을 선택했다고 웃으며 말했다.[92]

적어도 이 경우에 국가는 과거제도를 한 형태의 학문에서 다른 학문으로 급변시켰다.

조선 전기의 과거

1388년 원의 제도에 따라 과거가 개편되면서 시부는 폐지되었다. 이런 정책은 1392년에 진사과를 공식적으로 폐지한 이성계의 즉위교서에서 다시 확인되었지만, 그 폐지는 즉각적이지도 최종적이지도 않았다. 1392년의 발표에도 불구하고 진사과는 1392년 후반에 한 번 더 시행되었다가 1393년에 중단되었다. 그것은 1435년(세종 17)에 다시 시행되었다가 1437년에 다시 폐지되었으며, 1452년(문종 2)에 영구적으로 복구되었다.[93]

사장을 둘러싼 조선 전기의 논쟁은 진사과에만 국한되지 않았다. 고려에서는 진사과와 명경과가 가장 높은 시험이었지만, 조선의 건국자들이 선호한 원의 제도는 이런 시험을 자격시험의 지위로 격하시키고 '문과'라는 최종 시험을 추가하는 것이었다. 이 시험의 내용과 관련해 고전에 관련된 초장의 시험은 강경이나 제술로 치러야 한다는 사항을 놓고 논쟁이 벌어졌는데, 좀더 정통적인 정주학 옹호자들은 제술은 문학적 기술만 측정하므로 응시자의 덕성을 파악할 수 없다고 지적하면서 강경을 치러야 한다고 주장했다. 태조의 즉위교서에서는 초장에서 강경을 치르도록 규정했지만, 1393년에는 제술로 바뀌었다. 1395년에 초장에서는 강경을 시행했지만, 1407년에는 권근의 주장에 따라 제술이 다시 시행되었다. 강경과 제술을 둘러싼 이런 논쟁은 15세기 전반 내내 일어났다. 1417년(태종 17)에는 강경, 1425년(세종 7)에는 제술, 1442년(세종 24)에는 강경, 1450년(세종 32)에는 다시 제술이 시행되었다가 1453년(단종 1)에 강경을 치르도록 최종적으로 영구히 확정되었다.[94]

1430년(세종 12)에 허조(1369~1439)—권근의 제자이자 정주학의 강력한 지지자로 고전의 경시와 "선비들이 사장에만 힘쓰게 될 것"이라는 근거에서 대과 초장에서 제술의 시행에 반대했다[95]—가 한 발언은 과거제도를 둘러싼 조선 전기의 논쟁이 실제로 고문과 정주학을 추종하는 유학자와 당 문학자 사이의 갈등을 반영한다는 것을 보여주는 증거다. 뛰어난 문장가였던 김수온이 초장에서 제술이 치러진 1431년에 문과에 급제했다는 사실은 허조의 우려가 근거 없는 것이 아니었음을 보여준다. 1453년에 초장에서 제술이 영구히 폐지된 것은 고문과 정주학파 쪽으로 전환하는 중요한 계기였다.

고문과 정주학의 결합을 지지하는 부류가 1453년에 귀중한 승리를 거두었다면, 16세기 전반 사림파는 훈구파와의 갈등에서 왜 사장을 주요한 쟁점으로 내세웠는가? 15세기 중반 사림파와 훈구파는 문학의 역할과 관련해 비슷한 생각을 공유했다는 사실은 앞서 보았다. 필자는 16세기 초반 어떤 형태의 제술도 폐지하고 그 대신 응시자의 덕성과 행실의 평가에 주된 초점을 맞추는 '현량과賢良科'를 시행하려던 김종직의 제자들은 김종직의 절충적 접근을 버리고 시를 하나의 오락거리로 격하시킨 좀더 순수한 정주학으로 이행했다고 파악한 견해에 의문을 갖고 있다. 그 견해에서는 그들이 훈구파가 선호한 고문적 접근을 경멸했으며 당의 사장가를 비난하는 데 사용한 것과 동일한 논리로 훈구파를 비판했다고 본다. 그러나 이것은 16세기에 나타난 변화였으며, 15세기에 고문과 정주학이 결합된 접근은 정치적으로 활발하게 활동하던 양반의 다수에게서 지지를 받았다.[96]

유고와 개혁

고문과 정주학이 결합된 접근이 14~15세기에 일반적인 사상적 경향이 된 까닭은 무엇인가? 어떤 학자들은 형이상학에 초점을 맞춰 고려 후기와 조선 전기의 정주학의 불일치가 두드러진 까닭은 정주학에 대한 이해가 미숙한 것을 반영한 결과라고 주장했다.[97] 이런 해석에 따르면 한국인은 기대승奇大升 · 이황李滉 · 이이李珥 같은 인물들이 성리학의 형이상학에 관련된 담론을 발전시키기 시작한 16세기 중반까지 정주학을 완전히 이해하지 못했다. 그러나 특히 14세기 후반 권근의 『입학도설入學圖說』에서 신유학의 형이상학을 설명한 사실을 감안하면, 한국인이 성리학의 형이상학에 관련된 논쟁에 참여할 수 있을 만큼 충분히 정주학을 이해하는 데 250년 넘게 걸렸다는 것은 수긍되지 않는다.

같은 맥락에서 문학의 본질과 역할에 관련된 고문적 태도의 존속은, 정주학으로 이행하는 과정에서, 초기 사상적 전통의 흔적이 남아 있던 것일 뿐이라고 주장할 수도 있다. 이런 주장의 문제점은 한국의 양반에게 영향을 준 고문은 문학에 관련된 생각에 국한되지 않았다는 것이다. 14~15세기의 양반 개혁자들도 정주학보다 고문에 가까운 정치적 태도를 나타냈다.

피터 볼이 지적했듯이, 고문을 지향한 북송의 사대부들은 강력하고 적극적인 중앙 조정을 통해 사회를 개혁하려고 했다.[98] 반면 남송의 도학 사상가들은 "위로부터 사회를 변화시키려는 조정의 힘이 커지는 것"보다는 향약鄕約 같은 자치제도를 통해 지방 수준부터 사회를 변화시키려고 노력했다.[99]

고려-조선 교체기의 개혁자들은 사실상 이런 지방 제도에는 전혀 관심을 보이지 않았다. 전형적인 정주학의 지방 제도에 관심을 가진 양반은 조선이 개창된 지 1세기가 넘는 16세기까지 나타나지 않았다. 반면 조선의 개창자들은 좀더 효율적인 중앙 조정을 만들고 지방에 대한 그것의 통제력을 넓히는 데 주로 관심을 두었다.

정재식鄭在植이 자세히 설명했듯이, 조선 전기 개혁자들이 제시한 정치 개혁의 청사진은 신유학의 경전 중 하나로 자주 인용된 『주례周禮』였다. 그러나 현실에서 정주학자들은 『주례』에 애매한 태도를 보였다. 『주례』는 『예기禮記』·『의례儀禮』와 함께 삼례의 하나였지만, 의식의 안내서를 넘어 주 왕조(대략 기원전 1134~250)의 정치제도를 묘사한 서적으로 평가되었다. 거기에 나타난 상당히 강력하고 통제적인 중앙집권적 국가의 원형은 북송의 구양수·왕안석과 남송의 진량陳亮을 포함한 많은 송대의 개혁자들이 좀더 활발하고 규제적인 국가를 만드는 자신들의 방안을 정당화하는 데 사용되었다.[101] 주희는 『주례』의 진위를 둘러싼 논쟁에서 그것이 진서라고 옹호했으며, 전제적 경향이 커지는 데 반대하고 재상에게 좀더 큰 권한을 주어야 한다고 주장하면서 『주례』를 사용했지만,[102] 그 주장의 요지는 『주례』에 서술되고 북송의 고문 옹호자들이 선호한 어떤 종류의 규제적인 정치제도가 아니라 도덕적 자기 수양에 기초한 조화로운 사회의 창출을 강조한 것이었다. 신유학이 『주례』를 불편하게 생각했다는 측면은 프레더릭 웨이크먼Frederic Wakeman도 지적했는데, 『주례』를 이상적으로 생각한 국가 통제주의자들은 국가의 통제력을 높여야 한다는 한·송 개혁자들을 고무했지만 "사회의 자연스러운 활동에 정부가 개입해서는 안 된다는 좀더 느슨한 자유방임 정책을 선호했던" 유학자들은 대체로 싫어했다고 언급했다.[103]

정재식은 정도전의 정치사상에 관련된 연구에서 정도전은 다양한 관료 기구—재상·대간·중추원·지방 관원을 포함한—의 권력 확대를 옹호했다고 지적하면서 조화로운 사회를 이루는 데 인간의 마음을 도덕적으로 변화시키기보다는 외부 영역인 정치제도의 개편을 선호했다고 결론지었다. 정재식은 정도전 사상의 이런 측면은 법가 사상이나 남송 절강浙江 학파의 경세학자들의 영향을 받은 것이라고 파악했다.(104) 정도전의 국가 통제주의를 법가의 영향으로 돌리는 것은 그리 유용하지 않다고 생각되는데, 대부분의 법가 사상은 한대 이후 국가에 관련된 유학의 담론에 포함되었기 때문이다. 남송 절강 학파에 관련된 정재식의 언급—진량 학파가 표방한 실용주의를 의미한 것으로 추정된다—은 매우 흥미롭지만, 고려 후기에서 조선 전기 학자 중에서 진량 학파에 관심을 갖거나 언급한 사례를 찾을 수 없었다. 반대로 정재식이 지적했듯이, 정도전은 왕안석 같은 북송의 개혁가를 매우 잘 알고 있었고 그에게서 많은 영감을 받았다. 이런 사실과 앞서 본대로 조선 전기에 고문적 경향이 만연했다는 측면을 고려하면, 조선 전기의 중앙집권적 정치 개혁은 사회적 조화를 이루는 수단으로 강력한 행동적 국가를 강조한 고문에서 매우 큰 영향을 받았다는 결론은 피하기 어렵다. 이것의 주요 사례는 개혁자들이 유교적 방법을 따라 한국 사회를 개조하려고 노력하면서 개인의 자기 수양이나 자치적인 지방 조직보다는 중앙 조정의 법률적 권한에 어떻게 의존했는가에 관련된 마르티나 도이힐러의 연구에서 찾을 수 있다.(105)

결 론

   그렇다면 고려-조선왕조 교체기에 다시 활발해진 유교 담론의 역할을 어떻게 평가할 것인가? 고려 후기 양반에게 정주학이 확산된 것은 유교의 원칙에 따라 정치와 사회를 재편하는 방안을 시행하기 위해 고려왕조를 전복해야 한다는 혁명적인 사고방식을 창출했는가, 아니면 고려-조선 교체기의 유교 사상은 양반의 사회적 이익을 이념적으로 표현한 것에 지나지 않았는가? 가장 좋은 대답은 양쪽 모두 부분적으로 사실이었다는 것이라고 생각된다.

   역사상 관료 사회의 정치 과정에서 문화와 종교 제도의 역할을 분석한 S. N. 아이젠슈타트는 자율적인 문화적·종교적 지배층을 강조하면서 그들의 생각과 지향은 대부분 어떤 특정한 집단이나 체제를 초월했으며, 국왕에 대한 그들의 지지는 자동적인 것이 아니라 그들의 생각과 행동에 대한 국왕의 용인과 지지에 따라 가변적이었다고 주장했다. 나아가 그는 그런 지배층이 보편적 가치를 지향하고 행동 원칙이 발달한 것은 '적절한' 방식으로 사회를 개조하려는 경향으로 귀결되었다고 주장했다.[106]

   그러므로 고려-조선의 왕조 교체와 관련해—마르티나 도이힐러가 주장했듯이—정주학의 확산은 정주의 사상에 따라 사회를 개조하려고 했던 일부 중앙 양반 사이에 보편적 가치와 행동을 중시하는 경향을 심어주었다고 생각된다.[107] 고려 후기 국왕들의 불교 후원으로 소외된 이런 행동주의자들은 자신들의 급진적 개혁 방안을 추구할 수 있는 기반을 얻기 위해 이성계를 지지하게 된 것이었다.

문화 · 정치제도의 자치에 대한 강조와 함께 이런 접근은 한국의 경우에 특히 적절하다고 생각되는데, 지금까지 논의해온 정주학은 한국 외부에서 발원해 원 제국이 승인한 정설의 권위가 더해진 뒤 반도로 들어왔기 때문이다. 원의 수용은 정주학에 다른 수많은 사상을 넘는 우월한 지위를 부여했을 뿐만 아니라, 윌리엄 시어도어 드 배리가 지적했듯이, 원은 신유학 가치의 보편적 측면에 주로 관심이 있었기 때문에 정주학의 행동주의적 본질에도 기여했다.[108]

보편에 대한 정주학의 열망이 사회적 · 정치적 행동주의와 관련해 14세기 양반에게 아무리 큰 영감을 주었다고 해도, 조선의 건국자들이 선호한 종류의 유학은 개인적 자기 수양과 지방의 자치 기구를 통해 사회를 재건한다는 정주학의 방안과는 거의 무관했음이 분명하다. 양반들이 고려에 등을 돌리게 한 것이 정주학의 보편적 요소에 대한 약속이었다면, 정주학의 근본적 가치로부터 이탈한 현상은 어떻게 설명해야 하는가.

이 문제와 관련해 아이젠슈타트는 막스 베버의 이론을 적용할 것을 지지하면서 사회 · 경제 · 정치제도 사이의 높은 상호의존을 강조하고 문화 · 종교 제도를 독립적이며 가변적인 것으로 취급했다. 즉 그는 가치와 지향이 어떻게 형성되는가, 또는 그것의 수용이 사회집단의 이익에 따라 어떻게 좌우되는가 하는 측면은 분석하지 않았다. 실제로 그는 종교적 · 문화적 지배층을 특정한 귀속적 사회집단에 소속되지 않은 전문가와 지식인으로 보았다.[109] 그러나 한국에서 유학은 양반이라는 세습적 사회집단이 지배했다. 제임스 팔레가 지적했듯이,

한국의 양반은 혈통과 족보를 중시하는 유교에서 자신들의 귀속적 전통에 대한 강력한 지원을 발견했다.[110] 따라서 1392년의 유교적 개혁자들의 생각은 옛 체제의 이익을 초월했을 수도 있지만 자신이 소속된 양반 사회집단의 그것은 초월하지 못했다. 사회적으로 그런 이익에는 양반의 세습적 특권을 보존하는 것이 포함되었으며, 정치적으로는 양반이 자신의 존재를 증명했던 중앙 관료 제도를 강화하는 것이었다.

물론 14~15세기의 양반이 중앙 조정을 강조한 것은 고문의 영향을 받은 결과라기보다는 정주학에서 영감을 얻은 개혁자들의 관심을 성리학의 형이상학과 자치적 지방 제도라는 문제로부터 벗어나게 하려는 정치적·사회적 개혁의 긴급한 필요를 반영한 것으로 보일 수도 있다. 그러나 이것은 그들의 사상에서 또 다른 주요한 고문적 요소, 곧 도의 수단으로서 문학을 강조한 측면과 정주학파의 가장 커다란 적인 소식을 그들이 매우 존경했다는 사실은 설명하지 못한다.[111]

최종적 분석에서 주요 양반 가문과 고문학의 오랜 역사적 연합을 망각해서는 안 되는데, 그것은 거의 12세기 전반까지 거슬러 올라가며 13세기 후반 양반이 지배하던 문반으로 정권이 되돌아감으로써 다시 활발해졌다. 앞 장들에서 보았듯이, 개혁을 주도하고 조선 전기 조정을 지배한 인물은 대부분 주요한 중앙 양반 가문 출신이었다. 그러므로 자신과 선조가 가진 관직이 신분과 권위의 주된 원천이었던 그들이 강력하고 적극적인 중앙 체제를 강조한 고문에서 매력을 느낀 것은 놀라운 일이 아니다.

그렇다면 14~15세기의 개혁자들이 정주학을 자주 참고한 것은 그

6장 개혁의 이념

들이 자신의 권력을 강화하는 부패한 목적을 추구하는 동안 일정한 사상적 정당성을 제공하려는 겉치레에 지나지 않았다는 의미인가? 원대에 정주학이 국가가 후원하는 정통적 지위로 격상된 것은 한국인이 보기에 더 큰 권위를 부여하고 개혁의 모범으로서 확실한 신뢰를 주었음이 분명했다. 마르티나 도이힐러가 보여주었듯이, 정주학의 사상은 개혁을 향한 실제적인 자극을 주었다. 그러나 적어도 정치 개혁의 영역에서 정주학의 적용은 정치제도를 재편해야 할 필요에 부응할 뿐만 아니라 양반의 견고한 사회적·정치적 이익도 반영하는 한국의 확고한 고문 전통에 따라 크게 좌우되었다. 국가의 제도를 통해 사회를 개혁해야 한다고 강조한 고문의 지향은 적극적인 중앙 정치제도를 수립해야 할 자극과 이유를 제공했다.

7장
몇 가지의 최종적 고려 사항

그동안 한국사, 특히 고려−조선의 왕조 교체에 적용된 해석은 충분한 자료에 기반을 둔 것이 아니었다. 여기서 필자는 자료를 언급할 필요가 있으면 고려 전기부터 조선 전기의 한국사에서 실증적으로 확립된 내용을 제시했다. 여기서는 거의 전적으로 사회적·정치적 지배층에 초점을 맞추었는데, 한국 인구의 대부분을 차지한 다른 사회계층에 관련된 정보가 크게 부족하기 때문에 선택할 수 있는 문제가 아니었다.

필자는 역사상의 관료적 제국에 관련된 아이젠슈타트의 연구를 원용했지만, 한국인의 경험을 전혀 낯선 틀 안에 억지로 끼워 넣으려는 것이 아니라 서유럽에서 발원한 근대적 모범의 대안이자 한국을 다른 역사상의 정치제도와 비교하려는 역사 해석의 수단으로 비유럽적이며 비 '근대적'인 사회에 주로 기초한 아이젠슈타트의 연구를 이용하는 데 목적이 있었다. 그 결과 도출된 시각이 한국의 경험을 이해하는 데 독자들에게 도움을 주고 한국의 풍부한 역사적 유산에 관련된 인식을 진전시키고 심화시킬 앞으로의 연구에 출발점을 제공하기 바랄 뿐이다.

　아래의 요약은 필자의 결론이 해석과 비교의 문제와 연관된 측면을 살펴보고 한국사를 이해하는 데 일정한 시사를 줄 것이다.

연구 성과의 요약

고려부터 조선 전기까지 한국사의 중심적 주제의 하나는 중앙집권적 관료 제도를 창출하려는 노력이었다. 이것은 고려가 흥기하기 오래전부터 시작되었다. 왕정 체제는 몇 세기 이전인 고구려·백제·신라의 삼국시대부터 발달했다. 특히 6~7세기 신라의 국왕들은 전쟁의 긴장을 이용해 귀족들의 화백회의의 권한을 줄이고 국가의 상비군을 확립했으며 국왕이 통제하는 행정 기구를 만들었다. 중앙집권화의 추진은 신라가 백제와 고구려를 멸망시킨 뒤에도 지속되어, 신라 국왕들은 관료 제도를 확립하는 개혁을 계속 시행하고 반도 전체에 걸쳐 지방을 중앙의 직할 아래 두게 되었다. 그러나 골품제는 진골 귀족이 고위 정무 관서를 독점하고 국왕이 다른 사회집단을 적극적으로 이용해 귀족의 권력을 제한하는 것을 막음으로써 좀더 완벽한 관료 제도를 만들려는 신라 국왕들의 능력을 제한했다. 관료 제도를 추진하려는 개혁에 대한 진골의 저항은 8세기 중반에 표면화되어 780년 (혜공왕 16)에 혜공왕이 암살되고 귀족들의 합의 기구가 부활되면서 장기적인 정치적 불안정이 시작되었다. 9세기 후반 무렵 신라는 더 이상 자신의 영토에 실질적인 관할권을 행사하지 못했다. 대부분의 지방은 구조와 명칭에서 신라와 대등함을 표방하며 독자적인 무력을 갖고 소규모의 독립적인 통치 체제를 가진 지방 호족의 통제 아래 들어갔다. 실제로 신라의 정치조직은 지방 호족이 지배한 분권적이고 개별적인 체제로 발전했다.

7장 몇 가지의 최종적 고려 사항

그러나 분열의 기간은 길지 않았으며, 936년(태조 19) 새로운 고려 왕조는 다시 한 번 한반도에 통일된 왕조를 수립했다. 신라가 쇠망해 가던 기간에 지방자치가 부활하고 백제와 고구려의 계승자를 표방한 지역 정치집단이 일어난 사실은 이런 해석에 반대 증거로 제시할 수도 있지만, 2세기가 넘는 통일신라의 통치는 지속적인 통일을 위한 제도적·문화적 기반을 놓았다고 생각된다. 그럼에도 신라는 통일된 통치의 선례가 되었는데, 그 선례는 중앙집권적 정치체제의 외부적 모범인 중국이 존재했기 때문에 더욱 주목받았다. 확실히 통일은 상대적으로 작은 반도의 크기와 조밀한 형태 때문에 가능했다. 그러나 통일의 가장 중요한 자극은 925년(태조 8)에 퉁구스 계열의 발해渤海(699~925)를 멸망시킨 강력하고 잠재적으로 적의를 가진 거란족의 요 제국이 한국 북방에서 흥기한 것이었다.

고려는 신라와 후백제를 물리치고 승리했지만, 반도의 장악력은 미약했다. 왕건이 이끈 체제는 대등한 세력 중에서 국왕이 실질적인 수장을 맡은 군사 지도자의 연합이었다. 전국 대부분은 중앙의 군사 지도자와 연합하거나 그 아래에 복속되었다고 해도 여전히 사병을 지휘하고 독립적으로 지방을 통치하려는 의도를 가진 지방 호족의 통제 아래 놓여 있었다. 이처럼 고려는 지속적이고 효과적인 통치를 수립하는 데 왕실 자체에 맞서는 권력과 권위를 누린 중앙 연합과 반도 전역에 걸쳐 높은 정도의 지방자치가 지속되었다는 두 가지 주요한 내부적 장애에 직면했다.

새 왕조의 가장 시급한 과제는 중앙 연합의 권력을 억제하고 국왕의 권력과 권위를 제고하는 것이었다. 고려의 제2·3대 국왕인 혜종과 정종의 치세 동안 일어난 유혈 사태로 임무는 좀더 쉬워졌지만, 왕권을 견고한 기반 위에 올려놓은 국왕은 제4대 광종이었다. 광종은 노비안검법의 공포와 과거제도의 시행—연합 세력의 군사적·정치적 지위를 격하시키고 왕권을 강화하려는—을 비롯한 여러 제도 개혁을 단행한 뒤 마침내 치세 후반 일련의 유혈 숙청으로 연합 세력의 배후를 파괴했다. 광종의 방법은 가혹했지만, 그 후계자가 관료 제도적 개혁을 추진할 수 있는 길을 마련했다. 고려의 제5대 국왕인 경종은 전시과를 시행해 왕조를 안정된 재정적 기반 위에 올려놓았다. 제6대 성종은 중국 삼성육부제의 모범을 받아들여 정무 관서인 중추원과 문하성을 정규 조정 안에 편성해 구조적으로 국왕의 직접적인 통치를 받게 함으로써 관료적 정치체제의 창출로 나아가는 중요한 진전을 이뤘다.

고려 전기의 국왕들은 지방 호족의 도전도 해결해야 했다. 광종의 과거제도 시행은 중앙 연합에 대항해 새로운 인물을 등용하는 수단이 되었지만, 지방 호족의 후손이 중앙 관직에 진출할 수 있는 제도적 방법이 되기도 했다. 그것은 국왕이 지방 호족에게 중앙 정치에 참여할 수 있는 기회를 보장함으로써 그들의 충성을 사려는 노력이었다. 그러나 그들의 충성을 배양하려는 왕조의 정책은 성종 때 그들의 특권을 축소해 중앙이 지방행정을 통제하는 제도 아래로 복속시키는 것으로 전환되었다. 성종은 지방 사병을 혁파하고 지방 통치 조직을 전국적인 향리 제도로 통합하며, 전략적으로 중요한 12개의 지역 거점에 설치된 목牧에 문치 행정을 지속적으로 처음 시행했다. 11세기 전반 현종은 소수의 중앙 관원을 지방에 파견해 그 정책을 계승했는데, 이것은 150년 동안 지방 주요 가문의 강력한 자치적인 통제 아래 있었던 군현에 고려왕조가 직접적인 감독을 시행한 첫 번째 사례였다. 다음 한 세기 반 동안 중앙 체제는 지방 주재를 점진적으로 확대했고, 그 결과 12세기 후반에는 전국 군현의 거의 절반이 중앙의 직접적인 감독을 받게 되었다.

중앙집권적 관료 제도를 향한 명백한 전진에도 불구하고 국왕들은 고려 사회의 비교적 낮은 분화에서 부과된 한계를 완전히 극복하지 못했다. 10세기 중반 지주의 이해가 해상무역 세력의 이해를 무너뜨리면서 고려 국왕들은 지주 세력 이외에는 지지를 얻을 수 있는 대안적 사회계층을 갖지 못했다. 광종은 지방 호족을 이용해 중앙 연합을 상쇄하려고 했지만, 호족 또한 세습적인 지주층이었다. 그 결과 과거 제도를 거쳐 등용된 호족 가문의 자손들은 그들의 귀속적 특권을 이용해 자립할 수 있었고 그 후손들은 새로운 중앙 귀족으로 성장할 수 있었다. 12세기가 시작될 무렵, 중앙에 기반을 둔 이런 가문은 관원의 상층을 장악해 정무 기구의 통제, 토지에서 산출되는 가용 자원과 농민에 대한 접근을 놓고 국왕과 경쟁하게 되었다.

1170년의 무신란 이후 정치권력은 문반 귀족으로부터 무신에게 넘어갔지만, 그 반란은 고려 정치체제의 기본 역학을 바꾸지 못했다. 무신 집정은 문반 귀족보다 더욱 많이 국왕을 통제했지만, 무신들은 자신 소유의 농장을 만들고 문반 귀족 가문과 혼인함으로써 자신의 사회적 위신을 높이려고 했다. 그 결과 무신 집권기 동안 많은 기존의 문반 귀족이 생존할 수 있었고 번창하기까지 했다. 1258년에 마지막 최씨 집정이 축출된 뒤 귀족 가문이 대부분 지배하고 있던 문신은 조정권력의 핵심으로 다시 떠올랐다. 그 결과 고려 후기의 국왕들은 12세기의 선왕들을 괴롭혔던 것과 본질적으로 같은 상황에 자신들이 마주쳤다는 사실을 알게 되었다. 오히려 고려 후기 국왕들의 상황이 더 나빴는데, 무신 집권기 동안 사유지가 확대되어 가용 자원의 분량이 줄었기 때문이다. 스스로 단합해 지주 귀족에게 도전할 수 있었던 상인 같은 그 밖의 중요한 사회집단이 없는 상황에서 고려 후기 국왕들과 원 출신의 왕비들은 외국 신하·환관·노비에게 의존해 정치 운영을 통제하려고 했다.

이런 정책은 고려 국왕들이 원 황제의 보호를 받는 동안은 어느 정도 효과적이었지만, 넓은 사회적 지지를 확보하지 못한 고립된 세력인 국왕과 그 총신들은 점점 더 많은 물적·인적 자원이 귀족들의 통제 아래 들어가는 것을 막을 수 없었다. 고려의 마지막 네 국왕 모두 자신의 신하에게 퇴위되었다는 결과가 보여주듯이, 14세기 중반 원의 주도권이 무너져 외부적 지원이 없어지자 국왕을 처분할 수 있는 권력은 강력한 양반 귀족에게 달려 있었다.

따라서 국왕이 지원을 의지할 만한(도시都市나 상인 집단 같은) 다른 주요한 사회계층이 없는 사회에서 대토지를 소유한 중앙 귀족의 흥기는 고려 왕권을 약화시킨 주요하고 결정적인 요소였다. 국왕이 의지할 만한 또 다른 사회집단은 신라―고려 교체기 지방 호족의 후손인 향리였다. 왕조가 군현의 절반에 중앙 관원을 파견하는 데 두 세기 반이 걸렸다는 사실―그리고 성종·현종 때 거란의 침입이 일어나고, 12세기 전반 여진족의 금과 긴장이 고조되었으며, 12세기 중반 묘청의 반란이 발생한 이후 같은 특수한 상황에서만 그럴 수 있었다는 측면―

을 고려하면, 고려 전기의 향리는 강력하고 견고한 집단이 분명했다. 국왕은 향리에게 수조권의 특권을 주고 중앙 관직의 획득을 보장함으로써 그들의 지원을 얻는 정책을 추구했다. 광종과 그 밖의 10세기 국왕들은 지방 향리를 이용해 중앙 연합의 권력을 상쇄하려고 했지만, 대안적 사회집단으로서 향리는 매우 실제적인 한계를 일부 안고 있었다. 향리는 그 자신이 대토지를 소유한 세습적 지배층이었기 때문에 10세기의 수많은 중앙 연합 세력과 11~12세기의 문반 귀족과 전체적으로 동일한 사회계층에 소속되어 있었다. 실제로 11~12세기의 중앙 조정을 지배한 경원 이씨와 해주 최씨 같은 귀족 중 다수는 향리 출신이었다. 새로운 향리를 조정에 등용함으로써 왕조 전체에 걸쳐 그들을 중앙 귀족 가문으로 전환시키는 것이 상대적으로 용이했다는 사실은 그들과 기존의 중앙 양반의 사회경제적 이해가 본질적으로 합치했다는 측면을 반영한 것이 분명하다. 그러나 13세기 후반 향리 권력의 물질적·사회적 기반은 외침의 파괴와 중앙 귀족 가문의 경제적 이익으로 지방이 수탈되면서 전국적으로 심각하게 침식되었다.

이처럼 왕조의 제도는 지배층 안에서 향리의 지위를 아직 보장했지만 향리가 가진 권력과 권위의 실제적 기반은 사라졌으며, 전체적으로 향리는 더 이상 국왕이 중앙 양반 대신에 의지할 수 있는 독자적으로 생존할 수 있고 내부적으로 일관된 사회집단이 아니었다.

고려 왕권의 약화와 다수가 전국에 광대한 토지를 소유하고 있던 양반의 권력을 고려하면, 고려 후기의 일부 양반이 자신의 지역적 기반을 이용해 독립된 체제를 형성하지 않은 까닭을 궁금해할 수도 있다. 외국 신하와 궁중의 총신에게 권력을 부여하려는 국왕의 정책으로 소외되고, 원의 특별한 우호를 누리던 소수의 양반 가문의 권력으로 불이익을 받던 일부 양반은 분명히 그렇게 할 충분한 동기가 있었다. 13세기 후반부터 14세기 전반 원의 존재 때문에 그런 변화는 미연에 방지되었다고 주장할 수도 있지만, 그런 논리는 14세기 후반 어떤 이탈의 움직임도 없었다는 측면은 설명하지 못한다. 상대적으로 작은 왕국의 규모와 조밀함은 일탈의 움직임을 약화시켰다고 주장할 수도 있지만, 그런 요소들은 신라 후기에 지방 체제의 흥기를 막지 못했다. 필자가 보기에 여기에는 두 가지 요소가 작용했다고 생각된다. 하나는 양반이 중앙 조정에서 근무하면서 스스로의 존재를 증명한 방식이었다. 다른 요소는 좀더 기본적이라고 생각되는데, 고려 후기에 양반이 소유한 농장의 본질이었다. 일부 농장은 전국에 걸쳐 있었다고 기록되어 있지만, 대부분은 다양한 지역에 널리 산재하여 여러 구획으로 구성되어 있었다. 양반이 소유한 토지가 널리 분산되었다는 본질은 지방 반란의 거점으로 그것을 이용하기 어렵게 만들었다. 그 결과 권력을 위한 경쟁의 초점은 계속 수도에 남았다.

13세기 후반부터 14세기 중앙의 권력투쟁은 세 가지 주요한 문제를 둘러싸고 전개되었다. 하나는 물적·인적 자원에 접근하는 문제였다. 나라의 경작지는 대부분 농장에 편입되었고, 그 농장의 주인들은 자주 탈세할 수 있었으며, 인구의 대부분은 소작농이나 노비로 농장에 편입되었다. 국왕은 토지와 백성의 소속을 결정하려는 목적으로 설립한 특별 기구를 이용해 자원에 대한 통제권을 다시 주장하려고 간헐적으로 시도했지만, 양반이 점점 더 자원을 지배하는 경향을 되돌릴 수 없었다. 실패하게 된 까닭은 국왕과 왕비, 그리고 궁중의 총신

7장 몇 가지의 최종적 고려 사항

들이 자신의 사유지를 형성하려는 경향 때문이었지만, 좀더 근본적인 원인은 양반의 확고한 권력이었다. 이런 측면은 특별 기구가 토지와 백성을 조세 장부에 다시 올리지 않고 양반에게 다시 분배한 사례가 잦았다는 사실에서 잘 드러난다. 훨씬 긴급한 문제는 공전으로 할당된 토지의 분량이 줄고 있다는 것이었다. 고려 후기 국왕들은 일상적으로 신하들에게 토지를 분급하거나 앞서 공전이었던 토지의 수조권을 주어 충성을 사려고 했다. 그 결과 조세수입이 급감했고, 상황은 왜구의 침입으로 더욱 악화되어 국가는 야전군에게 지급할 자금이 부족하고 관원들에게 녹봉을 줄 수조차 없는 지경에 이르렀다.

두 번째 쟁점은 정치 운영의 통제와 관련된 문제였다. 권위의 부족과 자원에 대한 접근의 제한으로 곤란을 겪고, 양반이 지배하는 조정과 직면한 고려 후기의 국왕과 원 출신 왕비들은 인사 기구와 정무 관서를 궁중으로 옮기고, 외국 신하·환관·노비 같은 비양반 출신을 임명함으로써 왕권을 강화하려고 시도했다. 이것은 국왕과 양반이 갈등을 빚은 주요한 원인이었는데, 양반은 정규 관서에서 정치적 권한을 회복하려고 거듭 시도했지만 성공하지 못했다. 양반의 개혁 시도는 궁중에 설치된 정방을 혁파해 등용과 승진의 관할을 이부吏部로 되돌리고, 내재추를 폐지해 정책 결정권을 도당으로 복원하며, 국왕과 신하의 연락에 환관과 내재추가 개입하는 것을 근절하고, 중추원에서 문서를 출납하는 관원이 그 임무를 맡는 정규 제도를 다시 확립하는 데 초점이 맞춰져 있었다. 14세기 중반 원의 패권이 약화된 뒤 공민왕은 이제현 같은 개혁적 양반과 연합해 왕조의 정치제도를 다시 활성화하려고 시도했지만, 제도적 기반과 왕권은 이미 너무 약화되어 공민왕과 그 후계자들은 외척인 남양 홍씨와 이인임 일파 같은 강력한 양반 파벌에 지배되었다. 공민왕과 바로 다음 국왕인 우왕은 노비 출신 승려인 신돈과 환관 같은 비양반 세력에게 권력을 부여해 양반과 권력균형을 맞추려고 했지만 더 이상 성공하지 못했으며, 왕조의 마지막 수십 년은 다양한 양반 집단 사이의 격렬한 권력투쟁으로 특징지어졌다.

세 번째 쟁점은 중앙 조정에서 관직을 가질 수 있는 자격과 관련된 문제였다. 양반은 관직을 지냈다는 전통을 근거로 자신을 증명했기 때문에 관직 획득 자격은 사실상 왕조의 지배층에 포함되는 자격조건 중 하나가 되었다. 국왕이 환관·노비, 그 밖의 비양반 출신을 등용한 것은 이런 쟁점을 조성한 한 가지 요인이었지만, 가장 큰 문제는 중앙 관직을 가질 수 있는 기본적인 세습적 자격을 왕조의 제도적 구조에 따라 보장받았던 향리에 의해 제기되었다. 고려 후기에 지방을 떠나 대거 수도로 옮겨온 향리는 중앙 관인층을 팽창시켰으며 사회질서의 정점에 있던 양반의 지위를 약화시키려고 위협했다. 이런 문제를 다루려는 고려 후기의 노력은 향리를 지방으로 다시 돌려보내고 과거에 응시할 수 있는 향리의 숫자를 제한하는 것을 중심으로 이뤄졌다. 이런 시도는 뿌리 깊은 전통과 국왕이 향리에게 첨설직을 하사해 왜구의 침입을 격퇴하는 군직에 배치한 뒤 그 대부분을 등용하면서 좌절되었다. 그 결과 향리 문제는 계속 심각해졌다.

고려 후기에 이런 제도적 문제들을 효과적으로 다루지 못한 기본 원인은 왕권의 약화에 있었다. 고려 후기의 국왕들은 거대한 규모의 자원에 접근할 수 없어 어려움을 겪었으며, 왕실도 무신 집권기와 원 간섭기에 권위를 상당히 잃었다. 왕권의 효과적인 지도력이 부재한 상황에서 원의 영향력이 사라지면서 양반 집단 간의 투쟁은 크게 확대되었다. 두 번째 요인은 고려 후기 개혁적 양반이 고려의 통치 체제를 복원하고 유지하는 데 전념한 것이었는데, 그것은 자신이 중앙의 최고층에 널리 참여하고 지방에서는 반半자치적인 향리가 행정을 담당했다는 특징을 가졌다. 이런 복고주의자의 심리를 잘 보여주는 측면은 도당을 다시 활성화하고 지방 사회의 핵심으로 향리를 복원시키려고 반복적으로 시도한 사실이다.

고려 왕실에 거의 500년에 가깝게 충성한 역사와 기본적으로 고려후기 개혁자들의 복고적인 관점을 고려하면, 14세기 말엽에 양반이 왕조를 버린 까닭을 궁금해할 수 있다. 그 까닭으로는 무신 집권기와 원 간섭기 동안 권위와 권력을 크게 상실한 고려 왕실의 축소된 지위를 무시할 수 없으며, 공민왕과 우왕 같은 국왕들이 매일의 국무에 무능하고 관심도 없었던 측면도 간과할 수 없다. 고려 후기의 국왕들이 외국 신하·노비·환관에게 의지한 것—양반의 권력 접근을 제한했을 뿐만 아니라 신분제도를 약화시킬 위험이 있었는데—도 많은 양반을 멀어지게 만든 것이 거의 분명하다. 이런 요인들이 서로 복합되면서 양반은 국왕에게 등을 돌릴 것을 고려하게 되었다.

그러나 좀더 근본적 원인은 고려의 정치체제 자체라고 생각된다. 고려 전기의 국왕들은 양반층이 성립되는 중앙집권 정책을 추진했지만, 동시에 향리에게 지배층의 자격을 보장한 배타적이며 토착적인 지방의 사회질서와도 많이 타협했다. 실제로 고려의 입헌군주국적 토대는 조정에서 관직을 가질 수 있는 부류와 그들이 높이 승진할 수 있는 방법을 결정한 향리에 기반을 둔 지역적 신분제였다. 그러나 13세기 말엽 중앙 관원 가문은 자신을 다른 사회집단과 구별하기 위해 사대부·사족·양반 같은 용어를 사용한 것에서 보이듯이, 스스로를 차별적인 사회집단으로 파악하는 의식을 발전시켰다. 양반이 이런 용어를 사용한 직접적인 동기는 국왕이 양반 권력에 맞서기 위해 등용한 환관과 노비로부터 자신을 구별하려는 데 있었지만, 조정에서 관원으로 근무한 조상의 전통을 강조한 것 또한 중앙 양반의 이해와 지방 향리층의 이익이 달라졌음을 암시한다. 이것은 중앙 양반 관원 귀족의 이익과 고려의 제도적 구조 사이에 근본적인 모순이 있다는 의미였다.

14세기 후반 무렵 개혁적 양반은 자신의 권력과 권위가 관원의 지위에서 온다는 사실을 깨달으면서 강력하고 효과적인 중앙 체제에 의존했다. 이런 각성은 외침을 막거나, 관원을 다른 집단과의 경쟁에서 보호하거나, 그들에게 녹봉의 형태로 기초적인 물질적 유지를 제공하는 것으로 표현될 수 있는 복지를 제공할 수 없던 왕조의 무능력을 포함한 여러 요인의 영향을 받았다. 양반의 태도는 유학의 학습이 다시 활성화된 것에서도 영향을 받았는데, 그런 변화는 부분적으로 원에서 도입된 주희학파의 새로운 사상으로 국왕과 그 재상의 도덕적 지도력의 중요성을 강조한 것과 사회 변화에서 중앙 조정의 활발한 역할을 강조한 옛 고려와 북송의 고문 전통에서 발원했다. 14세기 후반 무렵 양반은 한국의 사회·정치제도의 근본적인 점검을 생각하기 시작했다.

그러나 개혁자들은 국왕의 능력 부족에 실망했고 국왕에게서 강력

7장 몇 가지의 최종적 고려 사항

한 지도력을 전혀 기대할 수 없었다. 게다가 그들은 노비와 환관에게 권력을 부여하는 국왕의 정책 때문에 소외되어왔다. 그 결과 그들은 근본적인 변화를 추진할 수 있는 권력과 권위를 가진 새로운 지도자에게 충성을 돌릴 가능성에 열려 있었다. 그런 후보가 될 수 있는 인물은 고향인 동북면 출신을 중심으로 형성된 연합의 강력한 군사력을 거느렸고 홍건적과 왜구를 성공적으로 토벌해 명성을 얻은 이성계였다.

이성계가 양반 개혁자들의 지지를 얻을 수 있었던 까닭은 그의 개인적 권력과 권위 때문만은 아니었다. 그의 아버지 이자춘은 동북면 지방을 고려에 복속시키는 데 핵심적 역할을 수행했다. 14세기 중반 고려의 수도에 도착한 뒤, 이자춘과 이성계는 평양 조씨·황려 민씨 같은 중요한 양반 가문의 자제와 자신의 자녀를 혼인시켜 중앙 귀족과 밀접한 관계를 맺는 정책을 추구했다. 또한 이성계의 아들로 반대세력을 제거하고 이성계를 즉위시키는 데 중심인물이었고, 1400년에 마침내 스스로 국왕이 된 이방원은 과거 급제자로서 개혁자들이 유교원리에 따라 조직한 새 질서의 전망에 공감했다. 이처럼 이성계는 군사적 지도자였지만, 그와 그의 가족은 12세기 후반 조정을 장악한 무신들과는 매우 다른 면모를 보여주었다.

1392년에 이성계가 즉위한 것은 그저 '궁중 반란'으로 자주 치부되지만, 왕조 교체를 가져온 개혁의 본질과 범위는 그것이 한국의 제도사에서 중요한 전환점이었음을 보여준다. 1391년의 과전법은 양반 토지 소유의 기본적 형태를 바꾸지는 못했지만, 사전을 급격히 줄이고 공전을 크게 늘렸다. 불교 사찰이 소유한 토지와 노비의 몰수와 맞물려 과전법으로 국가는 더 많은 자원을 이용할 수 있게 되었다. 이것은 그 뒤 국력 신장의 물질적 기반이 되었다. 일부 양반은 자신이 옛 수조권의 특혜를 상실한 것에 분노했지만, 수도에 거주한 관원에게만 정규적인 수조지를 준 데서 보이듯이 새로운 법률은 전체적으로 중앙 양반층의 이익을 보호하는 규정을 갖고 있었다.

중앙 정치제도의 개혁은 태종이 사병을 최종적으로 혁파하고 모든 병권을 국왕에게 집중시켜 새 왕실이 압도적인 군사력을 갖게 된 뒤에야 추진되었다. 도당을 혁파하고 몇 개의 독립적인 관서로 신권을 분산한 것은 왕권의 상당한 신장을 보여주며 양반의 이익에 반대되는 것이었다. 일부 개혁자들은 전제정치의 성장을 막는 데 유의했지만, 국왕과 신하의 권력균형을 시정하지 않고는 자신의 권력과 권위를 충분히 신장시킬 수 있는 강력하고 효과적인 중앙 체제를 만들 수 없다는 것을 깨달은 다수는 태종의 정치제도 재편을 지지했다.

고려와 조선 제도의 가장 큰 차이점은 지방 통치 분야에서 찾을 수 있다. 개혁자들은 낮은 품계의 지방관이 파견된 허약한 고려의 지방 통치권을, 높은 품계의 지방관이 폭넓은 통제권을 행사하는 제도로 대체했다. 동시에 개혁자들은 새로운 행정단위를 설치하고 예전의 잡다한 지방행정을 규칙화해 전국을 중앙의 직접적인 관할 아래 두기 시작했다. 이것은 국가가 토지와 인적 자원을 통제하는 데 중요했으며, 13~14세기에 지방 사회가 붕괴되어 향리가 이탈한 현상 때문에 필요한 측면도 있었다.

동시에 지방 통치 제도의 재편은 향리층의 이익을 보호했던 옛 지역적 신분제의 공식적인 종말을 알리는 신호였다. 조선 건국 이후 수도의 모든 향리는 과거에 급제했거나 특별한 공적을 세운 소수를 제외하고는 강제로 지방으로 돌려보내졌다. 향리는 더 이상 과거 응시를 보장받지 못했으며, 명예직이나 그런 칭호를 받지 못했다. 오래지 않아 그들은 중앙에서 파견된 지방 관원 아래서 근무하는 세습적인 서리의 지위로 격하되었다. 양반은 권력 경쟁의 주요한 근원을 제거하는 데 성공한 것이었다.

사회·정치적 질서의 정상에 있는 자신의 위치를 보장하려는 양반의 노력은 향리를 제거하는 데서 그치지 않았다. 개혁자들은 의관이나 천문관 같은 기술관—그 뒤 '중인'이 된 집단—의 후손이 과거에 응시하는 것을 금지하고 그들을 하위 관서에 제한하는 규정을 시행했다. 신분의 범주를 유지하려는 양반의 관심은 천민이나 양인 출신이 많았던 첩의 아들들에 관련된 비슷한 규제에서도 찾을 수 있다. 향리·기술관·서자는 고려에서는 관직에 나아갈 수 있었지만, 그들의 배제는 지배층의 확실한 축소를 나타냈다. 또한 처음에는 이성계가 약간 반대했지만, 개혁자들은 환관을 정권의 핵심에서 몰아내는 데 성공했으며 천민·장인·상인 출신이 과거에 응시하고 관직 갖는 것을 금지하는 규정을 시행했다. 이런 변화의 결과, 이제 양반은 한국 사회·정치적 질서의 정점에 홀로 서게 되었다.

요컨대 조선왕조의 건국은 고려 전기 국왕들의 중앙집권적 개혁에서 처음 결과를 맺은 중앙 귀족의 이익을 중심으로 한 한국의 정치·사회제도를 재건한 것이었다. 중앙 귀족은 무신 집권기와 원 간섭기 동안 일정한 좌절을 겪었지만, 고려 시대 전체에 걸쳐 정치를 지배했다. 때로는 일부 가문이 쇠퇴하기도 했지만, 중앙 귀족은 고려 시대 전체와 조선 전기까지도 구조와 구성 모두에서 뚜렷한 지속성을 보여주었다. 이 기간에 중앙 귀족의 본질에 나타난 가장 중요한 변화는 13세기 후반 중앙 관직을 가진 선조의 전통을 근거로 자신들을 특별한 계층으로 인식하게 되었다는 사실이다. 두드러진 도시 집단과 상업 집단이 없었고 고려 후기 향리 권력의 물질적·사회적 기초가 침식된 것은 중앙 귀족에 도전할 수 있는 자원과 권위를 가진 다른 사회집단이 없다는 의미였다. 이성계와 그의 동북면 연합은 상당한 권력과 내부적 결속력을 가진 잠재적인 새로운 집단으로 등장했지만, 중앙 귀족을 대체하기보다는 그들에 동참하는 것을 선택했다. 이성계와 그 일파는 권력을 추구하는 데 동맹이 필요했던 결과, 기존의 귀족밖에는 의지할 세력이 없었다. 자신의 지위를 보장하기 위해서 이성계와 그 후계자들은 주요한 중앙 귀족 가문의 이익에 양보할 수밖에 없었다. 새 왕조의 정치제도는 왕권을 상당히 신장시켰지만, 세습적인 생득적 권리와 대토지 소유의 특권 인정을 포함한 양보는 궁극적으로 왕조를 통치할 수 있는 조선 국왕의 능력을 약화시키고 조선 시대 내내 자원과 권력의 통제를 둘러싼 국왕과 양반 사이의 오랜 갈등의 무대를 마련했다.

양반 권력의 세습적 본질과 대토지 기반은 양반을 귀족으로 보아야 할 필요를 알려준다. 그러나 주요한 중앙 관원 가문은 초기부터 계속 관료적 특징을 가졌다는 사실도 유념해야 한다. 묘지명과 그 밖의 자료는 가문적 배경과는 상관없이, 중하급 품계의 관직에서 가장 높은 재추에 오르기까지 15~20년 이상 걸리는 정규적인 경력의 과정을 따라야 했다는 사실을 보여준다. 아울러 고려 시대 내내 음서가 널리 시행되었음에도 실력주의에 입각한 과거는 경원 이씨·해주 최씨·이천 서씨 같은 주요 가문이 중앙 조정에 처음 들어가는 수단을 제공했을 뿐만 아니라 관원들이 가진 권위의 중요한 원천이 되었다. 고려에서 과거제도의 중요성은 이미 안전한 중앙 관직에 오른 뒤에도 과거에 응시하는 사람이 많았고 최고 품계의 재추 중에도 과거 급제자의 비율이 높다는 사실에서 증명된다. 고려 시대 전체에 걸쳐 등용과 승진의 이런 양상이 확산되었다는 사실은 중앙 양반 가문의 지속성을 보여주는 증거와 맞물려 관료적 귀족층으로서 양반의 기원은 조선왕조의 건국이 아니라 고려 시대인 11세기 후반부터 12세기 전반에 시작되었음을 보여준다. 그러므로 지배층 내부의 상당한 연속성의 맥락 안에서 보면, 1392년의 왕조 교체는 혁명이라기보다는 중앙집권적 정치체제를 수립하려는 10세기의 노력이 4세기 이상 흐른 뒤에 정점에 도달한 것이었다.

해 석 과 비 교 의 결 과 들

이 연구는 몇 가지 영역에서 결론을 도출했다. 물론 하나는 한국의 역사적 유산을 이해하게 되었다는 것이다. 다른 하나는 역사상의 관료 사회가 가진 특징에 관련된 통찰이다. 이것은 좀더 넓은 범위에 걸쳐 좀더 신중하게 진전되었는데, 학자들이 역사상의 변화를 설명한 방법이다.

필자는 여기서 제시한 견해가 결론적으로는 최근까지도 한국사의 근대적 해석을 지배해온 '정체성론'을 반박하는 것이라고 믿는다. 외부의 영향과 내부의 역학에 따라 형성된 역사적 변화 과정은 15세기 무렵 10세기의 그것과는 매우 다른 사회·정치적 질서로 귀결되었다. 이런 과정의 주요한 특징은 한국의 사회·정치적 현실이 수입된 정치적 모범과 문화적 가치의 수용에 영향을 준 방식이었다.

정체성론을 반박하는 데서 필자는 남한과 북한의 주류 역사학자들과 많은 부분을 공유하고 있다. 그러나 내재적 발전을 지지하는 남한 학자들은 역사적 변화의 주된 동력이 새로운 사회경제적 세력의 흥기였다고 믿는 반면, 필자는 외부적 모범을 크게 참고한 중앙집권화의 추진과 지방자치의 토착적 전통 사이의 긴장에서 고려와 조선 전기의 역사적 변화가 주로 나타났다고 생각한다. 이처럼 내재적 발전론의 지지자들은 지방 향리에서 기원해 고려의 옛 중앙 귀족을 대체한 '신흥 사대부'가 조선왕조를 건국했다고 주장하지만, 필자는 고려와 조선의 지배층이 높은 연속성을 갖고 있다는 사실과 새 왕조 건국에 수반된 개혁의 본질을 근거로, 조선의 건국은 지방자치를 극복하고 중앙집권적인 관료적 정치제도를 수립하려는 고려 전기의 노력이 거둔 궁극적인 열매였다고 생각한다. 이런 관점에서 보면, 조선의 건국은 지방에 근거한 향리 출신의 지배층이 타락한 옛 중앙 귀족에 승리한 것이 아니라 중앙의 관료적 귀족이 지방자치적이며 향리 중심적인 신라-고려 교체기의 옛 제도에 궁극적으로 승리를 거둔 것이었다. 이런 측면에서 필자의 시각은 조선의 건국을 중앙집권적 봉건제도의 재편으로 보는 북한의 역사학자들과 좀더 가깝다. 그러나 북한과 남한의 역사학자들은 모두 역사의 주요한 추진력으로 계층의 갈등을 강조하는 경향이 있는 반면, 이 연구에서 필자는 제도적 중요성의 문제를 좀더 강조했다. 요컨대 필자는 주도적인 사회집단이 가진 권력의 사회적·경제적 기반을 검토하지 않고 어떤 정치제도를 이해하려고 시도하는 것은 헛되다고 믿지만, 계층의 갈등이라는 분석틀을 사회분화의 수준이 매우 낮아 대토지를 소유한 귀족과 경쟁할 수 있는 사회집단의 흥기를 막은 고려와 조선 전기 같은 사회에 적용하려고 시도하는 것 또한 동일하게 무익하다고 생각한다.

이 연구 전체에서 필자는 역사상의 관료 사회에 관련된 아이젠슈타트의 연구를 자주 참고했다. 사회분화의 정도와 그 정치제도의 관료화 범위의 관계를 분석한 그의 견해는 고려와 조선 전기의 정치체제를 이해하고 한국 사회의 내부적 역학을 파악하는 데 매우 유용했다.

필자의 결론은 고려와 조선 전기는 분명히 유동 자원과 내장 자원, 그리고 관료적 경향과 귀족적 경향의 결합으로 특징지어지는 역사상의 관료 사회에 소속된다는 것이다. 그런 범주에서 고려와 조선 전기는 경제가 크게 낙후되고 사회는 거의 분화되지 않았으며, 관료행정은 아직 완전히 세분되지 않아 자치 기구 안에 조직되어 정치 운영의 경로가 전통적 중앙 관서와 고위 행정 관서와 대부분 동일했던 사산조 페르시아 같은 사회와 가장 가깝다.[1] 아울러 한국에서 양반이 흥기한 사실과 "국왕은 우선 이전의 봉건적 귀족 가문과 구분되는 왕실에 충성하는 관료 집단을 창출하려고 시도했다. 그런 뒤 이런 새 계층의 상부는 귀족적 요소와 밀접하게 관련되면서 좀더 폐쇄적인 후기 귀족으로 빠르게 변화한"[2] 페르시아에서 귀족적 관료가 발흥한 사실 사이에는 일정한 유사성이 있다고 생각된다.

조선 전기의 사회질서는 고려 전기보다 좀더 많이 분화되었다는 주장이 제기될 수도 있다. 왕권은 강화되었고, 국가는 과전법으로 더 많은 자원을 이용할 수 있었으며, 더 강력하고 중앙집권화된 지방행정이 시행되어 특정한 행정 기능을 지원하려는 목적에서 특별히 편성된 향·소·부곡이 혁파되고, 능력에 기반을 둔 과거제도의 중요성이 커진 사실들은 모두 사회적 분화가 높아졌음을 보여준다. 반면에 한국의 경제는 압도적으로 농업에 머물러 있었고 양반에 도전할 수 있는 다른 사회경제적 집단도 없었다. 15세기에 대토지 소유가 널리 퍼졌고 노비 제도가 보편화된 사실에서 보듯이, 주요한 자원은 양반이 계속 통제했다. 아울러 양반뿐만 아니라 중인과 노비에서도 보듯이, 귀속적 원리는 사회 신분을 결정하는 주요한 요인으로 남았다. 이처럼 조선 전기의 사회질서는 고려 전기보다 좀더 분화되었지만, 더욱 복잡한 역사상의 관료 사회와 비교하면 상대적으로 미분화된 채로 남아 있었다.

7장 몇 가지의 최종적 고려 사항

한국의 사회·정치적 질서를 분석하고 그것을 다른 나라와 비교하는 데 아이젠슈타트의 연구가 유용하다는 사실을 발견한 것처럼, 그가 다른 관료적 제국과 인접한 지역에서 발전한 한국 같은 나라에서 중앙집권적 관료정치가 발전하는데, 침략의 위협이든 이상적 모범의 형태로든, 외부적 요소의 중요성을 간과한 것으로 생각된다고 지적하지 않는다면 필자는 태만한 것이다. 팽창주의자와 잠재적으로 적대적인 정권이 만주에 존재했다는 사실은 한반도에 통일된 국가를 수립하고 유지하는 데 중요한 자극이 되었다. 그 기간에 한국의 사회·정치적 질서의 진전에 동일하게 중요한 영향을 준 측면은 중국의 중앙집권화된 정치제도의 모범을 이용할 수 있었다는 것이다. 10세기에 고려 국왕들이 시행하려고 했던 당의 모범적인 중앙집권적 관료정치는 귀속적 특권의 중요성 때문만이 아니라 한국의 지방자치적 사회질서 때문에 한국에서 큰 수정을 겪어야 했다. 이처럼 국왕 대 귀족 권력과 중앙 권력 대 지방자치라는 내부적 문제를 중심으로 형성된 한국 정치체제의 진화는 핵심적인 외국의 정치제도를 수입하고 토착화시키는 복잡한 문제 때문에 미묘한 차이를 갖게 되었다.

서양 학자들 사이에는 한국을 중국의 작은 복제품으로 간주하거나, 좀더 최근에는 중국 문명의 지방적 변형으로 파악하는 경향이 있다. 특히 근대 서양의 시각에서 보면 확실히 두 체제는 공유한 측면이 많은데, 모두 농업 중심의 벼농사 위주의 경제였고 중앙집권적 관료정치제도를 시행했으며 유교적 사상과 문화 전통을 따랐다. 그러나 이런 표면적인 비슷함 때문에 역사상 관료 사회의 차이점을 설명하는 중요한 요소인 큰 차별성을 간과해서는 안 된다. 송대에 중국 경제는 상업 분야에서 크게 발전했으며, 사회는 상당한 정도의 신사·상인, 그리고 도시 사회집단이 존재해 좀더 고도로 분화되었다. 반대로 한국 경제는 고려와 조선 전기까지도 거의 전적으로 농업이 중심이었으며, 대토지를 소유한 귀족은 단지 정치적으로만 중요한 사회집단으로 남게 되었다. 중국에서 위진남북조와 당의 주요 귀족 가문은 더 이상 일관되고 자기 인식적인 사회집단이 아니었다. 그러나 한국에서 주요한 양반 관료적 귀족은 고려가 멸망했어도 살아남았을 뿐만 아니라 왕조 교체에도 주요한 역할을 수행했다. 중국의 후기 제국에서 유학은 사회적 이동과 관료제화에 일정하게 기여했지만, 마르티나 도이힐러와 제임스 팔레가 보여주었듯이, 한국에서는 귀족적 전통을 계승했다.[3] 조선왕조에서 비교적 약한 왕권이 지속된 것과는 반대로 사회적 분화의 차이와 귀속적 특권의 지속은 중국의 후기 제국에서 전제정치가 발흥한 것을 설명하는 데 많은 도움을 준다.

필자는 한국의 민족성과 문화의 독특성에 관련된 담론을 요약하는 데 참여할 의사는 없지만, 한국과 중국의 지리적 가까움과 한국이 중국에서 문화를 수입한 오랜 역사를 고려하면 두 나라의 기본적 사회·정치적 구조가 좀더 비슷하지 않은 까닭이 궁금하지 않을 수 없다. 그 뒤 다양한 외국 문화를 수입하고 적용한 한국 문화의 차별성을 독특한 저변의 무속적 전통과 관련해 설명하려는 논의가 최근 상당히 유행하고 있다.[4] 한국에서 무속과 불교는 일정하게 혼합되었지만, 무속이 유교에 영향을 주었다는 증거는 찾기 어렵다.[5] 그러나 한국의 유교는 무속을 시행하는 데 반대함으로써 자신의 존재를 부분적으로 입증했다. 그런 유교의 적대감은 무속 신앙과 의례가 풍수지리설과 불교의 전통과 결합해 지방 사회의 호족과 향리의 지위를 강화시키는 데 중요한 역할을 했다는 사실을 반영하는 것이었다. 더욱이 고려와 조선 시대 내내 여성과 평민 사이에 무속 신앙과 의례가 지속된 것은 의심의 여지가 없다. 그럼에도 불구하고 무속 신앙은 양반 사이에 널리 퍼졌고 한국의 정치 상황과 제도에 중요한 영향을 주었다는 새로운 증거가 발견될 것을 기대해 그것이 한국과 중국의 사회적·정치적 차이를 만들었다고 주장하는 것은 매우 적절치 않다고 생각한다. 이런 견해는 초기 중국 문화에 무속적 영향이 남아 있다는 증거가 나타나면서 더욱 의심받고 있다.

두 나라의 커다란 언어적 차이 때문에 한국이 좀더 완전하게 중국화되지 않았다고 주장할 수도 있다. 한국 지배층은 거의 2천 년 동안 한문으로 공부하고 글을 썼지만, 한국어는 교착어로서 다음절의 알타이 어족의 하나인 반면 중국어는 성조가 있고 대체로 단음절인 중국-티베트 어족이다. 분명히 이런 언어적 차이는, 표의문자인 수많은 한자 읽기를 배우는 것이 매우 어렵다는 사실과 함께, 특히 피지배층 사이에서 중국 문화가 한국 사회에 침투하는 것을 느리게 만들었을 것이다.

그러나 지리적 고려는 다른 사항만큼이나 중요하다고 생각된다. 한국과 중국 북부의 중심 지역은 비교적 가깝지만, 특히 만주가 호전적인 이민족에게 넘어갔을 때 두 나라를 가르는 남만주 지역은 만만찮은 장벽이었다. 또한 중국은 각 지역의 특수한 경제와 경제적 차이를 발전시킨 다양한 지리와 기후를 가진 광대한 지역으로 구성된 데 견주어, 한국은 제한된 범위의 지리적·기후적 차이만 있는 작은 반도에 국한되었다. 더욱이 제임스 팔레가 지적했듯이, 중국은 침략자가 몇 차례 정권을 잡고 사회를 교란시켜 사회·정치적 질서의 상부에 있던 지배층을 대체하고 하층 신분이 상승할 수 있는 기회를 제공한 표적이었던 데 견주어, 한국은 (비록 여러 차례 침략을 겪었지만) 침략자의 최종적인 목표는 결코 아니었다. 그 대신 침략자들은 한국을 중립화시켜 중국에 전력을 집중하려고 한 결과, 외침은 대부분 한국의 사회 또는 정치조직에 큰 영향을 주지 못했다.[6]

끝으로 한국이 중국과 일본 사이에 위치한 결과, 한국인은 동북아시아의 해상무역을 지배해 좀더 다양한 경제와 주요한 상인층, 그리고 좀더 고도로 분화된 사회질서를 발전시킬 수 있었다고 지적하는 것은 유용하다. 그러나 이것은 9세기 중반 평민 출신 해상왕 장보고張保皐가 숙청되고 10세기 중반 대지주의 이익에 따라 해상무역 세력이 패배하면서 불가능하게 되었다. 그 뒤 한국인들은 동북아시아의 무역에서 부수적인 역할만을 수행했다.

끝으로 필자는 역사적 변화의 설명으로 시대 구분의 문제를 언급하고 싶다. 내재적 발전론의 옹호자들은 지배층의 구성과 본질에 근본적이며 급격한 변화가 있었다는 인식에 따라 신라─고려 교체기부터 조선 전기까지를 몇 개의 시기로 나누고 있다. 반면 필자는 제도와 지배층의 구성에서 연속성을 강조했으며 단계적이며 점진적인 변화로 묘사했다. 전근대 한국에 관련된 최근 서구의 또 다른 연구인 마르티나 도이힐러의 『한국 사회의 유교적 변환』도 몇 세기에 걸친 느리고 단계적인 변화로 묘사했다. 이런 접근은 일부에게 동양을 보는 오래된 시각─빠르게 근대화된 서양과 대조되는 바뀌지 않은 전통적 질서—이 주변적인 지역에서 느린 변화가 일어났지만 기본적인 사회경제적 구조는 오랫동안 바뀌지 않은 채 남아 있었다는 새로운 오리엔탈리즘으로 대체된 것으로 보일 수도 있다. 그러나 도이힐러와 필자는 근본적이며 광범한 변환에 대해 논의하고 있는데, 도이힐러는 부계·모계·동족·인척을 포함한 광범하게 구성되고 수평적으로 조직된 친족 집단으로부터 좁게 정의되고 수직적으로 조직된 부계 제도로 변화했다는 것이며, 필자는 지방분권적 사회·정치적 질서에서 중앙관료적 귀족 지배층의 이익을 중심으로 형성된 중앙집권적 체제로 변화했다는 것이다. 이런 변화의 범위와 중요성은 오랜 기간을 대상으로 살펴보아야만 뚜렷해진다. 그러나 중요한 역사적 변화의 느린 과정이 비서구 사회에만 독특하게 나타난다는 의미는 아니다. 오히려 여기서 파악한 측면은 페르낭 브로델Fernand Braudel이 프랑스와 지중해 지역을 연구해 도출한 원리를 동아시아에서 확증한 것이다. 한국의 지정학적 조건이 그랬듯이, 그것은 역사의 과정이 지리적 조건에서 큰 영향을 받고, 개별적 사건은 지속적인 중요성이 전혀 없으며, 어떤 흐름은 수십 년 동안의 교체기에 나타나지만 근본적인 역사적 변환은 매우 느리게 일어나 몇 세기에 걸친 '오랜 기간' 안에서만 알아볼 수 있다는 사실이다.[7]

옮_긴_이_의_ 글_

　모든 연구는 나름의 가치를 갖지만, 어떤 문제의 기원을 탐색하는 작업은 특히 중요하고 본질적이다. 씨앗이나 태아처럼, 기원에는 그 뒤에 나타날 현상의 많은 특징이 담겨 있다. 아직 다 드러나지 않은 그 실마리를 포착해 추적하는 작업은 매우 어렵고, 그래서 더욱 신중하고 명민한 학문적 자세와 능력이 요구된다. 존 B. 던컨 교수의 이 책은 조선왕조, 특히 그 지배층의 기원을 그렇게 탐구한 역작이라고 생각된다.

　저자는 타계하신 에드워드 와그너 교수와 제임스 팔레 교수를 이어 현재 해외의 한국사 연구를 이끌고 있는 대표적 학자 중 한 분이다. 이 책은 그런 저자의 유일한 저서로 방대하고 치밀한 실증적 조사와 섬세하고 깊이 있는 이론적 분석이 잘 조화된 연구라고 생각된다.

　이 책의 주제는 그 저본인 박사 논문의 『조선왕조의 고려적 기원The Koryo Origins of the Choson Dynasty : Kings, Aristocrats, and Confucianism』이라는 제목에 좀더 또렷하게 집약되어 있다. 즉 저자는 조선왕조의 지배층과 제도가 고려와 긴밀한 연속성을 갖고 있다는 생각을 이 책에서 논증한 것이다.

　한국사의 연속성을 강조하는 이런 견해는 구미 학계의 주요한 흐름으로 현재 한국 사학계의 통설과는 상당히 배치되는 내용이다. 그동안 한국 사학계에서는 이런 학설의 차이와 언어의 불편함 등 때문에 구미 학계의 연구에 충분한 관심을 기울이지 않아 왔다고 생각된다.

학문의 발전은 교류와 소통, 논쟁과 조정으로 이뤄질 것이다. 상당히 다른 시각을 가진 두 학계가 앞으로 좀더 활발히 교류해 한국사 연구의 수준을 높이기 기대한다.

그동안 옮긴이는 이 책을 고려 후기와 조선 전기사를 연구하는 데 우회하기 어려운 업적으로 생각해왔다. 그런 부담감과 그 전모를 알고 싶다는 호기심 때문에 부족한 어학과 공부에도 이 책을 번역하게 되었다. 저자의 의도와 원서의 체재를 훼손하지 않고 전달하려고 나름의 최선을 다했다. 완성된 원고를 꼼꼼하게 검토해 주신 저자께 깊이 감사드린다.

주위의 여러분께 감사 인사를 드리고 싶다. 오랜 친구 유정인과 김성중에게 감사한다. 지금까지 그들과 가장 자주 만났고 술을 마셨다. 즐겁고 고마운 시간이었다. 그들과 그 가정이 늘 행복하기를 바란다.

가장 가까운 공간에서 가장 많은 시간을 함께 보내는 가족께 감사드린다. 부모님은 많이 연로하셨지만 아직 정정하시다. 더없이 감사한 일이다. 장인·장모님께서도 부족한 사위를 늘 도와주고 격려해주신다. 그분들께서 모두 오래도록 건강하고 행복하시기를 기도한다.

매일 만나서 함께 살고 있는 아내와 두 아이에게 사랑의 마음을 보낸다. 시간의 축적이 인생이라고 한다. 그러니 그들과의 나날이 내 일생이 될 것이다. 그 인연에 감사한다.

2013년 3월
김범

참_고_문_헌_

동양서

1차 자료

『경국대전』(조선총독부, 1934).

『경주 이씨 세보』, 1931.

『고려명현집』 전5권(성균관대 대동문화연구원, 1986).

『고려사』 전3권(연희대학교, 1955).

『고려사절요』(아세아문화사 엮음, 1976).

『국조방목』(국회도서관, 1971).

권근, 『양촌집』(아세아문화사, 1974).

김변, 『지포집』. 『고려명현집』 제2권 수록.

김수온, 『식우집』. 『이조명현집』 제2권 수록.

김용선 엮음, 『고려 묘지명 집성』(한림대학교출판부, 1993).

김종직, 『점필재집』. 『이조명현집』 제2권 수록.

『단종실록』.

『만성대동보』 전3권(명문당, 1983).

『단종실록』.

『문화 유씨 세보』, 1565.

『삼국사기』(경인문화사, 1976).

서긍, 『고려도경』(아세아문화사, 1972).

성현, 『용재총화』. 『대동야승』(조선고서간행회, 1911) 수록.

『세조실록』.

『세종실록』.

『순흥 안씨 족보』, 1864.

『신창 맹씨 세보』, 1937.

『안동 권씨 성화보』, 1476.

『안동 김씨 대동보』.

안축, 『근재집』. 『고려명현집』 제2권 수록.

양성지, 『눌재집』(아세아문화사, 1973).

『여흥 민씨 세보』, 1973.

『원주 원씨 족보』, 1988.

원천석, 『운곡시사』. 『고려명현집』 제5권 수록.

이곡, 『가정집』. 『고려명현집』 제3권 수록.

이상은 엮음, 『한국역대인물전집성』(민창문화사, 1990).

이색, 『목은집』. 『고려명현집』 제3권 수록.

이숭인, 『도은집』. 『고려명현집』 제4권 수록.

이제현, 『익재난고』. 『고려명현집』 제2권 수록.

_____, 『역옹패설』. 『고려명현집』 제2권 수록.

『이조명현집』 전6권(성균관대학교 대동문화연구원, 1977).

『인천 이씨 족보』, 1954.

임춘, 『서하집』. 『고려명현집』 제2권 수록.

정도전, 『삼봉집』(국사편찬위원회, 1961).

정몽주, 『포은집』. 『고려명현집』 제4권 수록.

『정종실록』.

『조선왕조실록』 전48권(국사편찬위원회, 1955~1958).

『죽산 박씨 충헌공파보』, 1975.

『증보문헌비고』(동국문화사, 1957).

『청주 한씨 세보』 1865.

최자, 『보한집』. 『고려명현집』 제2권 수록.

최해, 『졸고천백』. 『고려명현집』 제2권 수록.

『태조실록』.

『태종실록』.

『파평 윤씨 세보』, 1959.

『한양 조씨 대보』, 1935.

허흥식 엮음, 『한국 중세사회사 자료집』(아세아문화사, 1976).

_____, 『한국금석전문』 전3권(아세아문화사, 1984).

2차 자료

강만길, 「일제시대의 반식민사학론」, 한국사연구회 엮음, 『한국사학사의 연구』(을유문화
　　사, 1985).

강진철, 『고려 토지제도사 연구』(고려대학교출판부, 1980).

_____, 『한국 중세 토지소유 연구』(일조각, 1989).

410

_____, 『한국사회의 역사상』(일지사, 1992).

_____, 「고려 초기의 군인전」『숙명여대 논문집』 3(1963).

_____, 「고려 시대의 농업 경영 형태」『한국사연구』 12(1977).

_____, 「고려 시대의 지대에 대하여」『진단학보』 53·54(1982).

고병익, 『동아교섭사의 연구』(서울대학교출판부, 1970).

고승제, 『한국 촌락사회사 연구』(일지사, 1977).

김광수, 「고려 시대의 서리직」『한국사연구』 4(1969).

_____, 「고려 시대의 동정직」『역사교육』 11·12(1969).

김광철, 『고려 후기 세족층 연구』(동아대학교출판부, 1991).

김남규, 『고려양계지방사 연구』(새문사, 1989).

김당택, 『고려 무인정권 연구』(새문사, 1986).

_____, 「최승로 상서문에 보이는 광종대의 '후생'과 경종 원년 전시과」, 이기백 엮음, 『고려광종연구』(일조각, 1981).

_____, 「충렬왕의 복립 과정을 통해 본 천계 출신 관료와 '사족' 출신 관료의 정치적 갈 등 - '사대부' 개념에 대한 검토」『동아연구』 17(1989).

김두진, 「고려 광종대의 전제 왕권과 호족」『한국학보』 15(1979).

김복순, 「최치원의 불교 관계 저서에 대한 검토」『한국사연구』 43(1983).

김상기, 『고려시대사』(동국문화사, 1966).

김성준, 『한국 중세정치법제사 연구』(일조각, 1985).

_____, 「기인의 성격에 대한 고찰」『역사학보』 10·11(1958·1959).

_____, 「여대 원 공주출신 왕비의 정치적 위치에 대하여」 이화여자대학교 엮음, 『한국 여성문화사논총』(1958).

_____, 「고려정방고」『역사학보』 13(1962).

김수태, 「고려 본관제도의 성립」『진단학보』 52(1981).

김영모, 『조선 지배층 연구』(일조각, 1977).

김용덕, 「향·소·부곡고」『백낙준 화갑기념 국학논총』(사상계, 1955).

_____, 「고려 광종조의 과거제도 문제」『중앙대 논문집』 4(1959).

_____, 「신분제도」『한국사론』 2(1977).

김용선, 『고려 음서 제도 연구』(일조각, 1991).

_____, 「고려 지배층의 매장지에 대한 고찰」『동아연구』 17(1988).

_____, 「고려 시대의 음서 제도에 대한 재검토」, 김의규 엮음, 『고려 사회의 귀족제설과 관료제론』.

김용섭, 「고려 시대의 양전제」『동방학지』 16(1976).

김윤곤, 「신흥 사대부의 대두」『한국사』8(국사편찬위원회, 1981).

김의규, 「고려 무인집권기 무인의 정치활동」『한우근 박사 정년기념 사학논총』, 1981.

김의규 엮음, 『고려 사회의 귀족제설과 관료제론』(지식산업사, 1985).

김정숙, 「김주원 세계의 성립과 그 변천」『백산학보』28(1984).

김창수, 「성중애마고」『동국사학』9 · 10(1966).

김창현, 「고려 후기 정방연구」(고려대학교 박사 학위 논문, 1996).

김충렬, 『고려 유학사』(고려대학교출판부, 1984).

_____, 「성리학의 수입과 형성 과정」, 대동문화연구원 엮음, 『한국사상대계』(성균관대
학교출판부, 1983).

김태영, 「과전법제하의 토지 생산력과 양전」『한국사연구』35(1981).

김태욱, 「고려 현종대의 재추」『역사학보』144(1994).

김한규, 「고려 최씨 정권의 진양부」『동아연구』17(1988).

김홍식, 『조선 시대 봉건사회의 기본 구조』(박영사, 1981).

남인국, 「최씨 정권하 문신 지위의 변화」『대구사학』22(1983).

노계현, 『고려외교사』(갑인출판사, 1994).

노명호, 「고려 시대의 친족 관계망과 가족」『한국사론』19(1988).

_____, 「고려 시대의 승음혈족과 귀족층의 음서 기회」, 김의규 엮음, 『고려 사회의 귀족
제설과 관료제론』.

노태돈, 「해방 후 민족주의사학론의 전개」, 한림과학원 엮음, 『현대한국사학과 사관』(일
조각, 1991).

류창규, 「고려 무인정권 시대의 무인 박인석—고문 존중 · 계승과 관련하여」『동아연구』
17(1989).

문철영, 「여말 신흥 사대들의 신유학 수용과 그 특징」『한국문화』3(1982).

문형만, 「여대 귀향고」『역사학보』23(1964).

민현구, 『조선 초기 군사제도와 정치』(한국연구원, 1983).

_____, 「신돈의 집권과 그 정치적 성격(상 · 하)」『역사학보』38 · 40(1968~1970).

_____, 「고려의 녹과전」『역사학보』53 · 54(1972).

_____, 「조인규와 그의 가문(상)」『진단학보』42(1976).

_____, 「정치도감의 성격」『동방학지』23 · 24(1980).

_____, 「이장용 소고」『한국학논총』3(1980).

_____, 「공민왕의 즉위 배경」『한우근 박사 정년기념 사학논총』, 1981.

_____, 「고려 후기의 권문세족」『한국사』8(1981).

_____, 「민지와 이제현」『이병도 구순기념 한국사학논총』(지식산업사, 1987).

박경자, 「고려 향리 제도의 성립」『역사학보』 63(1974).

박성봉, 「국자감과 사학」『한국사』 6(1981).

박성환, 「유교」『한국사론』 2(1977).

박용운, 『고려 시대 대간제도 연구』(일지사, 1980).

_____, 『고려시대사』 전2권(일지사, 1987).

_____, 『고려 시대 음서제와 과거제 연구』(일지사, 1990).

_____, 「고려 시대 해주 최씨와 파평 윤씨 가문 분석」『백산학보』 23(1977).

_____, 「고려 시대의 정안 임씨, 철원 최씨, 공암 허씨 가문 분석」『한국사논총』 3(1978).

_____, 「서평: 이성무, "조선 초기 양반 연구"」『아세아연구』 66(1981).

_____, 「고려 시대 음서제의 실제와 그 기능」『한국사연구』 37(1982).

_____, 「고려 시대 수주 최씨 가문 분석」『사총』 26(1983).

_____, 「관료제와 귀족제의 개념 검토」, 김의규 엮음, 『고려 사회의 귀족제설과 관료제론』.

_____, 「고려 시대의 무송 유씨 가문 분석」『이병도 구순 기념 사학논총』(지식산업사, 1987).

박은경, 「고려 후기 지방품관 세력에 관한 연구」『한국사연구』 44(1984).

박종기, 『고려 시대 부곡제 연구』(서울대학교출판부, 1990).

_____, 「신라 부곡제의 구조와 성격」『한국사론』 10(1984).

_____, 「신라 시대 향, 부곡의 성격에 대한 일시론」『한국사론』 10(1984).

_____, 「고려 태조 23년 군현 개편에 관한 연구」『한국사론』 19(1988).

박창희, 「고려 시대 관료제에 대한 고찰」, 김의규 엮음, 『고려 사회의 귀족제설과 관료제론』.

_____, 「무신정권 시대의 문신」『한국사』 7(1981).

박천식, 「고려 우왕대의 정치 세력과 그 추이」『전북사학』 4(1980).

변태섭, 『고려 정치제도사 연구』(일조각, 1971).

_____, 『고려사의 연구』(삼영사, 1982).

_____, 「고려 초기 지방 제도」『한국사연구』 57(1987).

_____, 「고려의 정치제도와 권력 구조」『한국학보』 4(1976).

변태섭 엮음, 『고려사의 제문제』(삼영사, 1986).

백남운, 『朝鮮社會經濟史』(東京: 改造社, 1933).

_____, 『朝鮮封建社會經濟史』(東京: 改造社, 1937).

서강대학교 인문과학연구소 엮음, 『고려 말 조선 초 토지제도의 제문제』(서강대학교출판부, 1987).

송병기, 「고려 시대의 농장─12세기 이후를 중심으로」『한국사연구』 3(1969).

_____, 「농장의 발달」『한국사』 8(1981).

송준호, 『조선 사회사 연구』(일조각, 1987).

신호철, 「견훤의 출신과 사회적 진출」『동아연구』 17(1989).

안계현, 「조계종과 오교양종」『한국사』 7(1981).

유경아, 「고려 고종・원종 시대의 민란의 성격」『이대사원』 22・23(1988).

육군본부 엮음, 『한국군제사─근세조선전기편』(육군본부, 1968).

윤경진, 「고려 태조대 군현제 개편의 성격」『역사와 현실』 22(1996).

윤남한, 「유교의 성격」『한국사』 6(1981).

윤한택, 『고려 전기 사전연구』(고려대학교 민족문화연구소, 1995).

이가원, 『한국한문학사』(민중서관, 1961).

이광린, 「기인제도의 변천에 대하여」『역사학보』 3(1954).

이경식, 『조선 전기 토지제도 연구』(일조각, 1986).

_____, 「조선 전기 토지개혁 논의」『한국사연구』 61・62(1988).

이기남, 「충선왕의 개혁과 사림원의 설치」『역사학보』 52(1971).

이기백, 『고려 병제사 연구』(일조각 1968).

_____, 『신라 정치사회사 연구』(일조각, 1974).

_____, 『한국사신론(신수판)』(일조각, 1990). 1976년에 출간된 판본은 에드워드 W. 와 그너, A New History of Korea(Cambridge: Harvard University Press, 1984)로 영역되었다.

_____, 『고려 귀족 사회의 형성』(일조각, 1990).

_____, 「신라사병고」『역사학보』 9(1958).

_____, 「고려 사회에서의 신분의 세습과 변동」, 민족문화연구소 엮음, 『한국의 전통과 변천』(고려대학교출판부, 1973).

_____, 「귀족 정치의 성립」『한국사 5』(1981).

이기백 엮음, 『고려광종연구』(일조각, 1981).

이기백・민현구 엮음, 『사료로 본 한국문화사─고려편』(일지사, 1984).

이범직, 「조선 전기 유교 교육과 향교의 기능」『역사학보』 20(1976).

이병도, 『한국사─중세편』(을유문화사, 1961).

_____, 『한국사대관』(일조각, 1964).

이병휴, 『조선 전기 기호사림파 연구』(일조각, 1984).

이상백, 『조선 문화사 연구 논고』(을유문화사, 1947).

_____, 「이조 건국의 연구—이조의 건국과 전제 개혁 문제」(을유문화사, 1949).

_____, 「한국사—근세전기편」(을유문화사, 1962).

이성무, 「조선 초기 양반 연구」(일조각, 1980).

_____, 「조선 초기의 향리」「한국사연구」 5(1970).

_____, 「중인층의 성립 문제」「동양학」 8(1978).

_____, 「조선 초기 신분사 연구의 재검토」「역사학보」 102(1984).

이수건, 「한국 중세사회사 연구」(일조각, 1984).

_____, 「영남 사림파의 형성」(영남대학교출판부, 1979).

이숙경, 「고려 시대 지방관청부속지에 대한 일고찰」「동아연구」 17(1989).

이우성, 「여대 백성고」「역사학보」 14(1961).

_____, 「고려조의 '이吏'에 대하여」「역사학보」 21(1964).

_____, 「고려 말기 나주목 거평부곡에 대하여」「진단학보」 29 · 30(1966).

_____, 「이조 사대부의 기본 성격」「한국의 역사상」(창작과비평사, 1982).

이원명, 「고려 성리학 수용의 사상적 배경」(고려대학교 박사 학위 논문, 1992).

이을호, 「고려의 유교철학」, 한국철학연구회 엮음, 「한국철학연구」(동명사, 1977).

이장우, 「조선 초기의 전세제도와 국가재정」(서강대학교 박사 학위 논문, 1993).

이정신, 「13세기 농민 · 천민봉기」「송갑호 교수 정년퇴임기념논문집」(고려대학교출판부, 1993).

이종욱, 「940년대 정치 세력의 분석」, 이기백 엮음, 「고려광종연구」.

이진한, 「고려 초기 관직과 녹봉의 관계 연구」(고려대학교 박사 학위 논문, 1998).

이청원, 「朝鮮社會史讀本」(東京:白揚社, 1936).

_____, 「朝鮮讀本」(東京:學生社, 1937).

이태진, 「한국사회사연구—농업기술의 발달과 사회변동」(지식산업사, 1986).

_____, 「조선유교사회사론」(지식산업사, 1989).

_____, 「사림파의 유향소 복립 운동」「진단학보」 34 · 35(1973).

_____, 「고려 후기의 인구 증가 요인 생성과 향약의술 발달」「한국사론 19」, 1988.

이형우, 「우왕의 왕권 강화 노력과 그 좌절」「역사와 현실」 23(1997).

이홍직 엮음, 「국사대사전」(지문각, 1962).

이희관, 「고려 말 조선 초 전함관 · 첨설관에 대한 토지 분급과 군역 부과」, 서강대학교 인문과학연구소 엮음, 「고려 말 조선 초 토지제도의 제문제」.

이희덕, 「고려 유교정치사상의 연구」(일조각, 1984).

임영정, 「노비 문제」「한국사 8」, 1981.

_____, 「여말 선초의 사병」「한국사론 7」, 1981.

장득진, 「조준의 정치활동과 그 사상」『사학연구』 38(1984).

장동익, 『고려 후기 외교사연구』(일조각, 1994).

장숙경, 「고려 무인정권하 문사의 동태와 성격」『한국사연구』 34(1981).

전석담, 『조선경제사』(박문사, 1949).

전해종, 「대송 외교의 성격」『한국사 4』, 1974.

_____, 「여원 무역의 성격」『동양사학연구』 12 · 13(1978).

정구복, 「쌍매당 이첨의 역사 서술」『동아연구』 17(1989).

정두희, 『조선 초기 정치 지배세력 연구』(일조각, 1983).

_____, 『조선 성종대의 대간 연구』(한국연구원, 1989).

_____, 「조선 건국 초기 통치 체제의 성립 과정과 그 역사적 의미」『한국사연구』 67(1989).

정옥자, 「여말 주자성리학의 도입에 대한 시고」『진단학보』 51(1981).

정재훈, 「해주 오씨 족도고」『동아연구』 17(1989).

조동일, 『한국문학통사』 전5권(지식산업사, 1982~1988).

朝鮮史編修會, 『朝鮮史』(朝鮮總督府, 1932~1940).

『조선전사』(평양: 사회과학원, 1979).

『조선통사』(평양: 사회과학원, 1977).

조인성, 「궁예의 출생과 성장」『동아연구』 17(1989).

천관우, 「한국토지제도사(하)」『한국문화사대계 2』(고려대학교출판부, 1965).

최근영, 『통일신라 시대의 지방세력 연구(개정판)』(신서원, 1993).

최병헌, 「한국불교의 전개」『한국사상의 심층연구』(우석, 1982).

_____, 「나말 여초 선종의 사회적 성격」『사학연구』 25(1975).

_____, 「도선의 생애와 나말 여초의 풍수지리설 — 선종과 풍수지리설의 관계를 중심으로」『한국사연구』 11(1975).

최승희, 「양반 유교 정치의 진전」『한국사 9』, 1981.

최정환, 『고려 · 조선 시대 녹봉제 연구』(경북대학교출판부, 1991).

하현강, 『고려 지방 제도의 연구』(한국연구원, 1977).

_____, 『한국 중세사 연구』(일조각, 1988).

_____, 「고려왕조의 성립과 호족연합정권」『한국사 4』, 1974.

_____, 「호족과 왕권」『한국사 4』, 1981.

한국경제사학회 엮음, 『한국사 시대 구분론』(을유문화사, 1970).

한국역사연구회 엮음, 『한국사강의』(한울아카데미, 1989).

한국사특강 편찬위원회 엮음, 『한국사특강』(서울대학교출판부, 1990).

한영우, 『정도전 사상의 연구』(한국문화연구소, 1973).

_____, 『조선 전기 사회사상 연구』(지식산업사, 1983)

_____, 『조선 초기 사회경제연구』(을유문화사, 1983).

_____, 「여말 선초 한량과 그 지위」 『한국사연구』 4(1969).

_____, 「고려 시대 유가사상 이해의 문제점」, 한국철학연구회 엮음, 『한국철학연구』(동명사, 1977).

_____, 「조선 초기 사회계층 연구에 대한 재론」 『한국사론 12』, 1985.

_____, 「조선 초기 신분계층 연구의 현황과 문제점」 『사회과학논평』 1(1982).

한우근, 『한국통사』(을유문화사, 1970).

_____, 이경식 옮김, The History of Korea(Honolulu: University of Hawaii Press, 1974).

_____, 『기인제 연구』(일지사, 1992).

_____, 「세종조에 있어서의 대불교시책」 『진단학보』 25~27(1964).

_____, 「여말 선초의 불교 정책」 『서울대 논문집 - 인문사회과학』 6(1957).

한우근·이태진 엮음, 『사료로 본 한국문화사 - 조선전기편』(일지사, 1984).

한충희, 「조선 초기 육조 연구」(고려대학교 박사 학위 논문, 1992).

_____, 「고려 초기 사회의 성격에 대하여」, 김의규 엮음, 『고려 사회의 귀족제설과 관료제론』(지식산업사, 1985).

허흥식, 『고려사회사연구』(일조각, 1980).

_____, 『고려 과거제도사 연구』(일조각, 1981).

_____, 『고려불교사연구』(일조각, 1986).

_____, 『한국의 고문서』(민음사, 1988).

_____, 「고려 과거제도의 검토」 『한국사연구』 10(1974).

_____, 「고려의 국자감시와 이를 통한 신분 유동」 『한국사연구』 12(1976).

_____, 「국보 호적으로 본 고려 말기의 사회구조」 『한국사연구』 16(1977).

홍승기, 『고려 귀족사회와 노비』(일조각, 1983).

_____, 『고려 태조의 국가 경영』(서울대학교출판부, 1996).

_____, 「고려 후기 사심관제도의 운영과 향리의 진출」 『동아연구』 17(1989).

_____, 「실증사학론」, 한림과학원 엮음, 『현대 한국사학과 사관』(일조각, 1991).

홍승기 엮음, 『고려 무인정권 연구』(서강대학교출판부, 1995).

황선명, 『조선조 종교사회사 연구』(일지사, 1985).

宮崎市定, 「府州から千戸え」 『東洋史研究』 29(4), 1970; 30(1), 1971.

旗田巍,「朝鮮中世社會史の研究」, 東京:法政大學, 1972.

藤田亮策,「李子淵とその家系」『青丘學叢』13, 1933;『青丘學叢』15, 1934.

武田幸男,「淨兜寺五層石塔造成形止記 1－高麗顯宗朝における若木郡の構造」『朝鮮學報』25, 1962.

_____,「高麗時代の百姓」『朝鮮學報』28, 1963.

_____,「高麗・李朝時代の屬縣」『史學雜誌』72(8), 1963.

_____,「高麗初期の關係―高麗王朝確立過程の一考察」『朝鮮學報』41, 1966.

井上秀雄,「新羅政治體制の變遷過程」『古代史講座』4, 1962.

周藤吉之,「高麗朝より李朝初期に至る田制の改革」『東亞學』3, 1940.

_____,「高麗朝より朝鮮初期に至る王室財政―特に私藏庫の研究」『東方學報』10(1), 1939.

_____,「麗末鮮初における農莊について」『青丘學叢』17, 1934.

_____,「鮮初における奴婢の辨正と推刷に就いて」『青丘學叢』22, 1935.

서양서

Bol, Peter K., "Chu Hsi's Redefinition of Literati Learning." In John W. Chaffee and Wm. Theodore de Bary(eds.), Neo-Confucian Education: The Formative Stage, Berkeley and Los Angeles: University of California Press, 1989.

_____, "Examinations and Orthodoxies: 1070 and 1313 Compared." Paper presented at the workshop "Culture and the State in Late Imperial China: The Political and Cultural Construction of Norms," University of California at Irvine, June 1992.

_____, This Culture of Ours: Intellectual Transitions in T'ang and Sung China, Stanford: Stanford University Press, 1992.

Braudel, Fernand., On History, Sarah Matthews, trans., Chicago: University of Chicago Press, 1980.

Chafee, John W. The Thorny Gates of Learning in Sung China, Cambridge: University of Cambridge Press, 1985.

_____, and Wm. Theodore de Bary(eds.), Neo-Confucian Education: The Formative Stage, Berkeley and Los Angeles: University of California Press, 1989.

Chien Mu, "Lun Sung-tai hsiang-ch'uan," Chung-kuo wen-hwa yen-chiu hui-kan

2, 1942.

Ch'oe, Byŏng-hŏn., "Tosŏn's Geomantic Theories and the Foundation of the Koryŏ Dynasty," Seoul Journal of Korean Studies 2, 1989.

Ch'oe, Yŏng-ho., The Civil Service Examination System and the Social Structure in Early Yi Dynasty Korea, Seoul: Korean Research Center, 1987.

_____, "Commoners in Early Yi Dynasty Civil Examinations: An Aspect of Korean Social Structure," Journal of Asian Studies 33, 1974.

Chou Tao-chi, "T'ang-tai tsi-hsiang ming-ch'eng yu ch'i shih-ch'uan chih yen-pien," Ta-lu tsa-chih 16:4, 1952.

_____, "Sung-tai tsai-hsiang ming-ch'eng yu ch'i shih-ch'uan chih yen-chiu," Ta-lu tsa-chih 17:12, 1954.

Chung, Chai-sik., "Chŏng To-jŏn: Architect of Yi Dynasty Government and Ideology," In Wm. T. de Bary and JaHyun Kim Haboush(eds.), The Rise of Neo-Confucianism in Korea(q.v.).

Clark, Donald N., "Autonomy, Legitimacy and Tributary Politics: Sino-Korean Relations in the Fall of the Koryŏ and the Founding of the Yi.," Ph.D. diss., Harvard University, 1978.

_____, "Chosŏn's Founding Fathers: A Study of Merit Subjects in Early Yi Korea," Korean Studies 6, 1982.

Dardess, John W., Confucianism and Autocracy: Professional Elites in the Founding of the Ming Dynasty, Berkeley: University of California Press, 1983.

_____, Conquerors and Confucians, New York: Columbia University Press, 1973.

de Bary, Wm, T., East Asian Civilizations: A Dialogue in Five Stages, Cambridge: Harvard University Press, 1988.

_____, "Introduction," In Wm. T. de Bary and JaHyun Kim Haboush(eds.), The Rise of Neo-Confucianism in Korea(q. v.).

_____, Neo-Confucianism Orthodoxy and the Learning of the Mind-and-Heart, New York: Columbia University Press, 1981.

de Bary, Wm, T., and JaHyun Kim Haboush(eds.), The Rise of Neo-Confucianism in Korea, New York: Columbia University Press, 1986.

de Bary, Wm, T., et al.(eds), Sources of Chinese Tradition, New York: Columbia University Press, 1961.

Deuchler, Martina., The Confucian Transformation of Korea: A Study of Society and Ideology, Cambridge: Harvard University Council on East Asian Studies, 1992.

_____, "Neo-Confucianism: The Impulse for Social Action in Early Yi Dynasty Korea," Journal of Korean Studies 2, 1980.

Duby, Georges., The Early Growth of the European Economy, Howard B. Clarke, trans., Ithaca: Cornell University Press, 1974.

Duncan, John B., "Confucianism in the Late Koryŏ and Early Chosŏn." Korean Studies 18, 1994.

_____, "The Formation of the Central Aristocracy in Early Koryŏ." Korean Studies 12, 1988.

_____, "The Koryŏ Origins of the Chosŏn Dynasty: Kings, Aristocrats, and Confucianism," Ph.D. diss., University of Washington, 1988.

_____, "The Late Koryŏ: A Buddhist Aristocracyŏ" Paper presented at the annual meeting of the Association for Asian Studies, Washington, D.C., 1992.

_____, "The Social Background to the Founding of the Chosŏn Dynasty: Change or Continuity?" Journal of Korean Studies 6, 1988 · 1989.

Ebrey, Patricia., The Aristocratic Families of Early Imperial China: A Case Study of the Po-ling Tsui Family, Cambridge: Cambridge University Press, 1978.

Eisenstadt, S. N., The Political System of Empires, New York: Glencoe Press, 1963.

Farquhar, David M., "Structure and Function in the Yüan Imperial Government," In John Langlois, ed., China under Mongol Rule, Princeton, N.J.: Princeton University Press, 1981.

Hsiao Kung-ch'üan, Chung-kuo cheng-chih ssu-hsiang shih, Taipei:Chung-hua Wen-hua Ch'u-pan-she, 1954.

Hucker, Charles O., "The Ming Dynasty: Its Origins and Evolving Institutions," Michigan Papers in Chinese Studies 34, 1978.

Huntley, James Grayson., Korea: A Religious History, Cambridge, England: Clarendon Press, 1988.

Hymes, Robert., Statesmen and Gentlemen: The Elite of Fu-chou, Chiang-shi, in Northern and Southern Sung China, Cambridge, England: Cambridge University Press, 1986.

Inoue, Hideo., "The Reception of Buddhism in Korea and Its Impact on Indigenous Culture," In Lewis E. Lancaster and C. S. Yu(eds), Introduction of

Buddhism to Korea: New Cultural Patterns, Berkeley: Asian Humanities Press, 1978.

Johnson, Michael., The Medieval Chinese Oligarchy, Boulder: Westview Press, 1977.

Kalton, Michael.., "The Writings of Kwon Kun:The Context and Shape of Early Chosŏn Neo-Confucianism," In Wm. T. de Bary and JaHyun Kim Haboush(eds.), The Rise of Neo-Confucianism in Korea(q.v.).

Kang Chin-ch'ŏl, "Traditional Land Tenure," In Hugh H. Kang, ed., The Traditional Culture and Society of Korea(q.v.).

Kang, Hugh H., "The Development of the Korean Ruling Class from Late Silla to Early Koryŏ," Ph.D. diss., University of Washington, 1964.

_____, "Epilogue," In The Traditional Culture and Society of Korea(q.v.).

_____, "The First Succession Struggle of Koryŏ in 945: A Reinterpretation," Journal of Asian Studies 36:3, 1977.

_____, "Institutional Borrowing: The Case of the Chinese Civil Service Examination System in Early Koryŏ," Journal of Asian Studies 34, 1974.

_____, "Wang Kon and the Kroyo Dynastic Order," Han'guk munhwa 7, 1986.

_____, ed., The Traditional Culture and Society of Korea: Thought and Institutions, Occasional Papers of the Center for Korean Studies 5, Honolulu: University of Hawaii, 1975.

Kawashima, Fujiya., "Clan Structure and Political Power in Yi Dynasty Korea—A Case Study of the Munhwa Yu Clan," Ph.D. diss., Harvard University, 1972.

_____, "The Local Gentry Association in Mid-Yi Dynasty Korea: A Preliminary Study of the Ch'angnyŏng Hyangan, 1600~1838," Journal of Korean Studies 2, 1980. Lancaster, Lewis E. and C. S. Yu(eds.), Introduction of Buddhism to Korea: New Cultural Patterns, Berkeley: Asian Humanities Press, 1987.

Langlois, John D., "Political Thought in Chin-hua Under Mongol Rule," In Langlois, ed., China under Mongol Rule, Princeton, N.J.: Princeton University Press, 1981.

Lee, Peter H., ed., Anthology of Korean Literature, Honolulu: University of Hawaii Press, 1981.

_____, Sourcebook of Korean Civilization, Vol. 1, New York: Columbia University Press, 1993.

Lo, Winston., An Introduction to the Civil Service of Sung China: With Emphasis on Its Personnel Administration, Honolulu: University of Hawaii Press, 1987.

McMullen, David L., State and Scholars in T'ang China, Cambridge, England: Cambridge University Press, 1988.

Miyakawa Hisayuki, "An Outline of the Naito Hypothesis and Its Effects on Japanese Studies of China," Far Eastern Quarterly 14:4, 1955.

Palais, James B., Confucian Statecraft and Korean Institutions: Yu Hyongwon and the Late Chosŏn Dynasty, Seattle: University of Washington Press, 1996.

_____, "Confucianism and the Aristocratic/Bureaucratic Balance in Korea," Harvard Journal of Asiatic Studies 44(2), 1984.

_____, "Han Yŏng-u's Studies of Early Chosŏn Intellectual History," Journal of Korean Studies 2, 1980.

_____, "Land Tenure in Korea: Tenth to Twelfth Centuries," Journal of Korean Studies 4, 1982 · 1983.

_____, Politics and Policy in Traditional Korea, Cambridge, Mass.: Harvard University Press, 1975.

_____, "Slavery and Slave Society in Koryŏ," Journal of Korean Studies 5, 1984.

Reischauer, Edwin O., and John K. Fairbank, East Asia: The Great Tradition, Boston: Houghton Mifflin Company, 1960.

Rogers, Michael., "Pyŏnnyŏn t'ongnok: The Foundation Legend of the Koryŏ State," Journal of Korean Studies 4, 1982 · 1983.

Salem, Ellen., "Slavery in Medieval Korea," Ph.D. diss., Columbia University, 1978.

Shang Wen-li, Chung-kuo li-tai ti-fang cheng-chih chih-tu, Taipei:Cheng-chung Shu-chu, 1981.

Shin, Susan., "Land Tenure and the Agrarian Economy in Yi Dynasty Korea: 1600 ~1800," Ph.D. diss., Harvard University, 1973.

Shultz, Edward J., "Institutional Development in Korea Under the Ch'oe Hous Rule," Ph.D. diss., Hawaii University, 1976.

_____, "Military Revolt in Koryŏ: The 1170 Coup d'etat," Korean Studies 3, 1979.

_____, "Military-Civilian Conflict of the Koryŏ Dynasty," In David McCann et al.(eds.), Studies on Korea in Transition, Honolulu: University of Hawaii Press, 1979.

_____, "Twelfth Century Koryŏ: Merit and Birth," Paper presented at the annual meeting of the Association for Asian Studies, Washington, D.C., 1993. Forthcoming in Journal of Korean Studies 9.

_____, "Twelfth Century Koryŏ Politics: The Rise of Han An-in and His Partisans," Journal of Korean Studies 6, 1988 · 1989.

Sohn Pow-key(Son Po-gi), "Power versus Status: The Role of Ideology during the Early Yi Dynasty," Tongbang hakchi 10, 1969.

_____, "Social History of the Early Yi Dynasty, 1392~1592," Ph.D. diss., University of California at Berkeley, 1963.

Song Ch'an-sik, "Genealogical Records," Korea Journal, January 1977.

Tillman, Hoyt Cleveland., Confucian Discourse and Chu Hsi's Ascendency, Honolulu: University of Hawaii Press, 1992.

_____, Utilitarian Confucianism: Ch'en Liang's Challenge to Chu Hsi, Cambridge, Mass.: Harvard University Press, 1982.

Twitchett, Denis., "Varied Patterns of Provincial Autonomy in the Late T'ang Dynasty," In John Curtis and Bardwell L. Smith(eds.), Essays on T'ang Society: The Interplay of Social, Political, and Economic Forces, Leiden: E. J. Brill, 1976.

Wagner, Edward. W., "The Korean Chokpo as a Historical Source," In Spencer Palmer, ed., Studies in Asian Genealogy, Provo: Brigham Young University, 1974.

_____, The Literati Purges: Political Conflict in Early Yi Korea, Cambridge, Mass.: Harvard University Press, 1974.

_____, "Two Early Genealogies and Women's Status in Early Yi Dynasty Korea," In Laurel Kendall and Mark Peterson(eds.), Korean Women: Veiw for the Inner Room, New Haven: East Rock Press, 1983.

Wakeman, Frederic., The Fall of Imperial China, New York: Free Press, 1975.

Yang, Lien-sheng, Studies in Chinese Institutional History, Harvard-Yenching Institute Series, Cambridge, Mass.: Harvard University Press, 1961.

Yi Song-mu, "The Influence of Neo-Confucianism on Education and the Civil Service Examination System in Fourteenth and Fifteenth Century Korea," In Wm. T. de Bary and JaHyun Kim Haboush (eds.), The Rise of Neo-Confucianism in Korea(q.v.).

미_주_

머리말

1. 민족주의 사학자들에 대해서는 강만길, 「일제 시대의 반식민사학론」, 233~238쪽 참조.

2. 실증주의 사학자들에 대한 뛰어난 논의는 홍승기, 「실증사학론」, 39~83쪽 참조.

3. 백남운, 『朝鮮社會經濟史』; 『朝鮮封建社會經濟史』 참조. 아울러 이청원, 『朝鮮社會史讀本』; 『朝鮮讀本』 참조.

4. 북한의 공식적인 견해는 『조선통사』와 방대한 『조선전사』에 들어 있다. 『조선통사』에서는 "왕조 교체는 있었지만 사회의 본질은 변하지 않았다. 이전 시대처럼 조선왕조에서도 생산수단의 기본인 토지의 대부분은 봉건 양반 지주들이 소유했지만, 많은 양인과 노비는 소작농으로서 착취적인 지대를 내야만 했다. 이처럼 조선 봉건국가가 세워진 뒤에도 이전 시기의 착취와 지배의 봉건 체제는 그대로 유지되었다"(314쪽).

5. 해방 이후 남한의 신민족주의 사학자들에 대해서는 노태돈, 「해방 후 민족주의사학론의 전개」, 1~25쪽 참조.

6. 전석담은 한국이 노비 국가 시대를 갖지는 않았지만 삼국시대부터 조선이 멸망할 때까지 지속된 장기적인 중세 시대를 가졌다고 주장했다. 『朝鮮經濟史』, 7~35쪽.

7. 이런 인식은 한국경제사학회 엮음, 『한국사 시대 구분론』에 실린 여러 논문에서 명확하게 입증되었다.

8. 이기백의 『한국사신론』은 1960년대 후반부터 1970년대 한국의 대학에서 널리 쓰인 2개의 교과서 중 하나였다. 다른 하나는 한우근의 『한국통사』인데, 역시 The History of Korea라는 제목으로 영역되었다. 한우근은 실증주의적 접근에 좀더 가까우며 그의 역사학은 이기백보다 덜 도식적이지만, 예컨대 자본주의의 흥기에 관련된 논의에서 보이듯이, 한우근도 기본적인 사회경제적 발달에 초점을 맞추어 접근하는 태도를 공유하고 있다(영역본, 312쪽).

9. '민중'이라는 용어는 글자 그대로 '인민'이나 '대중'을 뜻한다. 그러나 일반적으로 남한에서 그것은 억압받는 대중뿐만 아니라 식민 체제와 신식민 체제에 억눌려온 진보적 지식인과 정치적 행동주의자들도 포함한다.

10. 남한 주류 역사학계에 대한 민중사학자들의 비판은 한국역사연구회 엮음, 『한국사강의』, 39~41쪽 참조.

11. 고려 시대에 대한 이런 연구로는 Hugh H. Kang, "The Development of the

Korean Ruling Class from Late Silla to Early Koryŏ"; Edward J. Shultz, "Institutional Development in Korea Under the Ch'oe Hous Rule"; 김당택, 『고려 무인정권 연구』; 박용운, 「고려 시대 해주 최씨와 파평 윤씨 가문 분석」; 「고려 시대의 정안 임씨, 철원 최씨, 공암 허씨 가문 분석」; 「고려 시대 수주 최씨 가문 분석」 등 참조. 조선 시대에 관련된 연구로는 James B. Palais, Politics and Policy and Traditional Korea; "Confucianism and the Aristocratic/Bureaucratic Balance in Korea"; Fujiya Kawashima, "Clan Structure and Political Power in Yi Dynasty Korea"; 김영모, 『조선 지배층 연구』; 송준호, 『조선 사회사 연구』 등 참조.

12. Donald Clark, "Chosŏn's Founding Fathers"에서는 고려 후기와 조선 전기 사이의 일정한 연속성을 보여준다.

13. Clark, "Autonomy, Legitimacy and Tributary Politics," 35~89쪽 참조.

14. Duncan, "The Koryŏ Origins of the Chosŏn Dynasty." 필자의 결론에 대한 축약된 내용은 "The Social Background to the Founding of the Chosŏn Dynasty: Change or Continuity?" 참조.

15. 이런 원로 역사학자들의 대표는 송준호인데, 전통적인 양반 지배 세력에 대한 그의 다양한 논문은 『조선 사회사 연구』에 집약되어 있다.

16. 김광철, 『고려 후기 세족층 연구』.

17. 김당택, 「충렬왕의 복립 과정을 통해 본 천계 출신 관료와 '사족' 출신 관료의 정치적 갈등 ─ '사대부' 개념에 대한 검토」, 195~232쪽.

18. 정두희, 『조선 성종대의 대간 연구』.

1장

1. 고려 정체제도의 실제 구조와 운영에 관련된 선구적인 연구는 변태섭이 했으며, 그의 다양한 연구는 『고려 정치제도사 연구』로 출간되었다.

2. 예컨대 박창희, 「고려 시대 관료제에 대한 고찰」과 그의 견해에 대한 박용운의 비판 (『관료제와 귀족제의 개념 검토』, 141~176쪽) 참조.

3. Eisenstadt, The Political System of Empires, 88~91쪽.

4. 같은 책, 225~235쪽.

5. 국제적 압력이 국내 정치에 영향을 주어 지향의 전환을 일으킨 방법에 관련된 뛰어난 설명은 Michael Rogers, "Pyŏnnyŏn t'ongnok: The Foundation Legend of the Koryŏ State," 3~72쪽.

6. 한국의 팽창주의적 정서는 왕조 말엽인 공민왕(재위 1351~1374) 때 1370~1371년

요양 원정과 1388년 무산된 요동 정벌로 한반도의 동북 지방에 도달하면서 다시 나
타난 것으로 보인다.

7. Lo, An Introduction to the Civil Service of Sung China, 3쪽.

8. 10세기 전반 군사 연합의 성격에 대해서는 하현강, 「고려왕조의 성립과 호족연합정
권」 참조.

9. 신라 중·후기의 왕권 강화와 귀족의 저항에 대해서는 이기백, 『신라 정치사회사 연
구』 참조.

10. 강진철, 『한국 중세 토지소유 연구』, 13쪽.

11. 같은 책, 37~39쪽.

12. 신라 후기 귀족 권력의 부활과 귀족 협의체의 재설치에 대해서는 井上秀雄, 「新羅政
治體制の變遷過程」 참조.

13. 원래 901년 궁예가 세운 고려는 여러 번 이름이 바뀌었다. 처음에 궁예는 자신의 나
라를 후고구려로 불렀다가 마진, 그리고 태봉으로 바뀌었다. 고구려를 줄인 고려라
는 이름은 918년 왕권이 궁예를 축출하고 즉위하면서 최종적으로 확정되었다.

14. 지방 호족의 구성에 대한 요약된 논의는 박용운, 『고려시대사』, 25~34쪽 참조.

15. 해상무역 세력의 이익이 중요한 정치적 역할을 하게 되었다는 증거는 평민 출신의
해상왕 장보고의 사례에서 찾을 수 있는데, 그의 선도로 신라는 9세기 중국·일본
사이의 해상 수송을 장악했다. 장보고의 재력과 완도 청해진에 자리 잡은 그의 해상
기지는 왕권을 노리던 진골 세력에게 그를 매력적인 제휴 대상으로 만들었다. 그의
지원을 받는 대가로 신무왕(839년에 잠깐 재위했다)은 장보고의 딸을 839년에 문성
왕(재위 839~57)으로 즉위한 아들과 혼인시키겠다고 약속했다. 진골 귀족은 강력
히 반대해 그 혼인을 무산시켰다. 그러자 격분한 장보고는 반란을 일으켰지만 846
년 암살되었다. 그의 운명은 중앙에 기반을 둔 귀족 체제가 골품제에 입각한 사회적
제약을 여전히 강제할 수 있었음을 보여주는 증거다. 장보고의 몰락은 동북아시아
의 해상무역에서 신라의 지배가 끝났음을 보여주지만, 다른 부류는 연안무역을 지
속했다.

16. 「고려 세계」 『고려사』 1a.

17. 旗田巍, 「高麗初期の官階」, 1~51쪽.

18. Hugh H. Kang, "Wang Kŏn and the Kroyŏ Dynastic Order," 161~176쪽.

19. 신라의 다양한 불교 학교와 사회단체와의 연결에 대해서는 최병헌, 「한국 불교의 전
개」, 78~99쪽 참조.

20. 최병헌, 「도선의 생애와 나말 여초의 풍수지리설―선종과 풍수지리설의 관계를 중
심으로」, 65~92쪽.

21. Peter H. Lee, Sourcebook of Korean Civilization 1, 263~66쪽 참조. 불교 · 풍수지리설, 그리고 다양한 사회 집단 사이의 관계에 대한 최근 연구의 요약은 박용운, 「고려시대사」, 37~41쪽 참조. 자세한 사항은 최병헌, 「나말 여초 선종의 사회적 성격」; 「도선의 생애와 나말 여초의 풍수지리설」 참조.

22. 하현강, 「고려왕조의 성립과 호족연합정권」, 53쪽.

23. 김순식金順式(왕순식王順式)과 그의 아들 수원守元 · 장명長命을 따라서 고려 건국에 참여한 강릉 김씨 출신은 김예金乂(왕예王乂)와 김경金景(왕경王景)—딸이 왕건의 비가 된 고위 관원 2명(「고려사」 88:6a~b)—인데, 왕장명은 군사 600명을 이끌고 왕권을 호위했다(「고려사」 92:16b). 강릉 김씨의 이 지파는 그 공로로 왕건에게서 왕씨를 사성賜姓받았다.

24. 강릉 김씨의 초기 역사에 대해서는 김정숙, 「김주원 세계의 성립과 그 변천」 참조.

25. 이기백, 「신라사병고」, 43~64쪽.

26. 이런 결혼으로 왕실을 확대하려는 왕권의 전략에 대해서는 Deuchler, The Confucian Transformation of Korea, 57~58쪽 참조.

27. 「고려사」 88:1b.

28. 왕건은 신라의 마지막 임금인 경순왕(재위 927~935)의 친척인 김억렴金億廉(본관 경주)의 딸뿐만 아니라 강릉 김씨(왕씨로 개성) 출신 2명과 평산 박씨(박수문과 박수경의 딸) 출신 2명과도 결혼했다. 「고려사」 88:5b~8a 참조.

29. Hugh H. Kang, "The First Succession Struggle of Koryŏ in 945: A Reinterpretation," 411~428쪽. 한국에서 해상무역의 이익은 9세기 중반 장보고의 실각으로 위축되었다.

30. 노비안검법의 영향은 김당택, 「최승로 상서문에 보이는 광종대의 '후생'과 경종 원년 전시과」, 56~60쪽 참조.

31. 「고려사」 93:10b.

32. Hugh H. Kang, "The Development of the Korean Ruling Class from Late Silla to Early Koryŏ," 115~122쪽. 아울러 이기백 엮음, 「고려 광종 연구」에 실린 논문들도 참조.

33. 하현강, 「호족과 왕권」, 146쪽.

34. Hugh H. Kang, "Institutional Borrowing," 109~125쪽. 물론 신라는 8세기 후반 독서삼품과를 시행했다. 그러나 신라에서 그 제도가 실제로 시행된 범위와 기간은 명확치 않다. 상승 이동을 엄격히 제한한 골품제를 고려하면, 독서삼품과가 사회적 상승 이동의 경로를 제공했을 가능성은 적다고 생각된다.

35. 자세한 사항은 박용운, 「고려 시대 음서제와 과거제 연구」, 328~330쪽 참조.

36. 김용덕, 「고려 광종조의 과거제도 문제」, 147쪽; 김두진, 「고려 광종대의 전제 왕권과 호족」, 54~60쪽 참조.

37. 왕조 개창기에 중앙 조정은 본질적으로 신라 제도의 연속이었는데, 광평성廣評省은 신라 진골 귀족이 주재한 화백회의·정사당과 동일한 종류의 회의였고, 내봉성內奉省은 신라 집사부의 행정 기능을 수행했다. 신라와 주요한 차이점은 호족 연합이 자신의 사병을 통합한 순군부狗軍府였다(이기백, 「귀족정치의 성립」, 8~21쪽). 이 제도의 첫 번째 주요한 변경은 광종 때 순군부를 폐지하고 국왕에게 정책을 조언하는 직무를 가진 유교적 소양이 있는 관원들로 구성된 내의성內議省을 신설한 것이었다(변태섭, 「고려 정치제도사 연구」, 3~5쪽 참조).

38. Eisenstadt, The Political System of Empires, 8~9쪽.

39. 같은 책, 17~18쪽.

40. 삼성육부제와 재신은 변태섭, 「고려 정치제도사 연구」, 2~82쪽 참조.

41. 송 조정의 공식 기구와 실제 기능의 차이에 대해서는 Lo, An Introduction to the Civil Service of Sung China, 42~46쪽 참조. 당·송 중앙 조정의 실제 기능에 대해서는 Ch'ine Mu, "Lun Sung-tai hsiang-ch'uan," 145~150쪽; Chou Tao-chi, "T'ang-tai tsi-hsiang ming-ch'eng yu ch'i shih-ch'uan chih yen-pien," 103~113쪽; Chou Tao-chi, "Sung-tai tsai-hsiang ming-ch'eng yu ch'i shih-ch'uan chih yen-chiu" 참조.

42. Lo, An Introduction to the Civil Service of Sung China, 43쪽.

43. 고려 정치 기구의 귀족적 성격에 대해서는 박용운, 「고려시대사」, 113~116쪽 참조.

44. Chou Tao-chi, "T'ang-tai tsi-hsiang ming-ch'eng yu ch'i shih-ch'uan chih yen-pien," 107쪽.

45. 1170년 이전 고려에서는 중추원의 종2품 관원을 대간직에 겸임한 사례가 매우 많이 기록되어 있다. 그런 사례로는 1022년 서눌徐訥이 중추원사 우산기상시(「고려사절요」 3:44)에, 1026년 이단李端이 우상시 지중추원사에(「고려사」 5:7a), 1047년에 황보영皇甫穎이 중추사 어사대부(「고려사절요」 4:11a)에, 김정준金廷俊이 중추원사 판어사대사에, 1081년에 이의李顗가 지중추사 좌산기상시左散騎常侍(「고려사」 9:33b~34a)에, 1106년에 오연총吳延寵이 지추밀원사 어사대부에(「고려사」 12:16b), 왕자지王字之가 동지추밀원사 좌산기상시에(「고려사」 14:19b) 임명된 것 등이다. 왕조 전체에 걸쳐 재추가 대간직을 가진 사례를 보려면 박용운, 「고려 시대 대간제도 연구」, 228~235쪽 참조.

46. 박용운, 「고려시대사」, 99쪽.

47. 왕조의 중앙집권 정책이 중앙 조정에서 강력한 경쟁의 압력을 만든 것에 대해서는

Duncan, "The Formation of the Central Aristocracy in Early Koryŏ," 39~61쪽 참조.

48. 『고려사』 6:16b.

49. 『고려사』 8:34a.

50. 『고려사』 8:24b; 6:41a; 9:9b.

51. 『고려사』 5:38b. 이자연의 묘지명에 따르면 그는 1070년 이전에 종2품 관원으로 육부의 상서직을 맡은 것으로 되어 있지만, 이것은 알려진 유일한 사례이며 왕조 역사에서는 확인되지 않았다. 이것은 후대 흐름의 선구로 생각된다. 허흥식 엮음, 『한국금석전문』 2:495 참조.

52. 『고려사절요』 4:45a.

53. 『고려사』 12:18b.

54. 『고려사』 13:4a.

55. 『고려사』 14:41a.

56. 『고려사절요』 9:46b.

57. 변태섭, 『고려 정치제도사 연구』, 307쪽.

58. 기존 중앙 관원과 과거를 거쳐 입사한 신진 인물 사이의 갈등은 12세기에 정치적 갈등이 대부분의 배후 요인이었다. 이런 갈등에 대해서는 Edward J. Shultz, "Twelfth Century Koryŏ Politics," 3~38쪽 참조.

59. 무신 정권기의 사적 정치 기구에 대한 이런 서술은 대체로 박용운, 『고려시대사』, 429~437쪽에 바탕을 두었다. 아울러 최씨의 기구에 대해서는 Shultz, "Institutional Development in Korea Under the Ch'oe Hous Rule" 참조.

60. 김당택, 『고려 무인정권 연구』, 112~116쪽 참조.

61. 에드워드 슐츠는 무반의 배경을 가진 인물이 정규 관직에 대거 유입되었어도 최충헌 치하에서 문반은 여전히 관원의 대부분을 차지했다고 밝혔다. Shultz, "Twelfth Century Koryŏ Politics," 15~17쪽.

62. 진 왕조(기원전 221~206)의 군현제로 시작된 중국의 지방행정제도는 한의 멸망 이후 혼란기를 거치면서 그 영향력을 대부분 잃었지만, 당·송대에 주현제州縣制로 부활했다. 주州·군郡은 그 권한을 일부 잃었지만, 그 제도는 당 왕조에서 기본적인 위계 구조를 유지하고 다시 등장했다. 송의 제도에 대한 짧은 개관은 Lo, An Introduction to the Civil Service of Sung China, 38~42쪽 참조. 좀더 자세한 사항은 Shang, Chung-kuo li-tai ti-fang cheng-chih chih-tu 참조.

63. 『삼국사기』 34:1b.

64. 『삼국사기』 40:10b.

65. 旗田巍, 『朝鮮中世社會史の硏究』, 415~462쪽 참조.

66. 하현강, 『한국 중세사 연구』, 190~197쪽 참조.

67. 고려 전기의 제도가 지방 호족층에 기초한 방식은 旗田巍, 『朝鮮中世社會史の硏究』, 3~40쪽 참조.

68. 신분에 기초한 지방행정제도에 대한 간략한 서술은 김용덕, 「신분제도」 참조.

69. 이수건, 『한국 중세사회사 연구』, 9~21쪽 참조. 또 다른 설명은 국왕이 본관제를 강제로 시행했다고 주장한다. 이런 견해에서는 신라 후기부터 고려 전기에 유망 인구가 많았으며 이들을 정착시키는 것이 새 왕조의 주요한 과제였다고 본다. 왕조는 본관제를 만들어 모든 인구를 등록하고 그들을 특정한 지역에 긴박시켰으며, 이것은 광종대 이전에 시행되었다고 추정된다. 이 해석에 따르면 왕건이 여러 사람에게 성과 본관을 하사한 사례는 매우 많지만 그 자신의 조상이 거주하던 지역에 할당된 가문의 사례는 없다(김수태, 「고려 본관제도의 성립」, 41~64쪽 참조). 그러나 이 견해는 약간 문제가 있다. 첫째, 왕조는 10세기 후반까지 지방 관서에 중앙 관원을 파견하지 못했는데 어떻게 모든 인구를 등록해 특정 지역에 긴박시킬 수 있었는지 상상하기 어렵다. 둘째, 유력한 지방 가문은 이미 고려 건국 이전에 그 자신의 지역에서 입지를 확보했다는 증거가 있다. 8세기 후반 강릉으로 이주한 강릉 김씨의 시조 김주원은 '명주(강릉) 군왕'으로 자칭했으며(『만성대동보』 1:177a) 신라 헌강왕(875~885)의 셋째 아들 김흥광金興光은 광산으로 이주하 '광산부원군이 되고 광산 김씨의 시조가 되었다(『만성대동보』 1:156b). 또 다른 사례는 평산 박씨다. 12세기의 묘지명에 따르면, 박직윤朴直胤은 신라 후기에 평주(평산)로 배치되어 거처와 요새를 마련하고 그 지방을 다스려 그 후손은 "평주 사람으로 알려지게 되었다"(허홍식 엮음, 『한국금석전문』 2:563, 2:751 참조).

70. 이수건, 『한국 중세사회사 연구』, 111~115쪽 참조.

71. 이종욱, 「940년대 정치 세력의 분석」, 13~15쪽 참조. 아울러 이수건, 『한국 중세사회사 연구』, 227~232쪽 참조.

72. 노명호, 「고려 시대의 친족 관계망과 가족」, 189~190쪽.

73. 『고려사』 125:22.

74. 한국의 부곡은 지리적 단위지만 중국에서 한과 수 사이의 위진남북조 시대(220~581)의 동일한 용어인 부주府州는 예속 농민층을 가리켰다. 宮崎市定, 「府州から千戸え」『東洋史硏究』 29-4(1970), 30~65쪽 및 30-1(1971), 1~32쪽. 부주의 영문 요약은 Lien-sheng Yang, Studies in Chinese Instutional History, 128쪽 참조.

75. 고려 전기 지방행정제도의 두 층위에 대해서는 박종기, 「고려 태조 23년 군현 개편에 관한 연구」, 105~131쪽 참조.

76. 예컨대 旗田巍, 「朝鮮中世社會史の硏究」, 57~74쪽 및 김용덕, 「향·소·부곡고」, 183~185쪽 참조.

77. 이 문제에 관련된 전반적인 논의는 이수건, 「한국 중세사회사 연구」, 450~451쪽 참조. 좀더 전문적인 연구는 박종기, 「신라 시대 향, 부곡의 성격에 대한 일시론」; 「신라 부곡제의 구조와 성격」. 전통적 해석에 문제를 제기한 최초의 연구는 이우성, 「고려 말기 나주목 거평부곡에 대하여」.

78. Peter K. Bol, This Culture of Ours: Intellectual Transitions in T'ang and Sung China, 36쪽.

79. Johnson, The Medieval Chinese Oligarchy, 20~31쪽.

80. 중앙 사절에 대해서는 박용운, 「고려시대사」, 117~118쪽 참조.

81. 旗田巍, 「朝鮮中世社會史の硏究」, 105~139쪽.

82. 인질 제도에 관련해서는 이광린, 「기인 제도의 변천에 대하여」 및 김성준, 「기인의 성격에 대한 고찰」 참조. 최근 일부 학자들은 조언자로서 기인의 역할과 그들이 왕건의 후대를 받았다는 측면을 좀더 강조하면서 국왕이 지방 호족에게 그 아들을 인질로 보내도록 일방적으로 강요하기에는 아직도 약했다고 주장했다(하현강, 「한국중세사 연구」, 80~81쪽 참조).

83. 당의 지방 제도를 모방하려는 이런 초기의 노력은 변태섭, 「고려 정치제도사 연구」, 121~131쪽 참조.

84. 983년에 처음 설치된 목사는(군사 요새를 제외하고) 왕조 조정에서 처음으로 지방에 영속적으로 둔 관원이었다.

85. 서경의 정부 조직에 대해서는 하현강, 「한국 중세사 연구」, 293~345쪽 참조.

86. 「고려사」 77:41a~b.

87. 이기백, 「고려 병제사 연구」, 162~201쪽.

88. 변태섭은 진수鎭戍를 중요한 전략 거점에 배치했다고 언급하면서 중앙에서 파견된 무신들은 11세기 전반에 임명된 문반 지방 수령의 전신前身이었다고 주장했다.

89. 변태섭, 「고려 정치제도사 연구」, 141~144쪽.

90. 「고려사절요」 13:20b. 변태섭, 「고려 정치제도사 연구」, 172쪽에서 인용.

91. 당은 중계적인 지방 제도를 만들지 않다가 7세기 후반 처음으로 안찰사(또는 순찰사)를 임명했다. 그러나 안찰사는 간헐적으로 임명되었으며 8세기 중반-그때 당은 주요한 지방 재편을 추진해 북방 국경의 지방 관원과 절도사에 포괄적인 감독권을 가진 관원을 파견하기 시작했다-까지 왕조는 강력한 지방행정제도를 갖지 못했다고 말할 수 있다. 당의 절도사는 특히 북동지방에서, 안녹산의 난 이후 강력하고 광범한 독립체로 발전했다. 당의 지방행정에 대해서는 Twitchett, "Varied Patterns of

Provincial Autonomy in the Late T'ang Dynasty," 91~109쪽 참조.

92. 안찰사의 제한적 역할에 대해서는 변태섭, 『고려 정치제도사 연구』, 163~180쪽; 하현강, 『한국 중세사 연구』, 226~258쪽 참조. 하현강은 이런 한계를 근거로 안찰사는 왕조가 멸망하기 직전 그 관직의 품계가 높아지고 추가적 권한이 주어지기 전까지 지방을 순회하는 행정 관원의 수장으로 간주할 수 없다고 주장했다.

93. 『고려사』 75:45a~b.

94. 『고려사절요』 2:41a.

95. 『고려사』 75:42b.

96. 『고려사』 75:47a.

97. 향리 제도에 관련된 간략한 논의는 박용운, 『고려시대사』, 132~137쪽 참조. 향리의 특권적 지위는 제2장에서 좀더 길게 언급될 것이다.

98. 『삼국사기』 36:4a.

99. 『고려사』 57:38a.

100. 『고려사』 56:1b.

101. 『고려사』 56:15b.

102. 『고려사』 57:38a~b.

103. 나주에는 11개 군현, 전주에는 9개, 영광과 남원에는 각 8개, 보성에는 6개, 고부에는 4개가 다시 할당되었다. 『고려사』 57:32a~51a.

104. 상주에는 19개 군현이 복속되었고, 홍주에는 15개, 안동에는 14개, 경주·경산에는 각 12개, 합주에는 11개, 공주에는 9개, 양주·수원·천안에는 각 7개, 충주·광주(현재 경기도 소속)·통주(현재 철원)에는 각 6개씩이 복속되었다.

105. 『고려사절요』 2:64a.

106. 『고려사절요』 3:31b. 이로써 현종 때 복속되지 않은 100개의 군현 거의 모두에 임명되었다.

107. 『고려사절요』 7:13a.

108. 이수건, 『한국 중세사회사 연구』, 369~370쪽.

109. 이런 특징들은 「지리지」에서 모은 것이다. 『고려사』 56:1a~58:42a.

110. 『고려사』 57:33b.

111. 고려 토지제도의 대립되는 이론에 관련된 방대한 논의는 Palais, "Land Tenure in Korea: Tenth to Twelfth Centuries" 참조.

112. 전시과의 규정에 대한 서술은 Kang Chin-ch'ol, "Traditional Land Tenure" 참조. 녹봉제에 관련된 간략한 설명은 박용운, 『고려시대사』, 173~177쪽.

113. Hugh H. Kang, "Epilogue," 151쪽 참조.

114. 신라의 전장에 대해서는 강진철, 『한국 중세 토지소유 연구』, 37~39쪽 참조.

115. 旗田巍, 『朝鮮中世社會史の硏究』, 176~184쪽.

116. 이 문제의 증거에 대한 요약은 Palais, "Land Tenure in Korea," 78~102쪽 참조.

117. 촌락공동체론에 관련된 요약은 강진철, 『한국 중세 토지소유 연구』, 73쪽 참조.

118. Kang Chin-ch'ol, "Traditional Land Tenure," 55쪽.

119. 같은 논문, 48쪽.

120. 예컨대 『삼국사기』에는 패물을 팔아 토지·가축·도구를 산 고구려의 장수 온달의 부인에 관련된 이야기가 실려 있다(『삼국사기』 45:8b 주석).

121. 이 주장은 김용섭, 「고려 시대의 양전제」, 86~102쪽에 처음 제기되었다.

122. Palais, "Land Tenure in Korea," 155~157, 182~190쪽.

123. 전시과의 규정과 개정에 대해서는 박용운, 『고려시대사』, 158~171쪽 참조.

124. 박종기, 『고려 시대 부곡제 연구』, 135~166쪽.

2장

1. 중세 중국의 성씨姓氏에 대해서는 Johnson, The Medieval Chinese Oligarchy, 28~30쪽 참조. 고려의 성과 본관에 대해서는 Deuchler, The Confucian Transformation of Korea, 84~85쪽 참조. 다케다 유키오武田幸男는 고려 전기에는 지배층만이 성과 본관을 가졌으며 양인은 두 가지 모두 갖지 못했다고 주장했다(「淨兜寺五層石塔造成形止記 1 - 高麗顯宗朝における若木郡の構造」, 32~37쪽).

2. Johnson, The Medieval Chinese Oligarchy, 6쪽.

3. Bol, This Culture of Ours, 3~4쪽 및 32~58쪽. 아울러 Johnson, The Medieval Chinese Oligarchy, 5~6쪽.

4. 박용운, 「서평: 이성무, 조선 초기 양반 연구」, 300쪽. 고려 전기와 후기에 사대부라는 용어는 '공公·경卿·사대부' 같은 정형화된 표현에서 거의 항상 나온다. 그런 용례의 한 사례는 임경화林景和의 묘지명 참조(허흥식 엮음, 『한국금석전문』 2:766).

5. 11~12세기에 사용된 이런 용어의 보기는 허흥식 엮음, 『한국금석전문』 2:557, 560, 714, 779쪽 참조.

6. Deuchler, The Confucian Transformation of Korea, 35~39쪽.

7. 같은 책, 45~56쪽.

8. 도이힐러는 12세기 중반 무렵 지배층의 장례문에는 부계 조상 2, 3대의 명단이 기재되기 시작했다고 주장했다(같은 책, 39~40쪽). 그러나 이런 관행은 증조·조부·부와 외조를 함께 기록한 1051년 유방헌의 묘지명, 1075년 최사위의 묘지명 같은 11세기 중반 이후의 묘지명에서 찾을 수 있다. 고려 묘지명의 가장 완벽한 집성은 김용선

엮음, 『고려 묘지명 집성』이다.

9. 藤田亮策, 「李子淵とその家系」. 아울러 박용운, 「고려 시대 해주 최씨와 파평 윤씨 가문 분석」; 「고려 시대의 정안 임씨, 철원 최씨, 공암 허씨 가문 분석」; 「고려 시대 수주 최씨 가문 분석」 참조.

10. 족보에 실린 고려 전·중기의 관직 기록은 매우 의심스러우므로 조심해서 사용해야 한다. 거기에는 역사나 다른 자료에서 자취를 찾을 수 없는 조상이 고위 관직을 가졌다고 주장한 사례가 적지 않다. 『고려사』와 『고려사절요』도 관직 임명을 기록하는 데 약간 상충되는 부분이 있지만, 필자는 조정에서 최고 관직(문하시중)에 올랐다고 알려진 인물이 한 번도 역사에서 언급되지 않는 것은 상상하기 어렵다고 생각한다.

11. 『고려사』에서는 문종 때 중앙 조정에 문·무반 관직이 4,385개 있었지만, 확인되지 않은 숫자(9개에서 30개 이상)가 보통 겸직으로 채워졌다고 언급했는데, 이것은 관원의 실제 숫자는 항상 4,385명보다 적었음을 의미한다.

12. 「백관지」에 나열된 재추직의 숫자는 12개지만, 널리 알려져 있듯이 11세기 후반부터 12세기에 일부 관서에는 동시에 복수의 임명이 이뤄지는 것이 관행이었다는 사실은 재추직의 실제 평균 숫자는 12개 이상이었음을 의미한다. 고려 전기 재추직의 평균 추정치를 20개로 잡더라도 그것은 모든 관직의 0.5퍼센트도 되지 않는다.

13. 이수건, 『한국 중세사회사 연구』, 5쪽.

14. 당 이전의 혼란기와 당대唐代 유력 가문의 목록은 Johnson, The Medieval Chinese Oligarchy, 33~88쪽 참조.

15. 이천 서씨와 황려 민씨에 대해서는 이수건, 『한국 중세사회사 연구』, 172~173쪽 참조.

16. 9명의 관원과 7명의 재추를 배출한 청주 유씨의 영향력에 대한 추정은 같은 책, 143~144쪽 참조.

17. 고려 초기 경주 김씨에 대해서는 같은 책, 196~198쪽 참조.

18. 같은 책, 225쪽.

19. 藤田亮策, 「李子淵とその家系」 『靑丘學叢』 15(1934), 121쪽.

20. 『고려사』 92:16b, 95:26b.

21. 藤田亮策, 「李子淵とその家系」 『靑丘學叢』 13(1933), 1~37쪽; 『靑丘學叢』 15(1934), 109~135쪽.

22. 성현, 『용재총화』 10:1a.

23. 이런 가문의 지파들은 자료에서 전형적으로 부계로 표시된다. 그러나 고려에서 조선 전기의 한국인들은 외조나 외증조에게서 음서를 받은 몇 가지 사례[노명호, 「고려

시대의 승음혈족과 귀족층의 음서 기회」, 363~405쪽 참조)와 안동 권씨·문화 유씨 같은 조선 전기의 족보 구조에서 보이듯이 모계로도 후손을 추적했다[Wagner, "Two Early Genealogies and Women's Status in Early Yi Dynasty Korea," 23~32쪽 참조]. 여기서 고려의 가족은 자료의 본질 때문에 부계에 초점을 맞춰 다룰 수밖에 없었는데, 중국의 선례를 따른 것이 분명한 『고려사』 열전과 묘지명들은 대부분 부계 조상은 몇 대에 걸쳐 나열했지만 모계는 외조만 언급했다. 정보의 부족은 모계 후손을 재구성하는 것을 완전히 불가능하게 만들었다. 고려의 가문에 대해서는 Deuchler, The Confucian Transformation of Korea, 29~87쪽 참조.

24. 이천 서씨의 시조 서신일은 지방 호족이었고, 그의 아들 서필은 '문학적 재능' 덕분에 10세기 중반 광종 때 관직에 진출했다(『고려사』 94:7b, 93:1a). 이수건의 논의는 『한국 중세사회사 연구』, 172~173쪽 참조.

25. 광양 김씨도 10세기 중반 중앙 관계에 진출했다(같은 책, 209~210쪽).

26. 경원 이씨는 1024년에 이자연이 과거에 급제함으로써 중앙 관계로 나왔다(『고려사』 95:9b).

27. 단주 한씨에 대해서는 Shultz, "Twelfth Century Koryŏ Politics," 3~39쪽 참조.

28. 이수건, 『한국 중세사회사 연구』, 146~147쪽.

29. 정항의 가문이 향리 출신이라는 사실과 그 자신 및 부친과 형제의 경력에 관련된 자세한 사항은 그의 묘지명 참조(허흥식 엮음, 『한국금석전문』 2:611 주석).

30. 같은 책, 2:775. 이런 가계는 고려 전기 최사위의 묘지명에서 찾을 수 있다(같은 책, 2:502).

31. 최충의 아버지 최온이 지방 관원으로 가진 지위에 대해서는 이수건, 『한국 중세사회사 연구』, 166~167쪽 참조.

32. 최충과 그 후손에 대해서는 『고려사』 95:1a~9a 참조.

33. 과거에 급제한 이런 인물들에 관련된 자세한 사항과 자료는 박용운, 『고려 시대 음서제와 과거제 연구』, 주 328 참조.

34. 이수건은 토산 최씨와 이씨, 양천(공암) 허씨와 최씨, 인주(경원) 이씨와 채씨, 영암 최씨와 전씨, 옥구 임씨와 고씨 등을 포함한 몇 가지 사례를 제시했다(『한국 중세사회사 연구』, 231쪽).

35. 경원 이씨가 맺은 혼인 관계의 중요성에 대한 논의는 Deuchler, The Confucian Transformation of Korea, 58~59쪽 및 이수건, 『한국 중세사회사 연구』, 153~154쪽 참조.

36. 박용운, 『고려 시대 음서제와 과거제 연구』, 100~101쪽.

37. 김용선, 「고려 시대의 음서 제도에 대한 재검토」, 275~319쪽.

38. 같은 책, 310~319쪽의 자료에서 수집했다.

39. 노명호, 「고려 시대의 승음혈족과 귀족층의 음서 기회」, 385~386쪽.

40. 김광수, 「고려 시대의 서리직」, 21~25쪽.

41. 고려 시대 과거제의 구조와 운영에 대해서는 박용운, 『고려 시대 음서제와 과거제 연구』, 3~7장 참조.

42. 변태섭, 『고려 정치제도사 연구』, 307쪽.

43. 허흥식, 『고려 사회사 연구』, 352쪽.

44. 박용운, 『고려 시대 음서제와 과거제 연구』, 328~390쪽.

45. 예외는 평산 유씨, 봉주 지씨, 영천 황보씨다.

46. 그런 인물로는 남평 문씨 출신의 문공원과 문국겸, 파평 윤씨 출신의 윤언이, 수주 최씨 출신의 최충, 해주 최씨 출신의 최사추다.

47. 김영모, 『조선 지배층 연구』, 439쪽.

48. 한충희, 「고려 초기 사회의 성격에 대하여」, 321~359쪽.

49. 허흥식 엮음, 『한국금석전문』 2:495. 날짜는 『고려사』를 근거로 수정했다.

50. 허흥식 엮음, 『한국금석전문』 2:505.

51. 서필은 경종 때 1품의 문하시중이었고, 그의 아들 서희는 성종 때 문하시중이었으며, 서희의 아들 서눌도 덕종(1031~1034)과 정종(1034~1046) 때 문하시중이었다. 『고려사』 93:1a, 94:1a~7a 참조. 이천 서씨는 11세기 중반 중앙에 자리 잡은 두 지파로 발전되었을 가능성이 일부 있지만(이수건, 『한국 중세사회사 연구』 172~173쪽 참조) 서필·서희·서눌은 10~11세기 동안 부자 계승의 주요한 사례다.

52. 곽원郭元은 목종(997~1009) 때 2품의 참지정사였고, 아들 곽증郭拯은 덕종 때 관직에 올랐으며, 곽증의 아들 곽상은 선종(1083~1094) 때 참지정사를 지냈다. 자료에서는 곽상이 곽여郭輿·곽탄郭坦 두 아들을 두었다고 되어 있다. 곽탄은 관직을 가졌는지 알려지지 않았지만, 곽여는 과거에 급제해 일련의 하위 관직에서 근무했다(『고려사』 94:32b~33a, 97:8a~10a).

53. 경주 최씨에서 부자 관계로 이어지는 한 계보는 성종 때 문하시중을 지낸 최승로인데, 그의 아들 최숙崔肅은 현종 때 3품 관직을 가졌고, 최숙의 아들 최제안崔濟顔은 1046년에 문하시중이었으며 최제안의 아들 최계훈崔繼勳은 그 계보에서 마지막으로 관원이 된 인물로 아버지가 세상을 떠났을 때 8품 관직을 받았다(『고려사』 93:2a, 93:22b). 다른 지파는 왕조 개창기의 중요한 학자이자 관원이었던 최언위의 후손인데, 그의 아들 최광원崔光遠은 광종 때 관직에 올랐고, 최광원의 아들 최항崔沆은 현종 때 평장사로 재직했으며, 두 아들 중 최유부崔有孚는 판상서형부사判尚書刑部事의 고관을 지냈지만 최영부崔永浮는 하위 지방 관직 이상 올라가지 못한 것이 분명하다

고 생각된다(『고려사』, 93:31a. 아울러 이수건, 『한국 중세사회사 연구』, 199~202쪽 참조). 경주 김씨는 고려 전기의 중앙 조정에서 세 지파가 있었던 것으로 확인되는데, 하나는 김부(신라 경순왕)의 후손이고, 다른 하나는 10세기 후반의 고위 관원 김인위金仁渭의 후손이며, 세 번째는 12세기 전반 김건의 후손으로 김부식과 그 형제들을 배출했다(같은 책, 196~199쪽).

54. 이 가문의 관직 취득에 관련된 자세한 사항은 〈표 2.3〉 참조. 이 가문에 관련된 더 많은 정보는 藤田亮策, 「李子淵とその家系」 참조.

55. 허흥식 엮음, 『한국금석전문』 2:502.

56. 이자연의 두 아들은 1품 또는 2품 관원으로 확인되는데, 이정은 1075년 평장사였고 이의는 1091년 중추원의 2품 관원이었다(『고려사절요』 5:31b;『고려사』 9:33b).

57. 최충의 두 아들은 1품 또는 1품 관원이었는데, 최유선崔惟善은 1073년 문하시중으로 사망했고, 최유길崔惟吉은 1077년 호부상서였다(『고려사』 9:12b, 9:17b).

58. 『고려사』 97:13b.

59. 허흥식 엮음, 『한국금석전문』 2:611.

60. 『고려사』 98:40b.

61. 『고려사』 99:25a.

62. 『고려사』 17:19b.

63. 중앙에 확고히 자리 잡은 가문과 새로 등장한 가문 사이의 경쟁이 정치적 투쟁을 불러온 것에 대한 논의는 Shultz, "Twelfth Century Koryŏ Politics" 참조.

64. 12세기 기존 가문과 신흥 가문 사이의 갈등에 대해서는 같은 논문 참조.

65. 변태섭, 『고려 정치제도사 연구』, 320쪽.

66. 무신 집정이 과거를 통해 향리를 등용한 것에 관련된 연구들 중에서 가장 영향력 있는 것은 이우성, 「고려조의 '이吏'에 대하여」다. 이우성은 무신 집권기에 향리를 등용한 것은 새로운 발전을 나타낸다고 주장했지만, 이미 보았듯이 과거를 통한 향리의 진출은 고려 전기에도 일반적인 현상이었다.

67. Shultz, "Military Revolt in Koryŏ: The 1170 Coup d'etat," 19~48쪽; "Military-Civilian Conflict of the Koryŏ Dynasty," 5~16쪽 참조. 슐츠의 결론은 김당택, 『고려 무인정권 연구』에서 확인되었다.

68. 김당택, 『고려 무인정권 연구』, 99~100쪽.

69. 대략 4,000명의 관원이 재직하고 그들이 평균 10년 정도 근무한다고 가정하면, 1260~1392년 동안 5만 2,800명의 관원이 있었던 것으로 추산할 수 있다. 그러므로 여기서 이름이 확인된 2,660명의 관원은 전체의 5퍼센트 정도밖에 되지 않는다.

70. 중앙 관직의 70퍼센트 정도(4,358과 중 3,014과)가 정·종9품의 최하위직이었지만,

이름이 확인된 2,660명의 관원 중 9품 관원은 1퍼센트(19명)도 되지 않는다. 반면 상위 세 품계는 모든 관직 중 1퍼센트가 조금 넘지만(4,358과 중 50과), 그 관직을 가진 인물은 이름이 확인된 2,660명의 관원 중 4분의 1정도(689명)다.

71. 고려 후기에는 관원에 관련된 정보가 더 많이 남아 있기 때문에 주요 가문을 정의하기 위해 여기서 사용한 숫자는 고려 전기에 적용한 것보다 많다. 『고려사』에 따르면 고려 전기에는 재추직이 24개였지만, 그 숫자는 고려 후기인 충렬왕(1274~1308) 때는 28개, 공민왕 때는 50개, 우왕(1374~1388) 때는 70개로 늘어났으며 왕조 멸망 직전에는 80개 정도였다(변태섭, 『고려 정치제도사 연구』, 100~102쪽). 그 숫자는 마지막 20년 전까지 50개 이하였다는 측면에서, 50개는 1260~1392년 동안 합리적인 추정치라고 생각된다.

72. 8.7년이라는 평균은 이름이 파악된 모든 재추를 알파벳 순서로 배열하고 1·2품 관원 4명마다 임기를 조사해 임의로 추출해 얻은 수치다. 필자는 시작점을 달리해 두 번 조사했는데, 처음은 8.7년, 두 번째는 8.6년으로 집계되었다. 이 8.7년이라는 평균을 모든 재추가 지낸 6,600년(50개 관직의 132년)으로 나누면 고려 후기에 재추를 지낸 인물은 758명이라는 추산치를 얻을 수 있다.

73. 고려 후기에 관원을 지낸 경원 이씨 출신은 1260년에 시중을 역임한 이장용(『고려사』 27:26b), 1277년 중추원 정3품 관원이었던 이영李穎(『고려사』 28:28b), 1363년에 4품 관원이었던 이익李益(『고려사』 40:33a), 1391년에 5품 대관이었던 이원굉李元紘(『고려사』 46:2a) 등이다. 이천 출신의 서견徐甄은 1391년에 4품 간관이었다(『고려사』 46:30a). 남평 출신의 문경文璟은 14세기 중반 3품 관원이었으며(『고려사』 39:27b), 문달한文達漢은 1383년에 2품 문하평리였다(『고려사』 135:7a).

74. 이수건, 『한국 중세사회사 연구』, 274쪽.

75. 수많은 재추 가문에 초점을 맞추면 이곡·이색(본관 한산) 같은 한두 명의 매우 저명한 관원을 배출한 소수의 가문을 제외하는 약점이 있다. 그러나 그런 가문의 존재는 주요 가문이 조정의 상부를 전반적으로 지배했다는 사실을 바꾸지 않는다.

76. 이수건, 『영남 사림파의 형성』, 28~32쪽 참조.

77. 그런 시조들은 파평 윤씨의 윤관(박용운, 「고려 시대 해주 최씨와 파평 윤씨 가문 분석」, 135~137쪽); 문화 유씨의 유공권(Kawashima, "Clan Structure and Political Power in Yi Dynasty Korea," 23~27쪽); 황려 민씨의 민영모(이수건, 『한국 중세사회사 연구』, 167~168, 267쪽); 전주 최씨의 최균(같은 책, 312쪽); 공암 허씨의 허채(박용운, 「고려 시대의 정안 임씨, 철원 최씨, 공암 허씨 가문 분석」, 61쪽) 등이다. 왕건의 가문으로 추정되는 개성 왕씨도 여기에 포함된다. 파평 윤씨·문화 유씨·황려 민씨·전주 최씨 가문은 4장에서 다뤘다.

78. 죽산 박씨 중 인종 때 박정수의 후손은 14세기에 결국 사라졌고, 원 간섭기 초반에 등장한 박휘朴暉의 후손은 좀더 오래 지속되었다(이수건, 『한국 중세사회사 연구』, 154~158쪽). 죽산 박씨는 3장에서 논의했다. 경주 김씨는 12세기 초반 김한공金漢功 계열과 14세기 초반 과거에 급제한 김인관金仁琯 계열이 있다(같은 책, 303~304쪽). 평강 채씨는 1147년 중급 문반이었던 채송년蔡松年 후손과 채송년과의 관계는 확실치 않지만 무신 집권기 이후에 나타난 또 다른 계열이 있다(같은 책, 299쪽).

79. 남양 홍씨 중 수도에 정착한 지파는 홍관洪灌이 세웠다. 필자는 그의 지계 후손은 모두 중·하급 관직을 가졌다는 그 족보의 주장을 확인할 수 없었다(같은 책, 272쪽). 원주 원씨의 경우, 14세기 원선지元善之의 묘지명(허홍식 엮음, 『한국금석전문』, 3:1140)에서는 그의 조상을 10세기 후반의 원징연元徵衍까지 거슬러 올라갔지만, 필자는 원징연(『고려사』, 2:33b)과 그의 아들 원연(『고려사』, 5:29a)만 확인할 수 있었다.

80. 『고려사』, 33:24a~b. 15개의 재상 가문은 경주 김씨·언양 김씨·정안 임씨·경원 이씨·안산 김씨·창원(철원) 최씨·해주 최씨·공암 허씨·평양 채씨·청주 이씨·남양 홍씨·황려 민씨·횡성 조씨·파평 윤씨·평양 조씨다.

81. 평양 조씨·안동 권씨·안동 김씨·청주 한씨의 기원은 3장 참조. 단일한 계보를 가진 신흥 가문은 언양 김씨(시조는 김취려)·성주 이씨 등이다.(이수건, 『한국 중세사회사 연구』, 308쪽)

82. 광산 김씨 지파 중 하나는 김수金須의 후손이고, 다른 하나는 김지숙金之淑의 후손이며, 세 번째는 김연金璉의 후손인데, 고려 후기에 각 2명 이상의 재추를 배출했다(이수건, 『한국 중세사회사 연구』, 323~324쪽). 김연의 지파는 광양 김씨 가문 출신으로 고려 전기의 유력한 관원의 후손이라고 주장했지만 믿기 어렵다(허홍식, 『한국의 고문서』, 110~114쪽). 복수의 지파를 가진 다른 주요한 신흥 가문 중 순흥 안씨는 안향의 후손과 안문개安文凱의 후손이며(이수건, 같은 책, 308쪽), 경주 이씨는 이숙진의 후손과 이핵의 후손이 있다. 경주 이씨는 3장에서 서술했다.

83. 『고려사』, 89:16b, 19a.

84. 『고려사』, 89:16b.

85. 『고려사』, 88:36a, 89:12a.

86. 『고려사』, 89:30b.

87. 『고려사』, 89:16b.

88. 『고려사』, 89:29a.

89. 고려 후기 이 두 가문의 혼인 관계에 관련된 자료는 그 가문의 족보에서 모아 대조하고 묘지명과 다른 가문의 족보에서 자료를 모아 보충했다.

90. Wagner, "Two Early Genealogies and Women's Status in Early Yi Dynasty Korea," 23~32쪽.

91. 김용선, 「고려 시대의 음서 제도에 대한 재검토」, 286~293쪽. 고조부나 외고조부가 준 음서로 관직을 얻은 사례가 가끔 있지만, 김용선은 이런 사례는 공신의 후손에 국한되었다고 지적했다.

92. 『고려사』 129:33b.

93. 이 가문 중 파평 출신의 윤승례尹承禮처럼 무반 경력을 선택한 인물도 일부 있지만, 절대다수는 문반을 선택했다. 고려 후기 황려 민씨·파평 윤씨·문화 유씨 출신의 관원은 제3장 참조.

94. 예외는 경주 최씨였다. 고려 후기 최씨 출신의 중앙 관원에는 과거에 급제하고 중급 문반을 지낸 최백윤崔伯胤(13세기 후반 활동)의 후손들이 포함되었으며, 그의 아들 최해崔瀣(1287~1340)는 유명한 관원이자 학자로 『졸고천백拙藁千百』의 저자다(그의 묘지명은 『가정집』 11:5a; 그의 전기는 『고려사』 109:27b 참조).

95. 이수건, 『한국 중세사회사 연구』, 341쪽.

96. 청주 출신의 한강(1303년 사망)은 고종(1213~1259) 때 과거에 급제했지만 충렬왕 때까지 고위 관원에 오르지 못했다(『고려사』 107:1a~b). 단양 출신의 우탁(1263~1342)은 무신 정권이 몰락한 뒤 태어나 충렬왕 때 급제했다(『고려사』 109:20b 주석). 경주 출신의 이진(1244~1321)은 이제현의 아버지이자 경주 이씨 지파 중 하나의 시조로 원종(1259~1274) 때 급제했으며 14세기 전반 고위 문관에 올랐다(『고려사』 109:3b). 경주 이씨의 다른 지파의 시조인 이천(1321~1349년 활동)은 과거에 급제했다는 기록은 없지만, 1344년에 시독侍讀을 겸임한 것을 포함해 일생 동안 여러 문한직에 임명되었다(『고려사』 37:4b). 성주 출신의 이조년은 충렬왕 때 급제했다(『고려사』 109:9b). 순흥 안씨 중 안향 계열은 『고려사』 105:28a 주석, 안석安碩 계열은 『고려사』 109:21b 주석 참조.

97. 평양 조씨로 처음 고관에 오른 조인규는 몽골어 역관으로 근무했다.

98. 고려 전기에 그런 사례는 알려져 있지 않다. 예컨대 11세기 후반 재추에 오른 무반인 왕국모의 사례를 참조하라(『고려사』 95:26a~b). 그러나 그런 사례는 고려 후기에 매우 자주 일어난 것으로 보인다.

99. 김용선, 「고려 시대의 음서 제도에 대한 재검토」, 315~318쪽.

100. 『고려사』 105:28a.

101. 『고려사』 124:32a.

102. 『고려사』 131:28a.

103. 13명의 문신은 안동 출신의 김승용, 원주 출신의 원부, 언양 출신의 김변金㺩, 공암

출신의 허공, 안동 출신의 권부·권단, 황려 출신의 민적閔頔, 해주 출신의 최해, 부령 출신의 김구金坵, 단주 출신의 한광연, 전의 출신의 이언충李彦冲, 의성 출신의 김단, 고성 출신의 이존비다.

104. 7명의 무신은 대구 출신의 배정지裵廷芝, 청주 출신의 정인경, 원주 출신의 원선지, 평산 출신의 유자우庾自愚, 언양 출신의 김윤金倫, 평양 출신의 조위趙瑋·조연수趙延壽다.

105. 이 20명 중 6명은 약관으로 경력을 시작했다. 『고려사』 편찬자들이 열전에서 약관을 거치지 않은 인물을 반드시 지적할 정도로 이것은 널리 퍼진 관행이었다고 생각된다. 그런 사례로는 박전지(『고려사』 109:1a)와 조돈趙暾의 열전을 참조하라. 그런 관직은 대체로 정규 18품 이외의 궁중 서리나 숙위직이었다. 명문에 따르면 이 6명 중 4명은 음서 수혜자였다. 4명은 안동 출신의 김승용, 원주 출신의 원선지, 평양 출신의 조위·조연수 등으로 모두 고려 후기의 주요 가문 출신이었다. 나머지 2명도 다른 음서 수혜자들의 경력과 동일하게 젊은 나이에 궁궐 숙위직이었다는 사실을 감안할 때 음서 수혜자였다고 생각된다. 약관의 광범한 이용은 귀족적 질서가 고려 후기를 지배했다는 판단을 강화해준다.

106. 허흥식 엮음, 『한국금석전문』 2:1097.

107. 허흥식 엮음, 『한국금석전문』 2:1131.

108. 이들의 경력은 허흥식 엮음, 『한국금석전문』 2:1123, 1131, 1112, 1180 참조.

109. 이런 경로를 밟은 사람은 단주 출신의 한광원(허흥식 엮음, 『한국금석전문』 2:1047), 부령 출신의 김구(같은 책, 2:1050), 원주 출신의 원부(같은 책, 2:1060), 언양 출신의 김변(같은 책, 2:1081), 해주 출신의 최서(같은 책, 2:1089), 의성 출신의 김성용(같은 책, 2:1136), 황려 출신의 민적(같은 책, 2:1146), 전의 출신의 이언충(같은 책, 2:1148) 등이다.

110. 허흥식 엮음, 『한국금석전문』 2:1081.

111. 허흥식 엮음, 『한국금석전문』 2:1092.

112. 허흥식 엮음, 『한국금석전문』 2:1057, 1063, 1165.

113. 허흥식 엮음, 『한국금석전문』 2:1165.

114. 예컨대 우문군佑文君 양장梁將은 『고려사』에 관원으로 나오지 않지만, 국왕은 그에게 인사 업무를 맡으라고 지시했다(『고려사』 35:31b).

115. 『고려사』 133:32b.

116. 『고려사』 38:20a.

117. 이우성, 「고려조의 '이吏'에 대하여」 24~25쪽. 이성무는 다른 해석을 제기했다. 이성무는 "4품 이상 관원은 대부로 부르고 5품 이하는 사로 불러야 한다"는 상소(조선

세종이 윤허했다)를 인용해 '사대부'는 조정 관원을 나타낼 뿐이라고 주장했다. 이
성무는 고려 후기 녹과전의 분급에 관련된 『고려사』의 기록에서 사대부는 문·무반
관원을 가리키는 용어로 사용된 사례를 지적했다. 이성무, 『조선 초기 양반 연구』
(일조각, 1980), 211~212쪽 참조. 그러나 두 사람 모두 고려 후기부터 사대부라는
용어가 널리 쓰였다는 데는 동의했다.

118. 김당택, 「충렬왕의 복립 과정을 통해 본 천계 출신 관료와 '사족' 출신 관료의 정치
적 갈등」, 195~232쪽.

119. 예컨대 민현구, 「고려 후기의 권문세족」, 39쪽 참조.

120. 『고려사』 78:19b.

121. 김광철, 『고려 후기 세족층 연구』 17~47쪽.

122. 이성무, 「조선 초기 신분사 연구의 재검토」, 217쪽.

123. 『태조실록』 8:3b.

124. 이성무, 「조선 초기 신분사 연구의 재검토」, 217쪽.

125. 양반의 지위에 관련된 쟁점은 송준호, 『조선 사회사 연구』, 249~259쪽 참조.

126. Johnson, The Medieval Chinese Oligarchy, 20쪽.

127. 이런 수정에 관련된 압축된 논의는 박용운, 『고려시대사』, 163~169쪽 참조.

128. 김수태, 「고려 본관제도의 성립」 『진단학보』 52(1981).

129. 이자량과 이자겸의 토지 합병은 박용운, 『고려시대사』, 447~448쪽 참조.

130. 『고려사』 79:31a.

131. Palais, Confucian Statecraft and Korean Institutions, 213~215쪽.

132. 『고려사』 78:45a~46b. 지대인 조에 관련된 논의는 강진철, 『한국 중세 토지소유
연구』, 86~91쪽 참조.

133. 고려 후기 농장의 만연과 크기에 대해서는 송병기, 「고려 시대의 농장-12세기 이
후를 중심으로」 『한국사연구』 3(1969) 참조.

134. 이제현, 『역옹패설』 1:11b.

135. 『고려사』 46:9b.

136. 『고려사』 46:29a.

137. 홍승기, 『고려 귀족 사회와 노비』(일조각, 1983) 및 그 책에 대한 팔레의 서평인
"Slavery and Slave Society in Koryŏ," 173~180쪽 참조.

138. 송병기, 「농장의 발달」, 133~134쪽.

139. 13세기 원의 파괴적인 침략과 14세기 후반 왜구의 습격은 노비 제도의 확산을 가져
왔다. 침략자들에 의해서 많은 지방이 황폐해졌고, 일부는 완전히 파괴되었으며, 토
지는 버려지고 인명이 죽고 흩어지거나 끌려갔다. 1254년 원은 20만 6,800명을 포

로로 끌고 갔으며 셀 수 없이 많은 사람을 학살했으며(「고려사」 24:20b 참조) 왜구
도 백성을 빈번히 자국으로 끌고 갔다. 그 결과 버려진 많은 토지가 몰수·합병되었
고 거기서 일할 인구가 크게 부족해졌다. 토지는 풍부했지만 인구가 적었던 유럽의
비슷한 상황은 중세가 시작될 무렵 노비 제도의 성장을 촉진했다(Duby, The Early
Growth of the European Economy, 85~87쪽).

140. 周藤吉之, 「高麗末期より朝鮮初期における奴婢の硏究」.

141. 이색, 「목은집」 4:5b.

142. 「고려사」 107:12b.

143. 「정종실록」 2:16b.

144. 김우창과 피터 리의 번역으로 Lee, Peter H, ed., Anthology of Korean Literature,
56~57쪽에 수록.

145. 녹과전 제도의 기원과 규정, 의미에 관련된 명쾌한 논의는 민현구, 「고려의 녹과
전」, 291~329쪽 참조. 그 제도의 한계는 박용운, 「고려시대사」, 566~571쪽에 요
약되어 있다.

146. 이것은 녹과전이 조정에서 개인으로 넘어가 붕괴된 것을 서술한 1344년 도당의 상
소에서 보이듯이(「고려사」 78:19b). 부분적으로는 녹과전 제도의 변질 때문이었는
데, 왕조의 재정 기반을 침식한 전형적인 문제의 확산이었다.

147. Palais, "Confucianism and the Aristocratic/Bureaucratic Balance in Korea," 426
~468쪽.

148. 고려의 가계 기록에 대해서는 Deuchler, The Confucian Transformation of
Korea, 39~40쪽 참조.

149. Bol, This Culture of Ours, 32~36쪽.

150. Johnson, The Medieval Chinese Oligarchy, 21~26, 33~44, 121~151쪽.

3장

1. 예컨대 한영우가 「정도전 사상의 연구」에서 제시한 정도전에 대한 평가 참조.

2. 정두희, 「조선 초기 정치 지배세력 연구」, 54~55쪽.

3. 같은 책, 23쪽.

4. 「고려사」 77:31a.

5. 「태조실록」 7:14a.

6. 「정종실록」 3:4a.

7. 「정종실록」 4:1a.

8. 「태조실록」 1:45a 주석.

9. 『정종실록』 4:2b.

10. Wagner, Edward. W, "The Korean Chokpo as a Historical Source," 141~152쪽. 와그너는 한국 족보의 신빙성을 강력히 주장하면서 유교적 가치체계는 정확한 계보를 유지하는 것을 매우 중시했기 때문에 조상의 지위를 높이려는 요구는 없었으며 족보의 정보와 방목·호적 같은 공식 기록 사이에는 밀접한 관련성이 있다고 지적했다.

11. 고려 전기와 비교하면 급감했지만, 고려 후기에도 경원 이씨는 재추 2명을 포함해 5명의 관원을 배출하면서 중앙 조정에서 존재를 유지했다.

12. 고려 후기 함양 박씨에 대해서는 이수건, 『한국 중세사회사 연구』, 292~293쪽 참조.

13. 민현구, 「신돈의 집권과 그 정치적 성격(상·하)」, 78~92쪽.

14. 조선 초기의 공신에 대해서는 Clark, "Chosön's Founding Fathers," 17~40쪽 참조.

15. 『고려사』 135:30b.

16. 그때 평강 채씨 출신이 하위 품계의 기록되지 않은 관직을 가졌을 가능성은 매우 크다.

17. 『고려사』 36:16b. 후손에 대해서는 『고려사』 108:11b~13b 참조.

18. 『고려사』 38:20a.

19. 기탁성은 무신란 이후 의종 때 고관에 오른 무신이었다(『고려사』 100:14a).

20. 『고려사』 101:1a~4b.

21. 『고려사』 126:27a~29a.

22. 『고려사』 26:13a.

23. 이수건, 『한국 중세사회사 연구』, 274쪽.

24. 『고려사』 126:19b.

25. 평강 출신의 채세영蔡世英은 1517년에 급제해 16세기 중반 여러 중급 관직을 거쳤으며, 채유후蔡裕後는 1623년에 급제한 뒤 종2품 이조참판까지 승진했다.

26. 기대항奇大恒·기익헌奇益獻·기자헌奇自獻 같은 16~17세기의 여러 신하와 함께 유명한 학자이자 관원이었던 기대승은 행주 기씨 출신이었다.

27. 『태조실록』 12:9b.

28. 『정종실록』 4:20a.

29. 『태조실록』 14:28a.

30. 『태조실록』 13:1b.

31. 『태조실록』 1:37a, 1:53a.

32. 『태조실록』 15:2b.

33. 『정종실록』 3:13a.

34. 『태조실록』 6:12b; 『만성대동보』 2:11.

35. 『태조실록』 2:16b.

36. 『태종실록』 5:29a.

37. 『국조방목』 518쪽.

38. 『정종실록』 2:16b.

39. 『정종실록』 2:16b.

40. 『태조실록』 14:29a.

41. 『태조실록』 11:13b. 민무구에 대한 자세한 사항은 『여흥 민씨 세보』 1:9 참조.

42. 가장 이른 남은의 관직(상호군)에 대해서는 『고려사』 45:23a 참조.

43. 『태조실록』 3:11b.

44. 김영모, 『조선 지배층 연구』, 439쪽.

45. 『국조방목』, 528쪽.

46. 허흥식, 「고려 과거제도의 검토」, 62쪽 참조.

47. 같은 논문, 52쪽.

48. 같은 논문, 52~57쪽.

49. 박용운, 「고려 시대 음서제의 실제와 그 기능」, 38쪽.

50. 조선 전기와 후비의 주요 가문의 핵심적 특징에 대해서는 Wagner, "Two Early Genealogies and Women's Status in Early Yi Dynasty Korea," 참조.

51. Kawashima, "Clan Structure and Political Power in Yi Dynasty Korea," 25~27 쪽.

52. 민영모와 그의 두 아들 민식·민공규는 『고려사』 열전에 실려 있다(『고려사』 101:1a ~3a). 민지(같은 책, 107:27a)·민적(같은 책, 108:1a)의 열전에서는 그들 사이의 조상은 밝히지 않은 채 두 사람이 5대 차이라고 밝혔다. 그러나 두 사람의 후손 계보는 묘지명과 방목을 이용해 복원할 수 있다. 자세한 사항은 박용운, 『고려 시대 음서제와 과거제 연구』 416·429쪽 참조. 민명신과 민휘의 관직은 역사서나 묘지명에서 확인할 수 없지만, 민인균은 『고려사』에 나오고(『고려사』 73:38a, 74:17b) 민황의 관직은 최해의 『졸고천백』(2:393, 2:411)의 두 군데서 확인할 수 있다.

53. 『고려사』 109:27b 주석.

54. 『고려사』 107:32b.

55. 『고려사』 108:1a 주석.

56. 『태조실록』 11:1a.

57. 정두희, 『조선 초기 정치 지배세력 연구』, 10쪽.

58. 『정종실록』 4:5a.

59. 정두희, 『조선 초기 정치 지배세력 연구』, 41쪽.

60. 『고려사』 102:19a～b.

61. 『고려사』 110:13b 주석.

62. 『태조실록』 6:6a.

63. 『태조실록』 10:8b.

64. 『정종실록』 2:18a.

65. 『태종실록』 7:22a.

66. 『정종실록』 4:14a.

67. 이색, 『목은집』 18:15a.

68. 『고려사』 37:20b.

69. 『고려사』 40:21a.

70. 『태조실록』 1:27b.

71. 정두희, 『조선 초기 정치 지배세력 연구』, 9쪽.

72. 『태조실록』 15:11a.

73. 『태조실록』 10:5a.

74. 『고려사』 105:1a～8b.

75. 『태조실록』 2:15a.

76. 『태조실록』 4:13b.

77. 『태조실록』 6:15b.

78. 『태조실록』 11:13b.

79. 『태조실록』 13:13a.

80. 정두희, 『조선 초기 정치 지배세력 연구』, 42쪽.

81. 『고려사』 35:26b.

82. 『고려사』 37:10b, 104:31a, 37:7b.

83. 『태조실록』 4:6b.

84. 『태조실록』 1:50a.

85. 『태조실록』 13:2a.

86. 『태조실록』 1:20a.

87. 죽산 박씨의 이 지파에 대한 자세한 사항은 이수건, 『한국 중세사회사 연구』, 158, 289쪽 참조.

88. 『고려사』 28:2b.

89. 『고려사』 35:7b.

90. 『고려사』 35:22a.

91. 『고려사』 38:25a.

92. 『고려사』 45:24a.

93. 『태조실록』 3:3b.

94. 『태조실록』 13:1b.

95. 『태조실록』 15.7a.

96. 『고려사』 26:35a.

97. 『고려사』 36:28a.

98. 『고려사』 124:25a.

99. 『고려사』 41:7a.

100. 이색, 『목은집』 16:3b.

101. 이핵이 지낸 정2품 좌복야는 명예직으로 자주 주어졌으며, 그는 아들의 공훈으로
　　 그 관직에 추증되었다.

102. 『고려사』 109:3a 주석.

103. 『고려사』 37:7b.

104. 『고려사』 38:15b.

105. 『정종실록』 6:5b

106. 정두희, 『조선 초기 정치 지배세력 연구』, 42쪽.

107. 『태조실록』 3:12b.

108. 『태조실록』 9:3b.

109. 『정종실록』 1:17b.

110. 평양 조씨의 기원에 대해서는 민현구, 「조인규와 그의 가문(상)」, 17~24쪽. 참조.
　　 조인규가 지방 지배층이었다는 또 다른 의견은 이수건, 『한국 중세사회사 연구』,
　　 330~331쪽 참조.

111. 『고려사』 37:5a.

112. 『고려사』 109:42b 주석.

113. 『고려사』 38:24a.

114. 『고려사』 133:15a.

115. 『고려사』 105:31b.

116. 정두희, 『조선 초기 정치 지배세력 연구』, 9쪽.

117. 『태조실록』 15:1b.

118. 『태조실록』 13:2a.

119. 『태조실록』 14:29a.

120. 『고려사』 107:1a 주석.

121. 『고려사』 107:2a.

122. 『고려사』 107:2b.

123. 『고려사』 107:2b.

124. 『고려사』 42:24a.

125. 정두희, 『조선 초기 정치 지배세력 연구』, 9쪽.

126. 『태조실록』 7:12a.

127. 『태조실록』 10:4b.

128. 『태조실록』 6:14a.

129. 『정종실록』 4:14a.

130. 이 세 사람에 대한 자세한 사항은 최균 열전(『고려사』 99:41a~42a) 참조.

131. 『고려사』 108:10a.

132. 박용운, 『고려시대사』 437쪽; 이제현, 『익재난고』 7:13b.

133. 『고려사』 37:7b.

134. 『고려사』 135:44a.

135. 최선은 무반과 문반직을 모두 가진 것으로 나온다(『태조실록』 11:9a; 『정종실록』 4:18a). 최굉은 중급 문반직을 지냈다(『태조실록』 11:9a).

136. 『고려사』 34:18b.

137. 이색, 『목은집』 15:21b.

138. 『고려사』 111:35b~36a.

139. 군권 장악을 공고히 하는 데 최유경이 한 역할은 1400년 사평을 혁파한 뒤 그가 참판삼군부사參判三軍府事로 승진하고 포상받은 사실에서 유추할 수 있다(『정종실록』 5:1b).

140. 『안동 권씨 성화보』 1:4.

141. 『파평 윤씨 세보』 1:3.

142. 이색의 부인은 권중달의 딸이었고(『고려명현집』 3:222) 아들 이종선은 안동 출신의 권균 및 권근의 딸과 혼인했다(『국조방목』 우왕 8년).

143. 『파평 윤씨 세보』 1:9.

144. 『파평 윤씨 세보』 1:29.

145. 『태조실록』 4:8a 주석.

146. 조선 전기 국왕 자녀들의 혼인 관계에 대한 완벽한 목록은 Clark, "Chosŏn's Founding Fathers," 참조.

147. 이 11개 가문 중 9개는 고려 시대에 입지를 굳힌 가문이었다. 전의 이씨는 무신 집권기에 중앙 조정에 처음 진출했고(이수건, 『한국 중세사회사 연구』, 289쪽) 진주 강씨·진주 유씨도 무신 집권기에 스스로 입지를 확보했다(같은 책, 310쪽). 하동 정씨는 1313년에 정지연鄭之衍이 찬성사에 올랐고(『고려사』 34:12b), 연안 이씨도 무신 집권기에 성장했다(이수건, 같은 책, 279쪽). 창녕 조씨(조익정과 조민수의 가문)는 충숙왕 때부터 관원을 배출했고(『고려사』 35:4a, 「조광한」) 양성 이씨는 12세기 후반에서 13세기 전반에 활발하게 진출해 악명 높은 친원 세력을 배출했다(이수건, 같은 책, 274쪽). 밀양 박씨는 14세기 전반 이미 입지를 굳혔고(『고려사』 33:38a, 「찬성사 박위」) 황려 이씨는 무신 집권기에 처음 등장했는데 유명한 이규보가 그 가문 출신이다(이수건, 같은 책, 267쪽). 나머지 두 가문인 한산 이씨와 창녕 성씨는 대표적인 '신흥 사대부'로 자주 언급되지만, 그들의 혼인 관계에서 보았듯이 그들은 조선 전기 무렵에야 중앙 조정에 참여했다.

148. 진주 하씨·동래 정씨·영일 정씨(정몽주)·광주 이씨·김해 김씨·평산 신씨·연안 김씨·능성 구씨·순천 박씨 등이다.

149. 한양 조씨·양주 조씨·개성 이씨·하양 허씨·회덕 황씨·장수 황씨 등이다.

150. 그들이 조선 전기에 수행한 역할은 Deuchler, The Confucian Transformation of Korea, 97쪽 참조.

151. 허조의 묘지명 참조[이상은 엮음, 『한국역대인물전집성』 5:4537].

152. 같은 책, 2:1011, 「해동명신록」. 같은 내용은 『신창 맹씨 세보』(1937년 편찬) 1:2a ~3a에도 들어있다.

153. 이상은 엮음, 『한국역대인물전집성』 2:1400, 「국조인물고」.

154. 같은 책, 5:4387.

155. 『태종실록』 32:26a.

156. 이상은 엮음, 『한국역대인물전집성』 5:4778.

157. 『태조실록』 8:13a.

158. 이색의 아들 이종선은 1396년 종3품이 되었고(『태조실록』 9:7a) 손자 이맹균은 태종 때 중간 품계의 관원을 지냈다(『태종실록』 3:35a).

159. 김영모, 『조선 지배층 연구』, 439쪽.

160. 장수 황씨 출신의 두 관원인 황치신과 황수신은 유명한 황희의 아들이다. 그들은 아버지의 명망 덕분에 음서로 입사했다.

161. 이기백, 『한국사신론』, 218~219쪽.

162. 송준호, 『조선 사회사 연구』, 127~136쪽.

163. 『고려사』 134:15a.

164. 『고려사』 114:1a~2b. 박은경, 「고려 후기 지방품관세력에 관한 연구」, 51쪽에서 재인용.

165. 김용선, 「고려 지배층의 매장지에 대한 고찰」, 269~279쪽.

166. 『태종실록』 8:26a.

167. 『고려사』 46:4a 주석.

168. 김용선, 「고려 지배층의 매장지에 대한 고찰」, 225~279쪽.

169. 『태조실록』 3:2a~3b.

170. Kawashima, "Clan Structure and Political Power in Yi Dynasty Korea," 166~170쪽.

171. 『원주 원씨 족보』에 따르면 13세기 후반에서 15세기 중반 그 가문 출신의 중앙 관원들은 개경·서울 일대에 안장되었지만, 그 뒤 묘소는 전국에 분포되었다. 『청주 한씨 세보』에 따르면 14~16세기 그 가문 출신 중앙 관원은 수도 부근에 안장되었으며, 16세기 말엽부터 지방에 안장되었다.

172. 한영우, 「여말 선초 한량과 그 지위」.

173. 고려 후기의 거대한 농장이 한국에서 토지 사유의 시작이라고 믿은 스도 요시유키는 이런 대규모의 농장이 조선 전기에도 계속 존재했다고 주장했다(「麗末鮮初における農莊について」).

174. 『태조실록』 15:8b.

175. 『정종실록』 2:16b.

176. 『정종실록』 3:7b.

177. 성현, 『용재총화』 3:19a~b.

178. 이기백, 『한국사신론』, 248쪽.

179. 周藤吉之, 「麗末鮮初における農莊について」; 이성무, 『조선 초기 양반 연구』, 365쪽.

180. 『태조실록』 2:2b.

181. 『태조실록』 15:7a.

182. 이수건, 『영남 사림파의 형성』, 171쪽에서 인용.

183. 같은 책, 175~176쪽.

184. 1850년에 미국 남부에는 34만 7,525명의 노예 소유주가 있었는데, 100명 이상의 노예를 소유한 사람은 1,800명 이하였다(Encyclopaedia Britannica(15판 1978), 18:967~968쪽).

185. 이수건, 『영남 사림파의 형성』, 155~184쪽.

186. Palais, "Slavery and Slave Society in Koryŏ," 174~176쪽.

187. 천관우, 「한국토지제도사(하)」, 1488쪽.

188. 제임스 팔레는 조선 후기 1결의 크기는 토질에 따라 2.2~8.8에이커였다고 추산했
     다(Politics and Policy in Traditional Korea, 65쪽). 그의 추산을 조선 전기에 적용
     하면, 조준이 받은 공신전은 대략 450에이커로 늘어난다.

189. 「태조실록」 7:1a~1b.

190. 「고려사」 46:12a.

191. 「태조실록」 11:11b.

192. Miyakawa Hisayuki, "An Outline of the Naito Hypothesis and Its Effects on
     Japanese Studies of China," 533~552쪽.

193. Patricia Ebrey, The Aristocratic Families of Early Imperial China.

194. Johnson, The Medieval Chinese Oligarchy, 141~145쪽.

195. Bol, This Culture of Ours, 48~58쪽.

196. 성현, 「용재총화」 10. 이수건, 「한국 중세사회사 연구」, 6쪽에서 재인용.

197. 양성지, 「눌재집」 「속편」 1:10a.

198. Bol, This Culture of Ours 327쪽.

4장

1. 예컨대 1389년 전제 개혁 상소에서 조준이 '중흥'이라는 표현을 사용한 것을 들 수 있
   다(「고려사」 78:36b).

2. 이런 측면은 변태섭, 「고려사의 연구」, 84, 86, 88쪽에서 지적했다.

3. 원에 의해 폐위된 국왕은 1298년 충선왕, 1332년과 1344년 충혜왕, 1351년 충정왕이
   다.

4. 「고려사」 24:36a.

5. 「고려사」 24:22a.

6. 「고려사」 25:17b.

7. 「고려사」 26:12a.

8. 「고려사」 26:26b~27a.

9. 「고려사」 26:33b.

10. 고병익, 「동아교섭사의 연구」, 291~292쪽.

11. 육군본부 엮음, 「한국군제사―근세 조선 전기편」, 49~50쪽.

12. 그 두 사람은 최영과 경복흥이다(「고려사절요」 28:10a).

13. 도당의 구성원에 대해서는 변태섭, 「고려 정치제도사 연구」, 99~100쪽 참조.

14. 이제현, 「역옹패설」 1:10a~11b. 강희웅과 슐츠의 번역을 따랐다(Lee, ed.,

Sourcebook of Korean Civilization, 295쪽).

15. 도당의 기능 확대는 변태섭, 「고려 정치제도사 연구」, 105~112쪽 참조.

16. 「고려사」 82:18a 주석.

17. 「고려사」 81:17a.

18. 「고려사」 110:2b.

19. 「고려사」 107:7b~8a, 107:30a 주석.

20. 이제현, 「역옹패설」 1:11b. 여기서는 강희웅과 슐츠의 번역을 따랐다(Lee, ed., Sourcebook of Korean Civilization, 295쪽). 그러나 이 책에서 사용한 용어와 일관성을 유지하기 위해서 일부 관서의 이름은 바꾸기도 했다.

21. 「고려사절요」 20:14b.

22. 「고려사절요」 22:6a.

23. 변태섭, 「고려 정치제도사 연구」, 100쪽.

24. 박용운, 「고려 시대 대간제도 연구」, 194~201쪽.

25. 고병익, 「동아교섭사의 연구」, 291~292쪽.

26. Eisenstadt, The Political System of Empires, 115~116쪽.

27. 이 갈등은 제국 공주의 전기에 자세히 나와 있다(「고려사」 89:1a 주석).

28. 13세기 후반 정치에서 제국 공주와 계국 공주의 역할에 대해서는 김성준, 「여대 원 공주 출신 왕비의 정치적 위치에 대하여」, 214~257쪽 참조.

29. 「고려사」 89:24b~25a.

30. 궁중과 인후印侯 · 장순룡 같은 외국 신하의 특별한 관계는 「고려사」 「폐행嬖幸 열전」에 서술되어 있다. 「고려사」 123:27b~35b 참조.

31. 12세기에 의종은 환관 정함鄭誠에게 크게 의존해 그에게 하위 문관직(6 · 7품)을 주기도 했지만(이병도, 「한국사—중세편」, 453~454쪽) 이것은 개인적 총애의 특수한 사례로 보인다.

32. 「고려사」 28:22b. 의종 때 정함의 사례에서 보았듯이, 고려 전기에 환관은 7품 이하의 관직이 허용되었다. 여기서 새로 나타난 사실은 김자정이 4품 관직에 임명되었다는 것이다.

33. 「고려사」 30:12a.

34. 「고려사」 32:24b, 33:8a.

35. 「고려사」 122:15a.

36. 「고려사」 124:18b.

37. 「고려사」 89:24b.

38. 「고려사」에 따르면 기철은 고려 국왕에게서 작호를 받았지만 그를 군주로 인정하지

않았다(『고려사』 131:18a).

39. 『고려사』 131:16b.

40. 정방을 연대순으로 서술한 기록은 『고려사』 75:3a 주석을 참조하고, 그것이 궁중 기구로 변화한 과정은 『고려사』 75:3b에 나와 있다. 전통적 견해에서는 그것을 귀족(이른바 권문세족)의 권력 거점으로 보았다(예컨대 김성준, 『한국 중세정치법제사연구』, 210~220쪽). 그러나 이런 시각은 2개의 잘못된 추정에서 나왔다. 하나는 고려 후기의 국왕들은 독자적으로 행동할 수 없던 꼭두각시였다는 것이다. 다른 하나는 밀접한 연관이 있는 강윤충처럼 노비 출신의 궁중 총신을 포함해, 정방에 포진한 인물들은 기존 관원 가문의 이익을 대표했다는 추정이다. 정방에서 강윤충의 활동은 『고려사절요』 25:.58b, 그의 사회적 기원은 『고려사』 124:9b 참조.

41. 정방에 대해서는 김성준, 「고려 정방고」 참조.

42. 충렬왕과 김주정의 관계는 『고려사』 4:46b 참조.

43. 『고려사』 115:32a.

44. 『고려사』 123:25b.

45. 『고려사』 104:45b.

46. 『고려사절요』 20:15a~b.

47. 『고려사절요』 22:42b~43a.

48. 『고려사절요』 24:19a.

49. 『고려사절요』 24:45b. 아울러 최안도의 열전 참조(『고려사』 124:26a).

50. 『고려사』 89:19b~20a.

51. 이 책 〈표 3.8〉 참조.

52. 『고려사』 111:9a.

53. 『고려사』 111:27a~28a.

54. 박천식은 우왕 때의 조정을 2개의 주요한 집단으로 파악했다. 하나는 이인임(본관 성주)처럼 옛 양반 가문 출신이 대부분을 차지한 이인임 일파였고, 다른 하나는 공민왕 때 홍건적과 왜구를 격퇴시키면서 위상을 높인 무장 세력—최영이 이끌고 이성계·변안열이 참여한—이었다. 박천식은 1374년에 우왕을 추대하는 데 협력한 이인임과 최영은 이인임이 주도한 불안한 동맹을 맺어—다른 양반들의 간헐적인 도전을 받았지만—우왕의 치세가 끝날 무렵까지 지속했지만, 1388년 1월 최영이 이인임 일파를 숙청해 최고 권력자로 부상했다고 주장했다(박천식, 「고려 우왕대의 정치 세력과 그 추이」, 1~48쪽).

55. 『고려사』 122:24b.

56. 『고려사』 122:27a. 조선 초기에 김사행은 중요한 존재로 다시 등장했다.

57. 그 환관은 이덕분과 김실이었다(『고려사』 134:19a).

58. 『고려사절요』 32:21b~22a.

59. 『고려사』 137:27b.

60. 『고려사』 30:10a.

61. 『고려사절요』 31:5b.

62. 『고려사절요』 32:5a~b.

63. 『고려사절요』 28:12a.

64. 『고려사절요』 31:8a.

65. 『고려사』 126:20a. 변태섭, 『고려 정치제도사 연구』, 103쪽에서 재인용. '출납'은 현대 한국어에서는 대부분 금전 거래와 관련해 사용된다. 그러나 전통 한국에서 그것은 왕명을 담은 문서의 전달을 뜻했다. 중추원의 그런 기능을 서술한 사례는 예컨대 『고려사』 76:10b 참조.

66. 예컨대 우왕의 방탕은 『고려사절요』 32:21b와 32:26b, 환관의 불만은 『고려사』 135:40b 참조.

67. 『고려사』 126:27b~28a.

68. 박천식, 「고려 우왕대의 정치 세력과 그 추이」, 41~43쪽.

69. 같은 논문, 42~44쪽.

70. 이제현, 『역옹패설』 1:9a.

71. 홍자번의 상소문은 『고려사』 84:22a~23b 참조.

72. 사림원의 구성원은 이기남, 「충선왕의 개혁과 사림원의 설치」, 94~96쪽 참조. 이기남은 충선왕의 개혁이 '신흥 사대부'의 영향에서 비롯된 결과라고 주장했다.

73. 김성준, 「여대 원 공주 출신 왕비의 정치적 위치에 대하여」, 214~257쪽.

74. 김성준, 『한국 중세정치법제사 연구』, 216쪽.

75. 정치도감에 대한 가장 포괄적인 연구는 민현구, 「정치도감의 성격」 참조. 필자는 '신흥 사대부'와 '권문세족'의 대립이라는 민현구의 분석틀에는 동의하지 않지만, 이 연구는 그 관서의 성격과 활동을 이해하는 데 매우 유용하다.

76. 『고려사』 109:30b.

77. 『고려사』 84:27a.

78. 『고려사』 110:34a.

79. 『고려사절요』 26:7b~8a.

80. 『고려사절요』 26:9b

81. 『고려사절요』 26:10a.

82. 노국공주는 공민왕의 권력과 야망의 주요한 원천이었다. 모든 측면에서 노국공주는

매우 강한 인물이었다. 1361년 홍건적의 침입으로 남부 지방에 몽진한 동안 공주는 왕실의 가마를 버리고 말을 타고 앞장섰으며, 1363년 김용이 공민왕을 암살하려고 시도하자 국왕을 자신의 방에 숨기고 도움이 올 때까지 음모자들을 제압했다. 그러므로 노국 공주가 세상을 떠난 뒤 공민왕이 자신이 할 일이 없다는 것을 알게 된 것은 이상한 일이 아니다(『고려사』 89:26b).

83. 『고려사』 132:3a~b.

84. 신돈에게 숙청된 사람들 중에는 홍인계 같은 남양 홍씨 출신도 있었다(『고려사』 41:6a).

85. 신돈의 임기는 민현구, 「신돈의 집권과 그 정치적 성격」 참조.

86. 『고려사』 43:5b.

87. 『고려사』 75:18b.

88. 『고려사』 82:8a.

89. 『고려사』 113:15a.

90. 『고려사』 84:20a~b.

91. 『고려사』 43:10a.

92. 『고려사』 84:40a.

93. 『고려사』 111:14b, 113:26a.

94. 『고려사』 82:21b.

95. 『고려사』 133:2b.

96. 『고려사』 133:25a.

97. 『고려사』 81:26a 주석.

98. 『고려사』 135:27a, 29b, 30a, 40b.

99. 『고려사』 75:8a.

100. 『고려사』 113:45b.

101. 『고려사』 24:20a.

102. 『고려사』 78:18b.

103. 전시과 제도의 지속성에 대한 증거와 논의는 이경식, 『조선 전기 토지제도 연구』, 59~61쪽 참조.

104. 녹과전에 관련된 상세한 논의는 민현구, 「고려의 녹과전」, 291~329쪽 참조.

105. 이병도, 『한국사-중세편』, 581쪽.

106. 민현구, 「고려의 녹과전」, 315쪽.

107. 『고려사』 80:17a.

108. 『고려사』 78:19a.

109. 『고려사』 78:18b.

110. 『고려사』 80:18a.

111. 『고려사』 80:20a.

112. 『고려사』 80:1b 주석.

113. 『고려사』 133:28b.

114. 『태조실록』 2:5a.

115. 『고려사』 46:3a.

116. 『고려사』 80:18~19b.

117. 박종기, 『고려 시대 부곡제 연구』, 183~188쪽.

118. 『고려사』 28:22a.

119. 『고려사』 28:36a. 이경식, 『조선 전기 토지제도 연구』, 49쪽에서 재인용.

120. 『고려사』 84:25b.

121. 『고려사』 78:20b.

122. 안축, 『근재집』 1:20a.

123. 이곡, 『가정집』 20:6a.

124. 원천석, 『운곡시사』 1:6b~7a.

125. 『고려사』 41:5a ·19a, 43:15a, 133:10b ·24b ·35b.

126. 예컨대 이성무는 "고려 말의 이와 같은 인정人丁의 도산逃散과 신분제도의 문란은 국가의 경제적 기반을 송두리째 흔들어놓는 결과를 가져왔다. 이에 국가에서는 파괴된 경제적 기반을 복구하기 위하여 이미 원종조元宗朝부터 여러 차례에 걸쳐 전민변정田民辨正 사업을 벌여왔으나 그때마다 권문세족들의 반대로 큰 실효를 거두지 못하였다"고 말했다(『조선 초기 양반 연구』, 176쪽).

127. 민현구, 「신돈의 집권과 그 정치적 성격(하)」, 63~70쪽.

128. 민현구, 「고려의 녹과전」, 297쪽.

129. 임영정, 「노비 문제」, 138쪽.

130. 『고려사』 77:27a.

131. 『고려사』 32:10a.

132. 『고려사』 38:5a~b.

133. 『고려사』 132:6b.

134. 『고려사』 77:27a.

135. 조선 전기의 노비 소송에 대해서는 周藤吉之, 「鮮初における奴婢の辨正と推刷に就いて」, 11~61쪽 참조.

136. 『고려사』 78:18b.

137. 『고려사』 82:39b.

138. 『고려사』 78:20b.

139. 『고려사절요』 32:25b.

140. 『고려사』 43:11a.

141. 『고려사』 136:32a.

142. 周藤吉之,「高麗朝より李朝初期に至る田制の改革」 참조.

143. 고려 후기 국가 관서의 토지 합병에 대해서는 송병기,「농장의 발달」, 62~65쪽 참조. 송병기는 이것은 표면적으로는 관서의 운영 자금을 마련하려는 것이었지만 실제로는 해당 관서에 근무하는 관원의 녹봉을 주려는 목적이었다고 주장했다.

144. 순군의 기능은 『고려사』 85:27a 참조.

145. 지방에서 전개된 이런 개혁 운동의 양상은 박용운,『고려시대사』, 545~546쪽 참조.

146. 이곡,『가정집』 20:6a.

147. 『고려사』 75:47b.

148. 『고려사』 75:48a.

149. 『고려사절요』 22:5a.

150. 『고려사』 73:11b.

151. 이성무,『조선 초기 양반 연구』 특히 제1·2장 참조. 이 뒤의 서술은 이 교수의 연구를 크게 참조했다. 그는 전통적인 권문세족/사대부의 이분법적 구조 안에서 분석했지만, 필자는 전통적 고려의 제도 구조와 중앙 관원 가문의 이익 사이에서 발생한 긴장을 강조했다.

152. 이태진,「고려 후기의 인구 증가 요인 생성과 향약의술 발달」, 203~279쪽 참조.

153. 허흥식,『고려 과거제도사 연구』, 145~164쪽.

154. 지방 향리의 과거 응시 자격에서 상위 두 향리(호장과 부호장)의 아들들은 과거에 나아갈 수 있었지만, 하위 향리의 아들들은 잡과만 응시할 수 있었다(이성무,『조선 초기 양반 연구』, 57쪽).

155. 『고려사』 105:28a.

156. 이런 경향은 『고려사』 열전에서 결론을 도출한 이성무가 지적했다(『조선 초기 양반 연구』, 26쪽 주 91). 허흥식은 방목을 토대로 비슷한 의견을 내놓았다(『고려 과거제도사 연구』, 159~161쪽).

157. 『고려사』 28:24b.

158. 『고려사』 75:47b.

159. 이성무,『조선 초기 양반 연구』, 138~139쪽.

160. 김광수, 「고려 시대의 동정직」, 119쪽.

161. 검교직 수여자는 녹봉과 수조지를 모두 받았지만, 동정직 임명자는 수조지만 받았다.

162. 동정직을 받기 위해 기다리는 기간은 급제자는 5년, 서리 출신은 8년이었다(「고려사」 75:1b).

163. 명예직 관서에 대해서는 박용운, 「고려시대사」, 105쪽 참조.

164. 명예직 소유자에 부과된 새로운 제한은 이성무, 「조선 초기 양반 연구」, 140~142쪽 참조.

165. 「고려사」 104:35b 주석.

166. 이때 첨설직의 숫자에 대한 추산은 이성무, 「조선 초기 양반 연구」, 148쪽 주 410 참조.

167. 「고려사」 75:38a~b.

168. 이성무, 「조선 초기 양반 연구」, 148~149쪽.

169. 「고려사」 75:38b.

170. 이태진, 「사림파의 유향소 복립 운동」, 136~143쪽.

171. 허흥식, 「국보 호적으로 본 고려 말기의 사회구조」, 51~147쪽. 특히 112~113쪽 표 참조.

172. Yŏng-ho Ch'oe, "Commoners in Early Yi Dynasty Civil Examinations," 611~631쪽; The Civil Service Examination System and the Social Structure in Early Yi Dynasty Korea; 한영우, 「조선 초기 사회계층 연구에 대한 재론」, 305~358쪽 참조.

173. 송준호, 「조선 사회사 연구」, 208~212쪽.

174. 「고려사」 75:48b.

175. 이상하게 생각되겠지만, 노비·공장·상인은 일반 농민보다 상승할 기회가 훨씬 많았다. 공노비와 왕실에 소속된 노비는 많은 경우 이미 정치권력의 핵심과 가까웠으며, 상당히 부유한 사람이 많았던 공장과 상인의 경제활동은 조정 관서와 권력자와 밀접한 관계를 맺게 해주었기 때문이다.

176. 이 규정은 엄수안의 열전에서 나오는데, 그는 지방 향리 출신으로 원종 때 급제했다(「고려사」 106:36b).

177. 이성무, 「조선 초기 양반 연구」, 57쪽.

178. 「고려사」 33:5a.

179. 「고려사」 38:6a.

5장

1. 예컨대 정재식, 「정도전」 참조.

2. 조준의 배경과 개혁 활동, 사상에 대한 논의는 장득진, 「조준의 정치활동과 그 사상」, 159~212쪽 참조.

3. 조준이 올린 상소의 전문은 『고려사절요』 33:35a 주석 참조.

4. 이런 여러 개혁안은 「식화지」에 실려 있다(『고려사』 78:20b 주석). 한국어 요약은 한영우, 『조선 전기의 사회사상 연구』, 115~125쪽 참조. 정도전의 제안에 대한 영문 연구는 Palais, "Han Yong-u's Studies of Early Chosŏn Intellectual History," 201~203쪽.

5. 이기백, 『한국사신론』, 223~224쪽.

6. 이경식, 「조선 전기 토지개혁 논의」, 217~246쪽.

7. 이상백, 『이조 건국의 연구―이조의 건국과 전제 개혁 문제』.

8. 『태종실록』 9. 이희관, 「고려 말 조선 초 전함관·첨설관에 대한 토지 분급과 군역 부과」, 96쪽 주 10에서 재인용.

9. 한영우, 「여말 선초 한량과 그 지위」 33~75쪽. 과전법의 규정에서는 한량에게 군전 5~10결을 할당했는데, 그 분량은 그들이 옛 제도에서 받았던 토지 규모에 따라 결정되었다. 이성무는 군전 할당은 그들이 이미 갖고 있던 토지의 일부에 대한 면세를 사실상 인정한 것일 뿐이며 그 대부분은 다시 과세되는 토지로 되돌아갔다고 주장했다(이성무, 『조선 초기 양반 연구』, 221쪽 참조).

10. 토지 분급과 군역에 관련된 최근의 연구는 전직 최고 관원만이 과전을 받았고 종2품 이하의 전직 관원은(도성에 거주하더라도) 군전을 받고 도성 숙위에 편성되었다고 주장했다. 이런 주장은 제한적이고 간접적인 증거에 기초했으며 추정에 많이 의거했지만, 종2품이 첨설직을 받은 최고 품계였다는 지적은 흥미롭다. 이것은 수도에 남아 있던 첨설직 관원도 관원층에서 제외되어 사실상 일반 군인으로 재편되었음을 알려준다(이희관, 「고려 말 조선 초 전함관·첨설관에 대한 토지 분급과 군역 부과」, 91~124쪽 참조).

11. 『고려사』 78:41b.

12. 15~16세기 수조권 제도의 변화는 Shin, "Land Tenure and the Agrarian Economy in Yi Dynasty Korea: 1600~1800," 12~13쪽 참조.

13. 과전법의 이런 조항은 『고려사』 78:41a~42b 참조. 아울러 이병도, 『한국사―중세편』, 698쪽에도 개략적으로 설명되어 있다.

14. 『태종실록』 12:35b. 이경식, 「조선 전기 토지개혁 논의」, 221쪽에서 재인용.

15. 『태종실록』 12:36a.

16. 이경식, 「조선 전기 토지개혁 논의」, 221쪽.

17. 같은 논문, 224~227쪽.

18. 호적에 대해서는 이성무, 『조선 초기 양반 연구』, 181~185쪽 참조. 이성무는 이 개혁을 조선 전기에 노비 소유권을 둘러싼 수많은 소송과 연결시켜 호적 개정의 주요 목표는 국가에 봉사할 수 있는 양인 가호의 숫자를 늘리는 데 있었다고 주장했다. 그의 주장은 어느 정도 타당하다고 생각되지만, 14세기 후반의 혼란한 지방 상황에서 경쟁이 더욱 치열해졌고 새 왕조가 지방행정을 규칙화하려고 노력한 맥락 안에서 살펴보면, 이 개혁은 분권적이던 옛 고려의 제도를 해체해 중앙에서 지방을 직접 통제하는 강력한 제도로 바꾸는 필수적인 부분으로 볼 수도 있다.

19. 김홍식, 『조선 시대 봉건사회의 기본 구조』, 95~96쪽.

20. 이성무, 『조선 초기 양반 연구』, 183쪽.

21. 이기백, 『한국사신론』, 248~249쪽.

22. 『朝鮮史』 15:580. 이것은 북쪽 지방의 유휴지를 개간하게 해달라는 백성들의 요구 때문에 일어났다.

23. 이수건은 고려 시대 200여 개의 부곡·향·소를 도표로 제시했다(『한국 중세사회사 연구』, 338쪽).

24. 같은 책, 437쪽.

25. 자원의 운영권을 둘러싼 국가와 양반의 갈등이 불러온 장기적 영향에 대해서는 Palais, Politics and Policy in Traditional Korea 참조.

26. 고려 후기의 중계적인 지방행정에 대한 전체적인 논의는 변태섭, 『고려 정치제도사 연구』, 181~194쪽 참조.

27. 武田幸男, 「高麗·李朝時代の屬縣」, 33쪽. 1450년을 기준으로 추출한 다케다의 수치는 『세종실록』 「지리지」에서 모은 것이다.

28. 이숭인의 본관은 경산(성주), 정몽주는 영일, 길재는 선산이었다. 이색의 본관은 충청도 한산이었지만, 모계를 통해 울산과 밀접한 관련이 있었다(이수건, 『영남 사림파의 형성』, 42쪽).

29. 『고려사』 57:5a.

30. 고승제, 『한국 촌락사회사 연구』, 211~212쪽.

31. 『고려사』 75:14a.

32. 『고려사』 75:16a.

33. 이성무, 「조선 초기의 향리」, 68쪽.

34. 고승제, 『한국 촌락사회사 연구』, 212쪽.

35. 이성무, 「조선 초기의 향리」, 67쪽에서 재인용.

36. 『세조실록』 5:23a.

37. 같은 부분.

38. 이수건, 『한국 중세사회사 연구』, 392~393쪽.

39. 『고려사절요』 33:36b.

40. 『고려사』 75:48b.

41. 『고려사』 75:39b.

42. 조선 전기 첨설직 임명을 폐지하는 과정에 대한 논의는 이성무, 『조선 초기 양반 연구』, 149~151쪽 참조.

43. 이성무, 「조선 초기의 향리」, 40~42쪽.

44. 조선 시대에 지방 서리의 과거 응시를 제한하는 법률 규정과 법률 외적 규정은 이성무, 『조선 초기 양반 연구』, 57~59쪽 참조. 현직 관원은 제외하고 과거에 응시할 수 있는 아들의 숫자를 제한하며, 지방 서리 가문 출신의 응시자는 그 지방 수령에게서 승인 문서를 받도록 하고 일련의 엄격한 사전 시험을 거쳐야 한다는 제한 규정은 다른 응시자에게는 적용되지 않았다. 이런 규제가 양인 응시자보다 더욱 엄격히 적용되었다는 사실은 조선 전기 지방 서리의 사회적 지위가 양인보다 더 낮았다는 의미로 해석될 수도 있다. 이성무는 그 반대, 곧 지방 서리는 양반에게 더욱 큰 위협이 되었기 때문에 더욱 엄격한 규제가 부과된 것이라고 주장했는데, 옳은 지적이라고 생각한다.

45. 이성무, 「조선 초기의 향리」, 34~35쪽.

46. 이성무, 「중인층의 성립 문제」. 아울러 김영모, 『조선 지배층 연구』, 28~33쪽 참조.

47. 『태조실록』 2:17b.

48. 『태조실록』 15:9b.

49. 『정종실록』 5:8b.

50. 상인이나 공인처럼 의심스러운 사회적 출신이 관직을 갖는 데 조선 양반이 완고하게 반대한 사실은 송준호, 『조선 사회사 연구』, 453~456쪽 참조.

51. 이상백, 『조선 문화사 연구 논고』, 193~228쪽.

52. 이성무, 『조선 초기 양반 연구』, 52~54쪽.

53. Deuchler, The Confucian Transformation of Korea, 270~271쪽.

54. 『고려사절요』 33:35a~37a.

55. 『태조실록』 2:20a.

56. 『태조실록』 15:5b.

57. 『정종실록』 3:2a, 3:3b.

58. 『태조실록』 11:15b, 5:1a, 12:1b.

59. 『태조실록』 13:12b.

60. 『태조실록』 1:40a 주석.

61. 『태조실록』 2:4a.

62. 『태조실록』 15:6b.

63. 『정종실록』 1:5a.

64. 『정종실록』 2:19b.

65. 1451년 신하가 국왕을 뵙고 국왕에게 정보가 들어가는 것을 환관이 막는다는 비판이 제기되었다(이상백, 『한국사－근세전기편』, 50쪽 주 4). 그러나 전체적으로 태종대 이후 조선 시대는, 특히 고려 후기 및 중국 왕조와 비교할 때 환관이 정치에 거의 개입하지 못했다.

66. 이성계의 불교 신앙이 불러온 신하들과의 갈등은 이상백, 『조선 문화사 연구 논고』, 63~88쪽 참조.

67. 『태조실록』 14:28b.

68. 그러나 치세 후반 독실한 불교 신자였던 세종은 왕사를 한 번 더 임명했는데, 그는 원 간섭기에 왕사를 가리키는 직함인 존자에 임명된 신미였다(『문종실록』 2:25a~b).

69. 정두희, 「조선 건국 초기 통치 체제의 성립 과정과 그 역사적 의미」, 53~75쪽.

70. 『고려사』 137:31b.

71. 『고려사』 45:8a.

72. 『정종실록』 6:10a.

73. 『정종실록』 5:9a

74. 『태조실록』 14:19b.

75. 『정종실록』 2:15b.

76. 『정종실록』 3:7b.

77. 『정종실록』 4:8a.

78. 『태조실록』 6:16b.

79. 『태조실록』 2:1b.

80. 1432년에 고려 전기와 동일한 이름을 가진 중추원이 다시 설치되었지만, 이 관서는 궁궐의 경비만 맡았다.

81. 『태종실록』 2:2b.

82. 1401년에 조준이 판문하부사가 된 것이 최고 직위인 문하시중에 마지막으로 임명된 사례였다. 『태종실록』 3:28b 참조.

83. 이상백, 『한국사－근세전기편』, 175쪽.

84. 새 제도에서 의정들은 서연관·춘추관·성균관·경연관·홍문관 같은 여러 외부 관직을 겸임할 수 있었다. 그러나 이 관서들은 대부분 특수한 기능이 있었고 관료 권력의 정규적 흐름 외부에 있었다. 물론 법률로 규정된 이런 관서 외에 육조나 사헌부 같은 핵심 관서도 겸직할 수 있었겠지만, 세종과 세조 때 관직 획득을 조사한 결과 그런 사례는 찾지 못했다.

85. 조선 초기 육조·의정부·국왕에 대해서는 최승희, 「양반 유교 정치의 진전」, 137~144쪽 참조.

86. 이조판서의 중요성에 관련된 논의는 김영모, 『조선 지배층 연구』, 455~457쪽 참조.

87. 정두희, 「조선 건국 초기 통치 체제의 성립 과정과 그 역사적 의미」, 75쪽.

88. Wagner, The Literati Purges, 1~2쪽.

89. 원의 정치제도는 Farquhar, "Structure and Function in the Yuan Imperial Government," 25~55쪽 참조.

90. 명의 제도에 관련된 이런 논의는 Hucker, "The Ming Dynasty: Its Origins and Evolving Institutions," 참조.

91. 같은 책, 45~46쪽.

92. 조선의 양반들이 왕권을 제한하기 위해서 조선과 중국의 조공 관계를 이용했다는 것은 손보기가 박사 학위 논문에서 지적했다("Social History of the Early Yi Dynasty, 1392~1592"). 좀더 압축된 내용은 그의 "Power versus Status: The Role of Ideology during the Early Yi Dynasty," 209~253쪽 참조.

6장

1. 이런 해석에 대한 전체적인 비평은 Palais, "Han Yŏng-u's Studies of Early Chosŏn Intellectual History," 199~224쪽 참조.

2. 김충렬, 『고려 유학사』, 409쪽.

3. Deuchler, The Confucian Transformation of Korea, 92쪽.

4. 같은 책, 24~27쪽.

5. De Bary and JaHyun Kim Haboush(eds.), The Rise of Neo-Confucianism in Korea, 34~37쪽.

6. 이런 견해의 압축된 내용은 Reischauer and Fairbank, East Asia: The Great Tradition, 220~222 및 235~241쪽 참조. 이런 시각은 당과 송의 근본적인 사회·정치적 변화에 관련된 나이토 코난의 서술과 정·주의 철학사상과 그 기원에 초점을 맞춘 펑유란의 중국 사상사 연구에 힘입어 널리 알려졌다.

7. Tillman, Confucian Discourse and Chu Hsi's Ascendency.

8. Bol, This Culture of Ours, 333쪽.

9. Deuchler, The Confucian Transformation of Korea, 127쪽.

10. 한영우, 『조선 전기 사회사상 연구』. 특히 제2부 제1~2장 참조.

11. 이태진, 『조선유교사회사론』, 74~75쪽.

12. 한국에서 성리학의 초기 발전에 대한 가장 자세한 서술은 김충렬, 『고려 유학사』, 87
   ~97쪽 참조.

13. 12세기 초반 경연에서 사용된 교재들은 김충렬, 『고려 유학사』, 110~112쪽에 나와
   있다. 그는 1105~1070년 동안 진행된 41개의 개별적 경연을 나열했다. 『중용』은
   네 차례 사용되었다.

14. 이병도, 『한국사-중세편』, 227쪽.

15. 박성환, 『유교』, 257~261쪽.

16. 고려의 문학적 전통에 관련된 논의는 이가원, 『한국한문학사』, 74~75쪽 참조.

17. 유교와 불교의 역할에 대한 최승로의 견해는 Lee, Sourcebook of Korean
   Civilization 1, 289~292쪽 참조.

18. 예종 때 지식인의 동향은 Shultz, "Twelfth Century Koryŏ Politics" 참조. 아울러 조
   동일, 『한국문학통사 1』, 377~380쪽 참조.

19. 조동일, 『한국문학통사 1』, 348쪽.

20. 같은 책, 382~383쪽에서 재인용.

21. 『고려사』 73:9a~b. 범중엄의 개혁에 대해서는 Bol, "Examinations and
   Orthodoxies," 5~6쪽 참조.

22. 『고려사』 73:10a~b.

23. 『고려사』 「선거지」에서는 이런 변화를 언급하지 않았지만, (1154년 이후) 1320년에
   다시 개정된 시험 내용에는 시부를 폐지하고 대책을 시행한 것으로 그런 변화가 일
   어난 것이 확실하다.

24. 소식의 사상에 대해서는 Bol, This Culture of Ours, 제8장 참조.

25. 류창규, 『고려 무인정권 시대의 무인 박인석』, 171~193쪽.

26. 김당택, 『고려 무인정권 연구』, 202~221쪽.

27. 최자, 『보한집』 「서序」 1a~2b.

28. 최자, 『보한집』 1:9b.

29. 장구章句에 치중한 학자들에 대한 최자의 비판적 태도는 이원명, 『고려 성리학 수용
   의 사상적 배경』, 53~55쪽 참조.

30. 최자, 『보한집』 1:1a.

31. 김구 열전은 『고려사』 106:12a 주석 참조.

32. 최자, 『보한집』 1:4a.

33. 최자, 『보한집』 1:6a.

34. 최자, 『보한집』 1:10a.

35. 최자, 『보한집』 1:1a~2b.

36. 이런 측면에서 윤소종 역시 14세기 후반에 척불론을 제기하며 최응의 발언을 언급한 것은 주목할 만하다. 『고려사』 120:14a 참조.

37. 『고려사』 74:31b.

38. 이숭인의 문집에 실린 정도전의 서문을 참조하라(『도은집』 1:2a). 실제로 정도전은 이제현이 한국에서 고문을 실천한 첫 인물이라고 말했다. 정도전이 그 이전에 고문을 실천한 인물들을 몰랐다고 생각되지는 않는데, 이제현이 남긴 공헌의 중요성을 강조하려는 수사적 표현으로 판단된다.

39. 예컨대 정옥자, 「여말 주자성리학의 도입에 대한 시고」, 29~54쪽 참조.

40. 이제현, 『역옹패설』 권1, 1:13a~b. 고려 후기에 과거에 응시하려는 젊은이가 승려에게서 시문을 배우는 것은 일반적인 관행이었다. 이런 관행에 대해서는 Duncan, "The Late Koryŏ" 참조.

41. 이제현, 『역옹패설』 「습유」 4a.

42. 이제현, 『익재난고』 3:11a.

43. 『고려사』 110:41a.

44. 권근, 「행장」. 이색, 『목은집』 3b~4a.

45. Tillman, Utilitarian Confucianism, 45쪽.

46. 이색, 『목은집』 9:4a~b.

47. 하륜, 「포은선생 시권서詩卷序」. 정몽주, 『포은집』 1:a.

48. 김종직, 『점필재집』 1:46a~b.

49. 이병휴는 김종직이 문학에 관심을 둔 것은 그가 사장과 경학 모두에 걸쳐 있는 과도적 인물이었음을 의미한다고 주장했다(『조선 전기 기호사림파 연구』, 29~30쪽). 김종직은 매우 과도적 인물이었지만, 당풍의 문학가와 조광조가 대표한 정주학자보다는 고문학에서 순수한 정주학으로 넘어가는 과도적 인물이었다고 생각된다.

50. 『세조실록』 34:9a.

51. 조동일, 『한국문학통사 3』, 346~355쪽. 인용문은 354쪽.

52. 양성지, 『눌재집』 4:31a~b.

53. 한영우, 『조선 전기 사회사상 연구』 167쪽에서 인용.

54. 사림파와 훈구파의 대표적 인물들이 정주학에 대한 헌신과 문학에 대한 고문학의 생각을 공유했다면, 어떻게 두 집단을 사상적으로 구별할 수 있는가? 사림파의 주장

은 훈구파가 옛 당풍을 추종한 사장가일 뿐이라고 비판해 그들을 폄훼하려는 시도
였는가? 두 집단의 갈등이 가장 첨예했던 16세기 전반, 사림파는 김종직이 표현한
종류의 생각을 더 이상 용인하지 않는 좀더 교조적인 정주학을 향해 나아갔다는 평
가는 성립될 수 있을 것이다.

55. 이상백, 『조선 문화사 연구 논고』 및 한우근, 「여말 선초의 불교 정책」;「세종조에 있
어서의 대불교시책」 참조.

56. 이런 견해는 이기백, 『한국사신론』, 268쪽에 요약되어 있다.

57. '팔관재계八關齋戒'에서 가져온 이름 때문에 전통적으로 팔관회는 불교 의례로 간주
되었지만, 실제로 그 의례는 하늘·산천의 여러 정령을 숭배하는 것이었다. 그런 사
항은 무속 전통과의 관련을 알려준다.

58. 허흥식, 『고려불교사연구』 특히 제1장 「고려 사회의 불교적 기반」 참조. 아울러
Deuchler, The Confucian Transformation of Korea, 29~87쪽 참조.

59. Duncan, "The Late Koryŏ," 42~46쪽.

60. Wagner, The Literati Purges. 대부분의 증거는 불교의 영향력을 줄이려는 관원들의
시도와 그런 시도가 맞닥뜨린 어려움에 관련된 것이다. 1492년 반불 정책의 좌절에
대해서는 예컨대 34~35쪽 참조.

61. 한우근, 「여말 선초의 불교 정책」.

62. 조선 전기의 종교 생활이 복잡했다는 사실은 도이힐러도 지적했다(The Confucian
Transformation of Korea, 175쪽).

63. 허흥식, 『고려불교사연구』, 416~417쪽.

64. 이상백, 『조선 문화사 연구 논고』, 104~182쪽.

65. 『세종실록』 127:13b.

66. 『문종실록』 2:25a~b.

67. 『문종실록』 3:8a.

68. 『세종실록』 123:1a.

69. Kalton, Michael C. "The Writings of Kwon Kun," 95 및 122쪽 주 10.

70. 『안동 권씨 성화보』 1:4a. 권근의 형제가 승려라는 사실은 Kalton, "The Writings of
Kwon Kun," 101쪽에서도 언급했다.

71. 이색, 『목은집』 17:4b.

72. 『문종실록』 7:20a.

73. 『태조실록』 4:1b.

74. 성현, 『용재총화』 1:18.

75. 성현, 『용재총화』 1:195.

76. 『세종실록』 23:30a.

77. 『세종실록』 114:7a 주석.

78. 『세종실록』 121:6b.

79. Kalton, "The Writings of Kwon Kun," 94~98쪽.

80. 같은 논문, 101쪽.

81. Yi Sŏng-mu, "The Influence of Neo-Confucianism on Education and the Civil
    Service Examination System in Fourteenth and Fifteenth Century Korea," 140
    쪽.

82. 『세종실록』 83:7a.

83. 『세종실록』 100:2b.

84. 『세종실록』 100:15b.

85. 이理의 단일성과 그것의 다양한 발현에 관련된 김수온의 논의는 『식우집』 2:16b~
    17b 참조.

86. 『식우집』 2:4a.

87. Bol, "Chu Hsi's Redefinition of Literati Learning," 151~185쪽.

88. 『고려사』 73:43a.

89. 『고려사』 73:11a.

90. 『고려사』 73:11b.

91. 아무런 설명 없이 이런 일련의 반전에 관련된 목록은 『고려사』 73:11b~12b 참조.

92. 이숭인, 『도은집』 4:12b~13a.

93. Yi Sŏng-mu, "The Influence of Neo-Confucianism on Education and the Civil
    Service Examination System in Fourteenth and Fifteenth Century Korea," 148~
    149쪽.

94. 같은 논문, 152~153쪽 및 160쪽 주 144.

95. 『세종실록』 49:21b.

96. 그러나 고문-정주학 지지자와 당 사장가가 늘 명확히 구분되지는 않는다는 것을 지
    적해야 한다. 처음에 제술 시험을 지지한 사람 중 하나는 조선 전기의 사상가 중 정
    주학을 가장 깊이 이해한 학자였을 권근이었다. 1407년에 권근은 문학적 능력은 외
    교 문서를 작성하고 중국 사신을 접대하는 데 필요하다는 이유에서 제술을 시험해
    야 한다고 주장했다(과거제도에 관련된 권근의 긴 상소는 『태종실록』 13:14a~15b
    참조). 이런 종류의 생각은 1450년 초장의 제술 시험이 대과에서 제외된 뒤에도 제
    술과가 지속된 까닭을 설명하는 데 도움을 준다. 또한 이것은 당시 한국 사상가들의
    주장이 항상 이념적 지향만을 표방한 것은 아니며 자주 실제의 사회·정치적 고려에

영향받았음을 보여준다.

97. 예컨대 황선명, 「조선조 종교사회사 연구」, 32~34쪽 참조.

98. Bol, This Culture of Ours, 333쪽.

99. 같은 책, 338~339쪽.

100. Chung, Chai-sik, "Chŏng To-jŏn: Architect of Yi Dynasty Government and Ideology," 67~72쪽.

101. Tillman, Utilitarian Confucianism, 86~87쪽.

102. 같은 책, 203~204쪽.

103. Wakeman, The Fall of Imperial China, 149쪽.

104. Chung, "Chŏng To-jŏn," 68~69쪽.

105. Deuchler, The Confucian Transformation of Korea.

106. Eisenstadt, The Political System of Empires, 62~65쪽.

107. 도이힐러는 한국 정주학의 혁명적 자극은 사람은 지도를 받아 완벽해질 수 있다고 믿어 "인간의 본성이 온전하게 실현될 수 있는 적절한 환경을 만들어야 한다"고 요구한 데서 왔다고 평가했다(The Confucian Transformation of Korea, 24~25쪽).

108. De Bary, East Asian Civilizations, 60쪽.

109. 아이젠슈타트는 중국에서 사대부와 신사층의 긴밀한 관련에 주목했지만, 신사가 세습적 계층은 아니었다고 주장했다. The Political System of Empires, 328~331쪽 참조.

110. Palais, "Confucianism and the Aristocratic/Bureaucratic Balance in Korea," 455~457쪽.

111. 소식에 대한 정주학파의 적대감에 관련된 사항은 de Bary, Neo-Confucianism Orthodoxy and the Learning of the Mind-and-Heart, 16쪽 참조. 드 배리는 소식 추종자와 주희 추종자 사이의 분열은 원대까지 지속되었다고 지적했다(43쪽).

7장

1. 덜 분화된 사회에 관련된 논의는 Eisenstadt, The Political System of Empires, 105~109쪽.

2. 같은 책, 163쪽.

3. Palais, "Confucianism and the Aristocratic/Bureaucratic Balance in Korea"; Deuchler, The Confucian Transformation of Korea, 특히 295~300쪽 참조.

4. 예컨대 Huntley, Korea, 3쪽 참조.

5. Hideo Inoue, "The Reception of Buddhism in Korea and Its Impact on

Indigenous Culture," 43~71쪽.

6. Palais, "Confucianism and the Aristocratic/Bureaucratic Balance in Korea," 430~431쪽.

7. Braudel, On History, 25~52쪽.

찾_아_보_기_

472